NTOA 15

Hezser · Lohnmetaphorik und Arbeitswelt in Mt 20,1-16

NOVUM TESTAMENTUM ET ORBIS ANTIQUUS (NTOA)

Im Auftrag des Biblischen Instituts
der Universität Freiburg Schweiz
herausgegeben von Max Küchler
in Zusammenarbeit mit Gerd Theissen

Zur Autorin:

Catherine Hezser, geb. 1960, studierte Ev. Theologie und Judaistik in Münster
und Heidelberg. Kirchliches Examen bei der Ev. Kirche im Rheinland und Pro-
motion im Fach Neues Testament in Heidelberg 1986. Die vorliegende Arbeit ist
ihre Dissertationsschrift. Im Wintersemester 1986 Fortsetzung des Judaistikstu-
diums am Hebrew Union College in Cincinnati und seit 1987 Doktorandin im
Fachgebiet «Antikes Judentum» am Jewish Theological Seminary in New
York.

NOVUM TESTAMENTUM ET ORBIS ANTIQUUS   15

Catherine Hezser

Lohnmetaphorik und Arbeitswelt in Mt 20, 1-16

Das Gleichnis von den Arbeitern im Weinberg im Rahmen rabbinischer Lohngleichnisse

UNIVERSITÄTSVERLAG FREIBURG SCHWEIZ
VANDENHOECK & RUPRECHT GÖTTINGEN
1990

CIP-Titelaufnahme der Deutschen Bibliothek

Hezser, Catherine:
Lohnmetaphorik und Arbeitswelt in Mt 20,1-16:
das Gleichnis von den Arbeitern im Weinberg im Rahmen
rabbinischer Lohngleichnisse / Catherine Hezser. – Freiburg,
Schweiz: Univ.-Verl.; Göttingen: Vandenhoeck und
Ruprecht, 1990
  (Novum testamentum et orbis antiquus; 15)
  ISBN 3-525-53916-9 (Vandenhoeck u. Ruprecht)
  ISBN 3-7278-0699-0 (Univ.-Verl.)
NE: GT

Veröffentlicht mit Unterstützung des Hochschulrates
der Universität Freiburg Schweiz
und der Rheinischen Landeskirche

Die Druckvorlagen der Textseiten
wurden vom Autor ab Datenträger
als reprofertige Vorlage zur Verfügung gestellt

VORWORT

Das Gleichnis von den Arbeitern im Weinberg (Mt 20,1-16) kann als Testfall für die Zuordnung Jesu zum Judentum gelten. Gerade dieses Gleichnis wurde oft dazu verwendet, Jesu Verkündigung von der "unverdienten Gnade" Gottes vom angeblich jüdischen "Verdienstgedanken" abzuheben. Die vorliegende Arbeit möchte durch einen Vergleich des Gleichnisses Jesu mit rabbinischen Lohngleichnissen zeigen, daß solche kontrastierenden Vergleiche zwischen Jesus und dem Judentum traditionsgeschichtlich und theologisch unhaltbar sind.

Die hier in überarbeiteter Form vorgelegte Dissertation ist aus einer Seminararbeit im Rahmen eines Seminars über "Gleichnisse Jesu" hervorgegangen, welches Prof. Gerd Theißen im Wintersemester 1981/2 in Heidelberg gehalten hat. Diese Seminararbeit ist auf Herrn Theißens Anregung hin zu einer Dissertation ausgebaut worden, die im Frühjahr 1985 von der theologischen Fakultät der Universität Heidelberg angenommen wurde. Während eines im Anschluß an mein kirchliches Examen 1986 begonnenen Aufbaustudiums in Judaistik am Jewish Theological Seminary in New York hatte ich sodann die Gelegenheit, die Arbeit auf Grund meiner neugewonnenen Kenntnisse noch einmal zu revidieren.

Für die mannigfachen Formen ihrer Unterstützung bin ich zahlreichen Personen und Institutionen zum Dank verpflichtet. An erster Stelle ist hier mein Doktorvater Gerd Theißen zu nennen, der die Entstehung der Arbeit mit zahlreichen Anregungen und kritischen Hinweisen verfolgt und das überarbeitete Manuskript unter großem persönlichen Zeitaufwand noch einmal korrekturgelesen hat. Prof. Christoph Burchard danke ich für die in seinem Zweitgutachten zu meiner Dissertation enthaltenen Hinweise, die zum großen Teil in die Überarbeitung eingegangen sind. Die Heidelberger Vorlesungen und Seminare der Professoren Klaus Berger, Rolf Rendtorff und Adolf Martin Ritter haben mir stets Denkanstöße vermittelt.

Mein Judaistikstudium, angeregt durch Prof. Bertold Klappert (Wuppertal), begann mit Prof. Karl Heinrich Rengstorf am Institutum Judaicum Delitzschianum in Münster und wurde an der Jüdischen Hochschule in Heidelberg fortgesetzt. Prof. Rengstorf danke ich für ein erstes Bekanntwerden mit rabbinischen Texten, die mich im Laufe der Zeit so faszinierten, daß ich beschloß, sie in Amerika, zunächst am Hebrew Union College in Cincinnati und dann im Rahmen eines vom Jewish Theological Seminary in New York angebotenen Ph.D.-Programms im Fachbereich "Antikes Judentum", intensiver zu studieren. Dem Jewish Theological Seminary verdanke ich nicht nur ein mehrjähriges *Fellowship*, daß mir dieses Studium finanziell ermöglicht, sondern auch die Vermittlung umfangreicher Kenntnisse im Umgang mit rabbinischen Texten. Hier ist besonders Prof.

Baruch M. Bokser zu nennen, in dessen Forschungs-Seminaren und persönlichen Gesprächen ich unendlich viel zur kritisch reflektierten Analyse rabbinischer Texte lernte, sodann Prof. Burton L. Visotzky, dessen Midrasch-Kurse mir Einblick in die Struktur midraschischer Proömien vermittelten.

Von meinen Freunden sind besonders zwei zu nennen: Petra von Gemünden stellte mir freundlicherweise das Manuskript ihrer Dissertation zur "Vegetationsmetaphorik im Neuen Testament und seiner Umwelt. Eine Bildfelduntersuchung" zur Verfügung. James Peter Burgess machte mich mit postmodernen Literaturtheorien bekannt und war bereit, sie eingehend mit mir zu diskutieren.

Schließlich danke ich David Trobisch für seine Hilfe bei der Erstellung der Druckvorlage, der Evangelischen Kirche im Rheinland für einen Druckkostenzuschuß, sowie Gerd Theißen und Max Küchler für die Aufnahme der Arbeit in die von ihnen herausgegebene Reihe NTOA.

Das Buch ist meiner Mutter gewidmet, der ich die ersten Kontakte mit dem Judentum verdanke, die mich in der Verfolgung meiner Interessen stets unterstützt hat, und die mir in ihrer Berufstätigkeit immer Vorbild war.

INHALTSVERZEICHNIS

MEINER MUTTER GEWIDMET

EINLEITUNG: FORSCHUNGSGESCHICHTLICHER ÜBERBLICK UND PROBLEMSTELLUNG[1]

1.Kapitel: Die allegorische Auslegung

Von der Zeit der Alten Kirche bis ins 19.Jahrhundert hinein legte man das Gleichnis von den Arbeitern im Weinberg allegorisch aus. Man betrachtete es als Allegorie, die eine geheime Belehrung über den Gang der Heilsgeschichte geben will und versuchte, möglichst viele Einzelzüge durch Übertragung zu entschlüsseln. So deutete man etwa den fünffachen Gang des Hausherrn zum Markt, um Arbeiter zu dingen, als fünffaches Rufen Gottes im Laufe der Heilsgeschichte von Adam bis Christus oder, seit Origenes, in bezug auf die Lebensalter, in denen die Menschen Christen werden.[2] Nicht in der gütigen Lohnauszahlung sah man die Pointe des Gleichnisses, sondern in der Berufung des Menschen durch Gott.

Als Beispiel für eine allegorische Auslegung am Anfang dieses Jahrhunderts kann diejenige J.WELLHAUSENS gelten.[3] Der Weinberg ist für ihn "das arbeitende Reich Gottes", "die christliche Gemeinde". Die Arbeiter sind "alle guten Christen". Sie erhalten den gleichen Lohn, nämlich das Eingehen in das künftige Reich Gottes. Dabei gilt: "Die letzten treten nicht an die Stelle der ersten, so daß sie sie verdrängen...Die Schichten unterscheiden sich lediglich durch die Zeit ihres Antritts zur Weinbergsarbeit, d.h. ihres Eintritts in die christliche Gemeinde". Wellhausen deutet das Gleichnis also im Hinblick auf die Lebensalter, in denen die Menschen Christen werden, wobei es keinen Vorzug der Frühberufenen gibt. Hinsichtlich des Lohnes gibt es keinen Vorzug der zeitlichen Priorität: "Für das künftige Reich Gottes kommt Anciennetät [sic] im gegenwärtigen [sic] nicht in betracht [sic]".

Die auf das Gleichnis folgende Zebedaiden-Szene (Mt 20,20-28) hat nach WELLHAUSEN eine ähnliche Bedeutung wie das Gleichnis. Die Märtyrer als besondere Gruppe innerhalb der Christenheit haben nicht schon deshalb, aufgrund ihres "Verdienstes", einen höheren Rang im künftigen Gottesreich zu erwarten.[4]

---

[1]Es werden hier nur solche Auslegungen angeführt, die einen neuen Ansatz begründeten oder einen bestehenden Ansatz in entscheidender Weise weiterführten. Die umfangreiche, zu Mt 20,1-16 erschienene Literatur kann hier also nur begrenzt dargestellt werden.

[2]Vgl. Jeremias, Gleichnisse, 29f.

[3]Wellhausen 96.

[4]Vgl. zu den allegorischen Auslegungen auch Weiss 27ff und Jülicher 1, 284.302. Es ist im Rahmen dieses kurzen Überblicks nicht möglich, die mittelalterlichen und neuzeitlichen allegorischen Auslegungen ausführlich darzustellen. Für die Forschungsgeschichte sind erst die Auslegungen seit Jülicher relevant.

A.JÜLICHER wandte sich konsequent gegen die allegorische Auslegung der Gleichnisse und machte auf den grundlegenden Unterschied zwischen Gleichnissen (mit einem Vergleichspunkt) und Allegorien (mit vielen, nur Eingeweihten verständlichen Vergleichspunkten) aufmerksam.[5] Gleichnisse sind danach aus dem Vergleich entwickelt, Allegorien bestehen dagegen aus aneinandergereihten Metaphern. Mt 20,1-16 ist keine Allegorie, sondern ein Gleichnis, das nicht die Metapher, sondern den Vergleich zur Grundform hat. Dies Gleichnis geht auf den historischen Jesus zurück, der "einfach" und "natürlich" war und schwerlich eine derartige "künstliche" und "verhüllende" Form wie die Allegorie für seine Lehre verwendet haben kann.[6]

Im Anschluß an Kategorien der aristotelischen Rhetorik teilt JÜLICHER den Oberbegriff "Gleichnisse" in die Unterformen "Gleichnis", "Parabel" und "Exempel". Da im Gleichnis von den Arbeitern im Weinberg ein konkreter Einzelfall in der Vergangenheit geschildert wird, handelt es sich hier um eine Parabel. V.16 gehört nicht ursprünglich zur Parabel dazu, sondern ist erst später von Matthäus angefügt worden. Ein im Gleichnis nur untergeordneter Gedanke wird dort zum Hauptgedanken erhoben.[7]

Nicht alle Einzelzüge der Parabel dürfen separat übertragen werden, sondern es gibt nur ein *tertium comparationis*, in dem Bild und Sache aufeinander bezogen werden. So läuft alles auf die Lohnzahlung am Abend zu: "Erst bei der Lohnzahlung findet etwas Auffallendes statt, und an dem einzigen Punkte hängt das Interesse unserer Geschichte".[8] Dabei ist nicht die Reihenfolge der Auszahlung von Bedeutung, sondern "der entscheidende Punkt ist die Zahlung des gleichen Lohnes an Alle [sic]".[9] Das Gleichnis drückt das "Grundgefühl evangelischen Christentums" aus: Gott hält das Himmelreich für Sünder und Gerechte offen: "Was die Gerechten als verdienten Lohn ihrer Frömmigkeit pflichtmäßig erhalten, das schenkt er bußfertigen Sündern aus freier Gnade".[10] Um dies besonders deutlich zu machen, führt JÜLICHER als Kontrast das rabbinische Gleichnis

[5]Jülicher 2, 459-471.

[6]Ibid. 63f.

[7]Ibid. 461.

[8]Ibid. 462.

[9]Ibid.

[10]Ibid. 467.

KohR 5,11 (vgl. 1)[11] an, wo seiner Meinung nach "das Verdienst eines nur scheinbar Bevorzugten...neidischen Murrern entgegengehalten" wird. Diesen Standpunkt "will die Parabel Jesu gerade entwurzeln."[12]

Obwohl Jesus mit Hilfe des Gleichnisses eine allgemeine Wahrheit über Gott und die Welt lehrt, tut er dies doch in der konkreten Situation eines Augenblicks.[13] So versucht JÜLICHER die Gleichniserzählung mit dem Leben Jesu in Verbindung zu bringen. Wie der Hausherr sich "armen Mitmenschen" gegenüber als gütig erweist, so wandte sich Jesus Sündern und Zöllnern zu. Die "Ersten" identifiziert JÜLICHER mit den Pharisäern, die dieses Verhalten Jesu angeblich als "Zerstörung der Gerechtigkeit Gottes" ansahen.[14] Es handelt sich jedoch nicht um eine Streitrede Jesu gegen die Pharisäer, sondern das Gleichnis hat argumentativen Charakter[15], will Gegner gewinnen und Einverständnis schaffen.

Indem er deutlich machte, daß es einen Unterschied zwischen Gleichnis und Allegorie gibt und betonte, wie wichtig die Kenntnis der historischen Situation für das rechte Verständnis des Gleichnisses ist, legte JÜLICHER den Grund für die moderne Gleichnisauslegung. In der Folgezeit haben sich teils in Anlehnung an, teils in Ablehnung zu JÜLICHERS Methode mehrere verschiedene Ansätze ausgebildet. Insbesondere seine strikte Trennung zwischen Gleichnis und Metapher ist wiederholt kritisiert worden.[16]

---

[11]Das im Anhang unter (1) übersetzte Gleichnis jBer 2,3 (5c) ist eine Parallele zu diesem Gleichnis.

[12]Ibid. 468.

[13]Vgl. ibid. 91.

[14]Ibid. 466.

[15]Ibid. 90.

[16]Z.B. von H. Weder. Die verschiedenen, in Kritik an Jülicher entwickelten, Ansätze werden im Folgenden vorgestellt.

3.Kapitel: Der religionsgeschichtliche Ansatz

Durch Heranziehung rabbinischer Gleichnisse versucht P.FIEBIG die Gleichnistheorie JÜLICHERS, insbesondere seine scharfe Trennung zwischen Gleichnis und Allegorie, zu korrigieren, allerdings "nicht im Sinne der Repristinierung einer wüsten Allegoristerei".[17] Durch die Betrachtung rabbinischer Gleichnisse angeregt, kritisiert FIEBIG JÜLICHERS strikte Unterscheidung zwischen Gleichnis und Allegorie. Viele Gleichnisse haben nicht den Vergleich, sondern die Metapher zur Grundform, insbesondere solche Metaphern, die "dem Denken in gewissen Kreisen und Zeiten geläufig sind", wie die Lohn-Metapher, die sich auch im zeitgenössischen Judentum finden läßt.[18] Es ergeben sich dann leicht "Mischformen" zwischen "reinen" Allegorien und "reinen" Gleichnissen.

Eine solche Mischform, die sehr wohl Metaphern enthält, ist auch das Gleichnis von den Arbeitern im Weinberg. Es drückt nicht nur einen Gedanken aus, sondern "einen Hauptgedanken, zerlegt in mehrere Teilgedanken".[19] Nicht den "Grundgedanken evangelischen Christentums", der nach JÜLICHER darin bestand, daß Gott bußfertigen Sündern Gnade zukommen läßt, illustriert Mt 20,1-15, denn Sünder sind die Letzten nicht. FIEBIG hält die Auslegung des Matthäus für die einzig angemessene und versteht das Gleichnis von v.16 her: "Gott wird allerdings die Jünger, die Armen, die vor der Welt Niedrigen und Letzten zu Ersten machen und die Pharisäer, die Selbstgerechten, die sich einbilden, viel für das Himmelreich geleistet zu haben, zu Letzten, aber aus Güte, nicht aus Verdienst". Damit glaubt FIEBIG den "konkreten Sinn innerhalb der bestimmten Situation des Lebens Jesu" getroffen zu haben".[20]

Bei seinem Vergleich der Gleichnisse Jesu mit ähnlichen rabbinischen Gleichnissen meint FIEBIG von jedem dogmatischen Vorurteil frei zu sein. Dennoch geht er davon aus, daß es bei dem Gleichnis Jesu etwas "Originales" gegenüber dem von ihm herangezogenen jüdischen Lohngleichnis gibt. Obwohl Jesu Gleichnis zwar der Form nach mit dem rabbinischen Gleichnis KohR 5,11 (vgl. 1) übereinstimmt, sind die inhaltlichen Unterschiede nach FIEBIG gravierend: Im Gegensatz zu dem "echt jüdischen...Rühmen und...Hervorkehren des Anspruchs auf Lohn" will Jesus Gottes Güte veranschaulichen.[21]

---

[17]Fiebig, Gleichnisreden, VIII.

[18]Ibid. 132.

[19]Ibid. 128.

[20]Ibid. 90.

[21]Ibid. 88f.

Wie bei FIEBIG so zeigen sich auch bei anderen christlichen Theologen, die Mt 20,1-16 mit rabbinischen Gleichnissen verglichen, wie etwa P.BILLERBECK und H.BRAUN, Vorurteile hinsichtlich der Deutung und Beurteilung dieser Gleichnisse. Die rabbinischen Gleichnisse wurden allesamt als Ausdruck des angeblich typisch jüdischen Lohn- oder Verdienstgedankens interpretiert und dienten so als Negativfolie, von dem sich das Gleichnis Jesu mit seiner Betonung der Güte und Gnade Gottes dann umso deutlicher abheben mußte.

P.BILLERBECK ist mit seiner vorurteilshaften Auslegung neben FIEBIG einzureihen. Er kommt im Rahmen seines Exkurses über die "altsynagogale Lohnlehre" auf das Gleichnis von den Arbeitern im Weinberg zu sprechen.[22] Dabei stellt er zunächst hinsichtlich der Auslegung von Mt 20,1-16 Folgendes fest:

1. Aus der Frage des Arbeitgebers an die zuletzt gedungenen Arbeiter (v.6: "Warum steht ihr hier den ganzen Tag müßig?") geht hervor, daß "jeder ohne Ausnahme" zur Arbeit im Reich Gottes "verpflichtet" ist.

2. Die Antwort des Arbeitgebers und die Ersten (v.15: "Oder steht es mir nicht frei?") macht deutlich, daß der Lohn vom freien Belieben Gottes abhängt, d.h. "die Arbeit ist einfach des Menschen Pflicht, die zu leisten ist ohne jede Rücksicht auf Lohn; wird trotzdem von Gottes Güte Lohn gewährt, so ist und bleibt dieser ein reiner Gnadenlohn".[23]

3. Die Letzten fragen den Hausherrn nicht nach Lohn. Sie sind bereit auch ohne Lohn, nur um des Hausherrn willen, zu arbeiten: "Dies persönliche Moment steht im Vordergrund, deshalb stellen sie alles übrige vertrauensvoll seinem Billigkeitsgefühl anheim".[24] Dagegen zeigen die Ersten mit ihrem Murren, daß sie lediglich aufgrund des zu erwartenden Lohnes gearbeitet haben. Deshalb wird ihnen nur soviel gegeben, wie vereinbart war.

Ziel des Gleichnisses ist es angeblich, "die Lohnsucht zu bekämpfen. Es zeigt, daß das Arbeiten für das Reich Gottes dem Jünger Jesu nur dann wirklichen Segen bringt, wenn es um des Herrn willen geschieht, um ihm Liebe zu erweisen; daß es dagegen zum Unsegen ausschlägt, wenn damit ehrgeizige, selbstsüchtige Zwecke verfolgt werden".[25] Das Gleichnis bringt nach BILLERBECK also die Lohnlehre Jesu zum Ausdruck.

Ist schon die "Lohnlehre Jesu" ein Konstrukt BILLERBECKS und mehr Dichtung als Wahrheit, so erst recht die "altsynagogale Lohnlehre", die er der ersteren gegenüberstellt.

---

[22]Strack/Billerbeck 4, 484ff.

[23]Ibid. 485.

[24]Ibid. 486.

[25]Ibid. 487.

BILLERBECK nimmt einen dreistufigen Entwicklungsprozeß dieser Lohnlehre an. Am Anfang herrschte die Idee des Gnadenlohnes vor: Weil Gott Israel aus Ägypten befreit hat, ist Israel verpflichtet, Gott fortan zu dienen, ohne aber dafür Lohn beanspruchen zu können. Wenn Gott Israel dennoch belohnt, ist dieser Lohn reiner Gnadenlohn. An dieser Vorstellung wurde aber nicht festgehalten. Die Lohnlehre geriet in Abhängigkeit von der Rechtfertigungslehre. Man meinte nun, so BILLERBECK, daß Gott Israel die Gebote nur gegeben hat, damit es sich Verdienste und Lohn erwerben kann. "Diese offizielle Lohnlehre der alten Synagoge läßt natürlich keinen Raum für einen Gnadenlohn".[26] Die "Lohnsucht" wurde zur "eigentlichen Triebfeder für ihr religiös-sittliches Handeln". Die Leiter des Volkes sahen sich genötigt, diese "Lohnsucht" zu bekämpfen.[27] Deshalb betonten sie nun, daß es nicht auf die Menge der guten Werke ankomme, sondern auf die Gesinnung, die ihnen zugrunde liegt. "Das alles waren Korrektive, die die offizielle Lohnlehre selbst herausforderte".[28]

Während also Jesus im Gleichnis von den Arbeitern im Weinberg nach BILLERBECK den reinen Gnadenlohn verkündigt, ist das Ergebnis der "offiziellen Lohnlehre" der Rabbinen die "Lohnsucht", die sie nur schwer bekämpfen können. Aussagen über die unverdiente Gnade Gottes und das Tun guter Werke um ihrer selbst willen, die als Parallelen zu Mt 20,1-16 dienen könnten, werden als "Korrektiv" der offiziellen Lohnlehre, also als untergeordnet und sekundär für die eigentliche Auffassung der Rabbinen hinweginterpretiert. So gelingt es auch BILLERBECK, Jesus als dem Judentum überlegen und seine Lehre als etwas Einzigartiges darzustellen.[29]

Zu einem ähnlichen Ergebnis gelangt H.BRAUN.[30] Wie FIEBIG und BILLERBECK, so findet auch er es wichtig, jüdische Vergleichstexte heranzuziehen, aber auch ihm dienen sie nur als Negativfolie, von dem sich dann das Gleichnis Jesu umso deutlicher abhebt: "Man kann das Wesentliche, das die Parabel sagen will, am besten dadurch erkennen, daß man ihre Einzelzüge in Parallele und in Gegensatz stellt zu entsprechenden zeitgenössischen,

---

[26]Ibid. 491.

[27]Ibid. 495.

[28]Ibid. 496.

[29]Vgl. auch Bornkamm, Lohngedanke, 81ff, der Jesus sowohl von der jüdischen als auch von der katholischen Lohnlehre abgrenzt: Der Lohn ist in Mt 20,1-16 "nichts anderes als Geschenk und Gnade, aber nicht mehr das geschuldete Entgeld für des Menschen Leistung...So ist dieses Gleichnis die synoptische Illustration für den articulus stantis et cadentis ecclesiae, die Rechtfertigung sola gratia."

[30]Braun, Auslegung, 346ff.

das heißt in unserem Falle zu entsprechenden jüdischen Aussagen, Vorstellungsreihen und Texten".[31]

Analogien in der rabbinischen Lehre hat die Vorstellung von der Indienstnahme des Menschen durch Gott. Was aber die eigentliche Pointe des Gleichnisses Jesu betrifft, die Zahlung eines Lohnes unabhängig von der Leistung, so besteht nach BRAUN ein Gegensatz zu jüdischen Vorstellungen, die er so umschreibt: "Es ist eine Frömmigkeit des Rechnens und eine Frömmigkeit der genauen Entsprechung von Lohn und Verdienst".[32] BRAUN vergleicht zwei rabbinische Gleichnisse, KohR 5,11 (vgl. 1) und Tan Ki Tissa 110a (2), mit Mt 20,1-16 und stellt fest, daß "in diesen jüdischen Gleichnissen sich Lohn und Verdienst doch die Waage halten...Anlaß zum Lohn muß sein. Entweder heißt dann der Anlaß, er hat intensiver gearbeitet, oder er hätte mehr gearbeitet, wenn er länger gelebt hätte und wenn man ihn von der Arbeit nicht abgehalten hätte", während das neutestamentliche Gleichnis etwas ganz anderes aussagt: "Betonen die rabbinischen Gleichnisse gerade die Äquivalenz, die Gleichheit von Lohn und Leistung, so wird hier vom Lohngedanken her faktisch die Gleichheit von Lohn und Leistung gesprengt".[33] Im Hinblick auf andere Aussagen Jesu zum Thema Lohn in den Evangelien muß BRAUN jedoch feststellen, daß Jesus diese "Lohndurchbrechung" nicht konsequent durchgeführt hat.

Jüdische Gelehrte wie C.G.MONTEFIORE und H.J.HEINEMANN, und in jüngster Zeit D.FLUSSER, haben versucht, derartige krasse Gegenüberstellungen des Lohngedankens bei Jesus und im Judentum durch Heranziehung bisher nicht beachteter jüdischer Vergleichstexte zu korrigieren.

So zieht C.G.MONTEFIORE, anders als FIEBIG, nicht nur eins sondern mehrere rabbinische Gleichnisse zum Vergleich mit Mt 20,1-16 heran. Das Gleichnis in Tan Ki Tissa 110a (2) handelt von einem Arbeiter, der von seinem Arbeitgeber von der Arbeit abgehalten wird und deshalb nur zwei Stunden arbeiten kann. Der Arbeitgeber zahlt ihm den vollen Lohn. Anders als in Mt 20,1-16 liegt hier die Betonung darauf, daß der Arbeiter selbst keine Verantwortung für die Kürze seiner Arbeitszeit trägt. Jesus dagegen will mit seinem Gleichnis ausdrücken, daß der göttliche Lohn sich nicht nach menschlichem

---

[31]Ibid. 351.

[32]Ibid. 353.

[33]Ibid. 354.

Verdienst richtet: "God's justice is higher justice than man's, and works in a different way".[34]

Eine nähere Parallele zur Aussage des neutestamentlichen Gleichnisses findet er am Ende von DtnR 22,6, wo es heißt, daß der Lohn für ein leichtes Gebot und der Lohn für ein schweres Gebot gleich sind. So gilt auch für die Rabbinen der Grundsatz: "God's justice is not according to strict measure. It is a higher justice than the justice of tit for tat". MONTEFIORE kommt von daher zu folgendem wichtigen Ergebnis: "Thus the teaching of Jesus in the great parable of Matt.XX was not teaching which was wholly unknown to, or never preached by, any Rabbi".[35] Zur Bekräftigung seiner These weist er auf die Gleichnisse MidrPs 9,1 (6) und Tan Ki Teze zu Dtn 22,6 (5) hin.[36] Damit korrigiert er Exegeten wie FIEBIG, die meinten, in Jesu Gleichnis sei ein einzigartiger Gedanke ausgedrückt, der keine Entsprechung im Judentum habe.

Mit der Auslegung BILLERBECKS setzt sich H.J.HEINEMANN kritisch auseinander.[37] Er nimmt zunächst zum zweiten Punkt der Auslegung BILLERBECKS Stellung. Der Lohn an die Letzten in Mt 20,1-16 ist nicht reiner Gnadenlohn. Jesus erzählt, ähnlich wie die Rabbinen, von einem Arbeitgeber, der Arbeitern ihren Lohn zahlt, nicht von einem Herrn, der seine Sklaven belohnt. Der Begriff *sachar* meint immer das geschuldete Entgelt. Aus der Frage "Oder steht es mir nicht frei...?" geht nicht hervor, daß der Arbeitgeber völlig frei die Höhe des Lohnes bestimmen kann. Er muß den Ersten den mit ihnen vereinbarten Lohn zahlen. Allerdings hat er die Möglichkeit, etwas zum Lohn hinzuzufügen, wie es bei der Zahlung an die Letzten geschieht.[38] Absicht des Gleichnisses ist es nach Heinemann, zu zeigen, daß Gott Menschen manchmal ungewöhnlich hoch belohnt, ihnen aber nie den verdienten Lohn vorenthält.[39]

Dem dritten Punkt BILLERBECKS, nach dem die Letzten dem Hausherrn zuliebe arbeiten, ohne Rücksicht auf Lohn, scheint nach HEINEMANN eine falsche Vorstellung vom geltenden Recht zugrunde zu liegen. Es ist nicht so, daß Arbeiter, mit denen kein

---

[34]Montefiore, Rabbinic Literature, 285ff.

[35]Ibid. 289.

[36]Ibid. 290.

[37]Heinemann, Conception, 85ff.

[38]Vgl. ibid. 86: "With regard to such additional payment, the parable suggests, he can do as he pleases; for this is no longer a matter of legal claim but of his generosity".

[39]Vgl. ibid. 87: "God's charity or grace is presented as concerning the addition that He may choose to make to the expected reward".

Lohn vereinbart wurde, auch keinen Anspruch auf Lohn gehabt hätten. Vielmehr stand ihnen der ortsübliche Lohn für ihre Dienstleistung zu.[40] Das Gleichnis spricht also nicht vom reinen Gnadenlohn der Letzten: "On the contrary, our text suggests that divine reward is comparable to labourers' wages, for which there certainly exists a legal, not to say a moral, claim. God, by His grace, will however grant additional reward to some of the deserving".[41]

Nach HEINEMANN ist es auch unzulässig, eine Entwicklung des Lohngedankens im Frühjudentum zu konstatieren, wie Billerbeck es tut. Die verschiedenen Auffassungen zum Thema Lohn konnten zur gleichen Zeit vertreten werden, ohne daß eine systematische Lohnlehre daraus entwickelt worden wäre. HEINEMANN zeigt dies an zwei Beispielen und kommt zu dem Ergebnis: "All of them co-existed side by side".[42] Für das Gleichnis von den Arbeitern im Weinberg gilt: "...it is fully in line with contemporary Jewish conceptions both in form and in its main thesis, viz.: that man is assured of the reward due to him, though he should not crave for it and should acknowledge his absolute duty to work for the Kingdom of God".[43]

In jüngster Zeit hat der jüdische Neutestamentler D.FLUSSER versucht, die Gleichnisse Jesu im Rahmen jüdischer Gleichnisse zu deuten. Er wendet sich damit gegen christologische Auslegungen, die die Gleichnisse als existentielle Selbstaussagen Jesu verstehen[44] und damit seiner Meinung nach ihren ursprünglichen Sinn verkennen.[45] Nach FLUSSER darf auch das Gleichnis von den Arbeitern im Weinberg nicht eschatologischer verstanden werden als ähnliche rabbinische Gleichnisse. Die Einleitung mit dem Bezug auf das Himmelreich (Mt 20,1) zeigt eine "gekünstelte Ausdrucksweise" und ist wohl von Matthäus sekundär hinzugefügt worden: "Das Gleichnis ist nur soweit eschatologisch, als es den Lohn nach dem Tode behandelt. Die Einleitung mit der Erwähnung des Himmelreiches ist beinahe sicher das Werk des Matthäus. Das Gleichnis ist aus sich selbst heraus verständlich".[46]

[40]Vgl. ibid.: "...a worker had the right to expect wages, even if he had not stipulated them".

[41]Ibid. 88.

[42]Ibid. 89.

[43]Ibid.

[44]Vgl. etwa Jüngel, Paulus, und Weder im 6.Kapitel dieser Einleitung.

[45]Flusser, Gleichnisse, 171f.

[46]Ibid. 68.

Von Matthäus angefügt sind nach FLUSSER ferner die Verse 8b und 16. Die hier genannte Reihenfolge von den Letzten bis zu den Ersten "erscheint als ziemlich absurd und kann nicht zum ursprünglichen Gleichnis gehört haben". Die Erwähnung der Letzten in v.14 inspirierte Matthäus dazu, v.8b und 16 anzuhängen. Damit verkehrte er den Sinn des Gleichnisses, dessen Pointe es ist, "dass alle, ohne Rücksicht auf den Zeitpunkt, an dem sie zur Arbeit angetreten sind, denselben Lohn erhalten".[47] Diese Behauptung FLUSSERS ist ziemlich hypothetisch und läßt sich nicht am Text beweisen. FLUSSER beschäftigt sich in seinem Buch nirgendwo ausführlich mit Mt 20,1-16 und vergleicht es nicht eingehender mit rabbinischen Gleichnissen. Sein Hinweis auf die matthäische Einleitungsformel, ohne die das Gleichnis Jesu nicht eschatologischer verstanden werden sollte als ähnliche rabbinische Gleichnisse, ist allerdings ernst zu nehmen.

Anknüpfend an HEINEMANN und FLUSSER hat neuerdings B.H.YOUNG das Gleichnis von den Arbeitern im Weinberg mit rabbinischen Gleichnissen verglichen. Insbesondere die beiden Gleichnisse jBer 2,8 (5c) par. HldR 6,2, KohR 5,11 (1) und Sifra zu Lev 26,9 (3) haben eine Reihe von Motiven mit Mt 20,1-16 gemeinsam. Alle drei Gleichnisse erzählen von mindestens zwei Gruppen von Lohnarbeitern, deren Arbeitszeit verschieden lang ist. In jBer erhalten alle Arbeiter den gleichen Lohn. Die Ganztagsarbeiter murren. Im Unterschied zu den Letzten in Mt 20,1-15 ist der Kurzzeitarbeiter hier jedoch besonders fleißig. Er hat in kürzerer Zeit mehr geleistet als die übrigen Arbeiter während des ganzen Tages. In Sifra zu Lev unterscheidet sich ein Arbeiter von den anderen dadurch, daß er mehrere Tage gearbeitet hat. Er wird vom Arbeitgeber besonders belohnt.

Nach YOUNG basieren diese Unterschiede nicht auf einer verschiedenen Auffassung von Lohn und Gnade, wie oftmals behauptet wurde, sondern sie beruhen auf der unterschiedlichen Funktion des jeweiligen Gleichnisses.[48] Das Gleichnis in jBer wurde verwendet, um die Angehörigen eines in jungen Jahren verstorbenen Gelehrten zu trösten. Deshalb war es notwendig, die besondere Leistung des einen Arbeiters hervorzuheben.[49] Sifra zu Lev 26,6 diente der Versicherung Israels, daß Gott seine Treue zu ihm besonders anerkennen wird.[50] Die Motive wurden variiert, um einen bestimmten Zweck zu erreichen.

---

[47]Ibid. 68.

[48]Vgl. Young 308: "The differences would be better understood in light of the different contexts and settings of the parables", und ibid. 311: "They develop somewhat different plots in order to stress different points".

[49]Vgl. ibid. 308: "The illustration had been adapted to praise the achievements of R. Bun bar Chiya. The parable would hardly have been suitable for the occasion if it did not contain an industrious laborer".

[50]Vgl. ibid. 309.

Die Vorstellungen Jesu und der Rabbinen von Lohn und Gnade unterscheiden sich nicht. Einerseits kann auch Jesus vom gerechten Lohn Gottes sprechen. Andererseits wissen auch die Rabbinen um die Güte Gottes, mit der er auch "faule Arbeiter" belohnt. YOUNG weist auf das Gleichnis in MidrPss 26:3 (8) hin, sowie auf das schon von FLUSSER bemerkte Gleichnis in Semachot de Rabbi Chiyah 3:2. Letzteres vergleicht zwei Arbeiter miteinander, deren einer nur eine Stunde arbeitet, während der andere sich den ganzen Tag müht. Das Gleichnis wird auf Moses und Samuel bezogen. Beide wurden von Gott gleichermaßen belohnt, obwohl Samuel viel kürzer tätig war als Moses.[51]

Obwohl die Gleichnisse eine Anzahl gleicher Motive enthalten, ist ihre Ausrichtung je nach Aussageabsicht verschieden. Das "Neue" in Mt 20,1-15 besteht nach YOUNG darin, daß alle Arbeiter den gleichen Lohn erhalten, obwohl nicht alle ihn verdienen. Nirgends wird der besondere Fleiß oder die besondere Treue der Letzten angedeutet. Dieses Gleichnis könnte seinen "Sitz im Leben" in der Spannung zwischen "religiösen" und "säkularen" Bevölkerungsteilen gehabt haben. Jesus wandte sich bekanntlich den Außenseitern der Gesellschaft zu. Es geht hier also um das "sociological problem of welcoming a person with a bad reputation into the fold".[52]

Jesu Gleichnis ist innovativ und einzigartig. Dennoch konnten andere Gleichniserzähler die gleichen Motive verwenden und ähnliche Gleichnisse konzipieren: "In short, the parables are derived from the same milieu and should not be viewed as representing the opposite worlds of merit and of grace as Jeremias proposed. The parables of Jesus should be examined in the larger context of the Jewish environment of instruction and education that gave birth to a genre which is not fully paralleled elsewhere".[53]

Wir sehen, daß Neutestamentler wie FIEBIG, BILLERBECK und BRAUN, die sich bisher genauer mit dem Verhältnis zwischen Mt 20,1-16 und vergleichbaren rabbinischen Gleichnissen beschäftigt haben, von vornherein annahmen, daß das Gleichnis Jesu etwas Neues, den rabbinischen Gleichnissen Unbekanntes, nämlich die unverdiente Gnade Gottes zum Ausdruck bringe. Sie zogen meist nur ein, höchstens zwei rabbinische Gleichnisse zum Vergleich heran, die sie dann ihrem Vorverständnis entsprechend als dem Gleichnis von den Arbeitern im Weinberg sowohl formal als auch inhaltlich unterlegen beurteilten. Wegen des kaum an den Originalquellen nachgeprüften Vorurteils über die rabbinische Lohnlehre und der Beschränkung auf einige wenige Vergleichstexte konnte ein

---

[51]Vgl. ibid. 310: "The rabbinic parable illustrates that God's grace was extended in equal measure to both leaders who served Israel even though Moses actually achieved more. The reward is secondary to obedience."

[52]Vgl. ibid. 311.

[53]Ibid. 312.

detaillierter Vergleich zwischen Mt 20,1-16 und rabbinischen Gleichnissen nicht stattfinden und das wirklich Originelle im Gleichnis Jesu nicht aufgefunden werden. Auch die Frage, ob die so viel später bezeugten rabbinischen Gleichnisse überhaupt als "Hintergrund" für ein neutestamentliches Gleichnis dienen können, wurde nie gestellt.

Jüdische Wissenschaftler wie HEINEMANN, MONTEFIORE und FLUSSER, und daran anknüpfend YOUNG, haben einzelne Punkte dieser Auslegungen aufgegriffen und kritisiert. Durch Heranziehungen weiterer, bisher nicht genannter rabbinischer Gleichnisse und durch den Hinweis darauf, daß es in der pluralistischen rabbinischen Gesellschaft nicht *eine* offizielle Lohnlehre gegeben hat sondern mehrere, und daß jedes Gleichnis zu einem bestimmten Zweck konzipiert wurde, konnten sie einige Fehler korrigieren. Aber auch sie haben das Gleichnis von den Arbeitern im Weinberg nie systematisch mit allen zur Verfügung stehenden rabbinischen Gleichnissen verglichen. Im Abschnitt über die "Problemstellung" dieser Arbeit wird hierauf noch zurückzukommen sein.[54]

---

[54] Es wurden in diesem Abschnitt nur solche Auslegungen rabbinischer Gleichnisse erwähnt, die diese mit Mt 20,1-16 vergleichen. Ansätze zur Interpretation rabbinischer Gleichnisse allgemein werden in III.1 vorgestellt.

4.Kapitel: Der psychologische Ansatz

Nicht auf dem Hintergrund religionsgeschichtlicher, sondern psychologischer Argumente wendet sich I.K.MADSEN gegen Jülichers rigorose Trennung zwischen Gleichnis und Allegorie. Da er mit JÜlicher den "Gipfelpunkt" bisheriger Forschungsmethoden erreicht sieht, will er versuchen, "neue Wege" zu beschreiten[55]. Die beiden Extreme - allegorische Ausdeutung jedes Einzelzugs einerseits, Auffinden des einen *tertium comparationis* andererseits - vor Augen, will er einen Mittelweg gehen mit dem Ziel, die Sachhälfte, wie sie "im Bewußtsein des Verfassers im Augenblicke der Parabelbildung" zugegen war, zu rekonstruieren.[56] Dieses Ziel glaubt MADSEN durch Anwendung von Erkenntnissen der Assoziations- und Gestaltpsychologie auf die Gleichnisse Jesu erreichen zu können.

So sind seiner Meinung nach die gewöhnlichen Züge im Gleichnis eine Folge von Assoziationen, die alle dem Vorstellungsfeld eines Bildes angehören und durch dieses Bild im Bewußtsein des Verfassers ausgelöst wurden.[57] Diese gewöhnlich mit dem Bild assoziierten Züge fordern keine eigene Übertragung auf die Sachhälfte, sondern haben "als Totalität etwas Analoges in der Sachhälfte". Anders dagegen die ungewöhnlichen Züge: Ihre Entstehung läßt sich nicht aus dem "Zusammenhang innerhalb der Sphäre des Bildes" erklären. Sie beruhen vielmehr auf einer "(von der Sachhälfte ausgehenden) Ähnlichkeitskonstruktion",[58] d.h. sie gehen auf der Bildhälfte parallele Züge in der Sachhälfte zurück, wie sie bei der Formulierung des Gleichnisses im Bewußtsein des Verfassers war.

Um die Sachhälfte zu rekonstruieren, müssen zunächst gewöhnliche und ungewöhnliche Züge des Gleichnisses ermittelt werden. Alle ungewöhnlichen Züge haben nach MADSEN eine Entsprechung in der Sachhälfte, während die gewöhnlichen, durch Assoziationen verbundenen, "gebündelt" auf die Sachhälfte übertragen werden. Durch Heranziehung von Texten aus der jüdischen und griechisch-römischen Umwelt ermittelt MADSEN die ungewöhnlichen Züge, deren einer das mehrmalige Dingen von Arbeitern zu fortgeschrittener Tageszeit ist. Ihm entspricht im übertragenen Sinne das späte und schließlich letzte Rufen von Menschen zum Himmelreich.[59] Ungewöhnlich ist auch die

---

[55]Madsen 12, Anm. 9.

[56]Ibid. 10.

[57]Vgl. ibid. 26: "Wo die Rede ist von Phänomenen, die in der Erfahrung gewöhnlich zusammen vorkamen und sinngemäß zusammen gehörten", kann sich die "Entstehung des Parabelbildes ausschließlich auf der Grundlage von einem Zusammenhang innerhalb der eigenen Sphäre des Bildes ...vollzogen haben".

[58]Ibid. 28.

[59]Ibid. 85.

Reihenfolge der Lohnauszahlung. Sie ist jedoch eine notwendige Konstruktion vom letzten Teil der Bildhälfte her (Letzte werden Erste). Anders die Zahlung des gleichen Lohnes an alle: Sie ist ein von der Sachhälfte her konstruierter Zug und bedeutet, daß bei Gott alle Menschen Gnadenlohn erhalten und niemandem Unrecht geschieht.[60]

Weil MADSEN die im Gleichnis erwähnten Motive nicht mit allen uns zugänglichen Quellentexten zum sozialgeschichtlichen Hintergrund vergleicht, sieht er ungewöhnliche Züge dort, wo keine vorliegen, oder meint, diejenigen, die innerhalb der Bildhälfte aus literarischen Gründen notwendig sind, seien von der Sachhälfte her konstruiert. Dadurch bekommt seine Auslegung des Gleichnisses einen leicht allegorischen Charakter und läßt die eigentliche Pointe nicht mehr erkennen. Der Gedanke, daß der Verfasser ein ganzes Feld von möglichen Assoziationen zum Thema seines Gleichnisses zur Verfügung hatte, ist jedoch festzuhalten und wird später im Zusammenhang der Bildfeldtheorie noch einmal aufgegriffen.

Ein weiterer psychologischer Ansatz, jedoch diesmal vom psychotherapeutischen Standpunkt her, ist derjenige des Japaners Y.WATANABE. Er hat in dem Gleichnis von den Arbeitern im Weinberg eine entscheidende Wahrheit für sich entdeckt: Getrieben von Selbstwertunsicherheit strebt der Mensch danach, sich aufgrund seiner Leistung im Vergleich zu anderen positiver zu bewerten. Damit wird ein Konkurrenzbewußtsein hergestellt, daß die wirkliche Annahme anderer Menschen verhindert. Im Gleichnis Jesu findet Watanabe nun eine Lösung für dieses Problem der Selbstbewertungsangst. Hier "verkündigt Jesus eine unbedingte Annahme als letztgültige Annahme: Alle Arbeiter werden gleich und gleichzeitig belohnt - unabhängig von den üblichen Wertkriterien, aufgrund derer die Menschen notwendigerweise mehr oder weniger wert sind (...)".[61] So erscheint Jesus in Mt 20,1-16 als "Befreier von sozialer Selbstbewertungsangst...: Er zeigt in Wort und Tat eine unbedingte und letztgültige Annahme, die von unbewußter Selbstbewertungsangst befreien kann".[62]

Ein Vergleich von Mt 20,1-16 mit rabbinischen Gleichnissen kann WATANABES Ansicht dahingehend korrigieren, daß Jesus nicht der einzige Geschichtenerzähler war, der eine solche Befreiung verursacht haben könnte.

---

[60]Ibid. 88.

[61]Watanabe 66.

[62]Ibid. 67.

5.Kapitel: Der historische Ansatz

Während FIEBIG und MADSEN sich mit JÜLICHERS Verständnis des Gleichnisses als Vergleich im Unterschied zur Allegorie auseinandersetzten, griffen andere Exegeten wie C.H.DODD und J.JEREMIAS JÜLICHERS Hinweis auf die Wichtigkeit der historischen Situation für die Auslegung auf und versuchten, den historischen "Sitz im Leben" des Gleichnisses von den Arbeitern im Weinberg näher zu bestimmen.

C.H.DODD knüpft an JÜLICHER an, indem er behauptet, daß das Gleichnis im Zusammenhang mit dem Leben Jesu verstanden werden muß. Wenn man es historisch verstehen will, darf man in ihm seiner Meinung nach aber keine Lehre über allgemeine religiöse Wahrheiten sehen, wie JÜLICHER es tat, sondern man muß es vom Selbstverständnis Jesu, das von der gegenwärtigen Gottesherrschaft geprägt war, her interpretieren. Es historisch verstehen heißt also für Dodd, es eschatologisch verstehen. Die "realisierte Eschatologie" ist für ihn Prinzip der Interpretation des Gleichnisses, das "a striking picture of the divine generosity which gives without regard to the measure of strict justice" ist.[63] Mit einer bildhaften Darstellung der *basileia* antwortet Jesus auf Kritik der Pharisäer an seinem Verhalten: "The Kingdom of God is like that. Such is Jesus' retort to the complaints of the legally minded who cavilled at him as the friend of publicans and sinners".[64]

Da DODD die konkrete historische Situation nicht näher analysiert, sondern sie weitgehend auf eine spirituelle Dimension reduziert, nämlich das eschatologische Selbstverständnis Jesu, ist seine Auslegung nicht wirklich "historisch", sondern steht Jüngels hermeneutischem Ansatz nahe, der im 6.Kapitel vorgestellt wird.

Wie DODD will auch J.JEREMIAS dem Gleichnis, im Anschluß an Jülicher, seinen ursprünglichen Ort im Leben Jesu zuweisen. Er distanziert sich aber von Dodds Eschatologie-Begriff.[65]

Das Gleichnis von den Arbeitern im Weinberg ist nach JEREMIAS "ipsissima vox Jesu", ausgezeichnet durch Einfachheit und Verwendung von Bildern aus dem ländlichen Milieu in dem Jesus verkehrte. Es ist in einer konkreten Situation entstanden, nämlich in der

---

[63]Dodd, Parables, 92.

[64]Ibid.

[65]Jeremias, Gleichnisse, 194, spricht im Unterschied zu Dodd (realisierte Eschatologie) von "sich realisierender Eschatologie".

Auseinandersetzung Jesu mit seinen Gegnern (vgl. Jülicher und Dodd): "Offenbar ist das Gleichnis zu Menschen gesprochen, die den Murrenden gleichen, die die Frohbotschaft kritisieren, an ihr Anstoß nehmen - etwa zu Pharisäern".[66] Diesen Gegnern sagt Jesus: "So handelt Gott wie jener Hausherr, der Mitleid hatte mit den Arbeitslosen und ihren Familien. So handelt er jetzt. Er gibt auch den Sündern und Zöllnern Anteil an seinem Heil, ganz unverdient. Und so wird er am Jüngsten Tag an ihnen handeln. So ist Gott, so gütig. Und weil Gott so ist, darum bin auch ich es: denn ich handle in Seinem Auftrag und an Seiner Stelle. Wollt ihr über Gottes Güte murren?"[67]

Der ursprüngliche Sitz im Leben des Gleichnisses ist seiner Meinung nach die "Rechtfertigung der Frohbotschaft gegenüber ihren Kritikern".[68] Bei der Aufnahme durch die Urkirche fand dann ein Hörerwechsel statt. Matthäus richtet das Gleichnis an die Jünger. Damit verbunden ist eine "Verschiebung des Akzentes...: ein apologetisches Gleichnis ist zum paränetischen geworden".[69]

JEREMIAS verbindet historische Situation und Aussage des Gleichnisses, indem er Jesu Verhalten mit Gottes Verhalten verknüpft. Bei der Identifikation Jesu mit Gott handelt es sich aber um eine Glaubensaussage und nicht um ein historisches Faktum. Deshalb ist JEREMIAS' Auslegung am Ende eher als theologische, denn als historische zu betrachten.

In jüngerer Zeit hat E.LINNEMANN, eine Schülerin von JEREMIAS, den historischen Ansatz zur Gleichnisauslegung aufgegriffen. Sie sieht es als "unaufgebbare Erkenntnis der jüngsten Epoche der Gleichnisauslegung" an, "daß die Gleichnisse Jesu...auf eine historische Situation Bezug nehmen".[70] Der Exeget muß versuchen, "die Gleichnisse mit den Ohren ihrer ersten Hörer zu vernehmen".[71] Die Ursprungssituation der Gleichnisse ist die Unterredung, das Gespräch. Sie ist zu rekonstruieren aus dem "Phänomen der

[66]Ibid. 34.

[67]Ibid. 138f.

[68]Ibid. 34.

[69]Ibid. 37. Vgl. auch Eichholz, Gleichnisse, 100ff: Für das Verständnis des Gleichnisses bei Matthäus gilt der "jüngerkritische Akzent" (105). Nach Michaelis, Gleichnisse, 180, fand dagegen kein Hörerwechsel statt, denn das Gleichnis von den Arbeitern im Weinberg "wird von Anfang an an Jünger gerichtet gewesen sein".

[70]Linnemann 30.

[71]Ibid. 42.

Verschränkung".[72] Das Urteil des Hörers ist "verschränkt", wie etwa in der Reaktion der Ersten/Pharisäer in Mt 20,1-16, in die Parabelerzählung mit hineingenommen.

LINNEMANN ist sich aber auch der Begrenztheit solcher Rückschlüsse auf die historische Situation bewußt: "Die ursprüngliche Beurteilung der Lage durch den Hörenden, die wahren Ursachen seines Widerspruchs und damit ein klares Bild des Gegensatzes zwischen ihm und dem Parabelerzähler kann man aus der Parabel allein nicht erschließen".[73] Wenn man das Murren der zuerst gedingten Tagelöhner auf den Protest der Pharisäer gegen Jesu Tischgemeinschaft mit Sündern und Zöllnern bezieht, dann muß man beachten, daß weder Neid noch Selbstsucht die Pharisäer zur Kritik an Jesu Verhalten führte. Sie wollten vielmehr "die Gemeinschaft gegen das Überfluten der Sünde schützen".[74] Die Darstellung der Ersten im Gleichnis deckt sich also nur "verschränkt", d.h. in bestimmten groben Zügen, mit der historischen Gegnerschaft Jesu.

Das Gleichnis ist nicht "Streitwaffe" im Munde Jesu (vgl. JEREMIAS), sondern versucht, das Einverständnis der Hörer zu gewinnen (vgl. JÜLICHERS Verständnis vom argumentativen Charakter der Gleichnisse). Dies geschieht, indem Jesus "ein Gegenbild entwirft zu dem Eindruck von der Situation, der das Urteil seiner Gegner bestimmt". So kann er zeigen, daß das, was den Pharisäern als Bruch der Rechtsordnung erscheint, in Wahrheit auf Gottes Güte zurückzuführen ist. Die Hörer werden "genötigt, die Wende im Urteil mitzuvollziehen" und dieser neuen Erkenntnis in ihrem Verhalten zu entsprechen.[75] Das Gleichnis als Sprachgeschehen[76] ist keine zeitlose, in Bilder gefaßte Offenbarung über das Himmelreich, sondern zwingt zur Entscheidung und ermöglicht den Vollzug eines "Existenzwechsels", einer neuen Sicht der Welt. So hat es Bedeutung über die einmalige Ursprungssituation hinaus.

LINNEMANNS Erkenntnis der "Verschränkung" der Hörersituation im Gleichnis ist eine wichtige Neuerung gegenüber den früheren historischen Auslegungen. Ebenso ist ihre unpolemische Sicht des Verhältnisses zwischen Jesus und den Pharisäern hervorzuheben.

Auch K.H.RENGSTORFS Auslegung läßt sich unter den historischen Ansätzen einordnen. Er behandelt Mt 20,1-16 im Rahmen einer Abhandlung über den Lohngedanken in der

---

[72]Vgl. ibid. 35.

[73]Ibid. 36.

[74]Ibid. 92.

[75]Ibid.

[76]Vgl. dazu Fuchs.

Verkündigung Jesu. Insbesondere weist er darauf hin, daß auch der Lohn, den die zuletzt gemieteten Arbeiter erhalten, für Jesus "gerechter Lohn" ist (vgl. Mt 20,4). Dieser richtet sich nicht nach der Arbeitsleistung, sondern nach der Bedürftigkeit des Arbeitnehmers und der Bereitschaft des Arbeitgebers, ihm das zum Lebensunterhalt Nötige zukommen zu lassen. Hinter dem Arbeitgeber, der die Arbeiter nach ihrer Bedürftigkeit bezahlt, wird das Verhalten Gottes gegenüber den Menschen erkennbar: "Leitender Gesichtspunkt für Gottes Verhalten ist das jeweils vorhandene Bedürfnis, wobei nicht die Wünsche der Geschöpfe den Maßstab geben, sondern der Mangel an dem, was zur Erhaltung von Leben und Arbeitskraft notwendig ist".[77] In diesem Verhalten Gottes "klingen Gerechtigkeit und Güte...dissonanzlos zusammen".[78]

Ein Weiteres ist wichtig: Im Alten Testament bereits wird die Fürsorge gegenüber den Armen betont: "Es ist der Beachtung wert, daß Jesus mit Mt 20,1ff völlig innerhalb der sozialen Frömmigkeit des Alten Testaments bleibt, ja, daß er sogar eines ihrer hauptsächlichsten Axiome in die Königsherrschaft Gottes übernimmt, so daß es deren Bild maßgeblich bestimmt".[79]

Aufgrund seiner Kenntnis der jüdischen Tradition gelingt es RENGSTORF, das Gleichnis von den Arbeitern im Weinberg nicht im Gegensatz, sondern in Kontinuität zu jüdischen Vorstellungen von Gott und Mensch zu verstehen und so den ursprünglichen "Sitz im Leben" des Gleichnisses im zeitgenössischen Judentum zu bestimmen.

Wie für JEREMIAS, LINNEMANN und RENGSTORF, so gilt es auch für W.HAUBECK als vordringliche Aufgabe, "das Gleichnis im konkreten Zusammenhang der Geschichte Jesu zu sehen und zu verstehen, inwiefern die Parabel die Hörer auf die Pointe hin sammelt, um ihnen so die Königsherrschaft Gottes nahezubringen, so nahezubringen, daß diese ins Einverständnis mit ihr kommen können".[80]

Im Rahmen der damaligen Arbeitswelt klingt die Rechtfertigung des Arbeitgebers nicht überzeugend. Die Berufung auf dessen Güte ist vielmehr auf dem Hintergrund der *basileia* zu verstehen.[81] Die Aussage des Gleichnisses, "daß Gott denen Lohn austeilt, die ihn nicht

---

[77]Rengstorf, Frage, 153.

[78]Ibid. 150.

[79]Ibid. 154.

[80]Haubeck 96.

[81]Ibid. 101.

verdient haben", steht angeblich "der rabbinischen Lehre antithetisch gegenüber".[82] Da aber auch die Pharisäer wissen, daß jeder Mensch ein Sünder und Gott ihm gegenüber gütig ist, kann Jesus daran anknüpfen und sie fragen, ob sie denn wollen, daß Gott nicht gütig ist. Dies geschieht in der Frage am Schluß der Erzählung. Mit ihr wirbt Jesus um das Einverständnis seiner Hörer.[83]

Auch CH.DIETZFELBINGER stellt sich die Aufgabe, das Gleichnis "als Jesuswort auszulegen, als eine Erzählung, die von Jesus in einer bestimmten Situation zu bestimmten Menschen mit einer bestimmten Absicht von einem bestimmten Hintergrund her gesprochen worden ist".[84] Auch er kommt zu dem Ergebnis, daß der ursprüngliche "Sitz im Leben" der "Streit Jesu mit seinen Kritikern" war, mit Menschen, die gegen die Güte, die in Jesu Verhalten sichtbar wurde, protestierten. Sie warfen ihm vor, er verstoße gegen die Bestimmungen der Thora: "Dagegen setzt Jesus sich in Mt 20,1ff zur Wehr. Mit dem Motiv 'Güte verletzt Gerechtigkeit nicht' wendet er sich gegen die gefährliche Anklage, daß er die Thora verletze".[85] Jesus handelt nicht gegen die Thora. "Allerdings durchstößt er ein zu enges Verständnis der Thora, und er lebt in Wirklichkeit die von der Thora angesagte Güte Gottes...".[86]

Die hier vorgestellten Ansätze versuchen alle, Jesu Gleichnis auf dem Hintergrund der Auseinandersetzung Jesu mit seinen jüdischen Gegnern zu verstehen. Dabei identifizieren sie diese Gegner aber zumeist undifferenziert mit der Gruppe der Pharisäer und die Pharisäer meist mit einem rigorosen Lohn-Verdienst-Denken. Um die historische Situation genauer zu bestimmen ist es notwendig, sich die Vielfalt der zeitgenössischen jüdischen Lehren zum Thema Lohn zu verdeutlichen und Jesus innerhalb dieser Vielfalt einzuordnen. Auch hierauf wird bei der Bestimmung der Problemstellung dieser Arbeit noch näher einzugehen sein.

---

[82]Ibid. 103.

[83]Ibid. 106.

[84]Dietzfelbinger 126.

[85]Ibid. 135.

[86]Ibid. 136.

6.Kapitel: Der hermeneutische Ansatz

Für E.JÜNGEL, der sich als systematischer Theologe mit den Gleichnissen Jesu befaßt, fällt die historische Frage nach dem ursprünglichen Sinn des Gleichnisses mit der theologischen nach seiner Bedeutung für die Rede von Gott zusammen. Mit seiner Auslegung übt er Kritik an JÜLICHER und dem an ihn anknüpfenden historischen Ansatz. Da für JÜNGEL die Sprachform des Gleichnisses mit der Nähe der Gottesherrschaft zusammenhängt, die nicht anders als im Gleichnis zum Ausdruck kommen kann, darf man nicht zwischen Form und Inhalt unterscheiden: "Die Basileia kommt im Gleichnis als Gleichnis zur Sprache. Die Gleichnisse Jesu bringen die Gottesherrschaft als Gleichnis zur Sprache".[87] So erübrigt sich für ihn die Differenzierung zwischen Bild- und Sachhälfte. Denn im Bild ist ja schon die Sache präsent. Statt von einem *tertium comparationis* spricht er von einem *primum comparationis*, das die Einzelzüge auf sich als Pointe zusammenzieht und am Ende als *ultimum comparationis* erscheint.[88]

Auch JÜNGEL will das Gleichnis also im Rahmen des Verhaltens Jesu verstehen. Doch "Verhalten" ist bei ihm keine historische, sondern eine theologische Kategorie. So fällt "die Pointe der Parabel mit der Pointe der Geschichte Jesu zusammen. In der Geschichte Jesu hat Gott sich so verständlich gemacht, daß der Mensch im Ereignis der Güte Gottes sich selbst und sein Werk mit den Augen Gottes zu sehen lernt...An der Geschichte Jesu wird die Nähe der eschatologischen Gottesherrschaft als Ereignis der Güte Gottes offenbar".[89] Das Gleichnis als "Ereignis der Güte Gottes" richtet sich sowohl an die Jünger, als auch an die Pharisäer, will ihr Einverständnis gewinnen (vgl. LINNEMANN) und sie zu einer Entsprechung in ihrem Verhalten anleiten: "Jesu Gleichnisse rufen zur Nachfolge Jesu...Denn das in der Parabel von den Arbeitern im Weinberg zur Sprache kommende Ereignis der Güte Gottes will ein Ereignis der Liebe bleiben".[90]

Für JÜNGEL gilt das bereits als Kritik an DODD Geäußerte: Sein Ansatz ist nicht wirklich "historisch", geht nicht von der (sozialgeschichtlichen) Situation, in der Jesus die

---

[87]Jüngel, Paulus, 135.

[88]Ibid. 136.

[89]Ibid. 168.

[90]Ibid. 169.

Gleichnisse verkündigte, aus, sondern von einem Theologumenon, einem Glaubenssatz, der wohl erstmals in der Urgemeinde zum Ausdruck kam.[91]

Auch H.WEDERS Gleichnisauslegung, obwohl literaturwissenschaftlich beeinflußt, läßt sich unter die hermeneutischen Ansätze einreihen. In Anknüpfung an JÜNGEL, VIA und CROSSAN[92] und im Gegensatz zu JÜLICHER versteht WEDER das Gleichnis als Metapher,[93] deren Grundform ein Satz mit den Elementen Subjekt - Kopula - Prädikat ist. Auf das Gleichnis übertragen ist die *basileia* das Subjekt, die Gleichniserzählung das Prädikat. Die Gleichniserzählung bildet also die Gottesherrschaft ab. Wie JÜNGEL, so will auch WEDER eine Unterscheidung von Bild- und Sachhälfte aufgeben. Form und Inhalt lassen sich nicht trennen. Ebenso ist es unangemessen, nach einem *tertium comparationis* zu suchen. Vielmehr wird durch das Zusammentreffen von "Hausherr", "Arbeitern" und "Lohnauszahlung" ein "metaphorisches Bedeutungsfeld"[94] konstituiert, das auf den Lohn Gottes und die religiöse Leistung des Menschen weist.

Pointe des Gleichnisses ist auch für WEDER die Zahlung des gleichen Lohnes an alle und die Erklärung dieses Verhaltens als Güte. In der *basileia*, für die die Erzählung vom Verhalten des Hausherrn ein Bild ist, "sind die Verhältnisse bestimmt durch die Güte Gottes".[95] Das Gleichnis, das sich an alle richtet, bringt den Hörern die Gottesherrschaft nahe, indem es lehrt, die Welt mit anderen Augen zu sehen und von Leistungslohn-Vorstellungen befreit. So ereignet sich im Gleichnis die Güte Gottes (vgl. JÜNGEL).

Verständlich ist das Gleichnis nach WEDER jedoch nur im Kontext des Lebens Jesu. Es ist kein autonomes Gebilde (Via), sondern über die Gottesherrschaft "mit der Person des historischen Jesus unlösbar verbunden",[96] denn im Verhalten Jesu ereignet sich die *basileia*. Sein Verhalten gegenüber Sündern und Zöllnern korrespondiert mit dem Verhalten des Hausherrn gegenüber den Letzten. Wie das Gleichnis "die Güte Gottes zum Ereignis macht, so macht das Verhalten Jesu gegenüber Starken und Schwachen die Liebe

[91]Die Frage, ob Jesus sich mit Gott identifizierte, bzw. sich als "Messias" oder "Sohn Gottes" verstand, kann hier nicht diskutiert werden. Der Satz "in der Geschichte Jesu hat Gott sich verständlich gemacht" ist jedoch ein Glaubenssatz, der historisch weder verifizierbar noch falsifizierbar ist und wohl zunächst von der Urgemeinde vertreten worden ist.

[92]Für Via und Crossan siehe 7.Kapitel.

[93]Dem Metaphernbegriff Weders liegt die Metapherntheorie Ricoeurs zugrunde, vgl. Ricoeur/Jüngel.

[94]Weder 223.

[95]Ibid. 226.

[96]Ibid. 95.

Gottes zum Ereignis".[97] Das Gleichnis muß nach WEDER also christologisch, d.h. von der Grundmetapher "Jesus ist der Christus" her als "Bild Jesu Christi bzw. der in ihm nahen Gottesherrschaft" verstanden werden.[98] Mit der Parabel, die von der Güte Gottes handelt, "expliziert und legitimiert Jesus sein Wort und Werk".[99]

Da WEDER wie JÜNGEL das Gleichnis christologisch, d.h. von der nachösterlichen Situation her interpretiert, verkennt, bzw. ignoriert er dessen Bedeutung für die ersten Hörer Jesu. Entsprechend läßt die verabsolutierende Identifizierung der bildempfangenden Ebene mit der Gottesherrschaft keinen Raum für die Bestimmung eines konkreteren Kontexts. Hier sei auch auf FLUSSERS Feststellung hingewiesen, daß die Einleitung mit der Erwähnung der Gottesherrschaft typisch matthäisch ist und wohl nicht zum ursprünglichen Gleichnis dazugehört. WEDERS Bestimmung der Gleichniserzählung insgesamt als Metapher ist jedoch ein entscheidender Fortschritt über JÜLICHER (strikte Unterscheidung zwischen Gleichnis und Metapher) und FIEBIG (im Gleichnis sind einzelne Metaphern enthalten) hinaus. Damit kann eine allegorische Auslegung, die jede Einzelmetapher zu übertragen sucht, vermieden werden, während der metaphorische Charakter des Gleichnisses beibehalten wird.

Zuletzt sei noch auf R.HOPPES Auslegung des Gleichnisses von den Arbeitern im Weinberg hingewiesen. Sein anfänglich bekundetes Interesse ist ein historisches. Er will herausfinden, wo das Gleichnis seinen "Ort in der Verkündigung Jesu" hat und welches Interesse Jesus mit ihm bei seinen Hörern verfolgt.[100] Dabei lehnt er eine Identifizierung der "Ersten" mit den Pharisäern ab. Auch im Judentum wurde Gott als gütig vorgestellt. Da in der Vorstellung von der Güte Gottes "der gemeinsame theologische Horizont zwischen Jesus und seinen Hörern" besteht,[101] kann Jesus mit dem Gleichnis keine Kritik an den Pharisäern intendiert haben. Vielmehr "läßt sich [die Gleichniserzählung] eher als Erinnerung an ein gemeinsames Gottesbild verstehen, das freilich von den Hörern verschüttet worden ist".[102]

---

[97]Ibid. 229.

[98]Weder ist der Auffassung, "daß die christologische Interpretation als die notwendige Folge der geschichtlichen Wende vom Kreuz zur Auferweckung die den Gleichnissen Jesu angemessene Interpretation darstellt" (ibid. 96).

[99]Ibid. 229.

[100]Vgl. Hoppe 2.

[101]Ibid. 17.

[102]Ibid. 18.

Andererseits verknüpft HOPPE wie JÜNGEL und WEDER die Parabel mit der "Person"
Jesu. Jesus will nicht theoretisch von Gottes Güte reden, sondern sieht "diesen Gott in sich
selbst wirksam und anwesend". So gilt: "Jesus will mit dem den Menschen überzeugenden
Verhalten Gottes von seiner eigenen Person überzeugen; in seiner Person will Jesus Gott
verständlich machen und darauf drängen, daß die Hörer jetzt diese Überzeugung
existentiell vollziehen".[103]

Für HOPPE wie für JÜNGEL, WEDER und FUCHS ist das Gleichnis also
Sprachereignis. Daß sich letztere Behauptung weder am Gleichnis selbst noch am Kontext
verifizieren läßt und somit den Rahmen einer "historisch-kritischen" Exegese sprengt, stört
diese Ausleger nicht. Neuerdings kritisiert besonders D.STERN diese Auslegungsrichtung,
die von Nichtchristen gar nicht nachvollziehbar ist.[104] Nur diejenigen, die sich bereits
innerhalb des "theologischen Zirkels" (P.TILLICH) befinden, können dem Gleichnis als
Äußerung des "gottmenschlichen" Autors eine aus sich selbst heraus existenzwandelnde
Kompetenz zuerkennen. Nach STERN kann besonders der Vergleich neutestamentlicher
mit rabbinischen Gleichnissen einem solchen von bestimmten theologischen Prämissen
ausgehenden Verständnis entgegenwirken.[105]

---

[103]Ibid.

[104]Vgl. Stern, Wicked Husbandmen, 57: "But what are those of us who do not share these suppositions to do
with the parable?...Or are we doomed to be the proverbial outsiders in Mark's famous hardening theory of
parabolic discourse...?"

[105]Vgl. ibid. 58: Rabbinische Gleichnisse können dazu beitragen, Jesu Gleichnisse als Erzählungen zu
verstehen, "but without attributing to narrative, *qua* literary form, a logocentric, virtually revelatory potency".

7.Kapitel: Der literaturwissenschaftliche Ansatz

D.O.VIA wendet sich entschieden gegen den im Anschluß an Jülicher entwickelten historischen Ansatz. Es geht ihm um ein "Abrücken von einer Methodik, die die Gleichnisse in strenger Verbindung mit Jesu historischer Situation interpretiert".[106] Auf dem Hintergrund von Erkenntnissen der Linguistik und Literaturwissenschaft versteht er das Gleichnis nicht als Illustration einer Idee oder als Einkleidung einer Pointe, sondern als "genuines Kunstwerk" und "ästhetisches Objekt".[107] Man muß es literarisch, d.h. unabhängig von Author, Hörer und Umwelt auslegen, denn die Züge des Gleichnisses sind primär aufeinander bezogen und weisen erst sekundär auf eine historische Situation. Der Sinn ist der Sprache immanent, er liegt in "erkennbaren Strukturen von Wortverbindungen und Bezügen".[108] So richtet Via seine Aufmerksamkeit zunächst auf die Erzählstruktur und das in ihr implizierte Existenzverständnis.

Das Gleichnis von den Arbeitern im Weinberg hat ein "verknüpftes Erzählgerüst".[109] Es ist sowohl die Geschichte der Ganztagsarbeiter, die sich von der Güte des Hausherrn entfremden, als auch die Geschichte der zuletzt gemieteten Arbeiter, denen die Großzügigkeit ihres Arbeitgebers zuteil wird. Insofern verbinden sich im Gleichnis "tragische" Elemente mit "komischen", und insgesamt kann man es als "ironische Tragödie" bezeichnen.[110] Es "deutet an, warum einige die Gnade nicht erhalten. Wegen ihres undurchdringbaren nomistischen Existenzverständnisses, das in dem Bemühen begründet ist, ihre eigene Sicherheit zu bewerkstelligen, schließen sie sich selbst von der Quelle der Gnade aus".[111]

Die rein literarische Betrachtung muß nach VIA um eine theologisch-existentiale ergänzt werden, denn das überraschende Element, die Zahlung des vollen Tagelohnes an die Letzten, weist auf die "göttliche Dimension" im Alltag: "Während der letzte Sinn des Lebens Gottes gnädiges Handeln ist, kann der Mensch gleichwohl den tragischen Verlust seiner Existenz heraufführen".[112]

---

[106]Via, Gleichnisse, 9.

[107]Ibid. 72.

[108]Ibid. 48.

[109]Ibid. 142.

[110]Ibid. 143.

[111]Ibid. 145.

[112]Ibid. 146.

Da VIA es ablehnt, Jesu Gleichnis im historischen Kontext, d.h. im Kontext des zeitgenössischen Judentums zu deuten, liest er wie JÜNGEL spätere theologisch-existentielle Kategorien in es hinein und verkennt so die Bedeutung des Gleichnisses für seine ursprünglichen Hörer. Die Verwendung literaturwissenschaftlicher Methodik und die sorgfältige Betrachtung der literarischen Struktur des Gleichnisses sind jedoch ein wichtiger Neuansatz, auf den später noch zurückzukommen sein wird.

Einen literaturwissenschaftlichen Ansatz, der vom Strukturalismus geprägt ist, bietet J.D.CROSSAN. Er analysiert die literarische Struktur des Gleichnisses und leitet daraus Hinweise auf seine Aussageabsicht ab.

CROSSAN behandelt das Gleichnis von den Arbeitern im Weinberg im Rahmen einer Untersuchung über die Knechtsgleichnisse. Diese unterteilt er in solche, für die der Tun-Ergehen-Zusammenhang relevant ist und andere, die diesen Zusammenhang sprengen, wozu er auch Mt 20,1-16 zählt. Um das Gleichnis der "reversal"-Thematik zuzuordnen, d.h. solchen Gleichnissen, in denen eine bestimmte Norm umgekehrt wird,[113] läßt er es mit v.13 enden und erklärt die Verse 14 und 15 für sekundär mit der Begründung:

- πουηρός in v.15 ist typisch matthäisch;
- ἀγαθός in v.15 ist ein matthäischer Rückverweis auf ἀγαθός in 19,17;
- das Verhalten des Hausherrn ist nicht gütig zu nennen;
- v.13 ist ein "ästhetisch" schöner Ausklang des Gleichnisses, denn es werden Begriffe aus v.2 und v.4 aufgegriffen.

So schließt CROSSAN: "In summary, then, 20:15 must be removed from the original version and, most likely, so also should 20:14".[114] Das so abgegrenzte Gleichnis besteht aus zwei Szenen (v.2-7; v.9-13), die jeweils von einem Vers eingeleitet werden (v.1; v.8). Die erste Szene, in der die Reihenfolge von den Ersten bis zu den Letzten verläuft, gibt einen vertrauten Erzählzusammenhang wieder. In v.8 aber kündigt sich schon etwas Unerwartetes an, und in der zweiten Szene wird dann die Reihenfolge umgekehrt. Die Verkehrung des üblichen Erzählverlaufs deutet darauf hin, daß der Erwartungshorizont der Ganztagsarbeiter durch das Verhalten des Hausherrn zerbrochen wird: "The owner...is not one who is especially generous but one who violates expectations".[115] Nicht Gottes Güte will Jesus mit dem Gleichnis veranschaulichen, denn die Ersten erhalten keinen

---

[113]Crossan ordnet das Gleichnis von den Arbeitern im Weinberg zwar den "Parables of Action" zu, von denen er die "Parables of Advent" und die "Parables of Reversal" unterscheidet, doch auch in Mt 20,1-16 bleibt seiner Meinung nach die reversal-Thematik bestimmend.

[114]Crossan 35f.

[115]Ibid. 37.

proportional höheren Lohn.[116] Vielmehr kritisiert er die Haltung von Menschen, die bestimmte Erwartungen an Gott knüpfen, die meinen, sich die *basileia* rechnend verfügbar machen zu können, indem er ein Gleichnis erzählt, das den Menschen diese Erwartungen vorspiegelt und sie dann enttäuscht: "Jesus must tell a story which is quite possible and which does not raise irrelevant moral considerations. It is expectations that are to be reversed".[117]

Wenn man die Argumente für die Abtrennung der Verse 14 und 15 für nicht überzeugungskräftig hält, wird man auch der sich daran anschließenden strukturalistischen Auslegung nicht zustimmen können. Denn nur wenn die Pointe in v.13 formuliert wird, kann man sie eventuell in der Durchbrechung menschlicher Erwartungen sehen. Im Übrigen gilt für CROSSAN ebenso wie für VIA, daß eine Beschränkung auf die Analyse des literarischen Charakters des Gleichnisses wichtige Aspekte, die nur aus der Kenntnis der geistigen und sozialgeschichtlichen Umwelt gewonnen werden können, nicht berücksichtigt. Ein eindimensionaler Ansatz muß notwendigerweise zu einem eindimensionalen Ergebnis führen.

E.GÜTTGEMANNS wendet in einem *Semeia*-Artikel seine Theorie der Generativen Poetik u.a. auf das Gleichnis von den Arbeitern im Weinberg an.

Nach GÜTTGEMANNS liegt jedem narrativen Text ein Erzählgerüst zugrunde, das durch die Repräsentierung bestimmter Handlungen einen bestimmten rhetorischen Effekt erzielen will.[118] Dieses Erzählgerüst ist entweder tragisch oder komisch (vgl. VIA). Die Handlungsträger sind ihm untergeordnet, indem sie bestimmte vorgegebene Rollen ausfüllen. Der Autor eines Textes erweitert dieses Erzählgerüst, das aus Anfang, Mitte und Ende besteht, durch die Einfügung von Episoden.[119] Dabei folgen die in tragischen und komischen Texten möglichen Handlungen einer ganz bestimmten Logik. Sie lassen sich paarweise kombinieren und zu einem Repertoire oder "Lexikon narrativer Themen" oder Motifem-Verbindungen zusammenstellen.[120] "Motifeme" sind metalinguistisch definierte Funktionen der Handlungsträger, die im jeweiligen Text als "Motive" spezifiziert und

---

[116]Vgl. ibid. 35: "Most people would call him 'good' and 'generous' if, having given the last hired one denarius, he had increased the pay proportionately for the others".

[117]Ibid. 52, Anm.41.

[118]Vgl. Güttgemanns, Narrative Analysis, 127.

[119]Ibid. 128.

[120]Vgl. hierzu idem, Structural Study, 60f.

gewöhnlich als Verbindung eines Handlungs-Verbs mit einem Nomen verbalisiert werden.[121]

Der Inhalt eines Textes gehorcht den Gesetzen semantischer Kohärenz.[122] Es geht deshalb bei der Textanalyse in erster Linie darum, die "Tiefenstruktur", bzw. Verbindung von Motifemen, die dem Text zugrunde liegt, zu erkennen. Diese semantische Grundstruktur ist dann in einem zweiten Schritt mit den jeweiligen Ausdrucksformen, die sie verbalisieren, zu korrelieren. Ein dritter Schritt ist die Analyse der Aktantenstruktur, d.h. die Zuordnung der handelnden Personen zu sechs bereits festliegenden (in allen narrativen Texten wiederkehrenden) Rollen.[123]

Das Gleichnis von den Arbeitern im Weinberg besteht nach GÜTTGEMANNS aus drei Teilen. Der erste Teil (v.1-7) beginnt mit der Übergabe eines "Wertobjekts" ("object of value"), nämlich der Arbeit, durch den Hausherrn als "Spender" ("donor") an die Arbeiter. Später (v.7a) wird angezeigt, daß durch diese Handlung ein "Mangel" ("Lack")[124] aufgehoben wird ("Lack Liquidated").[125]

Das Gehen der Arbeiter zum Weinberg bedeutet Ortsveränderung ("Translocation"), sowie "positive Reaktion auf einen Test". Als Resultat erhalten die sich bereits im Weinberg befindenden Arbeiter "Helfer" ("Receiving an Adjuvant"). Dabei wird diese Sequenz (Qualifying Test - Reaction - Receiving an Adjuvant) fünfmal wiederholt und jeweils zeitlich näher bestimmt. Hier wird die Endsituation vorbereitet. Diese Anfangsszene teilt nichts über die Arbeit der Arbeiter im Weinberg mit. Dies wird jedoch später, in der Anspielung auf die "Last und Hitze des Tages" (v.12) kompensiert.

Der mittlere Teil beginnt mit v.8. Der "Spender" fordert seinen "Helfer" (den Verwalter) auf, den Arbeitern den "Helfer" (hier Lohn) zu übergeben. In v.9 kehren alle Arbeiter von der Arbeit zurück, so daß nun alle den "Helfer" empfangen.[126]

In v.11f erheben einige der Arbeiter "ungerechtfertigte Ansprüche". GÜTTGEMANNS nennt dieses Motifem "Masquerade". Diese Ansprüche werden durch den "Spender"

---

[121]Vgl. ibid. 55f.

[122]Vgl. idem, Narrative Analysis, 128.

[123]Vgl. ibid. 130.

[124]Bei den hier eingeklammerten Ausdrücken handelt es sich um die Motifeme.

[125]Vgl. ibid. 158.

[126]Vgl. ibid. 159.

zurückgewiesen ("Demasquerade"), da der Vertrag zwischen "Spender" und "Adressaten" nur den Empfang des "Helfers" und die "Aufhebung eines Mangels" betraf.

V.16 dient als Textabschluß. Es handelt sich um eine "double motifeme sequence", die zum Ausdruck bringt, "daß der Masquerade eine Demasquerade entsprechen muß".[127]

GÜTTGEMANNS gibt zu, daß die von ihm konstatierten Motifeme nicht explizit im Text vorhanden sind: "trivialities such as these are not always expressly verbalized by the text, but are more often implied as presuppositions".[128] Andererseits könnte man aber auch behaupten, daß GÜTTGEMANNS diese "Trivialitäten" in den Text einträgt, d.h. ihm bereits vorgefaßte Motifem-Strukturen überstülpt. Die behaupteten Motifeme sind ja nicht aus dem vorliegenden Text gewonnen, sondern von V.J.PROPP übernommen, der sie aus seiner Untersuchung russischer Volksmärchen, also ganz anders gearteter Texten, entwickelt hat. Die relative Unangemessenheit auch der vorgefaßten Aktantenstruktur zeigt sich an der Verwirrung stiftenden Bezeichnung sowohl des Verwalters als auch des Lohnes als "helper" oder "Adjuvant". Zwischen den verschiedenen Gruppen von Arbeitern wird nicht differenziert; sie werden kollektiv als "protagonists" bezeichnet. M.E. kann man durch diese Verwendung vorgegebener Kategorien die "Feinheiten" des Gleichnisses nicht erkennen.

T.AURELIO wendet die "disclosure"-Theorie I.T.RAMSEYS - eine Theorie religiöser Intuition und Evidenz - auf das Gleichnis von den Arbeitern im Weinberg an und versteht es als disclosure-Modell, das die "Urdisclosure" Jesu versprachlicht.[129] Diese Urdisclosure ist die Erfahrung, die Jesu mit der "lebendigen 'Geschichte' des Gottesreiches" gemacht hat,[130] und an der er die Hörer seines Gleichnisses teilnehmen lassen will. Sie ist die Bildempfängergeschichte, die im Gleichnis durch die Bildspendergeschichte modellhaft zum Ausdruck gebracht wird und sie als "qualifier" prägt. Dort haben auch die ungewöhnlichen Züge des Gleichnisses ihren Ursprung, die wiederum als "Zeigefinger"[131] auf die Bildempfängergeschichte, bzw. disclosure, zurückverweisen. Sie haben einen "Verfremdungseffekt" auf den Hörer, sie lassen ihn das "mehr" gegenüber der real

[127]Ibid.

[128]Ibid. 158.

[129]Vgl. Aurelio 177.

[130]Ibid. 97.

[131]Ibid. 101.

erfahrbaren Wirklichkeit erkennen. Dadurch soll erreicht werden, daß der Hörer im Modell die Urdisclosure Jesu entdeckt und zu einer persönlichen disclosure gelangt.[132]

AURELIO grenzt sich deutlich von VIA ab, der, wenn er das Gleichnis als ästhetisches Objekt betrachtet, nicht das Gleichnis als Ganzes untersucht, sondern nur die Bildspendergeschichte. Dagegen macht erst die "Aufeinanderprojizierung von zwei verschiedenen Geschichten"[133] das Wesen des Gleichnisses aus.

AURELIO betrachtet zunächst Struktur und ungewöhnliche Züge innerhalb der Bildspendergeschichte. Dabei deutet er v.14a ("Nimm das deine und geh hin!") als Strafe für das Verhalten der Ersten und kommt zu dem Ergebnis, daß sich v.16 nicht auf v.8, sondern auf die Struktur der Erzählung bezieht und somit den Inhalt der Bildspendergeschichte zum Ausdruck bringt: "Die Ersten werden tatsächlich oder können, wenn sie den Standpunkt des Hausherrn nicht annehmen wollen, Letzte werden, und die Letzten Erste".[134] Über das Motiv der Zahlung des gleichen Lohnes hinaus erkennt Aurelio zahlreiche ungewöhnliche Züge: den wiederholten Gang des Hausherrn zum Markt, die Rechtfertigung des Arbeitgebers etc.[135] Diese sind angeblich durch die Bildempfängergeschichte verursacht und weisen auf sie hin. Sie haben "allegorische Tendenz."[136]

In der Bildempfängergeschichte geht es um das Gottesreich. So wie der Hausherr ständig neue Arbeiter dingt, ist Gott ständig auf der Suche nach Menschen, die er berufen kann. Es geht im Gleichnis nicht eigentlich um die Lohnfrage: "Der Lohngedanke wird vom Hausherrn erledigt".[137] Vielmehr ist der Lohn schon die Arbeit im Weinberg, d.h. die "Zugehörigkeit zum Gottesreich", und das Dingen schon der "erste Akt der Gnade",[138] denn nicht um die zu erledigende Arbeit geht es dem Hausherrn, sondern um die Arbeiter.[139] Jesus, der sich selbst in seinem Leben den Sündern zuwendet, um sie "zu seinem Reich zu rufen",[140] also die erfahrene Urdisclosure realisiert, droht seinen Hörern

---

[132]Ibid. 89.

[133]Ibid. 93.

[134]Ibid. 169.

[135]Ibid. 173.

[136]Ibid. 161.

[137]Ibid. 172.

[138]Ibid. 176.

[139]Ibid. 171.

[140]Ibid. 177.

mit dem Gleichnis den Verlust der ersten Gnade der Berufung an, sofern sie "die Maßstäbe Gottes gegenüber den Zuletztgekommenen nicht teilen".[141] So können die Ersten Letzte werden.

Weil AURELIO die Bildspendergeschichte nicht auf dem Hintergrund sozialgeschichtlicher Quellentexte analysiert,[142] postuliert er ungewöhnliche Züge, die keine sind und sieht ihre Ursache in der Bildempfängergeschichte. Dies führt zu einer allegorischen Auslegung, die die eigentliche Intention des Gleichnisses verkennt.

W.HARNISCH wendet sich in seiner Auslegung des Gleichnisses ebenso gegen VIA, und zwar gegen dessen Verständnis des Gleichnisses als "ironische Tragödie", da die Ersten angeblich von der Gnade des Hausherrn ausgeschlossen werden. Demgegenüber geht es im Gleichnis nach Harnisch darum, das Einverständnis der Ersten, bzw. derjenigen, die sich mit ihnen identifizieren können, zu gewinnen. Dies wird deutlich, wenn man die Argumente betrachtet, die der Arbeitgeber zur Rechtfertigung seines Verhaltens anführt (v.13c und 15a): "Both arguments have the function of acquitting the owner of the charge of brutal arbitrariness (cf. the rebuke of v.12b)".[143] Die Rechtfertigung besteht aus zwei parallel aufgebauten Teilen:

- Feststellung des Arbeitgebers (v.13b.14b),
- rhetorische Frage (v.13c.15a),

wobei allerdings in v.15c anstatt des zu erwartenden Imperativs (vgl. v.14a) eine weitere Frage erscheint: "From the rhetorical point of view the deviation from the scheme is of the utmost importance...It stands in competition with the demand for dismissal of v.14a and seems to overshadow it. Clothed in the form of a question, it strives for the consent of the addressee".[144]

So ist dieses Gleichnis keine Tragödie, auch nicht im Hinblick auf die Ersten. Seine Bewegung ist nicht abwärts gerichtet, vielmehr gilt: "If one considers the fact that the dismissal of the angry first worker is overshadowed by the last sentence, which consciously holds open and suggests the possibility of an agreement, then the underlying thrust of the

---

[141]Ibid. 176.

[142]Er schreibt ibid. 174: "Deshalb ist es tatsächlich schade um die vielen Seiten, die im Kontext dieses Gleichnisses geschrieben worden sind, um das Gleichnis durch wirtschaftliche Zusammenhänge zu erklären. Das bedeutet, sich in der Bildspendergeschichte zu verlaufen, sich nicht mehr hinauszukennen, den Blick nicht mehr frei zu haben, den Wegweiser minuziös zu analysieren, und dennoch den Weg nicht mehr zu sehen".

[143]Harnisch, Metaphorical, 241.

[144]Ibid 242.

story is defined in an upward movement".[145] Es handelt sich hier um eine "Komödie". So ist die Frage an die Ersten in v.15b ironisch gemeint und folgendermaßen zu paraphrasieren: "Oder kannst du wirklich böse sein, weil ich gütig bin?" Zugrunde liegt hier die Annahme, daß niemand Güte mißbilligen kann. Indem sie den Adressaten nahegebracht wird, wird um ihr Einverständnis mit dieser Güte geworben. Das Gleichnis führt Liebe als neue Möglichkeit des Lebens ein, "a goodness, which for its part corresponds to the source of love and manifests love". Es hat nicht defensiven, sondern affirmativen Charakter: "It is to be understood as a 'pronominal word' (...) which advocates and takes the side of love".[146] So sucht das Gleichnis das Einverständnis der Ersten zu erlangen, denn auch sie sind von dieser Liebe abhängig.

Auch I.BROER zieht Erkenntnisse der Literaturwissenschaft zum Verständnis des Gleichnisses heran. Die historische Auslegung, wie sie z.B. von JEREMIAS praktiziert wurde, ist für ihn "ein unnötiger Umweg, der in der Regel auch nur zu höchst allgemeinen Lokalisierungen der Gleichnisse verhilft".[147] Dagegen sollte "das vorrangige Interesse des Exegeten auf den Text gerichtet sein", da "in der Frage nach der Entstehungssituation des Gleichnisses die Gefahr liegt, den Text zu früh abzublenden".[148]

BROER sieht in der Bemerkung in v.10 den "Schlüssel für die Interpretation": Die Ersten meinen, sie würden einen höheren Lohn als die Letzten erhalten, aber auch ihnen gibt der Hausherr nur einen Denar. Damit wendet sich das Gleichnis "gegen das Rechnen, gegen das Denken vom Anspruch her".[149] Es geht hier nicht um Gottes Güte allgemein, sondern um seine Güte, wie sie in einer ganz bestimmten Situation konkret wird. Mit der Güte wird das "Anspruchsdenken" getadelt: "Unser Gleichnis spricht also von der Güte, der gegenüber alles Pochen auf einen Anspruch unangemessen ist und der gegenüber allein eine Haltung der Freude über das Erhaltene geboten ist".[150]

Zum Schluß weist BROER noch darauf hin, daß bei der Gleichnisexegese nach "Leerstellen" im Text gefragt werden sollte. Durch die Leerstelle wird "eine Offenheit/Unbestimmtheit im Text signalisiert...,die der Leser innerhalb eines vom Text

---

[145]Ibid. 243.

[146]Ibid. 246.

[147]Broer, Gleichnisexegese, 18.

[148]Ibid. 21.

[149]Ibid.

[150]Ibid.

gegebenen Spielraumes (Sinnpotential) ausfüllen kann, soll und muß".[151] In Mt 20,1-15 wird durch den offenen Schluß eine Leerstelle konstituiert, die der Hörer/Leser selbst zu füllen hat. So wird er dazu motiviert, sich mit der im Text verhandelten Sache intensiv auseinanderzusetzen. Verschiedene Verständnismöglichkeiten sind nach BROER also vom Autor beabsichtigt.

G.SELLIN hat für das Gleichnis von den Arbeitern im Weinberg ein Aktantenmodell entwickelt, das die handelnden Personen des Gleichnisses zueinander in Beziehung setzt:[152]

Herr – Lohn – Arbeiter (1,2,3,4,5)
    Arbeiter (1 [2,3,4,5]).

Die einzelnen Arbeitergruppen sind Subjekt des Handlungsgeschehens. Mit ihrer Arbeit im Weinberg bemühen sie sich, den Lohn als Objekt des Handlungsgeschehens zu erreichen. Der Hausherr vermittelt den Arbeitern als Adressaten den erstrebten Lohn. Sellin bemerkt allerdings, daß "die Pointe, da sie wieder thematisch konstruiert ist, im Aktantenmodell nicht zum Ausdruck" kommt.[153] Insofern ist sein Modell nur begrenzt anwendbar.

Nach F.SCHNIDER ist dieses von SELLIN entworfene Aktantenmodell unzureichend, weil es "den Text des Gleichnisses nicht voll erfaßt".[154] Der Konflikt zwischen dem Arbeitgeber und den Arbeitern der ersten Stunde um die Zahlung des gleichen Lohnes wird nicht berücksichtigt: "Zur Strukturbeschreibung des Textes muß auch der Ablauf der Handlungssequenzen untersucht und innerhalb dieses Ablaufs der Handlungssequenzen das besondere Augenmerk auf die besprochene Welt gerichtet werden. Dadurch kann die Perspektive des je verschiedenen Standpunktes der Ersten und des Herrn zur gleichmachenden Lohnauszahlung erfaßt werden, d.h. der Text wird auch als 'System der Perspektivität' verstanden".[155] SCHNIDER gliedert den Text in Textsequenzen:

---

[151]Ibid. 25.

[152]Zum Aktantenmodell in der Literaturwissenschaft vgl. Greimas.

[153]Sellin, Gleichnisstrukturen, 101.

[154]Schnider 88.

[155]Ibid. 89.

(1) V.1-7: Sendung der Arbeiter in den Weinberg
Von struktureller Bedeutung für den Fortgang der Erzählung ist hier das Mieten von
Arbeitern zur ersten und zur letzten Stunde, sowie die Lohnvereinbarung mit den Ersten,
die mit den zuletzt eingestellten Arbeitern nicht getroffen wird.[156]

(2) V.8-12: Lohnzahlung und Einspruch der Ersten
Aus der Perspektive der Ersten erscheint der Hausherr, der beiden Gruppen den gleichen
Lohn zahlt, als ungerecht. Er hat ihre verschiedene Arbeitsleistung nicht berücksichtigt.

(3) V.13-15: Rechtfertigung des Hausherrn
Aus der Sicht des Arbeitgebers war die Zahlung des einen Denars an die Ersten gerecht,
denn sie entsprach den am Morgen getroffenen Vereinbarungen. Hinsichtlich der Zahlung
des gleichen Lohnes an die Letzten beruft er sich auf seine Freiheit und wirft den Ersten,
wenn sie dies nicht verstehen wollen, Mißgunst vor.[157]

Nach SCHNIDER erfaßt dieses Sequenzschema außer der Erzählstruktur der erzählten
Welt (v.1-12) auch die der besprochenen Welt (v.13-15), sowie die verschiedenen
Erzählperspektiven. Es ist also dem Modell SELLINS, das den narrativen Verlauf des
Gleichnisses nicht berücksichtigt, vorzuziehen.

Alle in diesem Kapitel vorgestellten Ansätze gehen von der literarischen Qualität des
Gleichnisses aus. Da es sich um einen literarischen Text handelt, ist es möglich, in der
modernen Literaturwissenschaft entwickelte Methoden auf ihn anzuwenden. Es wird
jedoch nicht gefragt, ob diese an neuzeitlichen Texten erprobten Methoden auch für einen
antiken Text adäquat sind, und so werden oft Modelle angewendet, die zwar in Anwendung
auf moderne Texte geläufig sind, aber im Hinblick auf das Gleichnis keine
bemerkenswerten oder zumindest umstrittene Ergebnisse erzielen (vgl. AURELIOS und
HARNISCH' Kritik an VIA, sowie SCHNIDERS Kritik an SELLIN). Andere
Erkenntnisse, wie WEDERS Bestimmung der Gleichniserzählung als Metapher (siehe
6.Kapitel), sind aber unbedingt festzuhalten. Alle diese Ansätze versäumen es jedoch, das
Gleichnis im Kontext seiner Ursprungssituation zu deuten, bzw. lehnen JEREMIAS' und
LINNEMANNS Forderung der Analyse des historischen Kontexts rigoros ab. Dadurch
lesen sie oft später entstandene christologische Vorstellungen in das Gleichnis hinein, die
ihm so bestimmt ursprünglich nicht anhafteten.

[156]Vgl. ibid. 90f.

[157]Ibid. 92.

Der katholische Theologe J.B.BAUER hat als erster eine Untersuchung des
sozialgeschichtlichen Hintergrundes des Gleichnisses unternommen. In dem Bemühen, die
"juristische Seite" des Verhaltens des Hausherrn im Gleichnis zu untersuchen, stellt er die
Frage: "...gab es überhaupt einen 'Stunden'-Lohn? oder mussten die Arbeiter, die für einige
Stunden aufgenommen wurden, nicht auch in irgendeiner Form einen 'Tag'-Lohn
erhalten?"[158]

Nach Sichtung verschiedener Rechtstexte[159] kommt er zu dem Ergebnis: "Von einer
Vereinbarung einer stundenweisen Bezahlung für einige Stunden erfahren wir nirgends
etwas".[160] Der Arbeitgeber war nach Bauer also dazu verpflichtet, den Arbeitern der
letzten Stunde, nachdem er sie einmal gemietet hatte, auch den vollen Tagelohn zu zahlen.
Nicht die Zahlung des gleichen Lohnes an alle ist dann aber das Ungewöhnliche, sondern
das Dingen von Arbeitern noch zu so später Stunde: "...niemand nähme Arbeiter noch zu
vorgerückter Stunde auf, wenn die Bedingung des ganzen Tagelohns schon bis zum Abend
drängte! Da liegt das Paradoxon. Gott gibt allen auch noch, da die 'letzte Zeit'
angebrochen ist, Gelegenheit, sich das Heil zu verdienen (soweit das am Menschen
liegt)".[161]

Für BAUER als Katholik ist der "Verdienstgedanke" nichts Negatives, von vornherein für
Jesu Gleichnis Unmögliches. Damit wirkt er einer allzu schnellfertigen protestantischen
Vereinnahmung des Gleichnisses für Luthers Gnadenlehre entgegen. Andererseits ist seine
Untersuchung sozialgeschichtlichen Hintergrundmaterials unzureichend, und so gelangt er
zu Schlüssen über ungewöhnliche Züge und damit auch über die Aussageabsicht des
Gleichnisses, die aufgrund einer genaueren Analyse der sozialgeschichtlichen Situation
abgelehnt werden müssen (wie etwa die Ungewöhnlichkeit des Dingens von Arbeitern zu

---

[158]Bauer 225.

[159]Für das jüdische Recht führt er nur mBM 9,11 an. Für das römische Recht beschränkt er sich auf
Sekundärliteratur.

[160]Ibid. 226.

[161]Ibid. 228.

vorgerückter Stunde oder die Verpflichtung des Arbeitgebers, allen den vollen Lohn zu zahlen).[162]

Auch der Protestant E.WOLF bietet eine rechtstheologische Interpretation des Gleichnisses mit sozialgeschichtlichen Implikationen. Er bedenkt die Konsequenzen des im Gleichnis dargestellten Sachverhalts für die Sozialethik. Aus dem im Gleichnis veranschaulichten "Gottesrecht" sollten auch Folgerungen für das "Nächstenrecht" hier und heute gezogen werden: "Sein Sinn: die Einladung zur Mitwirkung am Reiche Gottes, enthüllt sich dann gleichzeitig als Aufforderung, das Recht dieses Reiches als Richtschnur zu nehmen, das verborgene Königreich Christi schon 'zwischen den Zeiten' zu erkennen und ihm zu dienen".[163]

Was vom Gottesrecht her als gerecht erscheint, die gleiche Entlohnung trotz ungleicher Arbeitsleistung, ist vom Nächstenrecht her gesehen ungerecht. Dabei wird aber nicht berücksichtigt, daß es "in jedem Rechtsverhältnis niemals nur um ausgleichende, immer auch um austeilende Gerechtigkeit" geht: "Ebenso wie die gleiche Leistung ungleich entlohnt werden kann, so ungleiche Leistung gleich – je nach Ort, Zeit und Umständen, gemäß der 'Natur der Sache'".[164]

Diese besonderen Umstände, die den Arbeitgeber veranlaßten, auch den Letzten den vollen Lohn zu zahlen, sind folgende:

- Sie haben den Lohn nicht nur für ihre dem Arbeitgeber zur Verfügung gestellte Arbeitskraft, sondern auch für den von ihnen nicht verschuldeten Arbeitsausfall erhalten.
- Sie haben ihre Arbeit so gut wie möglich ausgeführt. Ihre Arbeitswilligkeit wird belohnt.
- Sie haben keinen Lohn verlangt, sondern auf die Gerechtigkeit des Arbeitgebers vertraut.
- Vielleicht haben sie in der kurzen Zeit mehr oder wichtigere Arbeit geleistet als die Ersten.[165]

Hinzu kommt: "Nicht die Arbeitszeit, sondern die Arbeitskraft wurde 'vermietet'; nicht die Leistung wurde entgolten, sondern der sich in zeitliche Unfreiheit Begebende erhielt, was er zum Lebensunterhalt benötigte". So handelt es sich bei der gleichen Belohnung der

[162]Vgl. etwa Eichholz, Gleichnisse, 95: Das Gleichnis selbst widerspricht der These Bauers, der Arbeitgeber sei verpflichtet gewesen, auch den Kurzarbeitern den vollen Lohn zu zahlen, "sofern es den Protest der Ganztagsarbeiter enthält und betont zur Geltung kommen läßt, den Protest, der nicht denkbar wäre, wenn der Herr des Weinbergs nicht anders hätte handeln können, als er handelt".

[163]Wolf 662.

[164]Ibid. 649.

[165]Vgl. ibid. 654f.

Ersten und Letzten nach WOLF auch vom Nächstenrecht her gesehen nur um eine scheinbare Ungerechtigkeit.[166] Die aus dem Gleichnis zu ziehende Lehre lautet: "...die dialektische Paradoxie allen menschlichen Rechts muß jederzeit und an jedem Ort bedacht werden, wenn die Frage nach der Gerechtigkeit richtig gestellt werden soll".[167]

Wie BAUER, so geht es also auch WOLF darum zu zeigen, daß das Gerechtigkeitsprinzip durch das Gleichnis nicht aufgehoben wird. Seine Verwendung von Materialien zum sozialgeschichtlichen Hintergrund ist allerdings sehr gering.

Im Unterschied dazu versucht J.D.M.DERRETT unter Verwendung von Quellentexten zum jüdischen Recht, wie es im Talmud zu finden ist, zu zeigen, daß die sogenannten ungewöhnlichen Züge im Gleichnis gar nicht so ungewöhnlich sind: "The claim that the parable is contrary to actual behavior is false".[168]

Den Anschein der Ungewöhnlichkeit, den die Zahlung des vollen Tagelohnes an die Letzten erweckt, beseitigt Derrett, indem er mit dem Prinzip des Lohnes "*Kepo'el Batel*" bekannt macht. Es handelt sich dabei um einen Standardlohn, der je nach Arbeitsmarktlage schwanken kann und unter bestimmten Bedingungen an Arbeiter gezahlt wird: "A worker had a notional minimum wage, fluctuating from time to time with the market in which he was hired".[169] DERRETT vermutet, daß ein solcher Lohn auch einem für wenige Stunden gemieteten Arbeiter zusteht, weil er seiner Freiheit beraubt wird: "Everyman's leisure has a value, and there is an inducement which is sufficient to make it 'worth one's while' to work".[170] Hinzu kommt, daß der Arbeitgeber bei den Letzten die den Arbeitern zustehende Traubenration einsparen kann. Wenn er also auch den Letzten einen Denar zahlt, dann erweist der Hausherr sich damit nicht als besonders großzügig, sondern

---

[166]Ibid. 654. Vgl. auch 658: Der eine Denar ist "nicht nur der rechtliche, sondern auch der rechte ('gerechte') Lohn gewesen für Jeden [sic], der seine Arbeitskraft in der Zeit eines Tages zur Verfügung stellte. Zwar wäre es nicht unbillig gewesen, den kürzer Arbeitenden einen geringeren Tagelohn anzubieten—jedoch: ihnen den vollen nicht auszuzahlen, nachdem sie im Vertrauen auf das verheißene το δίκαιον die Arbeit so spät noch aufnahmen, erscheint—von ihrem 'Standpunkt' aus gesehen—ungerecht".

[167]Ibid. 660.

[168]Derrett, Workers, 66.

[169]Ibid. 78.

[170]Ibid. 76.

er verbindet Geschäftsdenken mit der Absicht, "sich einen guten Namen in Israel zu machen".[171]

Unerklärlich bleibt aber dann das Murren der Ersten. Auch ist DERRETT zum Vorwurf zu machen, daß er sich bei der Heranziehung von Quellentexten zum jüdischen Recht nicht auf tannaitische Texte beschränkt, sondern viel spätere talmudische Aussagen verwendet, die eine im ersten Jahrhundert so noch nicht geltende soziale und wirtschaftliche Situation widerspiegeln. So ist die These vom Lohn *"Kepo'el Batel"* für die Letzten nicht haltbar, was an späterer Stelle noch gezeigt werden soll[172].

Auch nach L.SCHOTTROFF ist es für das rechte Verständnis des Gleichnisses wichtig, die in der Bildhälfte angesprochene Lebenswirklichkeit, d.h. die dort vorausgesetzten sozialen und wirtschaftlichen Verhältnisse möglichst genau zu kennen. Erst wenn man das Verhältnis des Bildes zur Realität geklärt hat, kann man ungewöhnliche Züge erkennen, bzw. Schwerpunkte des Gleichnisses ermitteln.

Um die sozialgeschichtlichen Angaben des Gleichnisses näher zu beleuchten, verwendet SCHOTTROFF in größerem Ausmaß als BAUER, WOLF und DERRETT jüdisches und griechisch-römisches Quellenmaterial. Sie kommt zu dem Ergebnis, daß "Mt 20,1-15...in allen Einzelheiten die Lebenswirklichkeit darstellt—bis auf einen Punkt: Das Verhalten des Arbeitgebers bei der Löhnung. Dieses Verhalten steht in scharfem Kontrast zur Realität".[173] Schwerpunkte des Gleichnisses sind die Güte des Arbeitgebers, die der Güte Gottes entspricht, und das Murren der Ganztagsarbeiter, bzw. unsolidarisches zwischenmenschliches Verhalten als Reaktion darauf. Zwar ist das Gleichnis keine Sozialkritik, sondern will von der Güte Gottes reden, aber es ist dennoch bedeutsam, daß Jesus dazu gerade Bilder aus der Arbeitswelt verwendet. Die Güte Gottes ist keine abstrakte Größe, sondern wird im Alltag erfahrbar und hat "Konsequenzen für das Leben der Menschen miteinander".[174]

In der konkreten Situation des Lebens Jesu war das Gleichnis keine Kritik an den Pharisäern, sondern eine "freundschaftliche Werbung"[175] um sie: "Die Benutzung des

---

[171] Vgl. ibid. 80: "The employer was not quixotic, and...what he did was, though generous, only marginally so, and combined business sense with the behavior of a man wishing to retain a good name in Israel".

[172] Siehe I.6.B.

[173] Schottroff, Güte, 79.

[174] Ibid. 81.

[175] Ibid. 92.

Gerechtigkeitsempfindens als Waffe gegen andere Menschen"[176] wird so dargestellt, daß die Hörer sich darin wiedererkennen, dieses Verhalten falsch finden und sich selbst ändern. Zweck der Gleichniserzählung ist es also, Solidarität zu lehren, Solidarität als Reaktion des Menschen auf die Güte Gottes.[177]

Da SCHOTTROFFS Analyse der sozialgeschichtlichen Situation viel ausführlicher und genauer ist als diejenige ihrer Vorgänger, ist sie in der Lage, ungewöhnliche Züge nur dort zu erkennen, wo keine Entsprechung zur Wirklichkeit vorliegt. Auch ist ihre Bestimmung des konkreten Sitzes im Leben des Gleichnisses frei von jeder Polemik gegen Pharisäer oder das Judentum. Insofern stellt ihre Auslegung die erste wirklich ernst zu nehmende sozialgeschichtliche Interpretation des Gleichnisses dar.

F.MANNS weist auf die Grenzen der sozialgeschichtlichen Methode hin. Auch er befürwortet die materialistische Exegese, aber sie reicht seiner Meinung nach nicht aus, um die Botschaft eines biblischen Textes vollständig zu erfassen: "Cette brève étude voulait souligner l'importance de la lecture 'materialiste' de l'Ecriture. L'importance, mais pas l'exclusivism de cette lecture".[178]

Dies versucht er am Beispiel von Mt 20,1-16 deutlich zu machen. Viele Elemente des Gleichnisses sind auf dem Hintergrund der sozialen Welt gut verständlich: das Mieten der Arbeiter durch den Hausherrn selbst, der mit den ersten vereinbarte Lohn, das Murren der Arbeiter. Die Beleuchtung des sozio-ökonomischen Hintergrundes darf allerdings nur der erste Schritt der Auslegung sein, denn der eigentliche Sinn des Gleichnisses ist erst durch eine theologische Auslegung zu erfassen.[179] Er wird erst deutlich, wenn man das Gleichnis auf dem Hintergrund der Vorstellung vom Neuen Bund einerseits und der Vorstellung von den Verdiensten der Väter andererseits liest: "La parabole..., voulant souligner que les adhérents de toutes les diverses alliances dont il est question dans la Bible seront récompensés, reprend probablement cette doctrine commune en ce qui concerne le mérite".[180] Thema des Gleichnisses ist nach MANNS das "Murren" Israels angesichts der gnädigen Erwählung der Heiden. Damit hat er allerdings nicht den ursprünglichen Sinn des Gleichnisses erfaßt, sondern allenfalls seine Bedeutung für Matthäus.

---

[176]Ibid. 82.

[177]Vgl. ibid. 83.

[178]Manns 268.

[179]Ibid 265f: "Le contexte, fût il socio-économique, n'explique pas le sens du texte...Aussi convient-il de compléter une lecture matérialiste par un supplément de lecture théologique".

[180]Ibid. 267f.

Insgesamt muß der sozialgeschichtliche Ansatz als ein großer Fortschritt in der Gleichnisauslegung angesehen werden. Anknüpfend an JEREMIAS' Betonung der Wichtigkeit der Kenntnis der historischen Situation verstehen seine Vertreter unter "historischer Situation" nicht nur die allgemeinen politischen Unstände oder die spezielle Auseinandersetzung Jesu mit seinen Gegnern, sondern auch die sozio-ökonomischen Gegebenheiten, die sich in den Texten widerspiegeln, und die den ersten Hörern der Gleichnisse gleich vertraut gewesen sein müssen. Nur auf dem Hintergrund der sozialgeschichtlichen Verhältnisse ist es möglich, ungewöhnliche Züge zu erkennen und das Gleichnis mit den Ohren seiner ersten Hörer zu hören. Obwohl SCHOTTROFF im Hinblick auf Mt 20,1-16 bereits unfangreiches Material gesammelt hat, ist es dennoch möglich, hier weitere Aspekte anzufügen. Dies soll im ersten Teil dieser Arbeit geschehen.

9.Kapitel: Der redaktionsgeschichtliche Ansatz

Einen dezidiert redaktionsgeschichtlichen Ansatz gibt es nicht. Jedoch gehen die meisten Exegeten nach Behandlung des Gleichnisses als Jesuswort auf die Bedeutung des Gleichnisses für Matthäus und seine Gemeinde ein. M.D.GOULDER stellt hier eine Ausnahme dar. Seiner Meinung nach ist Mt 20,1-16 insgesamt, wie alle Matthäus-Sondergut Gleichnisse, eine literarische Schöpfung des Matthäus.[181] Es ist unmöglich, das ursprüngliche Gleichnis Jesu, wenn es dies überhaupt gegeben hat, zu rekonstruieren. So hat Matthäus das Gleichnis von den Arbeitern im Weinberg geschrieben, um damit das markinische Logion "Viele aber, welche Erste sind, werden Letzte sein" (Mk 10,31) zu kommentieren.[182] Was dieses Logion im Kontext der matthäischen Gemeinde bedeuten könnte, erwähnt Goulder jedoch nicht.

Andere haben klar erkannt, daß Gleichnisaussage und Logion nicht miteinander übereinstimmen, daß das Gleichnis Erste und Letzte gleichstellt, während das Logion, unabhängig vom Gleichnis betrachtet, einen Rangwechsel vorsieht.[183] Der Autor des Gleichnisses kann deshalb nicht mit demjenigen, der das Gleichnis mit dem Logion verbindet, identisch sein.

Wie bereits im Zusammenhang mit D.FLUSSERS Auslegung erwähnt wurde, ist anzunehmen, daß Matthäus nicht nur für die Verbindung von Gleichnis und Logion, sondern auch für die Einleitungsformel "Das Reich der Himmel ist gleich..." verantwortlich ist.[184] Mit dem Logion kündigt Matthäus seiner Gemeinde das Gericht an. Wer sind dann die Ersten und Letzten?

E.SCHWEIZER identifiziert die Ersten mit Menschen, die dem reichen Jüngling (Mt 19,16ff) gleichen: "In 19,30 besagt er, daß die, die hier alles besitzen, einst hinter denen

---

[181]Goulder, Characteristics, 51ff, weist auf die augenscheinlichen Unterschiede zwischen den Gleichnissen in den verschiedenen Evangelien hin, z.B.
- meidet Matthäus die markinischen Naturgleichnisse;
- ist Matthäus der weitschweifige orientalische Geschichtenerzähler unter den Evangelisten;
- liebt Matthäus Kontraste in seinen Gleichnissen;
- beinhalten die matthäischen Gleichnisse mehr allegorische Elemente als die des Markus oder Lukas;
- nimmt das Handeln Gottes bei Matthäus einen größeren Raum ein als bei Markus (siehe seine Einleitungsformel: "Das Reich Gottes ist gleich...").

[182]Ibid. 67.

[183]Erlemann 97, Anm. 216, weist darauf hin, daß ein Rangwechsel im Himmelreich auch an anderen Stellen im Matthäusevangelium vorausgesetzt wird.

[184]Siehe auch Gnilka, Matthäusevangelium 2, 176: Die Einleitungsformel stimmt mit Mt 13,31.33.44.45.47 überein.

stehen könnten, die jetzt alles aufgeben und Jesus nachfolgen".[185] Ebenso urteilt L.SCHOTTROFF: "Mt 19,30 kritisiert den reichen Jüngling und Menschen wie ihn".[186] Während es allerdings in 19,16-30 um das Thema "reich-arm" ging, geht es ihrer Meinung nach ab 20,1 um die Rangfolge in der Gemeinde. Die Bedeutung hat sich also etwas verschoben: "Mit 20,1 fängt Matthäus ein neues Thema an. Es geht nun um das Problem, daß einige Jesusjünger gegenüber anderen Jesusjüngern die Ersten sein wollen...".[187] Mt 20,1-16 kritisiert dann "Menschen wie die Mutter der Zebedaiden und die Langarbeiter", die auf Kosten anderer Christen religiöse Privilegien beanspruchen.[188] Diese anderen Christen identifiziert sie mit den "Kleinen", die in Mt 18 erwähnt werden, und in denen sie sozial schwache Gemeindmitglieder sieht, die von den Gemeindeleitern, den "Ersten", schlecht behandelt werden.[189]

Anders als SCHWEIZER und SCHOTTROFF sieht G.BARTH in Mt 19,30 eine "scharfe Warnung" an Jünger wie Petrus: "Mt 20,1-15 ist also von Matthäus speziell auf die Frage 19,27 hin angefügt!" Matthäus hat hier den Ungehorsam der Jünger hervorgehoben.[190]

BARTH läßt die Frage unbeantwortet, wer dann für Matthäus die "Letzten" sind, die zu "Ersten" werden. A.SCHLATTER sieht in ihnen die Reichen: Der Jünger "darf die Einheit der Gemeinde nicht dadurch stören, daß er die Besitzenden mißachtet, als hätten sie nur eine geringere Art von Frömmigkeit. Damit, daß Petrus und die anderen Erste sind, ist ihnen nicht zugesagt, daß sie es auch bleiben, und damit, daß andere, z.B. Reiche von der Art des Jünglings, Letzte sind, sind sie nicht unter das Urteil gestellt, daß sie es bleiben".[191]

J.GNILKA weist auf die Symbolik des Weinbergs hin, die Matthäus nicht entgangen sein kann. Diese läßt sich einerseits auf Jüngerschaft und Kirche beziehen, andererseits aber auch auf Israel und die Heiden (vgl. Mt 19,28). Eine eindeutige Identifizierung ist letztendlich nicht möglich. GNILKA betont: "Auf keinen Fall wird man das Bild pressen dürfen".[192]

---

[185]Schweizer, Evangelium nach Matthäus, 257.

[186]Schottroff, Güte, 87.

[187]Ibid. 86.

[188]Ibid. 87.

[189]Ibid 90f. Auch Gnilka, Verstockung, 114, denkt bei den "Ersten" an Gemeindeleiter: "Vielleicht richtet sich Matthäus im besonderen gegen anmaßende kirchliche Vorsteher".

[190]Barth 112, Anm.5. Vgl. auch Eichholz, Gleichnisse, 101ff; Frankemölle, Jahwebund, 154; Haubeck 107.

[191]Schlatter, Evangelium, 585.

[192]Gnilka, Matthäusevangelium 2, 181.

Abschließend sei noch auf zwei neuere Auslegungen hingewiesen, die allerdings keine eigentlich neuen Lösungen bieten, sondern eher bereits geäußerte bekräftigen.

Da K.ERLEMANN nicht zwischen dem ursprünglichen, möglicherweise von Jesus verfaßten, Gleichnis und seiner Bearbeitung durch Matthäus unterscheidet, sieht er mit K.BERGER[193] den im Gleichnis enthaltenen Zeitaspekt der Dingung der Arbeiter als entscheidendes Kriterium für das Verständnis des Gleichnisses durch Matthäus an: "Als Adressaten auf der Gemeindeebene kommen somit Gemeindeglieder der 'ersten Stunde' in Betracht, die den später Hinzugekommenen aufgrund mißgünstiger, auf den eigenen Vorrang bedachten Haltung, die Anerkennung verweigern".[194] Methodisch ist eine solche Vorgehensweise deshalb abzulehnen, weil das Gleichnis hier nicht vom Kontext, sondern der Kontext vom Gleichnis her verstanden wird. Innerhalb des literarischen Kontextes des Gleichnisses (und innerhalb des Neuen Testaments überhaupt) wird aber der Zeitpunkt der Aufnahme in die Gemeinde kaum als relevant oder problematisch angesehen.[195] ERLEMANNS Betonung des Zeitaspekts erinnert an die allegorischen Auslegungen des Gleichnisses durch die Kirchenväter (siehe VII.1).

Wie ERLEMANN, so versteht auch L.SCHENKE das Logion in 19,30/20,16 im zeitlichen Sinne. Die Ersten und Letzten unterscheiden sich voneinander durch den Zeitpunkt ihrer Aufnahme in die Nachfolge.[196] Im Anschluß an seine Untersuchung des Kontexts des Gleichnisses gelangt er dann jedoch zu einer anderen Identifizierung. Die "Letzten" sind solche Gemeindeglieder, die wie die Jünger in 19,25 an ihren Besitztümern festhalten; die "Ersten" entsprechen denen, die die in 19,29 genannten Forderungen erfüllen, also "vollkommener" sind. Beiden Gruppen verspricht Matthäus mit dem Logion gleichen Lohn. Davon abgesetzt sind Gemeindeleiter wie Petrus, denen im "Sitzen auf den zwölf Thronen" (v.28) eine Art Sonderbelohnung zuteil wird.[197]

Die Problematik von SCHENKES Interpretation besteht darin, daß in 19,16-30 nicht von drei, sondern nur von zwei verschiedenen Jüngergruppen die Rede ist. Eine Unterscheidung der Jünger in solche, die reich sind (v.25), und solche, die "vollkommen" sind (v.29), abgesehen von den "Zwölf", läßt sich nicht halten. Es wird hier nur unterschieden zwischen denen, die Besitzverzicht leisten, wie Petrus (v.27), und anderen,

[193]Vgl. Berger, Gesetzesauslegung, 448.

[194]Erlemann 103.

[195]Nach 1 Tim 3,6 sollen "Neophyten" nicht "Bischof" werden. Umgekehrt ist Stephanus als "Erstling Archaias" (1Kor 16,15) eine Autoritätsperson in der Gemeinde. Er gibt somit keine Indizien dafür, daß ältere Gemeindeglieder höheres Prestige hatten. Für diese Hinweise danke ich Prof. Theißen.

[196]Vgl. Schenke 249.

[197]Vgl. Schenke 252: "Sie sind von dem Logion 19,30 gar nicht betroffen".

die diese Forderung nicht erfüllen (v.25). Die "normalen" Christen werden durch Gottes paradoxe Gnade gerettet, da ihm alles möglich ist (v.26), und auch die radikalen Nachfolger (mit den Jüngern an der Spitze) erhalten den ihnen angemessenen Lohn (v.28f). Unter Umständen kann aber einer Gruppe ihr Lohn gekürzt werden.[198]

Da SCHENKE das Logion im Sinne einer Gleichstellung von Ersten und Letzten versteht, gibt es seiner Meinung nach keine Dissonanz zwischen Logion und Gleichnis, sondern der Übergang ist "organisch".[199] So wie das Gleichnis von gleichem Lohn für verschiedene Arbeit spricht, so verheißt das Logion gleichen Lohn für Erste und Letzte. Das Gleichnis führt das Thema des Kontextes fort. Darüberhinaus rechnet SCHENKE mit direkten Eingriffen des Matthäus in die Gleichniserzählung. Das Dingen von Arbeiten zur dritten, sechsten und neunten Stunde, sowie die Figur des Verwalters bei der Lohnauszahlung sind seiner Meinung nach überflüssige Elemente, die den Erzählverlauf nur stören. Sie können am besten als sekundäre Hinzufügungen des Matthäus verstanden werden, der das Gleichnis damit seiner Gemeindesituation anpaßte. Durch Erweiterung der Anwerbungsszene "trägt Matthäus der seit Jesu Wirken verflossenen Zeit der Kirche und ihrer Mission Rechnung", während er mit der Figur des Verwalters den richtenden Menschensohn ins Spiel bringt.[200]

Diese Elemente lassen sich aber auch vom sozialgeschichtlichen Hintergrund und von der narrativen Struktur her erklären. Das mehrmalige Dingen von Arbeitern könnte aus Kostenersparnisgründen erfolgt sein. Am Anfang werden nur wenige Arbeiter angestellt. Da der Arbeitgeber deren Effizienz, sowie etwaige äußere Umstände, die die Arbeit verlängern, nicht absehen kann, mietet er fortlaufend weitere Arbeiter.[201] Erzähltechnisch gesehen mildert die Einfügung der zweiten bis vierten Gruppe den starken Kontrast zwischen Ersten und Letzten. Auch die Lohnauszahlung durch den Verwalter ist durchaus vorstellbar, selbst wenn der Arbeitgeber persönlich die Arbeiter gedungen hat. Der Verwalter kann zur Zeit der Dingung mit der Beaufsichtigung der Arbeiten beschäftigt gewesen sein. Im übrigen zeigen diese nicht eindeutig erklärbaren Elemente, daß eine gewisse Unausgeglichenheit, die so oft im Hinblick auf rabbinische Gleichnisse bemerkt wurde, auch für neutestamentliche Gleichnisse gilt. SCHENKES Behauptung einer matthäischen (allegorisierenden) Bearbeitung des Gleichnisses ist also nicht überzeugend.

---

[198]Da das Logion von einem Rangwechsel spricht, handelt es sich um eine Drohung, die Kritik an den Ersten impliziert.

[199]Vgl. Schenke 253.

[200]Vgl. ibid. 256-259. 267.

[201]Siehe unter I.2, sowie Erlemann 94, Anm.204.

Die hier vorgestellten Ansätze zur Redaktionsgeschichte werden in VI.2.B noch einmal aufgegriffen und im Einzelnen diskutiert werden.

10.Kapitel: Problemstellung

Wie aus dem forschungsgeschichtlichen Überblick hervorgeht, sind in der neueren Gleichnisauslegung der religionsgeschichtliche, der literaturwissenschaftliche und der sozialgeschichtliche Ansatz vorherrschend. Sie wurden jedoch bisher immer isoliert betrieben, d.h. die jeweiligen Exegeten konzentrierten sich auf einen dieser Ansätze bei Ausschließung der übrigen. Wie im vorherigen Kapitel bereits gezeigt wurde, kann die ausschließliche Verwendung einer Methode leicht zu Kurzschlüssen führen, denn ein Gleichnis ist weder nur autonomes literarisches Kunstwerk, abgehoben von der sozialen Welt, in der es erzählt wird, noch bloßes sozialgeschichtliches Dokument über die damalige Arbeitswelt, noch dogmatisch-theologische Abhandlung über Eschatologie, sondern eine Mischung all dieser Aspekte. Die vorliegende Arbeit ist deshalb ein Versuch, die drei genannten methodischen Vorgehensweisen zu verbinden und sie für die Auslegung des Gleichnisses von den Arbeitern im Weinberg fruchtbar zu machen.

a) Religionsgeschichtlicher Ansatz

Da das Gleichnis von den Arbeitern im Weinberg wohl zur relativ ältesten Jesustradition gehört (vgl. 5.Teil), muß man es im Anschluß an E.LINNEMANN im Kontext des Lebens Jesu verstehen.[1] Es im Kontext des Lebens Jesu verstehen heißt, zu berücksichtigen, daß Jesus als Jude in einer jüdischen Umwelt lebte und lehrte. Man muß ihn also im Lebensrahmen seines Volkes und seiner Zeit und seine Lehre im Zusammenhang mit anderen jüdischen Lehren sehen. So gilt es, die Anregung FLUSSERS aufzugreifen und das Gleichnis Jesu im Rahmen anderer jüdischer Lohngleichnisse zu betrachten.

Wie im vorherigen Kapitel bereits gezeigt wurde, ist ein solcher Vergleich ansatzweise schon in der Vergangenheit unternommen worden. So zogen JÜLICHER, FIEBIG, JEREMIAS und andere Exegeten das rabbinische Gleichnis KohR 5,11 zum Vergleich heran und kamen zu dem Ergebnis, daß Jesu Gleichnis das genaue Gegenteil dieses Gleichnisses sei, ja, daß er die dort ausgedrückte jüdische Lohnethik mit seinem Gleichnis geradezu entwurzeln wolle. Ein Vergleich zwischen rabbinischer Lehre und Lehre Jesu mußte a priori zu Ungunsten der ersteren ausfallen, denn man ging von einem Modell der

[1]Siehe Linnemann 41.

Verhältnisbestimmung von Israel und Kirche aus, in dem Israel als Negativfolie der Kirche verstanden wurde.[2]

Stellvertretend für eine weit verbreitete Auffassung schreibt W.O.E.OESTERLEY:

> "Unverkennbar bleibt jedoch der ungeheure Unterschied, der - sowohl in Bezug auf den Stoff und die Behandlung als auch vor allem in Bezug auf die Anwendung - zwischen den Gleichnissen der Evangelien und denen der Rabbinen besteht. Obwohl die letzteren häufig interessant und lehrreich sind, stehen sie doch auf einem weit niedrigeren Niveau...: aber nach unserer Überzeugung wird jeder objektive Leser zugeben müssen, daß die Gleichnisse der Rabbinen einen Vergleich mit denen der Evangelien kaum aushalten".[3]

Stimmen jüdischer Neutestamentler, wie etwa diejenigen MONTEFIORES und HEINEMANNS, die versuchten, Jesus und seine Lehre im Rahmen des damaligen Judentums zu verstehen, wurden ignoriert. STRACK-BILLERBECKS Sammlung jüdischer Texte zusammen mit ihrem jüdische Lehren herabsetzenden Kommentar wurde zum Standardwerk christlicher Neutestamentler und ist es zum Teil bis zum heutigen Tag geblieben. Dies mag einerseits an der unzulänglichen Kenntnis des Hebräischen dieser Exegeten liegen und an der große Fachkenntnisse voraussetzenden historisch-kritischen Exegese rabbinischer Texte, zeugt andererseits aber auch von Desinteresse oder Nicht-Zur-Kenntnis-Nehmen-Wollen der mit der Lehre Jesu durchaus "gleichwertigen" jüdischen Lehren.

Angesichts der Wirkungsgeschichte dieser Auslegungstradition ist es an der Zeit zu fragen, "wieweit man für die Lohnethik nicht von einem zumindest partiell falschen Bild des zeitgenössischen Judentums ausgegangen ist".[4] Um dies zu überprüfen genügt es nicht, dem Gleichnis Jesu nur ein rabbinisches Gleichnis gegenüberzustellen, wie das bisher geschah. Vielmehr muß man das Gleichnis von den Arbeitern im Weinberg mit möglichst vielen rabbinischen Lohngleichnissen vergleichen, denn der in ihnen zum Ausdruck kommende Lohngedanke ist keineswegs einheitlich. Erst im Anschluß an einen solchen Vergleich darf man sich Aussagen über die Lohnlehre Jesu und die der Rabbinen erlauben.

---

[2]Vgl. Klapperts Ausführungen zum Illustrationsmodell, 20ff.

[3]Oesterley 145. Bezeichnend ist auch Schweitzers Bemerkung zu Fiebigs Vergleich von rabbinischen Gleichnissen mit Gleichnissen Jesu: "Man sieht verwachsenes und verkrüppeltes Unterholz neben hochragenden Bäumen" (siehe idem, 278).

[4]Berger, Exegese, 189.

In der vorliegenden Arbeit wird der Versuch unternommen, dem Gleichnis Jesu alle bekannten rabbinischen Lohngleichnisse gegenüberzustellen, d.h. Gleichnisse, die von der Arbeit und Lohnzahlung an Tagelöhner handeln. Die wiederholt geäußerte Kritik an Vergleichen neutestamentlicher Texte mit so viel später bezeugten rabbinischen Texten läßt sich dadurch entkräften, daß sowohl die Gleichnisform als auch die in den Gleichnissen verwendeten Bilder konstant sind, d.h. auch über einen Jahrhunderte langen Zeitraum relativ unverändert blieben. Das Gleichnis von den Arbeitern im Weinberg ist zwar das am frühesten literarisch bezeugte Gleichnis dieser Art, aber die sowohl formale als auch inhaltliche Ähnlichkeit der rabbinischen Gleichnisse mit Mt 20,1-15 macht erstere mit letzterem durchaus vergleichbar. Hinzu kommt, daß die Tradenten rabbinischer Gleichnisse auf Traditionen zurückgreifen, die schon vor ihnen im Umlauf waren.[5] Formen und Motive sind also wohl älter als ihre schriftliche Fixierung in Dokumenten des dritten und der folgenden Jahrhunderte. Bei einem solchen Vergleich geht es keineswegs darum, Abhängigkeiten oder Einflüsse festzustellen, sondern lediglich darum, zu zeigen, welche Auswahl an Bildern zum Thema Lohn den damaligen Gleichniserzählern zur Verfügung stand und welche dieser Bilder sie in ihren jeweiligen Gleichnissen realisierten, bzw. nicht realisierten. Dies läßt dann Schlüsse auf die jeweilige Aussageabsicht der Gleichnisse zu.

b) Literaturwissenschaftlicher Ansatz

Bei den im vorherigen Kapitel besprochenen literaturwissenschaftlichen Ansätzen herrscht die strukturalistische Methode der Gleichnisauslegung vor. Nach ihr sind die Gleichnisse in ihren verschiedenen Ausprägungen als Varianten innerhalb vorgegebener Strukturen, die durch die Zeiten relativ konstant geblieben sind, zu verstehen. Das Augenmerk wird auf den Text selbst und insbesondere auf den Handlungsablauf in ihm gerichtet. Dabei wird davon ausgegangen, daß das Verhältnis zwischen den jeweiligen Teilen eines Textes, die literarische Konstruktion eines Textes, Aussagen über die Aussageintention des Textes zuläßt.

Außer der strukturalistischen Methode wird hier die Bildfeldtheorie H.WEINRICHS angewendet. Nach der Bildfeldtheorie gehören alle mit einer Metapher, wie z.B. Lohn, verbundenen Assoziationen einem Bildfeld an. Ein Ausschnitt dieses Bildfeldes wird dann in den entsprechenden Gleichnissen realisiert. Der jeweilige Ausschnitt läßt die Intention des Gleichniserzählers erkennen, denn seiner Intention gemäß hat er bestimmte Bilder aus dem Bildfeld ausgewählt. Die Bildfeldtheorie eignet sich besonders für einen Vergleich

---

[5]Vgl. z.B. Abrahams 91: "There must have been a large Jewish stock of fables and parables floating about long before they were set down in writing...". Siehe hierzu auch III.1 Ende.

literarischer Texte, die ähnliche, bzw. ein und demselben Bildfeld angehörende Metaphern verwenden, wie etwa die Lohngleichnisse. Auch arbeitet die Bildfeldtheorie synchronisch, d.h. Texte verschiedener Zeiten können auf diese Weise miteinander verglichen werden, wenn sie dem gleichen Kulturkreis angehören, denn die Metaphern eines Kulturkreises bleiben über einen relativ langen Zeitraum konstant. Im Falle der vorliegenden Gleichnisse läßt sich dieser Bereich zeitlich auf die Spätantike und örtlich auf den palästinischen Raum eingrenzen. Die Bildfeldanalyse kann zeigen, wie Jesus und die Rabbinen das in diesem Kulturkreis geläufige Bildfeld "Lohn" in ihren Gleichnissen realisiert haben. Strukturanalyse und Bildfelduntersuchung werden hier miteinander verbunden, da beide Aspekte, sowohl Narrativität als auch Metapherngebrauch, einen literarischen Text bestimmen.

c) Sozialgeschichtlicher Ansatz

Literaturwissenschaftliche Methoden wie Strukturalismus und Bildfeldtheorie können, wenn sie isoliert betrieben werden (vgl. CROSSAN, AURELIO), leicht dazu führen, daß ein Text nicht von den Verhältnissen der damaligen Zeit, sondern von heutigen Lebensumständen her beurteilt wird. Strukturalistische Ansätze sehen den Text als autonomes Gebilde, dessen Aussageabsicht in seinen Strukturen verborgen und aus einer Analyse dieser Strukturen zu erheben ist. Dabei kommen Strukturalisten aber nicht ohne Erklärungsmuster aus, und diese Erklärungsmuster, wie etwa VIAS Kategorisierung der Gleichnisse als "Tragödie" oder "Komödie" werden von außen her an die Gleichnisse herangetragen. Ein ähnliches Problem ergibt sich für die Bildfeldanalyse. Auch wenn man ein Bildfeld induktiv erschließt, d.h. von den jeweils zur Verfügung stehenden antiken Texten ausgeht, assoziiert der moderne Leser aufgrund der gewandelten Zeitumstände mit den Bildern doch anderes als der damalige Hörer oder Leser. So verbindet er etwa mit der Metapher "Lohn" Verhältnisse der modernen kapitalistischen Arbeitswelt. Solche modernen Vorstellungen können aber leicht in die Gleichnisse hineinprojiziert werden, wenn die Bildfeldanalyse isoliert betrieben wird.

Will man dagegen versuchen, ein Gleichnis mit den Ohren seiner ersten Hörer zu hören, so ist es nötig, die im Gleichnis angesprochenen sozialen und rechtlichen Verhältnisse, die soziale Welt, die es voraussetzt, möglichst genau zu erfassen. Gleichnisse thematisieren zwar keinen sozialen Sachverhalt, aber die in ihnen enthaltenen "poetischen Symbole" lassen doch das soziale Milieu von Autor und Hörern erkennen. So schreibt G.THEISSEN:

> "Gerade weil die Gleichnisse nicht Erzählungen von wirklich Geschehenem sein wollen, sind sie für eine soziologische Auswertung ergiebig. Sie verdichten die normale Erfahrung in eindringlichen Szenen des sozialen Lebens. Sie erhalten

schon in sich eine Konzentration auf das Typische, mögen sie dies auch oft bis an den Rand der Wahrscheinlichkeit steigern".[6]

Nur wenn man die erzählte Welt in Relation zur real erfahrenen Wirklichkeit sieht, ist es möglich, ungewöhnliche Züge zu bestimmen[7] und damit die Pointe des Gleichnisses zu erkennen. So dient die Beleuchtung des sozialgeschichtlichen Hintergrundes nicht nur einem besseren Verständnis der Bildebene,[8] sondern sie trägt zu einem besseren Verständnis des ganzen Gleichnisses bei.

Religionsgeschichtliche, literaturwissenschaftliche und sozialgeschichtliche Fragestellungen ergänzen sich also gegenseitig. Ein religionsgeschichtlicher Vergleich trägt auch zum besseren Verständnis der Struktur und des Metapherngebrauchs des Gleichnisses Jesu bei, die sozialgeschichtliche Erhellung verschiedener Aspekte des Gleichnisses hat auch Auswirkungen auf das Verständnis des im Gleichnis realisierten Bildfeldes. Von einem solchen mehr-dimensionalen Zugang zum Gleichnis von den Arbeitern im Weinberg versprechen wir uns also ein umfassenderes Verständnis dieses Gleichnis als es bisher mit Hilfe der ein-dimensionalen Methodik möglich war.

Dem sozialgeschichtlichen Hintergrund des Gleichnisses ist der erste Teil der Arbeit gewidmet. Er dient, wie die Darstellung religiöser Lohnvorstellungen im damaligen Judentum im zweiten Teil, der Vorbereitung auf den Vergleich des Gleichnisses mit rabbinischen Lohngleichnissen. Dieser dritte Teil bildet den Mittelpunkt der Arbeit. Im Anschluß an die Auslegung des Gleichnisses und einige Bemerkungen zu seiner Authentizität, folgt als zweiter Schwerpunkt im sechsten Teil eine redaktionsgeschichtliche Untersuchung über die Bedeutung des Gleichnisses für Matthäus und seine Gemeinde. Die Rezeptionsgeschichte des Gleichnisses in den ersten fünf Jahrhunderten, sowie eine Zusammenfassung der Ergebnisse samt Schlußbemerkung schließen die Arbeit ab.

---

[6]Theißen, Auswertung, 45f.

[7]Vgl. Hengel, Gleichnis, 9; Schottroff, Güte, 71; Pöhlmann, 203: Die konkreten Rechts- und Sozialverhältnisse sind "Bestandteile der erzählten Welt der Parabel und für das Verständnis der Pointe unentbehrlich". Anders dagegen Aurelio (s.o.), dessen allegorische Auslegung eine Folge der Nichtbeachtung dieser Relation ist.

[8]Vgl. Aurelios Kritik an der Erhellung des sozialgeschichtlichen Hintergrundes in ibid., 174.

1.TEIL: DIE LOHNGLEICHNISSE IM RAHMEN DER SOZIALEN WELT

SOZIALGESCHICHTLICHER HINTERGRUND

Gleichnisse als "poetische Bilder" stellen eine "soziale Realität dar, die...als Ganzes für etwas anderes transparent werden soll".[1] Um ihre Pointe zu erkennen, muß man feststellen, wo ungewöhnliche Züge vorliegen, Züge, die dem ursprünglichen Hörer sonderbar erschienen, für die eine Analogie in der damaligen Wirklichkeit unwahrscheinlich ist. Ungewöhnliche Züge als solche erkennen kann man nur, wenn man die Gleichniserzählung auf dem Hintergrund der sozialen Realität der damaligen Zeit betrachtet. So sollen im folgenden Teil Texte der antiken Umwelt herangezogen werden, um die in den Gleichnissen angesprochenen sozialen und wirtschaftlichen Gegebenheiten zu erhellen. Die Quellentexte sind der zwischentestamentlichen Literatur, griechisch-römischen Autoren und der rabbinischen Literatur entnommen. Sie umfassen (von wenigen Ausnahmen abgesehen) die Zeit zwischen dem 3.Jh. v. Chr. und dem 3. Jh. n. Chr.

1.Kapitel: Zur Problematik der sozialgeschichtlichen Auswertung von Texten

Für die Heranziehung antiker Quellentexte zur Erhellung des sozialgeschichtlichen Hintergrundes der Gleichnisse ergibt sich gleich eine doppelte Problematik: (1) Es handelt sich zumeist um literarische Texte, deren Aussageintention nicht mit der an sie herangetragenen sozialgeschichtlichen Fragestellung übereinstimmt; (2) Die Texte entstammen einem weiten Zeitraum und verschiedenen geographischen Regionen.

Zu (1): Weder griechisch-römische Schriftsteller wie Sallust, Sueton und Diodorus Siculus, noch die Autoren von Sir, Tobit, Aristeas oder der rabbinischen Literatur verstanden sich als Verfasser historischer oder gar sozialgeschichtlicher Dokumente. Wenn sie dennoch sozialgeschichtliche Zusammenhänge erwähnen, so geschieht dies eher beiläufig. Man muß diese Texte also "gegen den Strich lesen", um aus ihnen Informationen zur sozialen Welt zu erhalten, und die Informationen, die man auf diese Weise erhält, kritisch auf ihre Verwertbarkeit hin prüfen, d.h. sie mit Hinweisen aus anderen Texten in Verbindung bringen. Erwähnt z.B. ein Schriftsteller, daß die Situation des Tagelöhners diejenige des

---

[1]Theißen, Auswertung, 47.

Sklaven an Härte noch übertraf, so kann dies mit seinen speziellen Interessen zur Förderung der Sklavenarbeit zusammenhängen. Wenn jedoch mehrere, ihrer Intention nach ganz verschiedene Texte diesen Eindruck vermitteln, kann man eher davon ausgehen, daß die in ihnen erwähnte Situation der Tagelöhner der sozialen Realität entsprach. Im Hinblick auf griechisch-römische Texte schreibt M.I.FINLEY:

> "What I seek is a shift in the still predominant concentration of research from individual, usually isolated documents to those that can be subjected to analysis collectively, and where possible in a series over time...My point is that *only groups of documents* provide the essential elements of homogeneity and of duration of time".[2]

Scheint es für griechisch-römische Tragödien oder Komödien selbstverständlich zu sein, nach deren Aussageintention zu fragen, bevor man sie historisch auswertet, so muß betont werden, daß ein solches Verfahren auch für Dokumente wie die Zenonpapyri, Agrarschriftsteller wie Cato und Historiker wie Josephus gelten muß.

Unter den Zenonpapyri[3] befindet sich eine große Anzahl offizieller Dokumente der ägyptischen Provinzverwaltung aus dem 3. Jh. v. Chr. Die Mehrzahl der Texte ist jedoch privater Natur. Die in ihnen erwähnten Tatsachen und Geschehnisse sind nicht notwendig allgemein üblich, sondern es kann sich um Einzelfälle handeln. So vermeidet es FINLEY auch, hierbei von einem "Archiv" zu sprechen, denn es handelt sich eher um eine zufällige Zusammenstellung von Texten von zum Teil eher beiläufiger Bedeutung für die Sozialgeschichte, als um ein systematisch geplantes Archiv im modernen Sinne. Dies gilt seiner Meinung nach nicht nur für die etwa zweitausend erhaltenen Texte, sondern auch für das ursprüngliche "Archiv",[4] das wohl aus einer Sammlung von Dokumenten zu von Tag zu Tag anfallenden Entscheidungen bestand, deren Zweck entsprechend begrenzt war.[5] Auch diese Texte wird man also isoliert nicht ohne weiteres als repräsentativ für eine

---

[2]Finley, History, 44f.

[3]Die etwa zweitausend veröffentlichten Zenonpapyri, die in die Zeit zwischen 261 bis 239 und möglicherweise bis 229 datiert wurden, entstammen alle einem einzigen Landgut im Fayyum, das Ptolemäus II. Philadelphus seinem Finanzbeamten Apollonius abgetreten hatte, und das in dem erwähnten Zeitraum von dem kleinasiatischen Griechen Zenon verwaltet wurde. Zu den Zenonpapyri allgemein siehe Orrieux und Préaux.

[4]Finley, History, 36: "It is similarly fallacious to call the whole collection of the Zenon papyri 'the Zenon archive' (or 'dossier'), any more than the contents of my desk drawers can legitimately be called an archive. Jones's 'fortuitous agglomeration of documents and scraps of documents mainly of ephemeral importance' describes not only the papyri we happen to have recovered but, in my view, also the original collection".

[5]Finley, History, 36: "...his mass of paper consisted of day-to-day documents intended for day-to-day purposes and little more".

bestimmte sozialgeschichtliche Situation verwerten können. Hervorzuheben ist allerdings, daß sich unter den erhaltenen Dokumenten auch diejenigen sogenannter "kleiner Leute" befinden, die es uns erlauben, sozialgeschichtliche Zusammenhänge aus einer anderen als der üblichen Oberschicht-Perspektive zu sehen. Diese Texte können somit abweichende Darstellungen korrigieren.

Ein typischer "Oberschicht"-Schriftsteller ist Cato, der Senator und Besitzer von Landgütern in Italien zur Zeit der Wende vom 3. zum 2. Jh. v. Chr. war. Sein Bestreben war es, den möglichst größten Profit bei minimaler Investition aus seinen Besitzungen zu ziehen. Diese Absicht bestimmte dann auch seine Darstellungen zur Landwirtschaft.[6] Die in seiner Schrift "*De Agricultura*" zum Ausdruck kommende Ausbeutung von Arbeitern und Boden muß also nicht notwendigerweise von allen Großgrundbesitzern so praktiziert worden sein. Auch hier wird man die Aussageintention der Texte berücksichtigen müssen.[7]

Gleiches gilt für Josephus. Der gegen Ende des 1. Jh. n. Chr. schreibende jüdische Schriftsteller war kein Historiker im modernen Sinne des Wortes. Meist unterläßt er es, die Quellen, die er benutzt, als solche kenntlich zu machen, bzw. ihre Herkunft bekanntzugeben. Auch verfolgte er mit seinen Schriften eine bestimmte politische Absicht, die sich vom "*Bellum Judaicum*" zu den "*Antiquitates*" hin wandelte. *Bellum*, wahrscheinlich vor 81 n. Chr. beendet, ist ein apologetisches Werk, das sowohl die Römer als auch die breite Masse der jüdischen Bevölkerung Palästinas von der Schuld am Jüdischen Krieg freizusprechen sucht. Für den Ausbruch des Krieges wird eine kleine Gruppe von Fanatikern vom Land verantwortlich gemacht, während die breite Masse angeblich unwillig in die Kämpfe hineingezogen wurde. Zur Zeit Domitians, als er *Antiquitates* schrieb, war Josephus dagegen "nationalistischer" geworden. Es ging ihm nun weniger darum, Rom zu gefallen, als den Pharisäern, die nach 70 n. Chr. mit der rabbinischen Bewegung an die Macht gekommen waren.[8] Die Schuld am Krieg wird gerechter verteilt. Alle Schichten der Bevölkerung waren mit der Verwaltung der Provinz durch unfähige

---

[6]Vgl. Alföldy 41f. Zu Cato siehe auch Gummerus 15ff, und Brockmeyer 72ff.

[7]Finley, History, 36f, weist auf den Mangel Catos an Professionalität hin: "All his economic judgments are unsupported assertions...". Nach Schneider, 119, hatten Cato, Varro und Columella keineswegs die Absicht, die realen Verhältnisse auf dem Land darzustellen, sondern es ging ihnen darum, "exemplarische Formen der Arbeitsorganisation auf dem Großgrundbesitz zu beschreiben". Die Abhandlungen sind historisch aufschlußreich, indem sie "unverhüllt den Standpunkt der Großgrundbesitzer darlegen".

[8]Vgl hierzu Cohen, Josephus.

römische Prokuratoren unzufrieden. Diesen Gesinnungswandel des Josephus wird man auch bei seiner Darstellung der Situation in Judäa am Anfang des 1. Jh. bedenken müssen.

Ein besonderes Problem für die sozialgeschichtliche Auswertung stellt die rabbinische Literatur dar. Wie J.NEUSNER in einer Reihe von Schriften nachgewiesen hat, geht es den rabbinischen Autoren keineswegs darum, historische oder soziale Zusammenhänge darzustellen. Der mangelnde Gegenwartsbezug gilt insbesondere für die Autoren der Mischna und Tosefta, deren ideale Konstrukte sozialer Wirklichkeit die Zerstörung des Tempels und das Aufhören des Opferkultes einfach nicht zur Kenntnis nehmen. Nicht die soziale Wirklichkeit, wie sie den Rabbinen damals begegnete, sondern die soziale Wirklichkeit, wie die Rabbinen sie sich erwünschten, wird in diesen Schriften dargestellt.[9]

Dies bedeutet jedoch nicht, daß man auf die sozialgeschichtliche Auswertung rabbinischer Texte völlig verzichten muß. D.GOODBLATT, ein Schüler NEUSNERS, befürwortet in programmatischer Weise den Gebrauch rabbinischer Texte für das Studium historischer Realia, Institutionen, sowie der Sozial- und Wirtschaftsgeschichte. Der Historiker braucht sich nicht auf Quellen zu beschränken, die eindeutig historiographisch sind. Er darf vielmehr nicht-historiographische Quellen wie die rabbinische Literatur "gegen den Strich lesen" und kann dabei Antworten auf Fragen erhalten, die die damaligen Autoren gar nicht oder nur am Rande beschäftigten.

Bei einer solchen Auswertung ist es aber wichtig, historisch-kritisch vorzugehen, d.h. die redaktionelle Bearbeitung der Texte zu erkennen, sowie frühere und spätere Traditionsschichten zu unterscheiden.[10] Dies ist besonders schwierig für die Mischna, da angenommen wird, daß Tradition und Redaktion hier zusammenfallen, man also keine geformten früheren Traditionsschichten erkennen kann.[11] Der einzige Hinweis auf die Zeit

[9]Vgl. Neusner, Mishnah, 114: "The Mishnah is a document of imagination and fantasy, describing how things "are" out of the sherds and remnants of reality, but, in larger measure, building social being out of beams of hope...The Mishnah stands in contrast to the world to which it speaks". Die Wende vom 2. zum 3. Jh. n. Chr. brachte einen größeren Gegenwartsbezug rabbinischer Literatur mit sich. In amoräischer Zeit wurde die Tempelzerstörung als historisches Ereignis anerkannt, und man suchte nach alternativen Formen der Frömmigkeit. Vgl. hierzu Bokser, Responses, und idem, Origins.

[10]Vgl. Goodblatt, Rehabilitation, 36ff.

[11]Vgl. Neusner, Talmud, 6: "The Mishnah's formulation and its organization are the result of the work of a single generation of tradent-redactors—tradents, who formulate units of thought, and redactors, who organize aggregations of these units. The Mishnah is not the product of tradents succeeded by redactors. It is not possible upon the basis of objective, internal literary evidence revealed by the Mishnah itself to specify much in formulation which derives from the period before that of redaction itself".

der Entstehung bestimmter Aussprüche sind die sogenannten "Attestierungen". Wenn der Spruch eines Rabbis von einem einer späteren Generation angehörenden Rabbiner "attestiert", d.h. bezeugt wird, kann man nach NEUSNER davon ausgehen, daß die Aussage dieses Spruches (wenn auch nicht dessen Form) der ihn bezeugenden Generation bekannt und damit vorgängig war.[12] So ergibt sich ein System von Korrelationen von Aussprüchen zu bestimmten Themen.[13]

Zu (2): Die hier gesammelten Texte entstammen einem Zeitraum von etwa fünfhundert Jahren und geographisch weit auseinanderliegenden Gebieten. Die zeitliche und geographische Einordnung der Texte muß also bei ihrer Auswertung berücksichtigt werden. Dazu hier einige Ansatzpunkte:

Die Zenonpapyri spiegeln die Situation in Ägypten im 3. Jh. v. Chr. wider.[14] In ptolemäischer Zeit wurden politischen Würdenträgern große Landgüter als Geschenk zugeeignet, wie das Gebiet im Fayyum, das Apollonius von Ptolemaios II. erhielt. Mit der Verwaltung dieser Landgüter wurden dann Dritte beauftragt, wie in diesem Fall Zenon. Sie waren dafür zuständig, Sorge für die effektive Bewirtschaftung der Flächen zu tragen, hatten aber keine persönliche Beziehung zu den Gütern, bzw. den dortigen Arbeitern. So finden sich in den persönlichen Briefen immer wieder Klagen über die empfundenen Mißstände.

Catos ökonomischer Rentabilitätsgedanke hat seinen "Sitz im Leben" im Umbruch der römischen Gesellschaft nach dem 2. Punischen Krieg. Im Zuge der Gebietsgewinne im östlichen Mittelmeer wandelte sich das archaische Wirtschafts- und Verwaltungssystem in ein aristokratisches mit plutokratischen Zügen. Große Latifundien entstanden, Rohprodukte sowie billige Arbeitskräfte gab es nun im Übermaß. Die sozialen Differenzen vergrößerten sich, und die Proletarisierung der landlos werdenden Bauernschaft war kaum

---

[12]Vgl. Neusner, Study, 19. Kritisiert wurde dieses Datierungssystem von Saldarini und Schäfer, Studien, 3-5: Das gesamte System der Attestierungen kann Erfindung der Redaktoren der Schriften sein; was als logisch früher erscheint, ist nicht notwendigerweise historisch früher anzusetzen. Mangels eines anderen Datierungssystems ist jedoch Neusners System vorläufig beizubehalten. Siehe dazu auch Green.

[13]Neusner hat diese Methode in idem, History, angewendet.

[14]Vgl. zu Ägypten in ptolemäischer Zeit vor allem Frazer.

aufzuhalten. Das jetzt entstehende "Stände-Schichten-Modell" der Gesellschaftsordnung[15] blieb im wesentlichen bis zur Krise des Römischen Reichs im 3. Jh. n. Chr. bestehen.

Das rabbinische Arbeitsrecht kann als Kompromiß zwischen der von der jüdischen Tradition vorgegebenen "Sozialbindung" von Wirtschaft und Eigentum und ökonomischen Interessen im 2./3. Jh. n. Chr. verstanden werden.[16] Zustände in Palästina in römischer Zeit werden sich nicht wesentlich von denen im übrigen Römischen Reich unterschieden haben. So gab es auch hier Großgrundbesitzer, die ihre Ländereien von Sklaven und Lohnarbeitern bearbeiten ließen. Doch ist aufgrund der im Alten Testament und in rabbinischen Schriften verankerten Sozialgesetze anzunehmen, daß jüdische Arbeitgeber sich "humaner" gegenüber ihren Untergebenen verhielten als Römer wie Cato, für die es derartige Vorbehalte nicht gab.

Die hier herangezogenen tannaitischen Texte sind alle erst nach 70 bzw. 135 n. Chr. niedergeschrieben worden. Im Zuge der Unterdrückung der jüdischen Aufstände durch die Römer hat sich bestimmt viel an der Landverteilung in Palästina geändert. Andererseits darf man diese Änderungen nicht zu groß bewerten. Zwar fiel nach 70 das Land an den römischen Kaiser, der dieses "Krongut" nach Belieben verteilen konnte, große Ländereien blieben jedoch auch in jüdischer Hand, bzw. wurden an Juden wie z.B. Josephus neuverteilt. An der Verwaltung dieser Güter wird sich zwischen dem ersten und dritten Jahrhundert nicht viel geändert haben. Erst im Zuge der Krise des Reiches im 3. Jh. verschärfte sich die Situation der jüdischen Landbevölkerung dann zusehens.[17] Auch konnten die Juden Palästinas in diesem Zeitraum ihre interne Selbstverwaltung beibehalten. Da die Rabbinen nach 70 im wesentlichen aus der Gruppe der Pharisäer von vor 70 hervorgegangen sind[18] und sich die Situation auf dem Land nach 70 nicht grundlegend verändert haben dürfte,[19] ist anzunehmen, daß die rabbinischen Sozialgesetze

---

[15]Vgl. Alföldy 37ff.

[16]Vgl. Baer 79, im Hinblick auf die Sabbatgesetze der Mischna: "Though based on earlier traditions, the present version of the Mishnah in the Tractate Sheviith displays a tendency towards mitigating, as it were, the rigorous approach of antecedent authorities. An attempt is made to meet the needs of a state and its considerations of political reality, without however revoking the written Torah or earlier Halakhah".

[17]Vgl. hierzu Schäfer, Geschichte, 145f und 185ff.

[18]Vgl. hierzu Cohen, Significance.

[19]Vgl. hierzu auch Alon.

in tannaitischen Schriften im wesentlichen auch die Auffassung der Pharisäer von vor 70 widerspiegeln.[20]

Es ergibt sich also aus der oben dargestellten Problematik die folgende methodische Vorgehensweise: Im Anschluß an FINLEY werden möglichst viele Quellentexte zu einem bestimmten Sachverhalt herangezogen. Deuten Texte verschiedenster Provenienz und Intention dieselbe Sachlage an, so darf man vermuten, es hier mit "historischer Wirklichkeit" zu tun zu haben. Allerdings sei hier angemerkt: Historische Wirklichkeit als solche gibt es nicht. Geschichte ist immer von Menschen erfahrene und tradierte Geschichte und insofern nie wirklich "objektiv". Die sozialgeschichtliche Situation in den ersten Jahrhunderten ist also im Folgenden so dargestellt, wie sie uns von den meist gehobenen Kreisen angehörenden Schriftstellern übermittelt wurde. Wie es "wirklich war" können wir dagegen nie erfahren.

---

[20]Vgl. hierzu besonders Baer, demzufolge die Mishnah in Neziqin landwirtschaftliche Gesetze enthält, die schon in hellenistischer und hasmonäischer Zeit galten und mündlich überliefert wurden: "Jewish society of the Second Commonwealth was based largely on agrarian foundations which were laid in Judea during the Hellenistic and early Hasmonean era. The social and economic conceptions of this period, in many respects approximately those of ancient Greece, retained their authority also in later times" (ibid. 75).

2.Kapitel: Der Status des Tagelöhners[21]

Alle vorliegenden Gleichnisse handeln von Arbeitern, die als Tagelöhner für wenige Stunden, einen Tag oder längere Zeit auf einem größeren Landgut arbeiten. Dahinter erkennt man leicht die allgemeine wirtschaftliche Situation Palästinas im 1. Jh. n. Chr. Ein großer Teil des landwirtschaftlichen Bodens befand sich in den Händen einiger weniger Großgrundbesitzer,[22] während die übrige ländliche Bevölkerung von Verarmung bedroht war. Kleinbauern, die sich wegen der hohen zu entrichtenden Abgaben verschuldeten oder ökologische Krisen erlebten, wurden zu Schuldknechten (vgl. Mt 18,25) oder besitzlosen Lohnarbeitern.[23] Dieses Schicksal traf immer auch einige ihrer Söhne, denn der kleine Landbesitz reichte nur für den Erstgeborenen aus.[24] So schreibt A.BEN-DAVID: "Alles weist darauf hin, daß der Broterwerb als Lohnarbeiter der allgemeine war, und daß die Zahl der Lohnarbeiter, Pächter und Schuldknechte größer war als die der Bauern, die auf dem eigenen Acker ihr Auskommen fanden".[25]

Gegenüber den in der Landwirtschaft tätigen unteren Bevölkerungsteilen stellten die städtischen Handwerker und Händler nur eine kleine Minderheit dar. Einen echten "Mittelstand" gab es kaum.[26] So war nach H.G.KIPPENBERG das damalige Galiläa im wesentlichen "eine Welt zweier Klassen: die der Reichen und die der Armen, die des Großgrundbesitzes und die des kleinen verschuldeten Bauern".[27]

[21]Unter "Status" verstehe ich hier nicht nur das soziale Ansehen, sondern die allgemeine gesellschaftliche Situation der Tagelöhner.

[22]Zur Besitzkonzentration vgl. Theißen, "Wir...", 137.

[23]Vgl. Ben-David 58f.

[24]Vgl. Klausner 239: Der Tagelöhner "war entweder ein verarmter Kleinbauer oder der Sohn eines Kleinbauern, den der Landmangel zwang, sich dem reichen Bauer auf eine gewisse Zeit, bis sich seine Lage verbessert haben würde, zu verdingen".

[25]Ben-David 59.

[26]Nach Alföldy gab es überhaupt keinen Mittelstand. Dieses Urteil ist jedoch zu pauschal. Es berücksichtigt Kleinbauern, Handwerker und kleine Händler nicht genügend.

[27]Kippenberg 130.

Tagelöhner stellten ihre Arbeitskraft einem Arbeitgeber für eine bestimmte Zeit zur Verfügung. Nach mBM 9,11 verdingten sie sich für einige Stunden, einen ganzen Tag, oder sogar Monate und Jahre. Der römische Agrarschriftsteller Varro (116-27 v. Chr.) macht vom Standpunkt des Arbeitgebers her bestimmte Voraussetzungen geltend, die die Tagelöhner erfüllen sollen:

"Es sind solche Arbeiter einzustellen, welche die Arbeit leisten können, welche nicht weniger als 22 Jahre alt sind und welche sich gegenüber der Landwirtschaft anstellig zeigen" (*De Re Rustica* 1,17,3).

Die Tätigkeitsbereiche der Lohnarbeiter waren vielfältig. Sie wurden zu Feldarbeiten, Wächterarbeiten, Bauarbeiten und zahlreichen anderen Beschäftigungen herangezogen.[28]

Lohnarbeit war dabei zufällig und jahreszeitlich bedingt. Freie Arbeitskräfte wurden hauptsächlich während der Erntezeit benötigt, wenn die Zahl der fest ansässigen Sklaven, die auf ein Mindestmaß beschränkt war, nicht ausreichte, um die anfallende Mehrarbeit zu bewältigen.[29] Columella (1-70 n. Chr.), dem es als Gutsbesitzer in erster Linie um die Vermehrung seines Vermögens ging, rät den Weinbergbesitzern, nach Möglichkeit unterschiedliche Rebsorten in verschiedenen Gärten anzupflanzen, damit nicht die Ernte überstürzt wird und teure zusätzliche Arbeitskräfte angestellt werden müssen:

"Wer jeder Sorte ihren eigenen Garten gibt, kann diese Unterschiede mit allen Möglichkeiten, die das Gelände bietet, in Einklang bringen. Er hat auch den nicht geringen Vorteil, daß die Lese weniger Arbeit und Kosten macht, denn jede Sorte wird, wie sie zu reifen beginnt, rechtzeitig geerntet, und die Lese der noch unreifen Trauben läßt sich ohne Schaden hinausschieben. Demgegenüber führt das gleichzeitige Ernten von schon welken und gerade reifen Früchten zur Überstürzung der Lese und zwingt dazu, ohne Rücksicht auf die Kosten mehr Arbeiter zu dingen" (*De Re Rustica* 3,21,9f).

Es sollten also immer nur soviele Arbeitskräfte gemietet werden, wie sie unbedingt notwendig waren, um eine bestimmte Arbeit auszuführen. So ist es durchaus verständlich, wenn der Arbeitgeber in Mt 20, 1-15 mehrmals zum Markt geht, um Arbeiter anzuwerben. Einerseits will er durch das Dingen möglichst weniger Arbeitskräfte Kosten sparen, andererseits drängt die Erntesituation.

---

[28]Vgl. Krauss 2, 105f.

[29]Vgl. Finley, Economy, 73; Büchsenschütz 297; Hengstl 7; Krenkel 134.

Hinweise römischer Agrarschriftsteller vermitteln den Eindruck, daß die Arbeitssituation der freien Lohnarbeiter noch schlechter war als die der Sklaven. So verwendete Varro Tagelöhner besonders in schwer zu bearbeitenden Gebieten:

> "Alle Felder werden durch Menschen bestellt, und zwar durch Sklaven oder durch Freie oder durch beide; durch Freie, wenn sie den Boden selbst bestellen, wie es viele arme Leute zusammen mit ihren Kindern machen, oder durch Tagelöhner, wenn man schwerere Arbeiten, wie z.B. die Weinlese und die Heuernte, durch das Mieten freier Arbeitskräfte ausführen läßt;...Über das alles ist meine Meinung: Ungesunde Gebiete durch Tagelöhner bestellen zu lassen ist zweckmäßiger als durch Sklaven; und selbst bei gesunden Gebieten ist es zweckmäßiger, so die schwereren Landarbeiten ausführen zu lassen, wie z.B. das Einbringen der Früchte der Weinlese oder der Ernte" (*De Re Rustica* 1,17,2-3).

"Ungesunde Gebiete" läßt Varro also durch Tagelöhner bebauen anstatt durch Sklaven, denn auf die Gesundheit der Tagelöhner braucht er keine Rücksicht zu nehmen. Krankheit oder Verlust eines Sklaven würde für den Arbeitgeber einen finanziellen Nachteil ergeben, denn die Sklaven sind sein eigenes Kapital. Gegenüber Tagelöhnern hat er dagegen nach Beendigung des Arbeitsverhältnisses keinerlei Verpflichtungen und kann sie deshalb rücksichtsloser behandeln.[30] Um einer Abnutzung der Arbeitskraft vorzubeugen empfielt auch Cato (234-149 v. Chr.):

> "[Der Grundbesitzer] soll denselben Arbeiter und Tagelöhner und Ackerknecht nicht länger als einen Tag einstellen" (*De Agri Cultura* 5,4).

Bei einem Überschuß an Arbeitskräften sind die Arbeiter also jederzeit kündbar und sollen, wenn sie ermüden, durch frische Arbeitskräfte, die die anstehende Arbeit schneller leisten können, ersetzt werden. Dadurch wurde die Abhängigkeit der Arbeiter von den Arbeitgebern betont und "möglichen erhöhten Lohnforderungen vorgebeugt".[31]

Im allgemeinen hatten Lohnarbeiter und Sklaven die gleiche Arbeit unter gleichen Bedingungen zu leisten. So weiß Cicero (106-43 v. Chr.) über das Los der Lohnarbeiter zu sagen:

---

[30]Vgl. Brockmeyer 126 und H.Schneider 135. Ayali, 11 (der engl. Zsfg.), vermutet, daß diese Paxis auch in Palästina üblich war. Vgl. auch De Ste. Croix 187: "Varro's recommended practice of employing hired men even in healthy districts for occasions of heavy work, such as the harvest and the vintage, must have been general in the Greco-Roman world".

[31]Krenkel 141.

"Unfrei aber und verächtlich ist das Gewerbe aller Tagelöhner, deren Arbeiten, nicht deren Künste bezahlt werden. Es ist nämlich bei ihnen selbst der Lohn ein Handgeld der Sklaverei" (*De Officiis* 1,42,150).

Ebenso urteilt Seneca (4 v.-64 n. Chr.):

"Ein Sklave ist, wie Chrysipp definiert, ein Tagelöhner auf Lebenszeit" (*Benef.* 3,22,1).

In Ciceros Ausspruch klingt an, daß Lohnarbeit die Abstraktion der Arbeit eines Menschen von seiner Person und von dem Arbeitsprodukt verlangt. So schreibt auch FINLEY: "When one hires labour one purchases an abstraction, labour-power, which the purchaser then uses at a time and under conditions, which he, the purchaser, not the 'owner' of the labour-power, determines".[32]

Sieht man vom legalen Standpunkt ab, dann lebten die Lohnarbeiter im Römischen Reich also sogar unter schlechteren Bedingungen als die Sklaven. Sklaven gehörten zum *oikos* und stellten eine Kapitalanlage dar.[33] Die Versorgung mit dem für das Leben Notwendigen war ihnen immer sicher. Sie konnten eigene Familien gründen und teilweise (allerdings sehr selten) sogar Vermögen erwerben.[34] Manche Sklaven verfügten auf den Gütern über eine privilegierte Stellung: Als *vilicus* (vgl. Mt 20,8) waren sie mit der Gutsverwaltung beauftragt und über die Tagelöhner gesetzt. Das Leben der Tagelöhner dagegen war ungesichert. Wenn sie keine Arbeit fanden "sanken sie zu einer Art 'Lumpenproletariat' herab und wurden Bettler oder Räuber (*sicarii*)".[35]

Wie gering das Ansehen der Lohnarbeiter bei der hellenistischen Oberschicht war, zeigt ein Ausspruch Platons (427-347 v. Chr.):

"Ferner gibt es, wie ich glaube, auch noch andere Dienstleute, die in geistiger Beziehung keine besonders wünschenswerten Mitglieder der Gemeinschaft bilden, aber hinreichende Körperkraft besitzen, um schwere Arbeit zu leisten. Diese lassen sich für den Gebrauch ihrer Kraft bezahlen und nennen diesen Preis Lohn, woraus

[32]Finley, Economy, 65.

[33]Vgl. Kaltenstadler 65, Anm.33.

[34]Vgl. Alföldy 126.

[35]Klausner 239.

sich dann, wie mir scheint, ihre Bezeichnung als Tagelöhner erklärt" (*Politeia* 2,371E).

Und in *Nomoi* heißt es:

"Auch der Lohnarbeiter und Gastwirt sowie andere mehr oder minder ehrenwerte Berufe haben es sämtlich damit zu tun, allen Menschen zur Befriedigung ihrer Bedürfnisse zu verhelfen und einen Ausgleich des Besitzes herbeizuführen. Wie kommt es also, daß dieser Tätigkeit etwas Unwürdiges und Unehrenhaftes anhängt und was hat sie in diesen traurigen Ruf gebracht?" (*Nomoi* 11,918B)

Dies sagt natürlich jemand, der es selbst nicht nötig hat, sich als Tagelöhner zu verdingen.

Meistens wird angenommen, daß Arbeit, auch Lohnarbeit, im jüdischen Bereich nicht so verachtet war wie im hellenistischen. So schreibt H.J.HEINEMANN: "Work and the worker were held in high esteem in tannaitic times. In sharp contrast to Greek thought, which considered physical work to be unworthy of a free man, labour (mela'khah) is praised throughout tannaitic literature, sometimes in almost exaggerated terms".[36]

Allerdings begegnet auch bei jüdisch-hellenistischen Autoren im 2. Jh. v. Chr. die Verachtung der Handarbeit:

"Die Weisheit eines Gelehrten mehrt die Weisheit, und wer wenig [andere] Arbeit hat, wird weise werden. Wie wird weise werden können der, der den Pflug führt, und der, der sich rühmt mit dem Stab des Treibers, wer Rinder leitet, wendet den Ochsen, und wer seine Gedanken richtet auf den Umgang mit dem Vieh, wessen Sinn es ist, zu vollenden die Mast, und wer sein Herz darauf richtet, Furchen zu eggen?" (Sir 38,24-26).

Anders denken die rabbischen Autoren von Pirqe Aboth im 3. Jh. n. Chr.:

"Semaja pflegte zu sagen: Liebe die Arbeit, hasse das Herrsein" (1,10).[37]

Arbeit und Thorastudium bzw. Streben nach "Weisheit", eine Verbindung, die von JesSir abgelehnt wurde, gehören für die meisten Rabbinen zusammen. Einige dagegen betonen, daß das Studium der Arbeit vorzuziehen sei. So schreibt M.AYALI: "Side-by-side with the abundant enthusiastic sayings in favour of work, there were also some Sages who refrained

---

[36]Heinemann, Status, 265. Ähnlich Conzelmann, 65: "In der Einschätzung der Handarbeit unterscheidet sich das Judentum von der gehobenen Schicht des Griechentums".

[37]Vgl. zur Wertschätzung der Arbeit im Judentum auch Alon 1, 173-175.

from this idealization, usually not because they looked down on it, but rather due to their preference of studying the Torah".[38]

Es läßt sich im Judentum also eine unterschiedliche Bewertung der Arbeit feststellen. Im Alten Testament und in der rabbinischen Literatur wird sie zumeist positiv bewertet, während dies bei der jüdisch-hellenistischen Oberschicht und bei einzelnen Rabbinen nicht der Fall ist.

Eine ähnliche Differenzierung muß für den hellenistischen Bereich geltend gemacht werden. Entgegen der üblichen, besonders von W.BIENERT geäußerten Meinung, daß Arbeit im griechischen Kulturbereich ausschließlich negativ bewertet wurde,[39] weist M.KÜCHLER darauf hin, daß es auch dort positive Einstellungen zur körperlichen Arbeit gab. Die folgende Passage aus Ps-Phokylides,

"Arbeite dich abmühend, damit du von Eigenem leben kannst. Denn jeder untätige Mann lebt von diebischen Händen. Das Handwerk ernährt seinen Mann, doch den Untätigen plagt der Hunger...Wer kein Handwerk gelernt hat, grabe mit dem Spaten. Es dient zum Unterhalt jede Arbeit, wenn du zum Arbeiten gewillt bist" (153-159; Bienert),

die bisher meist auf dem Hintergrund des jüdischen Arbeitsethos verstanden wurde,[40] läßt auch eine pro-griechische Auslegung zu. Schon Beltrami hat Ps-Phok als Zusammenfassung von Hesiods *Erga* gesehen. Nach KÜCHLER könnte sich hier eine griechische Mittelschichtsauffassung widerspiegeln, die sich von der durch die Oberschicht (Xenophon, Platon, Aristoteles, Cicero) zum Ausdruck gebrachten Ablehnung der Handarbeit grundlegend unterscheidet.[41] Eine strikte Differenzierung zwischen jüdischem (uneingeschränkt positivem) und hellenistischem (negativen) Arbeitsethos ist also nicht

---

[38]Ayali 17 [der engl. Zsfg.].

[39]Bienert weist auf die Hochschätzung der Arbeit im Alten Testament hin, die sich auch im nachbiblischen Judentum durchgehalten hat (ibid. Kap.1). Im hellenistischen Bereich wurde Arbeit dagegen teilweise sogar als Fluch angesehen, was seiner Meinung nach schon in der LXX zum Ausdruck kommt (vgl Kap.2).

[40]Siehe Küchler 29ff, der Bienerts Argumente anführt.

[41]Siehe Küchler 296, der auf Kyniker und Wanderprediger hinweist. Dies ist umso aufschlußreicher, als Ps-Phok zahlreiche kynisch-stoische Traditionen enthält (ibid. 297). Zur positiven Sicht der Arbeit im griechisch-römischen Bereich vgl. auch Ayali 15 und H.Schneider 108. Letzterer weist auf die zahlreichen römischen Grabsteine hin, die den Bestatteten in der Werkstatt bei seiner Arbeit zeigen. Nach Schneider sind sie "Indiz für ein positives Selbstverständnis der Handwerker". Seiner Meinung nach gilt dies aber nur für die selbständige Arbeit, während die Tätigkeit der Tagelöhner allgemein negativ bewertet wurde.

möglich. Man wird die jeweilige soziale Bedingtheit der verschiedenen Aussagen berücksichtigen müssen.

Möglicherweise war die Lage des jüdischen Arbeiters insgesamt etwas besser als die seines griechisch-römischen Kollegen, dann nämlich, wenn sich sein Arbeitgeber an die rabbinischen Gebote hielt, in denen der soziale Geist der Bibel anklingt[42], bzw. selbst Thora studierte. Mit H.KREISSIG darf man aber wohl hinsichtlich der allgemeinen Lage der Tagelöhner auch in Palästina sagen: "Im großen und ganzen gehörten die Tagelöhner zu den in allen Quellen häufig genannten Armen, neben ihnen die Bettler, aber sicher auch die Kleinsten der Kleinbauern, bestimmte Vertreter von Gewerben, die man kaum zum Handwerk rechnen kann, wie den Sammler von Hundekot, die Asphaltarbeiter am Toten Meer etc.".[43] Ein deutliches Bild dieser Armut zeichnete schon Haggai im 6. Jh. v. Chr.:

"Ihr säet viel aus, doch ihr heimst wenig ein; ihr habt wohl zu essen, doch es reicht nicht zum Sattwerden; ihr habt wohl zu trinken, doch nicht genug; ihr habt wohl Kleider, doch es reicht nicht zum Warmwerden; und wer um Lohn arbeitet, der arbeitet in einen durchlöcherten Beutel" (1,6).

Während sozialer Aufstieg nur in den allerwenigsten Fällen möglich war,[44] konnte der Tagelöhner leicht zum Bettler werden, wenn er keine Arbeit fand und ihm jegliche Existenzmittel fehlten.

Die hier gesammelten Texte verschiedenster Zeiten und Gebiete stimmen alle darin überein, daß das Los des Tagelöhners eines der unerwünschtesten der Antike war. Zu Zeiten eines Arbeitskräfteüberschusses ging es sogar Sklaven besser. Daß jüdische Arbeitgeber des 1. Jh. n. Chr.ihre Arbeitskräfte aufgrund der Sozialgebote der Thora humaner behandelten als ihre griechisch-römischen Kollegen es taten, ist zwar möglich, aber nicht zu beweisen.

[42]Vgl. Klausner 241. Es sei hier allerdings angemerkt, daß die Rabbinen erst vom 3. Jh. n. Chr. an größeren Einfluß auf die Gemeinden hatten, siehe Levine. Die Pharisäer des 1. Jh. n. Chr. dagegen waren eine Sekte, deren Hauptinteressen kultische waren, wie Reinheitsgebote, Absonderung des Zehnten und Tischgemeinschaft, siehe Neusner, Politics, 85.

[43]Kreissig 50.

[44]Alföldy, 134, erwähnt eine Inschrift aus Mactar, in der ein ehemaliger Lohnarbeiter von seinem Aufstieg zum Bürgermeister berichtet. Vgl. dazu auch De Ste. Croix 187.

64

3.Kapitel: Arbeitslosigkeit

Im Gleichnis von den Arbeitern im Weinberg ist von Arbeitern die Rede, die tagsüber arbeitslos auf dem Markt stehen[45] und auf Arbeit warten. Nach S.APPLEBAUM war Arbeitslosigkeit im 1. Jh. n. Chr. keine Seltenheit.[46] Verursacht wurde sie durch das immer größer werdende Angebot an freien Arbeitskräften bei gleichzeitiger geringer, nur saisonbedingter Nachfrage.[47] Auf den Gütern fest ansässige Sklaven schränkten die Beschäftigungsmöglichkeiten für freie Lohnarbeiter ein. De Ste. Croix bemerkt, daß zu Zeiten Sklavenhalter die auf ihren eigenen Gütern gerade nicht benötigten Sklaven zu geringerem Lohn als üblich als Lohnarbeiter verdingten, und insbesondere dadurch die Arbeitsmöglichkeiten freier Lohnarbeiter erheblich verringert wurden.[48]

Arbeitslosigkeit stürzte den Arbeitnehmer in große Bedrängnis. Er hatte dann weder Unterkunft noch Lebensunterhalt. Dies geht aus einer Bitte um Arbeit hervor, die aus dem Philadelphia des 3. Jh. v. Chr. stammt:

"Dem Zenon Theon, der von dem verstorbenen Epharmostos Empfohlene, Gruß. Alles andere habe ich zwar dank der umfassenden Fürsorge, die ich von Dir erhalte, aber ich bitte Dich, falls ich Dir nicht unbescheiden erscheine, weise mir eine Arbeit zu, damit ich mich Dir durch tadellose Erledigung des Aufgetragenen nützlich mache, so daß einerseits ich Deine Gaben mit mehr Verdienst empfange, andererseits Du (mir) lieber (etwas) gibst, weil ich Dir größeren (Nutzen) bringe. Wenn Du die gegenwärtige Tatenlosigkeit weiter zu halten befiehlst, wirst Du die passende Gelegenheit selbst sehen; an mir aber handelst Du schön, wenn Du mir (alles Nötige) anweisen ließest, womit ich auch eine Unterkunft erhielte und den übrigen Lebensunterhalt, damit ich mich nicht im Alter (heimatlos) herumtreiben muß. Es ist mir nämlich angenehm, bei niemand anderem meine Zuflucht zu nehmen, von Anfang an bin ich Dir empfohlen" (P. Cairo Zen. V 59 852, Hengstl 105, S. 258).

[45]De Ste. Croix, 186, bemerkt, daß sich im Athen der klassischen Zeit Arbeitswillige auf einem bestimmten Platz, dem sogenannten *kolonos agoraios* zu versammeln pflegten. Siehe auch Schneider 142f.

[46]Applebaum 657. Ebenso H.Schneider 143.

[47]Vgl. Kreissig 33.

[48]Vgl. De Ste. Croix 202. Ebenso H.Schneider 142.

Wenn Arbeiter in der Haupterntezeit arbeitslos waren, dann war dies besonders bedenklich, denn während der übrigen Zeit des Jahres war die Nachfrage nach Arbeitskräften noch viel geringer.

Arbeitslosigkeit wurde sowohl in Rom im 1. Jh. v. Chr., als auch in Israel im 1. Jh. n. Chr. zum öffentlichen Problem. Sallust (86-35 v. Chr.) erwähnt private und staatliche Spenden, die zur Unterstützung der städtischen arbeitslosen Jugend verwendet wurden. Seine persönliche negative Einstellung gegenüber diesen Spenden ist typisch für einen Angehörigen der römischen Oberschicht:

"Außerdem hatte die Jugend, die auf dem Lande ihre Notlage durch Tagelöhnerei erträglicher gemacht hatte und die durch private und staatliche Spenden angelockt worden war, den Müßiggang in der Stadt der undankbaren Arbeit vorgezogen: Diese und alle anderen lebten auf Kosten des allgemeinen Unglücks" (*De Coniuratione Catilina* 37,7).

Von staatlichen Maßnahmen zur Arbeitsbeschaffung im 1. Jh. n. Chr. weiß Sueton (70-140 n. Chr.) zu berichten: Vespasian schlägt den Vorschlag eines Ingenieurs zur Kostenersparnis zugunsten der Beschäftigung von Arbeitern ab:

"Einen Ingenieur, der einen Vorschlag machte, wie man einige hohe Säulen mit geringem Kostenaufwand auf das Kapitol hinaufbefördern könne, gab er eine nicht geringe Belohnung für seinen Einfall, lehnte aber seine Hilfe mit der Bemerkung: 'Du must mir gestatten, die Menge zu ernähren' ab" (*Vespasian* XVIII,2).

G.E.M.DE STE.CROIX hält diesen Text allerdings nicht für glaubwürdig. Vespasian hatte keinen Grund, so eine Erfindung abzulehnen, denn er hätte sie ja durchaus in einem anderen Teil seines Reiches anwenden können, wenn auch aus dem erwähnten Grund nicht in Rom. Vespasian hat in Rom sicherlich viele Baumaßnahmen durchgeführt, aber wir wissen nicht, welche Art von Arbeitskräften er dazu angestellt hatte. Wahrscheinlich handelte es sich dabei größtenteils um Arbeitskolonnen, die er durch einen Mittelmann dingte.[49] Jedenfalls ist nach DE STE.CROIX nicht anzunehmen, daß Vespasian oder ein anderer römischer Herrscher jemals aus Wohlfahrtsgründen Arbeiter aus der ärmeren Bevölkerung rekrutiert hätte.[50]

---

[49]Vgl. De Ste. Croix 194f.

[50]Vgl. ibid. 193: "Neither from the Late Republic nor from the Principate, at Rome or anywhere else, do I know of any explicit evidence of an attempt to recruit labour force from poor citizens as a means of providing them with sustenance".

Josephus (37-100 n. Chr.) erzählt, daß auch in Jerusalem nach der Beendigung der Bauarbeiten am Tempel im Jahre 66 n. Chr. 18000 Männer arbeitslos waren. Sie wurden für Notstandsarbeiten eingesetzt und aus der Tempelkasse bezahlt:

"Um diese Zeit war der Tempel vollendet. Als das Volk nun die Bauleute, mehr als achtzehntausend an der Zahl, müßig gehen sah, hatte es zu erwarten, daß sie um Verdienst verlegen sein würden, da sie früher durch die Arbeit am Tempel sich ihren Unterhalt erworben hatten. Nun wollte man auch aus Furcht vor den Römern kein Geld mehr aufbewahren und deswegen den Tempelschatz zur Befriedigung der Bauleute verwenden; denn wenn einer auch nur eine Stunde am Tage gearbeitet hatte, erhielt er den Lohn dafür gleich ausbezahlt. Daher ersuchte man den König, die östliche Halle wiederherzustellen...Da aber der König, dem vom Kaiser Claudius die Sorge für den Tempel anvertraut worden war, bei sich überlegte, wie leicht es sei, ein Werk zu zerstören, wie schwer aber, es dann wiederherzustellen, besonders eine solche Halle, deren Erneuerung viel Zeit und Geld in Anspruch nehme, gab er dem gestellten Verlangen nicht nach, gestattete aber, die Stadt mit weißem Marmor zu pflastern" (*Antiquitates* 20,219f).

Die Zahl "achtzehntausend" ist wahrscheinlich übertrieben. Nach DE STE.CROIX kamen wohl viele der Arbeiter vom umliegenden Land, und beabsichtigten, nach Vollendung der Arbeit dorthin zurückzukehren. Da die Situation in Jerusalem und Umgebung zu jener Zeit, kurz vor Ausbruch des Kriegs, sowieso schon gespannt war, konnte Agrippa nur daran gelegen sein, nicht noch ein weiteres Potential Unzufrieder zu entlassen.[51]

Sowohl römische als auch jüdische Quellen zeugen also von der Arbeitslosigkeit im Römischen Reich des 1. Jh. n. Chr. und von den teils staatlichen, teils privaten Maßnahmen, die zur Behebung dieser Lage ergriffen wurden. Nicht vergessen werden darf allerdings, daß es sowohl Sueton als auch Josephus darum ging, den römischen bzw. jüdischen Herrscher in das bestmögliche Licht zu rücken. Ob derartige aufwendige Maßnahmen auch wirklich durchgeführt wurden, muß daher offen bleiben. Andererseits stellte die weitverbreitete Arbeitslosigkeit aber auch Gefahren für die Sicherheit des Römischen Reiches dar, wie der kurz nach der Beendigung der Baumaßnahmen im Jahre 66 ausbrechende Jüdische Krieg zeigt.

[51]Vgl. ibid. 192.

4.Kapitel: Arbeitsverträge

Im Gleichnis von den Arbeitern im Weinberg geht der Arbeitgeber am Morgen zum Markt und mietet Arbeiter, indem er einen festen Lohn mit ihnen vereinbart (συμφωνέω) und sie an den Arbeitsplatz sendet. Bei dem Mieten der Arbeiter der dritten Stunde heißt es statt der Nennung der konkreten Lohnhöhe: "Was recht (δίκαιον) ist, will ich euch geben" (Mt 20,4). Ganz ohne Lohnvereinbarung werden die um die elfte Stunde gedungenen Arbeiter in den Weinberg geschickt (Mt 20,7). In den meisten rabbinischen Lohngleichnissen ist von einem Arbeitsvertrag nicht die Rede. Manchmal heißt es sogar ausdrücklich, daß kein Lohn vereinbart wurde (siehe Gleichnis 4; 5; 6).

Das talmudische Recht unterscheidet ebenso wie das römische zwischen Dienstvertrag (*Sechirut* - שכירות) und Werkvertrag (*Kablanut* - קבלנות).[52] Man darf annehmen, daß in Palästina zur Zeit Jesu jüdisches Zivilrecht galt.[53] In welchem Ausmaß die folgenden, in der Mischna dargelegten Verhältnisse auch schon für das 1. Jh. n. Chr. galten, kann allerdings im nachhinein nicht mehr festgestellt werden. Wir können nur vermuten, daß ähnliche Regelungen für die Beschäftigung von Landarbeitern schon vor ihrer schriftlichen Fixierung am Anfang des 3. Jhs. n. Chr. getroffen wurden.[54]

Nach M.SILBERG verpflichtet sich der Arbeitnehmer, der mit seinem Arbeitgeber einen Werkvertrag abschließt, zur Herbeiführung eines bestimmten Arbeitserfolges. Auf welche Weise er dieses Ergebnis erzielt, und wie er seine Zeit einteilt, steht in seinem eigenen Ermessen. Wenn er jedoch die vertraglich vereinbarte Leistung nicht erbringt, verliert er

---

[52]Zur Unterscheidung zwischen *Poel/Sachir* und *Kablan* siehe auch Ayali 2-5.

[53]Vgl. Smallwood 149: "In accordance with the normal Roman practice of leaving as much local administration as possible in the hands of the native authorities of each province, Jewish laws were allowed to stand and the political Sanhedrin was retained as the administrative and judicial body for local Jewish affairs".

[54]Siehe hierzu den schon erwähnten Artikel von Baer. De Ste. Croix, 189, erwähnt, daß auch das römische Recht zwischen dem Arbeiter, der seine Arbeitkraft vermietet (*misthotos*) und dem Unternehmer, der sich zur Ausführung eines bestimmten Werkes verpflichtet (*misthotes*), unterscheidet.

seinen Lohnanspruch.[55] Derartige Arbeitsverträge begegnen auch in griechischen Papyrusurkunden[56] wie der folgenden aus Hermopolis (118 n. Chr.):

> "Herodes dem Apollonius, (seinem) Herrn, Gruß. Du weißt sehr wohl um die dringenden Holzarbeiten für die Kapellen und das Gästezimmer, weswegen wir endlich am zweiten Tag der Epagomenen die aufgrund eines (Werk)vertrages (συμφωνίας) (gefertigten) Türen des im Atrium gelegenen Schlafzimmers aufgerichtet haben, und Dein Verwalter ist auf mein Betreiben zu dem Entschluß gekommen, die zwei Türen des Festsaales und der Vorräume im Werkvertrag zu vergeben (συμφωνῆσαι), damit es mühelos geschieht und nicht nach Tagelöhnen (ἡμερησίων μισθῶν)" (P. Brem.15, Hengstl 108, S.262f)

Die ergebnisbezogene Lohnzahlung des Werkvertrages entspricht hier mehr den Interessen des Arbeitgebers.

Mit Tagelöhnern wurde dagegen ein Dienstvertrag vereinbart. So schreibt SILBERG: "Wo in den älteren talmudischen Quellen vom 'Poel' schlechthin die Rede ist, wird in den meisten Fällen der Sachir..., nur ausnahmsweise auch der Kablan darunter verstanden".[57] Im Unterschied zum *Kablan* ist der *Sachir* nur zur Arbeit als solcher verpflichtet, nicht aber zur Erbringung eines bestimmten Resultates.[58] Er hat diese Arbeit so gewissenhaft wie möglich zu leisten und den Anweisungen des Arbeitgebers zu gehorchen. Der Arbeitgeber seinerseits muß den Arbeiter für seine Arbeitszeit entschädigen. Das Dienstverhältnis birgt gewissermaßen ein Vertrauensmoment in sich: Der Arbeitgeber vertraut dem Arbeiter seine Interessen an, wenn er ihm für den Einsatz seiner Arbeitskraft schlechthin einen Lohn verspricht, ohne ein bestimmtes Arbeitsziel festzulegen. Wenn der Arbeiter, der dem Arbeitgeber den guten Erfolg nicht schuldet, besonders gewissenhaft arbeitet, "nimmt er hiermit nicht so sehr eigene, als fremde Interessen wahr".[59]

---

[55]Silberg 45: "Bei schuldhaftem Ausbleiben des Arbeitsergebnisses, auch wenn die Arbeit als solche geleistet worden ist, (kann) der Unternehmer die vereinbarte Vergütung nicht beanspruchen...".

[56]Vgl. dazu auch Hengstl 57ff.

[57]Silberg 12.

[58]Siehe Silberg 21: "Nach dem Vertragsinhalt ist der Arbeiter nur zu einer gewissen Tätigkeit verpflichtet. Die Herbeiführung eines Erfolges, ein Arbeitseffekt wird von ihm nicht geschuldet".

[59]Silberg 22.

Im Talmud erwähnte *Kinjanim*, d.h. Formalakte, durch die der Arbeitsvertrag für beide Parteien bindend wird, sind:

a) *Hatchalat-Melacha* (Arbeitsbeginn);
b) *Kinjan-Chalipin* ("Mantelgriff").

Da die symbolische Handlung des *Kinjan-Chalipin* erst in post-mischnaischer Zeit üblich war, gilt für die tannaitische Zeit der Arbeitsbeginn als der einzige Formalakt, durch den der Dienstvertrag wirksam zustande kommt: "The agreement attains legal validity only when it is carried into practice, i.e. when the employees start working".[60] Ein reiner mündlicher Konsensus genügt also nicht.[61] Vereinbart wird immer die Dauer der Arbeit,[62] wobei die Art der Arbeit oft nicht näher bestimmt wird.[63] Normalerweise wird die Höhe des Lohnes im Vertrag festgelegt. Dies braucht allerdings nicht unbedingt der Fall zu sein: "Very often, no explicit agreement was made concerning wages, especially in the case of day-labourers who were employed סתם, both parties relying on local custom".[64] In diesem Falle gilt dann der ortsübliche Lohn.

Der Weg zur Arbeitsstätte fällt zu Lasten des Arbeitgebers, der Heimweg dagegen zu Lasten des Arbeiters.[65] Bei Vertragsbruch durch Ändern oder Zurücktreten ist derjenige im Nachteil und zu Schadenersatz verpflichtet, der ihn verschuldet hat.[66] Hindert der Arbeitgeber den Arbeiter daran, die schon begonnene Arbeitsleistung weiter zu erbringen (vgl. 1. und 2. rabbinisches Gleichnis), so muß er, wenn ein Lohnvereinbarung vorliegt, die

---

[60]Heinemann, Status, 298.

[61]Vgl. Silberg 19. Anders dagegen Krauss 2, 103: "Es ist auch nicht richtig, daß der Arbeitsvertrag erst perfekt und der Arbeiter [...] erst gebunden werde, wenn der locator die Arbeit begonnen habe, sondern es bindet bereits die mündliche Verabredung".

[62]Silberg 15.

[63]Heinemann, Status, 309: "Often, however, when employing a labourer, the employer would say to him: 'Work for me today', without specifying any particular job, or he would employ him explicitly for 'any kind of work'".

[64]Heinemann, Status, 276.

[65]Silberg 21.

[66]Heinemann, Status, 298.

vereinbarte Vergütung für die ganze Vertragszeit zahlen.[67] Der Arbeiter hat zwar das Recht zum Rücktritt, entsteht dem Arbeitgeber dadurch aber Schaden, kann er auf dessen Kosten weitere Ersatzarbeiter mieten.[68] Verhindert *force majeure* (wie Erdbeben, Überschwemmung etc.) die Ausführung der Arbeit, ist der Arbeitgeber nur zur Zahlung des Lohnes verpflichtet, wenn er dies voraussehen konnte und trotzdem Arbeiter gemietet hat.[69] Daß im jüdischen Vertragsrecht der Arbeiter eindeutig im Vorteil ist gegenüber dem Arbeitgeber, kann entgegen H.HOFFMANN[70] nicht angenommen werden.

Wenn die hier dargestellten Richtlinien auch (1) dem rabbinischen Ideal entsprechen und nicht unbedingt der damals erfahrenen Wirklichkeit und (2) erst im 3. Jh. n. Chr. ihren schriftlichen Niederschlag gefunden haben und nicht ohne weiteres für die Zeit Jesu geltend gemacht werden können, so sind sie doch von Mitgliedern der rabbinischen Gesellschaft verfaßt worden, aus der auch die Verfasser der Lohngleichnisse stammen, und spiegeln so deren Anschauungen wider. Die mischnaischen Gesetze zum Arbeitsvertrag können also zumindest Hintergrund-Informationen für die Interpretation der rabbinischen Gleichnisse liefern. Ob derartige Gebräuche auch schon im 1. Jh. üblich waren, ist nicht sicher festzustellen, aber aufgrund der ähnlichen Lage auf dem Land, die entsprechende Fragen aufwerfen mußte, doch zu vermuten.

[67]Silberg 30.

[68]Vgl. Heinemann, Status, 305f.

[69]Vgl. Heinemann, Status, 309.

[70]Vgl. Hoffmann 577ff.

5.Kapitel: Die Arbeit des Tagelöhners

Nach den Gleichnissen beginnt die Arbeitszeit eines Tagelöhners sehr früh am Morgen und endet erst am Abend. Schon in Ps 104,22f heißt es: "Strahlt die Sonne auf, so ziehen sie [die Löwen] sich zurück und lagern sich in ihren Höhlen. Da tritt der Mensch heraus an sein Werk, an seine Arbeit bis zum Abend". Von Sonnenaufgang bis Sonnenuntergang wurde die Zeit in zwölf Stunden eingeteilt, so daß im Winter eine Stunde nur 45 Minuten, im Hochsommer dagegen 75 Minuten hatte. So kann die Arbeitszeit während der Erntezeit bis zu vierzehn oder fünfzehn Stunden betragen haben.[71]

Nach der Mischna richten sich Beginn und Ende der Arbeitszeit nach der Ortssitte:

"Mietet jemand Arbeiter und fordert von ihnen, früh zu beginnen und spät

aufzuhören, so kann er sie dort, wo es nicht Sitte ist, früh zu beginnen und spät aufzuhören, nicht [dazu] zwingen" (mBM 7,1).

S.KRAUSS weiß von "Ruhepausen" während der Arbeit.[72] Ob es solche wirklich gab, ist allerdings äußert zweifelhaft.

Was die Art der Arbeit betrifft, so berichten die Gleichnisse von Arbeitern die im Weinberg (Mt 20,1-15; 1), in einem Garten mit Gewürzbäumen (4; 6) oder auf dem Feld arbeiten (5; 12). Besonders der Weinbau hatte außerordentlich große wirtschaftliche Bedeutung im damaligen Palästina. Weinberge waren vorwiegend auf Berghängen angelegt, die terrassiert waren, aber auch in Ebenen gab es Weinpflanzungen.[73] Während der Erntezeit, die von Mitte Juli bis September dauerte, waren die Arbeiter mit dem Pflücken von Trauben beschäftigt.[74]

Die Pflanzung von Olivenbäumen geschah in der Regel auf steinigem, felsigen Gelände und konnte mit der Kultur anderer Gewürzbäume kombiniert werden. Man pflanzt rings um einen alternden Baum einen Teil der Wurzelschößlinge und veredelt sie, wenn sie groß

---

[71]Vgl. Dalman, Arbeit 1, 43f; H.Schneider 120.

[72]Krauss 2, 103.

[73]Vgl. Ben-David 107ff.

[74]Vgl. Dalman 4, 337ff.

werden, so daß ein kleiner Kreis von jungen Oliven um den Stumpf der alten entsteht.[75]
Die Arbeiter im 4. Gleichnis, die "unter" einem Baum arbeiten, könnten mit der
Anpflanzung dieser Wurzelschößlinge beschäftigt sein. Das Gleichnis scheint
vorauszusetzen, daß die Arbeit unter Pfeffer-, Kapern- und Olivenbaum unterschiedlich
schwer ist.

Mit Feldarbeiten unterschiedlichster Art (Pflügen, Säen, Jäten, Hacken) ist der Arbeiter
des 12. Gleichnisses beschäftigt.[76] Hier arbeitet der Hausherr mit dem Arbeiter zusammen,
wie ebenso im 9. und 10. Gleichnis berichtet wird. Dies wird nur sehr selten und nur bei
Besitzern kleinerer Güter vorgekommen sein.[77] Ob die Tagelöhner mit den Sklaven
zusammenarbeiteten, ist ungewiß. Im Hinblick auf römische Quellen schreibt
H.GUMMERUS: "Welche Stellung die freien Leute neben den Gutssklaven hatten, ob sie
mit diesen gemischt oder von ihnen gesondert unter eigenen Aufsehern arbeiteten, ist
weder aus Cato noch aus anderen Quellen zu ermitteln".[78] Sie werden aber wohl ähnliche
Arbeiten zu verrichten gehabt haben wie die Sklaven, vielleicht sogar noch schwerere, wie
sowohl aus dem oben (im 2.Kapitel) zitierten Text Catos als auch aus dem rabbinischen
Midrasch Sifra zu Lev 25,39 hervorgeht, wonach es zwar verboten war, hebräische Sklaven
unwürdige Arbeit tun zu lassen, dieses Verbot aber nicht für Lohnarbeiter galt.[79]

In Anlehnung an Dtn 23,24 ("Wenn du in den Weinberg deines Nächsten kommst, so magst
du Trauben essen nach Herzenslust, bis du genug hast; aber in dein Geschirr sollst du
nichts tun"),[80] erlaubten die Rabbinen der Mischna den Arbeitern, von den Früchten, die
sie ernteten, zu essen. Es gab jedoch Einschränkungen:

> "Und folgende [Arbeiter] dürfen auf Grund der Thora essen: Wer an solchem
> arbeitet, das am Boden haftet [darf davon essen] nach Vollendung der Arbeit. Und

[75]Vgl. ibid. 173.

[76]Ebendiese Arbeiten (Pflügen, Säen, Hacken in der Weinpflanzung) sind auf einem Mosaik aus Cäsarea dargestellt, daß bei H.Schneider, 123, abgebildet ist.

[77]Vgl. Heinemann, Status, 316 Anm.66. Anders Krauss 2, 104.

[78]Gummerus 27.

[79]Vgl. Heinemann, Status, 310.

[80]Vgl. auch 1 Kor 9,7.

[wer] an solchem [arbeitet], das vom Boden gelöst ist, [darf davon essen] bevor seine Arbeit vollendet ist, [wenn diese Arbeit geschieht] an etwas, das aus der Erde emporwächst. Und folgende sind es, die nicht essen dürfen: Wer an solchem arbeitet, das am Boden haftet, vor der Vollendung der Arbeit. Und [wer] an solchem arbeitet, das vom Boden gelöst ist, nachdem seine Arbeit vollendet ist, oder an etwas, das nicht aus der Erde emporwächst" (mBM 7,2).

Gegessen werden darf nur von den Früchten, an denen man gerade arbeitet und zwar nur, wenn man von einer Reihe zur anderen geht (vgl. mBM 7,4). Bis zur Höhe seines Lohnes darf der Arbeiter Früchte verzehren (mBM 7,5 im Namen von R. Elazar Chisma, einem Tannaiten der zweiten Generation). Dies kalkuliert der Arbeitgeber bei der Bestimmung der Höhe des Lohnes mit ein: "Often his wages alone were not sufficient to feed him and his family...; the privilege of eating was considered part of the wages".[81] Man warnte jedoch den Arbeiter vor Ausnutzung dieses Zugeständnisses: "Doch soll man ihn belehren, daß er kein Fresser sei und [dadurch] die Tür für sich verschließe" (mBM 7,5). In mBM 7,1 ist die Verabreichung von Speisen erwähnt. KRAUSS leitet daraus ab: "In Wirklichkeit muß...das Los der Arbeiter sich überaus günstig gestellt haben. Sie arbeiteten Schulter an Schulter zusammen mit dem Wirte auf dem Felde und aßen folglich auch das Mahl (...) mit ihm zusammen, gewiß dieselben Speisen, deren vorzügliche Qualität übrigens ausdrücklich betont wird, sind es doch Brüder, Söhne Abrahams, Isaaks und Jakobs!"[82] Von einer gemeinsamen Mahlzeit spricht mBM 7,1 jedoch nicht, und auch die Zuteilung von Speisen wird nicht überall üblich gewesen sein: "Cases of workers starving themselves to feed their children etc., demonstrate sufficiently that agricultural labourers were not invariably well off".[83]

Zugunsten seiner Kinder zu hungern war dem Arbeiter jedoch ebensowenig erlaubt, wie das Verrichten seiner eigenen Arbeiten bei Nacht, denn er hat tagsüber seine gesamte Arbeitskraft einzusetzen, wie aus der Tosefta hervorgeht:

"Dem Arbeiter ist es nicht erlaubt, in der Nacht seine eigenen Arbeiten zu verrichten und sich am Tag einem anderen zu verdingen...; er darf nicht dursten und darben und dafür seine Nahrung seinen Kindern geben, weil das einer Beraubung des Arbeitgebers gleichkäme" (tBM 8,2).

---

[81]Heinemann, Status, 313.

[82]Krauss 2, 104.

[83]Heinemann, Status, 315 Anm.66. Vgl. auch Ayali 13, der Krauss' Darstellung eine "Übertreibung" nennt.

Dennoch war dies wohl manchmal der Fall, wie ein Abschnitt in Midrasch GenR zu erkennen geben könnte:

> "R. Jehuda bar Simon sagte: Gewöhnlich arbeitet ein Arbeiter mit seinem Hausherrn zwei oder drei Stunden redlich, am Ende aber wird er nachlässig in seiner Arbeit" (GenR par.LXX, Kap.29, v.30).

und im Namen R. Tarphons, der nach der Überlieferung ein reicher Mann war und selbst Arbeiter und Sklaven beschäftigte, wird gemahnt:

> "Nicht liegt es dir ob, die Arbeit zu vollenden, aber du hast auch nicht die Freiheit, von ihr abzulassen" (PA 2,16).

Auch in den Gleichnissen werden oft faule Arbeiter erwähnt (8; 11), oder zumindest solche, die zeitweilig faul sind (9). Dieses Faulsein lag wohl meist nicht am Unwillen der Arbeiter zur Arbeit, sondern an Unfähigkeit wegen Übermüdung, Nahrungsmangel und Überarbeitung. Anders dagegen deutet Philo (Anf. 1. Jh. n. Chr.) als Vertreter der Oberschicht mangelhafte Arbeitsleistung:

> "Außerdem ist zu erwägen, daß der Landarbeiter nur auf das eine Ziel, die Löhnung, sein Augenmerk richtet - denn er ist ja nur ein Lohnarbeiter - und es nicht auf gute Ausführung abgesehen hat..." (*De Agricultura* 5).[84]

Obwohl der Arbeiter nur zur Tätigkeit als solcher und nicht zur Herbeiführung eines bestimmten Arbeitserfolges gemietet wird, hat es negative Konsequenzen, wenn er unterhalb des allgemeinen Leistungsniveaus bleibt: "Ist er [der Arbeiter] zur Arbeit nicht befähigt und führt sie mangelhaft aus, so ist es seine Schuld, und er trägt auch die materielle Verantwortung".[85] Der Arbeitgeber kann ihm den Lohn kürzen oder ihn verpflichten, länger zu arbeiten.[86] Nach H.SCHNEIDER überwachten die Großgrundbesitzer die Arbeitsgeschwindigkeit der Sklaven, indem sie bestimmte Arbeitsnormen festlegten, d.h. bestimmten, welches Ausmaß an Arbeit in einer bestimmten

---

[84]Vgl. auch Joh 10,12f.

[85]Hoffmann 598.

[86]Vgl. Heinemann, Status, 322.

Zeit zu leisten sei.[87] Es ist möglich, daß diese Normen nicht nur für Sklaven, sondern auch für Tagelöhner galten.[88]

Andererseits erwähnen die Gleichnisse Arbeiter, die besonders fleißig sind, die z.b. viele Bäume pflanzen, während andere nur einen zustande bringen (5) oder aufgrund ihrer Geschicklichkeit in zwei Stunden soviel schaffen wie andere während des ganzen Tages (1). Hat ein Arbeitgeber einen Arbeiter für eine bestimmte Zeit angestellt, und der Arbeiter erledigt die Arbeit besonders schnell, so wird der Arbeitgeber ihm normalerweise zusätzliche Arbeit aufgetragen haben: "If the task for which the servant has been hired is completed before expiry of the hire period, the master may keep him engaged on some other but not heavier labor".[89] Einem solchen Arbeiter, wenn es ihn überhaupt je gegeben hat, wird wohl die Mißgunst seiner Kollegen zuteil geworden sein, weil der Arbeitgeber dann die allgemeinen Leistungsanforderungen höher ansetzen konnte.

[87]Siehe H.Schneider 121.

[88]Nach H.Schneider, 124, waren freie Arbeiter "demselben repressiven Überwachungssystem wie die Sklaven unterworfen".

[89]Encyclopedia Judaica 10, 1326, mit Berufung auf tBM 7,6.

6.Kapitel: Der Arbeitslohn

A. Lohnauszahlung am Abend

In den Gleichnissen wird den Arbeitern ihr Lohn am Abend, gleich nach Beendigung der Arbeitszeit ausbezahlt. Die Zahlung des Lohnes bis zum Sonnenuntergang ist eine Vorschrift, die schon im Alten Testament begegnet. So heißt es in Lev 19,13: "Du sollst deinen Nächsten nicht bedrücken noch berauben; der Lohn des Tagelöhners soll nicht bei dir bleiben bis zum [anderen] Morgen", und in Dtn 24,14f: "Du sollst einen bedürftigen und armen Tagelöhner nicht bedrücken, er sei einer deiner Brüder oder ein Fremdling, der in deinem Lande, in deiner Ortschaft wohnt; am selben Tage noch sollst du ihm seinen Lohn geben, daß die Sonne nicht darüber untergehe; denn er ist arm und sehnt sich darnach. Er könnte sonst den Herrn wider dich anrufen, und es käme Schuld auf dich".

Darauf Bezug nehmend ermahnen jüdische Schriftsteller der ersten Jahrhunderte[90] die Arbeitgeber immer wieder dazu, den Arbeitern ihren Lohn noch am selben Tag auszuzahlen. So warnt schon Philo als Repräsentant der Oberschicht seinesgleichen, sich nicht an den Armen zu bereichern, sondern im Sinne der Thora Tugend zu üben:

"Da aber der Lohn des Arbeiters der Preis für seine emsige Arbeit ist, dem Arbeiterstande aber die Bedürftigen, nicht die mit reichlichen Mitteln Ausgestatteten angehören, so gebietet er die Bezahlung nicht hinauszuschieben, sondern noch an demselben Tage den vereinbarten Lohn zu zahlen [...]. Denn es wäre unsinnig, wenn die Reichen aus der Dienstleistung der Armen ihren Gewinn zögen und den Armen das Entgeld dafür nicht auf der Stelle entrichten wollten, da sie doch im Überfluß leben" (*Spec. Leg.* IV, 195f).

und er fährt fort, die Auszahlung des Lohnes am Abend als Vorbeugen gegen Raub, Diebstahl und Ableugnen von Schulden zu preisen.

Dem Arbeitgeber selbst kommt es zugute, wenn er den Arbeiter nicht auf seinen Lohn warten läßt, denn durch die unverzügliche Zahlung wird die Arbeitsfreude des Arbeiters gesteigert:

"Eine auf Betätigung von Menschenliebe hinzielende Verordnung ist auch die, den Lohn dem Armen noch an demselben Tage zu geben [...], nicht nur weil die

---

[90]Für die Zeit davor vgl. Ps.-Phokylides 12 und 19, sowie SibOr 2,74.

Gerechtigkeit verlangt, daß einer, der den Dienst, zu dem er angenommen wurde, geleistet hat, den Lohn für die Dienstleistung unverzüglich bekomme, sondern auch weil der Handwerker oder Lastträger...gleichsam nur für den Tag lebt, wie man sagt, und seine ganze Hoffnung auf den Lohn setzt. Wenn er diesen sogleich bekommt, freut er sich und wird gekräftigt für den folgenden Tag, um dann mit doppelter Freudigkeit zu arbeiten; erhält er ihn aber nicht, so verliert er, abgesehen davon, daß er sich sehr ärgert, vor Kummer alle Spannkraft und wird schlaff, so daß er nicht imstande ist an sein gewohntes Tagewerk zu gehen" (*Virt.* 88).

Das Rentabilitätsargument kann also nur Arbeitgeber überzeugen, die beabsichtigen, dieselben Arbeiter auch am nächsten Tag wieder zu beschäftigen. Bei einem Überangebot an Arbeitskräften ist es nicht stichhaltig, da abgenutzte Arbeitskraft durch unverbrauchte ersetzt werden kann. So bedarf es für die unverzügliche Auszahlung des Lohnes an "Tage"löhner einer andersartigen, religiös bedingten Motivierung, wie sie in der Mischna und im Midrasch begegnet.

"Ein Tagarbeiter soll noch während der Nacht [seinen Lohn] einstreichen. Ein Nachtarbeiter soll noch während des Tages seinen Lohn einstreichen. Einer, der in Stundenlohn steht, soll noch während der Nacht oder noch während des Tages [seinen Lohn] einstreichen...Sowohl auf Miete für Menschen, wie auf Miete für Vieh, wie auf Miete für Geräte beziehen sich [die Schriftworte]: 'Noch an demselben Tage sollst du [ihm] seinen Lohn geben' und 'Du sollst den Verdienst des Arbeiters nicht über Nacht bei dir lassen bis zum Morgen'" (mBM 9,11-12).

Diese Verpflichtung wird aber dahingehend eingeschränkt, daß der Arbeiter seinen Lohn anfordern muß, um ihn zu erhalten:

"Wann [ist der Lohn fällig]? Sobald er [i.e. der Arbeiter] ihn gefordert hat. Fordert er ihn aber nicht, so begeht [auch] er [i.e. der Arbeitgeber] deswegen keine Übertretung" (mBM 9,12).

Unterläßt der Arbeiter es, denn Lohn anzufordern, so hat er keinen Anspruch mehr darauf. Eine Anforderung des Lohnes, die vom Arbeitgeber bestritten wird, kann später, wenn Zeugen dafür vorhanden sind, beschworen werden. Im Zweifelsfall ist also der Arbeiter im Vorteil.[91]

Der Arbeitgeber muß den Lohn nicht selbst auszahlen, sondern er kann einen Händler oder Geldwechsler damit beauftragen:

---

[91]Siehe hierzu auch Ayali 12.

"Gibt er [der Arbeitgeber] ihm Anweisung auf einen Krämer oder auf einen Wechsler, so begeht er des [Lohnes] wegen keine Übertretung" (mBM 9:12).

Im Falle einer Zurückhaltung des Lohnes durch einen Dritten wäre der Arbeitgeber frei von Schuld. HEINEMANN schließt daraus: "The actual purpose of the law, to ensure prompt payment of the labourer, is almost entirely whitted away; no doubt because changed economic conditions made this strict injunction an awkward burden, at times. In the expanding economy of tannaitic times with its 'growing capitalist activities'[...], the law in its original form was bound to be an obstacle to the smooth running of affairs".[92] Das mischnaische Recht ist also als Kompromiß zwischen einer zunehmend auf Rentabilität bedachten Wirtschaft und der traditionellen jüdischen Sozialethik zu verstehen. Der Midrasch nimmt dagegen auf erstere keine Rücksicht, da er vorgibt, sich nur auf die Bibel zu gründen. So wird hier immer wieder darauf hingewiesen, daß dem Arbeiter wegen seiner Bedürftigkeit der Lohn sogleich ausgezahlt werden muß:

"Ebenso findest du beim Tagelöhner die Worte: 'An seinem Tage sollst du ihm seinen Lohn geben'(Dtn 24,15). Warum? 'Denn er ist arm', wie es heißt: 'Denn es ist seine einzige Decke, welche er hat, worauf soll er liegen?' Wenn er nun die ganze Nacht sitzt und friert und betet und schreit zu mir, so erhöre ich ihn, denn es heißt: 'Ich erhöre ihn, denn ich bin gnädig'. Hier werden zwei Dinge gelehrt, die einander gleichen. Beim Tagelöhner steht: 'An seinem Tage sollst du ihm seinen Lohn geben', z.B. wenn einer geht und der Esel hinter ihm, und man verkauft ihm eine Garbe und er legt sie auf seine Schulter, der Esel kommt auf dem Wege hinter die Garbe und hofft davon zu essen, was macht aber sein Herr? Er bindet ihm die Garbe noch oben auf. Du Frevler! spricht man zu ihm, den ganzen Weg ist das Tier ihrethalben gelaufen, und du hast sie ihm nicht vorgelegt. Ebenso arbeitet der Tagelöhner mühselig den ganzen Tag in der Hoffnung auf seinen Lohn, und du willst ihn leer fortgehen lassen?" (ExR Par.XXXI, Kap.22, v.26).

Trotz all dieser Ermahnungen kam es gelegentlich vor, daß der Arbeiter auf seinen Lohn warten mußte. Sowohl ägyptische Papyrusurkunden, als auch jüdische Texte deuten darauf hin. Die Papyri enthalten, da es sich teils um Privatbriefe von Betroffenen handelt, besonders krasse Darstellungen des die Arbeiter im Fall von Lohnrückständen treffenden

---

[92]Heinemann, Status, 287f, führt noch weitere Einschränkungen im späteren rabbinischen Recht an: (1) Der Arbeitgeber kann den Lohn vorenthalten, wenn er kein Geld zur Verfügung hat (bBM 112a); (2) Der Arbeitgeber kann mit dem Arbeiter eine spätere Lohnzahlung vereinbaren (Sifre zu Dtn 24,15); (3) Wenn der Arbeitgeber einen anderen mit dem Mieten der Arbeiter beauftragt, übertritt weder er noch der Beauftragte das Recht bei Verzögerung des Lohnes (tBM 10,5). Nach Ayali, 8, mußte der Arbeitgeber den Lohn der Arbeiter manchmal bis zum Markttag zurückhalten, um nicht selbst in finanzielle Schwierigkeiten zu geraten: "This state of affairs required of the Sages to set Halachic norms trying to compromise between the landlord's duty towards the labourer and an understanding of the position of the honest landlord who is faced with the choice of either breaking the commandment..., or not hiring the labourer at all".

Elends. So muß eine Frau Kleidung versetzen, weil der Lohn nicht rechtzeitig gezahlt wurde.[93] Ein anderer Briefschreiber gibt an, er habe dem Dienst entlaufen müssen, um nicht wegen Lohnrückständen Hungers zu sterben.[94] In welche Notlage ein Arbeiter und seine Familie kommen konnten, wenn sie auf Lohn warten mußten, zeigt ein Papyrusbrief, den der ägyptische Lohnarbeiter Hilarion aus Alexandria im Jahre 1 n. Chr. an seine Frau schrieb:

"Ich bitte Dich und flehe Dich an, sorge für das Kindchen. Und sobald wir erst Lohn erhalten, werde ich [ihn] Dir hinauf senden. Wenn du gebierst, wenn es männlich war, laß es [leben]; wenn es weiblich war, setze es aus" (P.Oxy. IV 744).

Man hielt es sogar für möglich, daß ein ohne Bezahlung entlassener Arbeiter sich in seiner Not das Leben nehme, wofür der Arbeitgeber dann moralisch verantwortlich wäre.[95]

Im jüdischen Bereich findet man Hinweise auf die Zurückhaltung des Lohnes besonders in der prophetischen und weisheitlichen Literatur. Schon Hiob klagt: "Wie dem Tagelöhner, der auf Lohn hofft, so wurden mir beschieden Monde der Pein" (7,2), und Jes mahnt: "Wehe dem..., der seinen Nächsten umsonst arbeiten läßt und ihm den Lohn nicht bezahlt" (22,13). Diese Tradition wird im 2. Jh. v. Chr. von Sir fortgesetzt:

"Der tötet den Nächsten, der die Nahrung ihm stiehlt, und der vergießt Blut, wer den Lohnarbeiter seines Lohnes beraubt" (34,26f).[96]

Ein solcher Mensch soll nach Josephus "verabscheut sein" (Ant. IV 288). Und auch im Neuen Testament heißt es im Hinblick auf die Situation im 1. Jh. n. Chr.:

"Siehe, der Lohn der Arbeiter, die eure Felder abgemäht haben, welcher von euch zurückbehalten worden ist, schreit laut, und das Rufen der Schnitter ist vor die Ohren des Herrn der Heerscharen gekommen" (Jak 5,4).

[93]Cairo Zen. III 59 507.

[94]Col. Zen. II 66. Vgl. Hengstl 112, Anm.90.

[95]In diesem Sinne ist das unten erwähnte Sir-Zitat (34,26f) zu verstehen.

[96]Der gleiche Gedanke, nur mit anderen Worten, erscheint später im Talmud: "Wenn jemand den Lohn eines Mietlings zurückbehält, ist es so als ob er ihm den Lebensatem nähme" (bBM 112a).

Gerade weil es immer wieder dazu kam, daß Arbeitgeber den Lohn ihrer Arbeiter zurückbehielten, waren Mahnungen wie die oben zitierten des Alten Testaments und der Mischna, sowie die folgende Toseftastelle notwendig:

"Wer den Lohn eines Lohnarbeiters zurückhält, übertritt fünf Gebote: Du sollst nicht unterdrücken; du sollst nicht stehlen; wegen dem Vers, der sagt: 'Der Lohn des Tagelöhners soll nicht bei dir bleiben die ganze Nacht bis zum Morgen' (Lev 19,13); 'Du sollst ihm Lohn geben an dem Tag, an dem er ihn verdient, bevor die Sonne untergeht, denn er ist arm' (Dtn 24, 15)" (tBM 10,3).

Lohnrückstände gab es sowohl im jüdischen, als auch im nichtjüdischen Bereich. Nur in jüdischen Texten findet sich jedoch die Mahnung an die Arbeitgeber, den Arbeitern ihren Lohn in einem bestimmten befristeten Zeitraum auszuzahlen, sowie die religiöse Begründung dieser Vorschrift. Ob die Arbeitgeber sich wirklich daran hielten, ist nicht festzustellen, jedoch darf man aufgrund der allgegenwärtigen Mahnung annehmen, daß Lohnrückstände in Israel nicht so häufig vorkamen wie in Ägypten oder in Rom, wo eine sozialethische Begründung fehlte, und es allein um Rentabilität ging. Auch die Rabbinen des zweiten und dritten Jahrhunderts mußten den reichen Gemeindegliedern Zugeständnisse machen, wollten sie nicht deren Gefolgschaft verlieren. So kam es hier zu einem Kompromiß zwischen den alttestamentlich begründeten Forderungen der sofortigen Lohnauszahlung und den Interessen des Arbeitgebers.

B. Die Höhe des Lohnes

Die Höhe des Lohnes richtete sich nach Angebot und Nachfrage, sowie nach dem ortsüblichen Preis. Dies geht sowohl aus der wiederholten Betonung des מנהג (ortsüblicher Brauch) in der Mischna, als auch aus ägyptischen Papyrusurkunden hervor. In einem Papyrusbrief aus dem 2. Jh. v. Chr. rät ein Vater seinem Sohn, der bezüglich der Lohnhöhe unsicher ist, sich nach dem festen Kurs (τὸ ἀσφαλές) zu erkundigen:

"Sarapion grüßt seinen Sohn Eutychides. Es war unnötig, mir wegen der Löhne der Arbeiter zu schreiben, denn du handelst selbständig. Finde deshalb heraus, was der feste Kurs ist, was Polis seinen [Arbeitern] gibt, und gebe du deinen dasselbe" (P.Amh. CXXXII).

War der Lohn in der Erntezeit am höchsten, reichte er in den Wintermonaten, wenn es mehr Arbeitskräfte als Arbeit gab, kaum zum Lebensunterhalt. Um ihn auch in der

Erntezeit niedrig zu halten, rät Cato, Güter in solchen Gegenden zu erwerben, in denen zahlreiche potentielle Tagelöhner wohnen, die auf Arbeit angewiesen sind.[97]

In Israel betrug der übliche Durchschnittstagelohn einen Denar.[98] Bei Vollbeschäftigung konnte der Arbeiter dann 200 Denare pro Jahr verdienen.[99] Für einen Denar konnte man 12,5 kg Brot kaufen. Der Jahreslohn reichte eben aus, um eine sechsköpfige Familie zu ernähren.[100] Zweihundert Denare stellten jedoch "die untere Grenze des damaligen Lebensstandards" dar.[101] Sie war zugleich die Armutsgrenze. Nach der Mischna soll derjenige, der zweihundert Denare besitzt, nicht an der Armenpflege der Gemeinde teilhaben. Hat er einen Denar weniger, darf er sie annehmen:

"Wer zweihundert Zuz [= 200 Denare] besitzt, soll nichts von der Nachlese, vom Vergessenen [auf dem Felde], vom Ackerrand und keinen Armenzehnten erhalten. Hat er aber zweihundert weniger einen Denar..., mögen ihm auch tausend auf einmal [Armenzehnt geben], siehe, dieser soll erhalten" (mPea 8,8f).

Das "Besitzen" bezieht sich hier auch auf das Erwerben innerhalb eines Jahres.[102] Leicht konnte es aber passieren, daß der Arbeiter unterhalb dieser Armutsgrenze blieb, denn in Zeiten der Arbeitslosigkeit hatte der Arbeiter sich mit niedrigerem Lohn zufrieden zu geben. So schreibt HEINEMANN: "The worker often found himself unemployed for the day and would then accept employment, even though it was offered at lower wages, or

---

[97]*Agri Cultura* 1,3.

[98]Vgl. Heinemann, Status, 275; Kreissig 33; Ben-David 66. In Ägypten scheint er ebenso hoch gewesen zu sein. Nach P.Hamb 27 erhalten Feldarbeiter 4 Drachmen = 1 Denar.

[99]Vgl. Ben-David 293: "In der Landwirtschaft wurde und wird die Zahl der Arbeitstage bedingt durch die Jahreszeiten und die Sabbath- und Festtage. Deshalb scheint sicher, daß ein Tagelöhner nur an etwa 200 Tagen im Jahr Arbeit fand".

[100]Vgl. Schröder 16.20.

[101]Ben-David 292.

[102]Ibid.

without stipulating any wages at all".[103] Manchmal scheint es als Lohn auch nur eine Mahlzeit gegeben zu haben.[104]

Als Betrug gilt nach jBM 6,1 (10d), wenn ein Arbeitgeber später angestellten Arbeitern eine niedrigere als die mit den früher gemieteten Arbeitern ausgehandelte Lohnhöhe als deren Lohn angibt, um ihnen nicht einen ebenso hohen Lohn zahlen zu müsse:

> "Wieso kann der Hausherr die [Handwerker][105] betrügen? [Das geschieht, wenn er zu ihnen sagt:] kommt, arbeitet mit euren Genossen (...) beim Hausherrn! [Sie fragen ihn: für] wie [viel Lohn] arbeiten sie? [Er antwortet:] die Mehrheit der [Handwerker arbeitet] für zehn [Geldstücke Tagelohn]. [Dann gehen sie] und finden, daß die Mehrheit der [Handwerker] die [vorgesehene] Arbeit für fünf [Geldstücke Tagelohn] verrichtet". (Ü.: Wewers).

Den Arbeitern bleibt nach mBM 6,1 nur der Verdruß. Sie haben keinen Anspruch auf Schadenersatz.

Solche Fälle (Lohnrückhaltung; Mahlzeit als Lohn; Betrug) begegnen in den Gleichnissen nicht. Kein Arbeiter erhält einen Lohn, der niedriger ist als der volle Tagelohn, auch wenn er nicht den ganzen Tag gearbeitet hat oder unter dem durchschnittlichen Leistungsniveau blieb. Sind analoge Situationen auch in anderen Texten belegt?

Nach J.D.M.DERRETT war die Zahlung des vollen Tagelohnes an Arbeiter, die wie die "Letzten" in Mt 20,1-15 nur eine Stunde gearbeitet haben, ganz normal. Ihnen stand angeblich der Lohn eines *Po'el Batel* zu.[106] Darf man das Prinzip des *Po'el Batel* aber in diesem Fall anwenden? Nach den tannaitischen Quellen ist der *Po'el Batel* kein unbeschäftigter Arbeiter, sondern ein Arbeiter, der die ihm aufgetragene Arbeit wegen äußerer Gewalt (schlechtes Wetter etc.) nicht weiter ausführen kann. Obwohl er beschäftigungslos wird, muß ihm ein Minimallohn gezahlt werden. In mBM 2,9 wird dieses Prinzip übertragen auf jemanden, der einen verlorenen Gegenstand gefunden und aufbewahrt hat, in mBM 5,4 auf einen Ladenbesitzer, dem man Geld geliehen hat und

---

[103]Heinemann, Status, 276.

[104]Ibid. 277. Vgl. jBer 2,5 (5a) par. 6,1 (10b), wo eine Tradition zitiert wird, die mit der Möglichkeit rechnet, daß Arbeiter nur für das ihnen verabreichte Essen arbeiten.

[105]Es ist hier wohl von Tagelöhnern die Rede, wie im Folgenden deutlich wird.

[106]Vgl. Derrett, Workers, 78.

deshalb die Hälfte seines Ertrages beansprucht. Ihnen ist ein Lohn *Ke'Poel Batel* zu zahlen. Nirgendwo aber wird dieser Lohn mit für Stunden gemieteten Arbeitern in Zusammenhang gebracht.[107]

C. Zusätzliche Belohnungen

Arbeiter, die besonders fleißig waren, wurden manchmal zusätzlich belohnt: "By means of such a bonus, the employer probably expressed his satisfaction with a good worker and tried to stimulate the others to greater effort".[108] Um die Produktivität zu steigern, belohnen auch Cato (*De Agricultura* 5,2) und Columella (*De Re Rustica* 1,8,18) besondere Leistungen.[109] Es scheint sich um eine jahrhundertealte Einsicht zu handeln, denn schon Xenophon (430-350 v. Chr.) weiß davon zu berichten:

"Ich lasse nämlich die Kleider, die ich den Arbeitern geben muß, ebenso die Schuhe nicht alle in der gleichen Qualität anfertigen, sondern die einen schlechter, die anderen besser, damit die Möglichkeit besteht, den Tüchtigeren mit den besseren auszuzeichnen, dem Schlechteren dagegen die billigeren zu geben. Denn mir scheint, sagte er, Sokrates, die Guten ein Unmut zu befallen, wenn sie sehen, daß die Arbeiten zwar von ihnen ausgeführt werden, daß aber diejenigen, die, wenn es gilt, weder Mühen noch Gefahren auf sich nehmen wollen, der gleichen Belohnung teilhaftig werden wie sie selbst. Ich halte es deshalb keineswegs für richtig, daß die Besseren dasselbe erhalten wie die Schlechteren; und ich lobe die Verwalter, wenn ich sehe, daß sie an die Würdigsten das Beste verteilt haben" (*Oikonomikos* XIII 10-12).

Um mehr Lohn in Form von Geld handelt es sich hier allerdings nicht. Im Buche Tobit (2. Jh. v. Chr.) ist davon die Rede. Ein Vater verspricht dem Begleiter seines Sohnes bei einer sicheren Heimführung einen zusätzlichen Lohn:

---

[107]Vgl. Heinemann, Status, 281.

[108]Ibid. 284.

[109]Vgl. Kaltenstadler 48.

"Ich werde dir deinen Lohn geben, eine Drachme pro Tag und dein Essen wie meinem Sohn, und wenn der Herr euch in Frieden zurückbringt, werde ich dir zu deinem Lohn noch hinzufügen" (5,16).

Die Extrabelohnung ist in diesem Fall, anders als bei den römischen Agrarschriftstellern, nicht Motivation zur Extraleistung, sondern Zeichen des Dankes.

Als weiterer Grund für die Zahlung eines höheren Lohnes wird in *TestSal* 1,3 (1.-3. Jh. n. Chr.) die besondere Zuneigung des Arbeitgebers zu einem Arbeiter genannt. Einen Jungen, der Salomo beim Tempelbau hilft,[110] liebt Salomo besonders. Deshalb zahlt er ihm den doppelten Lohn:

"Da ließ ich, Salomo, den Jüngling eines Tages rufen und fragte ihn: Hab ich dich nicht weit mehr geliebt als alle andern an dem Gottestempel angestellten Bauarbeiter? Gewährt ich dir nicht doppelt soviel Lohn und Kost?".[111]

Salomos Liebe zu dem Arbeiter kann in dessen besonderem Eifer für das Bauprojekt begründet sein, aber dies wird nicht ausdrücklich gesagt.

Es soll auch zuweilen vorgekommen sein, daß ein Arbeitgeber während des Winters Arbeiter für eine längere Zeit, die auch die Erntesaison umfaßte, zu einem festen geringeren Lohn mietete. Dadurch entstanden ihm Vorteile, die er zuweilen auszugleichen suchte, indem er solche Arbeiter im Sommer dann manchmal besonders belohnte. Nach HEINEMANN spielt das 3. rabbinische Gleichnis auf einen solchen Fall an: "Sifra on Lev 26,9 reflects the preferential treatment which the employer would offer to the long-term employee whom he could trust more than the casual or seasonal worker".[112] Die Rede von der besondere Belohnung der Langzeitarbeiter in diesem und dem 7. Gleichnis kann aber auch einen anderen Hintergrund haben. Es scheint vorausgesetzt zu sein, daß ein Arbeitskräftemangel herrscht. Einen solchen Mangel an ländlichen Arbeitskräften nimmt

---

[110]Nach Duling (in Charlesworth 1, 961, Anm. 16) wird in anderen Mss dem Jungen übermäßiger Eifer für den Tempelbau zugeschrieben, bzw. er wird mit dem Meister (*architechnites*) identifiziert. In dem von Duling übersetzten Ms wird der Junge als "*tou protomaistoros paidariou*" beschrieben, was sowohl mit "Knabe des Oberaufsehers" (Duling), als auch mit "junger Oberaufseher" (Rießler) übersetzt werden kann.

[111]Übersetzung: Rießler.

[112]Heinemann, Status, 277: "Employers would exploit the need of the unemployed worker by offering him long-term employment at the lower rate in force during the slack season; by paying him his wages in advance, they would make sure that he would continue to work for them for the lower wages during the harvest".

D.SPERBER wegen Landflucht im 3. Jh. an.[113] Die Gleichniserzähler könnten von einer solchen Situation bei ihrer Darstellung beeinflußt gewesen sein. Andererseits kann die Rede von der besonderen Belohnung der Langzeitarbeiter aber auch, ganz unabhängig von der Realität, nur von der Sachebene her bestimmt sein. Eine Entscheidung hierüber ist wohl letztendlich nicht möglich.

Von einer seltsamen Belohnung berichtet eine Papyrusurkunde aus dem 2. Jh. v. Chr. Es ist von einem Arbeiter die Rede, der bei seiner Entlassung bekommen kann, was immer er will:

> "Irene zu Taomorphis und Philo. Ich habe Calocaerus für Dionysius 340 Drachmen gegeben, wie er mir geschrieben hat, ihm zu geben, was er auch wolle. So gib dieses Geld bitte unserem Arbeiter Paramon, und wenn er noch irgendetwas weiter verlangt, gib ihm, was immer er will und entlasse ihn schnell" (P.Oxy CXVI).

Die Aufforderung am Schluß, "ihm" zu geben, was immer er wolle, kann sich jedoch auch auf Dionysius beziehen und eine Wiederholung des am Anfang Gesagten sein. Die näheren Umstände dieses Schreibens sind unbekannt, und so kann es eher als Kuriosität gelten, denn als repräsentativ für die damalige Belohnung von Arbeitern.

Die zuletzt gedingten Arbeiter in Mt 20,1-15 erhalten, obwohl sie nur eine Stunde gearbeitet haben, den vollen Lohn. Zu einer solchen Praxis konnte keine genaue Analogie in antiken Texten gefunden werden. Von einem Ausnahmefall, in dem ein Arbeitgeber einer Arbeiterin, die nicht den ganzen Tag gearbeitet hat, angeblich dennoch den vollen Lohn zahlt, berichtet Diodorus Siculus (1. Jh. v. Chr.):

> "Und da die Männer und Frauen nebeneinander für Lohn arbeiten, geschah es, daß sich etwas Seltsames und Überraschendes in unseren Tagen in Bezug auf eine Frau ereignete. Sie war schwanger, und während sie mit den Männern für Lohn arbeitete, wurde sie mitten in ihrer Arbeit von den Wehen ergriffen und ging ruhig hinweg in ein Gebüsch. Darin gebar sie, und indem sie das Kind mit Blättern bedeckte, versteckte sie es dort und gesellte sich wieder zu den Arbeitern, dieselbe Mühsal erleidend wie sie, und ließ nichts merken von dem, was geschehen war. Als aber das Kind schrie, und der Vorfall bekannt wurde, konnte der Aufseher sie in keiner Weise überzeugen, mit der Arbeit aufzuhören. Sie aber ließ nicht eher ab von der Mühsal, bis der Arbeitgeber sich erbarmte und ihr den Lohn gab und sie von der Arbeit entließ" (IV,20,3).

Der Text zeigt, in welcher Not Lohnarbeiter sich Diodorus zufolge befanden, bzw. welchen Qualen sie sich unterwarfen, um den vollen Tagelohn zu erhalten. Nach Bekanntwerden

---

[113]Siehe Sperber, Aspects, 433: "Clearly, then, there was a diminution of the labour force working the soil; this was part and parcel of the process of increased urbanization which was quickened during the third century".

der Situation der Frau ist der Arbeitgeber zwar bereit, sie zu entlassen, für die Zahlung des vollen Lohnes jedoch bedarf es der Weiterarbeit und Unnachgiebigkeit der Frau. Möglicherweise hat sie nicht viel kürzer gearbeitet als ihre Kollegen. Die Erzählung deutet also an, wie selten und unter welchen Ausnahmebedingungen es nur vorgekommen sein wird, daß ein Arbeiter, der weniger als den ganzen Tag gearbeitet hatte, den vollen Tagelohn erhielt.

Nur im fiktionalen Bereich von Gleichnissen und Legenden war eine derartige Handlung des Arbeitgebers vorstellbar. So erzählen auch zwei rabbinische Geschichten von der Großzügigkeit, mit der Rabbinen Arbeitern den vollen Lohn zahlen, obwohl sie dazu nicht verpflichtet sind. Die Darstellungen dienten wohl Propagandazwecken, d.h. dazu, das Ansehen der Rabbinen unter ihren Zeitgenossen zu fördern. Die erste Geschichte befindet sich in jBM 6,1 (10d):

"R. Hijja der Ältere mietete Eseltreiber, um ihm Flachs zu bringen. Sie gingen und fanden ihn feucht. Rav sagte zu ihm:[114] Geh hinaus und gib ihnen ihren vollständigen Lohn! Und sage[115] zu ihnen: Nicht daß ich verpflichtet wäre, euch euren vollständigen[116] Lohn zu geben, sondern ich, Hijja, gebe ihn euch [d.h. ich, Hiyya, bin so freigebig zu euch]".

Obwohl R. Hiyya nach tBM 7,1 nur dazu verpflichtet wäre, die Eseltreibern für den Aufwand des Weges zu entschädigen (nach der Version des PT), bzw. ihnen einen Lohn *Ke'Poel Batel* zu zahlen (nach der Version der Tosefta), soll er, wie Rav ihm rät, großherzig sein, und ihnen den vollen Arbeitslohn aushändigen. Die Großzügigkeit besteht hier wie in der folgenden Geschichte in einer Handlung dem Nächsten gegenüber, die über das von der Halakha Geforderte hinausgeht.

"R. Nechemja war Töpfer.[117] Er übergab einem Menschen seine Töpfe [zur Aufbewahrung], und sie zerbrachen. Er [d.h. R. Nechemja] nahm ihm seinen Mantel weg. Er [der Mensch] kam zu R. Jose b. Hanina. Er [R. Jose b. Hanina] sagte zu ihm [dem Menschen]: Geh, sage zu ihm: "Damit du auf dem Weg der Guten gehst" (Spr 2,20). Er ging und sagte [es] zu ihm, und er gab [ihm] seinen Mantel. Er [R.

---

[114]Nach Leiden und Escorial Ms. Die Druckausgabe liest fälschlicherweise "ihnen".

[115]Nach Escorial Ms.

[116]Nach Escorial Ms.

[117]Nach Escorial Ms. Leiden Ms. liest: "R. Nechemja lehrte: Ein Töpfer...".

Jose b. Hanina] sagte zu ihm: Hat er dir auch deinen Lohn gegeben? Er sagte zu ihm: Nein. Er sagte zu ihm: Geh und sage zu ihm: "Und die Pfade der Gerechten sollst du beachten" (Spr 2,20). Er ging und sagte es zu ihm, und er [R. Nechemja] gab ihm seinen Lohn" (jBM 6,8, 11a).[118]

Während nach R. Nechemja der Aufbewahrer für den den Töpfen zugefügten Schaden verantwortlich ist (siehe R. Eliezers Ansicht in mBM 6,8), übertrifft R. Jose b. Haninas Entscheidung die Mehrheitsmeinung der Mischna in ihrer Großzügigkeit: Der Aufbewahrer ist nicht nur nicht verantwortlich, sondern verdient sogar seinen Lohn. Die Geschichte könnte erzählt worden sein, um zu zeigen, daß rabbinische Richter ihre Urteile nicht zugunsten ihrer Kollegen fällen. Historisch auswertbare Informationen über Leben und Handlungen individueller Rabbinen liefern derartige Anekdoten wegen ihres paradigmatischen Charakters nicht.[119]

---

[118]Da Wewers bei der Übersetzung der Bavot-Traktate die kritische Edition des Escorial Ms. noch nicht vorlag, weicht seine Übersetzung von der hier gebotenen ab.

[119]Siehe hierzu Neusner, Story, 8.

7.Kapitel: Möglichkeiten des Protestes

In Matth 20,11f "murren" die Ganztagsarbeiter, weil der Arbeitgeber auch denen, die nur kurze Zeit gearbeitet haben, den vollen Tagelohn gezahlt hat. Sie fühlen sich ungerecht behandelt und wollen ihrer längeren Arbeitszeit entsprechend ein Vielfaches des üblichen Lohnes erhalten. Der Arbeitgeber verweist sie jedoch auf den am Morgen geschlossenen Arbeitsvertrag, in dem ein Denar vereinbart wurde. Er verstößt also nicht gegen rechtliche Bestimmungen, wenn er ihnen nicht mehr gibt. Murrend beschweren sich auch die Arbeiter des 1. und 4. rabbinischen Gleichnisses gegen angeblich ungerechte Behandlung. War diese Form des Protestes üblich zu jener Zeit, und welche anderen Möglichkeiten gab es für Lohnarbeiter, sich eines durch den Arbeitgeber erlittenen Unrechts zu erwehren?

Murrende Arbeiter scheint es nicht nur in Palästina, sondern auch in Ägypten gegeben zu haben. Eine Papyrusurkunde aus dem 3. Jh. v. Chr. berichtet von einer Arbeitskolonne, die murrt, weil sie meint, ihr sei bei der Arbeit Unrecht geschehen:

"τό πλήρωμα γογγύζει φάμενοι ἀδικεῖσται ἐν τῶ ἔργω ἤδη μῆνας" (P. Petr. III 43, col. 3,20).

Um welche Art von Unrecht es sich handelt, geht aus dem Text allerdings nicht hervor.

Eine Baraitha im Babylonischen Talmud behandelt die Frage, ob ein Arbeiter den privaten Bereich seines Arbeitgebers betreten darf, um seinen Lohn zu fordern. Tut er dies, so geschieht dies auf eigenes Risiko. Es könnte dabei nämlich z.B. vorgekommen, daß ein Arbeiter von einem Rind des Arbeitgebers getötet wird:

"Die Rabbanan lehrten: "Wenn Lohnarbeiter beim Eigentümer eintreten, um ihren Lohn zu verlangen, und das Rind des Eigentümers sie niederstößt und tötet, so ist er ersatzfrei. Andere sagen, die Lohnarbeiter haben das Recht, ihren Lohn vom Eigentümer zu verlangen. Er wird gelehrt: Wenn ein Lohnarbeiter zum Eigentümer eingetreten ist, um seinen Lohn zu verlangen, und das Rind des Eigentümers ihn gestoßen oder dessen Hund ihn gebissen hat, so ist er [der Eigentümer] frei, auch wenn er [der Lohnarbeiter] zum Eintreten befugt war" (bBK 33a).

Bei den erwähnten Schädigungen durch Tiere des Arbeitgebers handelt es sich um zufällige Unfälle, an denen der Arbeitgeber keine Schuld trägt. Da die Arbeiter sich auf eigene Gefahr nach Arbeitsende auf sein Grundstück begeben, haben sie allein die Folgen eines möglichen Unfalls zu tragen.

Ungefährlicher waren Lohnforderungen in Form von Briefen, die uns aus Ägypten erhalten sind, wie etwa der folgende aus Philadelphia, geschrieben im 3. Jh. v. Chr.:

"Dem Zenon die Dammwächter Gruß. Wisse, daß wir den Lohn für zwei Monate nicht erhalten haben, auch nicht die Kornzuteilung, aber [die nur] für einen Monat. Du tätest nun gut daran, uns zu bezahlen, damit wir uns keiner Gefahr aussetzen, indem wir Dir auf diese Weise Dienst leisten. Auch ist der Kanal voll. Daher: Wenn Du uns bezahlst, [gut]; wenn aber nicht, werden wir weglaufen; es geht uns nämlich nicht gut. Gehab Dich wohl" (PSI IV 421, Hengstl 3, S.35).

Hier drohen die Arbeiter mit der *Anachoresis*, einem Streik in Form von Arbeitsniederlegung und Flucht, der besonders bei den ägyptischen Königsbauern vorkam, um die Pachtbedingungen zu verbessern, aber auch von Lohnarbeitern wie den Dammwächtern im obigen Papyrus berichtet wird. So schreibt W.SCHMIDT: "Die Anachoresis oder besser die Drohung, den Arbeitsplatz zu verlassen, erschien Arbeitnehmern als erfolgreiches Mittel, den Arbeitsherrn zur Zahlung überfälligen Lohnes oder zur Einhaltung der Arbeitsvereinbarung zu zwingen".[120] Für Palästina ist die *Anachoresis* zumindest vom 3. Jh. n. Chr. an in rabbinischen Texten belegt.[121] Man verließ das Land, um ständig erhöhten Steuerlasten zu entgehen. Möglich war eine solche Flucht aber nur denjenigen, die entweder nichts zu verlieren oder hinreichende Reserven hatten, um sich abseits ihres Arbeitsplatzes am Leben zu erhalten.[122] Im Falle der Lohnarbeiter war die *Anachoresis* nur dann wirksames Kampfmittel, wenn das Arbeitsverhältnis noch nicht beendet war, oder seine Fortsetzung in Betracht kam, und auch dann war sie mit einem Risiko verbunden. Die ἀνακεχωρηκότες "befanden sich in einer äußerst prekären Situation. Zur Anachoresis greifend, verließen sie in der Regel gleichzeitig ihre einzige Einkommensquelle und verloren sie...jede Existenzmöglichkeit".[123] Im Falle der Dammwächter würde dem Arbeitgeber durch die Flucht der Arbeiter Schaden entstehen: Der Kanal ist voll und könnte leicht überfließen. Ihm wird daran gelegen sein, die Dammwächter zu behalten.

Für die Ganztagsarbeiter des Gleichnisses von den Arbeitern im Weinberg kommt die *Anachoresis* jedoch nicht in Betracht. Die Drohung, den Arbeitsplatz zu verlassen kann nach vollbrachter Arbeit die Interessen des Arbeitgebers nicht beeinträchtigen und auf dessen Verhalten keinen Druck ausüben. Die Arbeiter würden damit nichts erreichen.

---

[120]Schmidt 35.

[121]Siehe Sperber, Roman Palestine, 103, Anm.7, für weitere Literatur zur *Anachoresis* in Palästina.

[122]Siehe ibid. 119.

[123]Schmidt 76. Hengstl, 119, spricht von einem "zweischneidigen Mittel".

Ihnen verbleibt also nur die Möglichkeit des verbalen Protestes oder eines Demonstrationszuges durch die Stadt, wie er zumindest von Ägypten her bekannt ist. Die Mutter des Strategen Apollonius berichtet davon in einem Brief an ihre Tochter:

"Brief der Eudaimonis an ihre Tochter Aline...Mit Mühe empfing ich [die Wolle] vom Färber am 10. Epiph. Ich arbeite aber mit deinen Sklavinnen, so gut es möglich ist. Ich finde keine, die mit uns arbeiten könnten, denn alle arbeiten für ihre eigenen Herrinnen. Es sind nämlich unsere Leute durch die ganze Stadt gezogen, indem sie mehr Lohn hinzubegehrten (περιώδευσαν γὰρ οἱ ἡμῶν ὅλην τὴν πόλιν [π]ρο[σ]σπεύδοντες πλέον μισθόν)...Zu welchem Zweck hast du mir die 20 Drachmen geschickt, wo ich jetzt keine guten Zeiten habe? Schon habe ich vor Augen, daß ich nackt den Winter erwarten werde. Lebe wohl!" (P. Brem. 63).

Mit "οἱ ἡμῶν" sind hier Lohnarbeiterinnen gemeint.[124] U.WILCKEN schreibt dazu: "Von allgemeinem Interesse ist die ganz singuläre Nachricht, daß die Leute dort Demonstrationsumzüge durch die Stadt gemacht hätten, um mehr Lohn zu bekommen. Wahrscheinlich ist hierbei durch die durch den Judenkrieg herbeigeführte wirtschaftliche Notlage zu denken...Auf die Zeit des Judenkrieges weisen wohl auch die sehr kraß ausgedrückten pessimistischen Befürchtungen für den bevorstehenden Winter hin".[125] Eine Demonstration setzt jedoch voraus, daß vielen Arbeitern gleiches Unrecht geschieht und sie sich organisieren.[126] Für die Ganztagsarbeiter in Matth 20,1-15 scheidet sie somit aus. Ihnen bleibt in ihrer Situation nur die schwächere Form des Protestes, das Murren.[127]

[124]Vgl. Wilcken in: Bremer Papyri, 143: Es wird hier "kaum an Sklavinnen zu denken sein, denn daß sie nicht fremde Sklavinnen für ihre Arbeit finden kann, ist doch selbstverständlich. Es ist wohl an Lohnarbeiterinnen zu denken...Die Erwähnung dieser Lohnarbeiterinnen führt sie in Gedanken zu den Umzügen, die οἱ ἡμῶν zwecks Lohnerhöhung gemacht haben. Dem unklaren οἱ ἡμῶν wird kaum zu entnehmen sein, daß dieser Demonstrationszug sich auf die Lohnarbeiter vom Hause des Apollonius beschränkt habe: Sie werden sich an einem allgemeinen Umzug beteiligt haben".

[125]Wilcken in: Bremer Papyri, 141.

[126]H.Schneider, 146, weist auf die Unterschiede zwischen der städtischen und ländlichen Unterschicht hinsichtlich ihrer Protestmöglichkeiten hin. Demonstrationsumzüge waren für die ländliche Unterschicht kaum möglich, da Verkehrs- und Kommunikationsbedingungen auf dem Land sehr schlecht waren, und die Landbevölkerung relativ isoliert lebte.

[127]Eine weitere Form des Protestes, die jedoch nicht Lohnarbeiter, sondern Pächter betraf, war das Brachliegenlassen des Bodens, um Steuerverpflichtungen zu entgehen, vgl. Krauss 2, 181 und 565, Anm. 208.

91

8.Kapitel: Das Ethos des Arbeitgebers

Der Arbeitgeber der meisten vorliegenden Gleichnisse[128] ist ein Großgrundbesitzer, wie er des öfteren in synoptischen Gleichnissen erscheint.[129] Große private Güter besaßen z.b. Eleasar b. Harsum in Har-ha-Melek, Flavius Josephus, Ptolemäus in Samaria, Compsos, ein reicher Bürger von Tiberias, am Jordan, sowie Philip b. Jacimus bei Gamala.[130] Die in den Gleichnissen vorausgesetzten Güter sind wohl nicht ganz so groß, denn der Arbeitgeber geht selbst zum Markt, um Arbeiter zu mieten. In Mt 20,1-15 gibt es aber immerhin einen Verwalter.

Wirtschaftlich ging es den Landbesitzern in den ersten Jahrhunderten relativ gut: "Large Landowners were essentially immune from crisis conditions".[131] Von den römischen Agrarschriftstellern wissen wir, daß die Grundbesitzer meist selbst nicht auf dem Land, sondern in der Stadt wohnten. Ihre Tätigkeit beschränkte sich auf die allgemeine Überwachung der Arbeiten und die Rechnungsführung, während die Bewirtschaftung der Güter durch einen Verwalter, der selbst Sklave war, besorgt wurde.[132] Der Großgrundbesitzer hatte also keine direkte Beziehung mehr zu seinem Gut und war nur auf Profit ausgerichtet.[133]

Die reiche landbesitzende Bevölkerung lebte auch in Palästina in extremem Luxus. So schreibt HEINEMANN: "While many a worker would not earn more than a denar a day, a widow from a patrician family was granted, in one case, four hundred denar a day for her

[128]Ausnahmen bilden das 9., 10. und 12. Gleichnis, denn hier arbeitet der Arbeitgeber selbst mit.

[129]Vgl. Mk 12,1; Lk 16,1; 17,7.

[130]Vgl. Applebaum 658.

[131]Finley, Economy, 108.

[132]Siehe Brockmeyer 75.141; Büchsenschütz 296.

[133]Prof. Burchard wies mich allerdings auf *Chariton* I,3; II,3, sowie auf *JosAs* 24,15; 25,2 hin, wonach Joseph sein Feld zur Zeit der Weinernte aufsuchen und sich eventuell auch selbst an der Arbeit beteiligen will.

personal expenses".[134] Andererseits hatten die Grundbesitzer ziemlich hohe Abgaben zu entrichten, sowohl an Priester, Leviten und Arme, als auch Steuern an die Römer.[135] Um diesen finanziellen Verlust auszugleichen, sparte man bei der Bezahlung der Arbeitskräfte.[136] Es wurden nur so viele Arbeitskräfte angestellt, wie unbedingt nötig waren, und es kam, wie wir bereits oben erwähnten, gelegentlich vor, daß der Lohn zurück- oder, wenn Arbeitslosigkeit herrschte, so niedrig wie möglich gehalten wurde. Beim Ausüben wirtschaftlichen Drucks waren die Arbeitgeber die überlegene Partei, denn die Arbeiter waren auf ihren Lohn zur Bestreitung ihres Lebensunterhalts angewiesen.[137]

In zahlreichen jüdischen Texten werden die Arbeitgeber zur humanen Behandlung der Tagelöhner aufgefordert. Schon die prophetische Predigt machte dies zum Thema. Mal 3,5 heißt es: "Ich nahe mich euch zum Gericht und werde ungesäumt Zeuge sein...wider die, die dem Tagelöhner, der Witwe und der Waise Gewalt antun",[138] ähnlich dann in weisheitlichen Texten wie Sir (2. Jh. v. Chr.):

"Nicht sollst du schlecht behandeln einen Sklaven, der treu arbeitet und so auch den Tagelöhner nicht, der sich ganz hingibt" (7,20).

Die gute Behandlung wird hier allerdings auf den tüchtigen Arbeiter eingeschränkt. Im Aristeasbrief (2. Jh. v. Chr.) wird an die Fürsorge Gottes gegenüber den Menschen erinnert und der König, bzw. der Arbeitgeber generell, aufgefordert, sich dies zum Beispiel zu nehmen und ebenso zu handeln:

"Diesem stimmte er zu und fragte einen anderen, wie das, was er erbaue, auch später Bestand haben könne. Darauf antwortete der:...[wenn] er keinen der Künstler mißachte und auch die anderen [Arbeiter] nicht zwinge, ohne Lohn Frondienste zu leisten. Wenn er nämlich bedenke, wieviel Fürsorge Gott dem Menschengeschlecht angedeihen läßt, indem er es mit Gesundheit, Sinnesschärfe und dem übrigen

---

[134]Heinemann, Status, 266.

[135]Heinemann, Status, 317: "A very large part of a farmer's income was liable for one or the other of these dues".

[136]Ibid.: "Landowners...would try to 'save' and limit to the minimum the financial loss involved. Opportunities of utilizing these dues 'commercially' presented themselves mainly in connection with the hiring of workers".

[137]Vgl. Hengstl 118.

[138]Dies ist die einzige Stelle im Alten Testament, an der Tagelöhner mit Witwen und Waisen zusammen erwähnt werden.

ausstattet, werde er selbst dementsprechend handeln und ihre Mühen vergelten" (258f).

Den Griechen und Römern galt dagegen ein zu freundschaftliches Verhältnis der Arbeitgeber zu ihren Untergebenen als "ungeschliffen". Solche Arbeitgeber beschreibt in ironischer Weise Theophrast (372-287 v. Chr.):

"Seinen Dienstboten teilte er die wichtigsten Angelegenheiten mit und den bei ihm auf dem Felde arbeitenden Tagelöhnern erzählte er alles aus der Volksversammlung" (Charaktere 4).

Vielmehr muß der Arbeitgeber eine Autoritätsperson sein, wie Xenophon (4. Jh. v. Chr.) bemerkt:

"Wenn aber der Herr [selbst], Sokrates, bei der Arbeit erscheint, fuhr er fort, der den schlechten Arbeiter am härtesten strafen und den bereitwilligen am besten belohnen kann, und die Arbeiter auch dann nichts Bemerkenswertes tun, so möchte ich den nicht sehr hoch einschätzen; wen dagegen jeder Arbeiter nur zu sehen braucht, um in Bewegung gebracht...zu werden, von dem würde ich behaupten, er habe etwas vom Wesen eines Königs" (*Oikonomikos* XXI 10).

Er muß die Arbeiter überwachen (XX 16) und sie gehorsamsbereit machen (V 14-16). Dies alles, sowie Belohnung und Bestrafung, führt zu erhöhter Produktivität (XII 19).

Auch die römischen Agrarschriftsteller weisen oft darauf hin, daß gute Leistungen belohnt werden müssen.[139] Treibt die Arbeitgeber der Gleichnisse die gleiche Motivation zur Belohnung ihrer Arbeiter?

Im Gleichnis von den Arbeitern im Weinberg erhalten diejenigen, die wenig gearbeitet haben, den gleichen Lohn wie die Ganztagsarbeiter. Dies führt gerade nicht dazu, die Produktivität zu steigern, das Gegenteil dürfte eher der Fall sein. Einem Arbeiter, der in zwei Stunden soviel geleistet hat wie die anderen in einem ganzen Tag, zahlt der Arbeitgeber des 1. rabbinischen Gleichnisses in Anerkennung seines Fleißes den vollen Lohn, obwohl er rechtlich nicht dazu verpflichtet ist. Indirekt können die anderen Arbeiter dadurch zu ähnlichem Arbeitseifer motiviert werden. Die Arbeiter im 5. Gleichnis werden für die Pflanzung eines Baumes mit einem Goldstück belohnt. In den Gleichnissen 8 bis 11 werden faule und fleißige Arbeiter gleich behandelt. Dies läuft ganz offensichtlich dem üblichen Schema von Belohnung und Bestrafung zuwider. Wie aus den zitierten antiken Quellen hervorgeht, galt schon ein Arbeitgeber, der den vereinbarten Lohn pünktlich

---

[139]Vgl. Kaltenstadler 48, und Cato, *Agri Cultura* 5,2: "Pro beneficio gratiam referat, ut aliis recte facere libeat".

auszahlt, als ein guter Arbeitgeber. Nur in extremen Ausnahmefällen erwies er sich als besonders großzügig und gewährte dem Arbeitnehmer einen höheren Lohn, als dieser ihn verdient hatte. Und auch dies geschah nur mit dem Hintergedanken der Steigerung der Produktivität.

95

9. Kapitel: Zusammenfassung

(1) Die Situation der Tagelöhner, die oft verarmte Kleinbauern waren, war in den ersten Jahrhunderten oft schlechter als die der Sklaven. Weil Lohnarbeiter für den Arbeitgeber kein Kapital darstellten, brauchte er auf ihre Gesundheit keine Rücksicht zu nehmen und konnte ihre Arbeitskraft ausbeuten. Im hellenistischen Bereich zählten die Tagelöhner zu den verachtetsten Mitgliedern der Gesellschaft. Im Judentum wurde körperliche Arbeit nicht so negativ bewertet. Die Tagelöhner gehörten aber der untersten sozialen Schicht an und mußten Bettler oder Räuber werden, wenn sie keine Arbeit fanden. Die Aufstiegschancen waren sehr gering.

(2) Arbeitslosigkeit war zur Zeit Jesu keine Seltenheit. Das Arbeitskräftepotential wurde durch die Verarmung früher selbständiger Kleinbauern ständig größer, während Nachfrage nach Lohnarbeitern fast nur zur Erntezeit bestand. Arbeitslosigkeit zu dieser Zeit war besonders bedenklich. Sie stürzte den Arbeiter in große Not. Weil Arbeitslosigkeit zum öffentlichen Problem wurde, versuchte man teilweise durch private und staatliche Mittel Abhilfe zu schaffen.

(3) Der mit Tagelöhnern geschlossene Vertrag ist ein Dienstvertrag. Rechtskräftig wird er nicht allein durch die mündliche Verabredung, sondern erst durch den Arbeitsbeginn. Die Lohnhöhe konnte offenbleiben, und auch die Art der Arbeit wurde meist nicht im voraus näher bestimmt. Der Arbeiter hatte zu jeder Arbeit bereit zu sein und sie gewissenhaft auszuführen. Bei Vertragsbruch war diejenige Partei im Nachteil, die ihn verschuldet hatte.

(4) Der Arbeitstag umfaßte die Zeit vom Aufgang der Sonne bis zu ihrem Untergang. Tagelöhner arbeiteten möglicherweise mit den Sklaven zusammen und verrichteten die gleiche Arbeit wie sie. Manchmal wurden sie auch in besonders schwer zu bearbeitenden Gebieten eingesetzt. Den Arbeitern war es erlaubt, während der Arbeit von den Früchten zu essen. Dieses Recht konnte nicht auf Familienangehörige übertragen werden. Weil der Arbeiter tagsüber seine volle Arbeitskraft einzusetzen hatte, durfte er nachts keiner anderen Arbeit nachgehen. Erbrachte er nicht die geforderte durchschnittliche Arbeitsleistung, weil er "faul" oder einfach überarbeitet war, so hatte dies negative Konsequenzen.

(5) Wer ein guter Arbeitgeber sein wollte, mußte den Lohn direkt nach Beendigung des Arbeitsverhältnisses oder noch am Abend vor Sonnenuntergang zahlen. Zugunsten des Arbeitgebers erfuhr diese biblische Vorschrift im mischnaischen Recht jedoch Einschränkungen. Zahlreiche Fälle von Lohnrückständen sind bekannt und immer wieder

wird an die Humanität des Arbeitgebers appelliert. Nur bei Vollbeschäftigung während des Jahres konnte der Arbeitgeber sich an der Armutsgrenze halten. Besonders in Zeiten allgemeiner Arbeitslosigkeit wird er darunter geblieben sein. Zugaben zum Lohn, wie sie in den Gleichnissen häufig vorkommen, gab es nur als Belohnung für besondere Leistung, um die Produktivität der Arbeiter zu erhöhen, oder in extremen Ausnahmefällen.

(6) Streitigkeiten zwischen Arbeitern und Arbeitgebern bezüglich des Lohnes kamen in der Antike des öfteren vor. War der Arbeiter für längere Zeit gemietet und der Arbeitgeber auf ihn angewiesen, konnte er sich bei Lohnrückständen durch *Anachoresis* wehren. Hatten mehrere Arbeiter gleiches Unrecht erlitten, organisierten sie sich und veranstalteten einen Demonstrationszug. Schieden diese beiden Möglichkeiten aufgrund der besonderen Situation, in der sich der Arbeiter befand, aus, verblieb ihm nur die schwächere Form des Protestes, nämlich das Murren.

(7) Großgrundbesitzer wohnten meist in der Stadt und kümmerten sich kaum um ihre Güter. Sie ließen sie durch Verwalter bewirtschaften und interessierten sich nur für einen möglichst hohen Ertrag. Um die zu entrichtenden Abgaben wieder auszugleichen, wurde nur die nötigste Anzahl von Arbeitskräften beschäftigt und ihr Lohn möglichst gering gehalten. Hätten die Arbeitgeber mehr Rücksicht auf die Lage der Lohnarbeiter genommen, wären die zahlreichen religiös motivierten Warnungen vor schlechter Behandlung der Arbeiter nicht nötig gewesen.

(8) Betrachtet man auf diesem Hintergrund das Gleichnis von den Arbeitern im Weinberg, dann ist ungewöhnlich nur die Zahlung des vollen Tagelohnes an die zuletzt gemieteten Arbeiter. Wenn schon ein Arbeitgeber, der den üblichen Lohn pünktlich auszahlt, ein guter Arbeitgeber ist, wie groß muß dann erst die Güte des Hausherrn in diesem Gleichnis erscheinen?

Exkurs: Die soziale Stellung von Autor und Hörern

Läßt die Tatsache, daß Jesus in seinen Gleichnissen Bilder aus der Arbeitswelt verwendet, Rückschlüsse auf die soziale Situation von Gleichniserzähler und Hörern zu?
Der Arbeitgeber, ein Großgrundbesitzer, ist Hauptfigur des Gleichnisses von den Arbeitern im Weinberg. Das Mieten der Arbeiter und die Lohnauszahlung werden aus seiner Perspektive geschildert. G.W.BUCHANAN schließt daraus, daß Jesus seine

Botschaft an die gehobenen Schichten richtete und sich selbst auch mit ihnen identifizierte.[140] Dagegen spricht aber Folgendes:

- Thema des Gleichnisses ist das Verhalten Gottes zum Menschen. Wie der Vergleich mit den rabbinischen Gleichnissen zeigt, wird von Gott häufig im Bilde des Arbeitgebers oder Großgrundbesitzers, der sich Arbeiter mietet, geredet. Es wird also deshalb aus der Perspektive des Hausherrn erzählt, weil von Gott die Rede ist.

- Die Hörer des Gleichnisses sollen sich nicht mit dem Hausherrn, sondern mit den Arbeitern identifizieren. Dies wird besonders am Schluß deutlich, wo die Ersten zu solidarischem Verhalten gegenüber den Letzten angehalten werden.

So ist es zwar richtig, daß das Gleichnis aus der Sicht des Arbeitgebers erzählt wird, aber dies bedeutet nicht, daß Jesus und seine Hörer zur Schicht der Besitzenden gehörten. L.SCHOTTROFF hat recht, wenn sie schreibt, "daß die kleinen Leute hier in der Sprache ihrer Herren reden...".[141] Die Großzügigkeit, die das Verhalten des Hausherrn kennzeichnet, und die auch die Ersten annehmen sollen, ist das Ethos der gehobenen Schichten. Großzügig kann nur derjenige sein, der etwas besitzt. Mit dem Gleichnis wird dieses großzügige Verhalten aber auch den niedrigeren Schichten zugängig gemacht. Sie besitzen zwar keine materiellen Güter, aber Lohn bei Gott. Sie sollen großzügig sein und diesen Lohn auch anderen zubilligen. Es handelt sich hier um ein "Abwärtstransfer von Oberschichtwerten" (G.THEISSEN). Ein der Oberschicht eigentümliches Verhalten wird auch den kleinen Leuten zugänglich gemacht.[142]

---

[140]Vgl. Buchanan 209.

[141]Schottroff, Volk, 184.

[142]Vgl. auch das Gleichnis vom unbarmherzigen Knecht, Mt 18,23-34: Der Schuldenerlaß des Königs wird der Schuldeneintreibung des Knechts gegenübergestellt. Das barmherzige Verhalten des Königs soll imitiert werden. Dazu leitet das Gleichnis an.

2.TEIL: DER LOHNGEDANKE IN DER ANTIKE - TRADITIONSGESCHICHTLICHER HINTERGRUND

Thema des Gleichnisses von den Arbeitern im Weinberg und der vorliegenden rabbinischen Gleichnisse ist der Lohn, den Gott den Menschen unmittelbar nach ihrem Tod, bzw. in der Endzeit für ihre guten Taten zahlt. Das Thema des göttlichen Lohnes wird nicht nur in Gleichnissen behandelt, und es beschäftigte die Menschen nicht nur in den ersten Jahrhunderten unserer Zeitrechnung. Es hat eine lange Tradition und begegnet auch in der nichtjüdischen antiken Literatur. Die ägyptischen Pharaonen waren ebenso wie Zarathustra und Platon davon überzeugt, von Gott oder den Göttern belohnt zu werden. Parallel dazu entwickelte sich der Lohngedanke im jüdischen Bereich. Auch hier zweifelte man nicht daran, daß Gott die Menschen belohnt, aber schon in der jüdisch-hellenistischen Literatur und besonders bei den Rabbinen wird gleichzeitig betont, daß Gott nicht wie ein irdischer Arbeitgeber den Lohn strikt nach Leistung zuteilt, sondern auch da gibt, wo keine entsprechende Leistung vorhanden ist. Die frühen Christen haben den Lohngedanken vom Judentum, in dessen Tradition auch Jesus und Paulus standen, übernommen. Während im Judentum der Gehorsam gegenüber Gottes Willen eine lange Tradition hatte, mußten die ehemaligen Heiden dazu erst besonders motiviert werden. Deshalb wird von den apostolischen Vätern und Kirchenvätern, fast noch mehr als von den Rabbinen, die Entsprechung von Lohn und Leistung herausgestellt. Es ist möglich, daß es einen Zusammenhang zwischen einer intensivierten Reflexion über die Gnade Gottes und der Lohnmetaphorik gibt, so daß Lohn- und Gnadengedanke nicht geschichtlich aufeinander folgen, sondern sich gegenseitig bedingen, sowohl im Juden- wie im Christentum. Das Gleichnis Jesu und die rabbinischen Gleichnisse sind nur auf diesem Hintergrund richtig zu verstehen.

1.Kapitel: Nichtjüdische antike Literatur

A. Alte ägyptische Texte

Das Lohnmotiv begegnet in ägyptischen Inschriften schon sehr früh (18. Dynastie) und ist auch noch in den Texten der Ptolemäerzeit anzutreffen. Man kann es also kontinuierlich durch die Literatur der verschiedenen Zeiten verfolgen.

Zahlreich sind Texte, in denen berichtet wird, daß der König für den Bau oder die Erneuerung eines Tempels göttlichen Lohn erhält. So verheißt Amon Ramses dem XII. (21. Dynastie):

"Utterance of Amon...: O my son, Lord of the Two Lands; Menmare Setepheptah, I have seen this beautiful, pure and excellent monument, which thou hast made for me; the reward thereof is all life and prosperity, all health, like Re, forever" (Breasted IV, 301, Nr.611).

Ähnliches erhält nach einem Text aus dem Jahre 195 v. Chr. Ptolemaios V. Epiphanes von den Göttern. Ihm wird verheißen, daß sein Amt unter ihm und seinen Söhnen ewige Dauer haben wird.[1] Der König (hier Thut-Mose III., 18. Dynastie) kann auch seine Vergötterung durch die Untergebenen als einen von Gott bewirkten Lohn auffassen:

"Ich habe sein Haus [Tempel] in einer Arbeit von Ewigkeit gebaut, und ich habe es verschönert. Als Lohn dafür war es Amon, mein [Vater], der veranlaßte, daß ich göttlich wurde" (Roeder 205, B1, v.17f).

Selbst die Tötung fremder Völker konnte als die göttliche Belohnung für den Bau eines Tempels gelten.[2]

Neben dem Tempelbau sind gute Taten Anlaß für die Götter, Menschen zu belohnen. Auf der Abydos-Stela bittet Ramses IV. (20. Dynastie) Osiris:

---

[1]Stein von Rosette, bei Roeder 183 A.4, R5. Vgl. auch 2 Sam 7 (Nathanverheißung).

[2]Chopri zu Amon-hotep III. (18. Dynastie), bei Roeder 388 C11, v.1-4.

"Give to me the reward of the great deeds which I have done for thee, even life, prosperity and health, long existence, and a [prolonged] reign" (Breasted IV, 229, Nr.471, v.27).

Mit "guten Taten" scheint hier allerdings der kultische Dienst für den Gott, nicht mitmenschliches Verhalten, gemeint zu sein. Daneben gibt es aber auch den Gedanken, daß nicht nur der König, sondern alle Menschen für ihr moralisches Verhalten Lohn erhalten können. Der Vergeltung kann niemand entgehen, wie aus einem Spruch des 4. Jhs v. Chr. hervorgeht:

"Gott übt Vergeltung an allem, was auf Erden ist. Das Gute und das Böse, das man auf Erden tun wird, vergilt der Sonnengott [der alles sieht]" (v. Bissing 171, XXIII).[3]

Belohnt werden auch Opfer, die man Gott im eigenen Namen oder im Namen eines Verstorbenen darbringt. Denn das Handeln für einen, der selber nicht mehr handeln kann, wird von Gott besonders anerkannt.[4]

In den älteren Texten ist der Lohn immer ein diesseitiger (Gesundheit, Reichtum etc.), in den späteren könnte auch eine jenseitige Vergeltung gemeint sein.

Auch die Ausbildung der Vorstellung vom Totengericht ist in diesem Zusammenhang relevant. R.HEILIGENTHAL weist auf die Lehre des Königs Merikare in der ersten Zwischenzeit (7.-10. Dynastie) hin, in der es zu einer ersten Ausprägung eines transzendenten, ethisch ausgerichteten Totengerichts kam.[5] Es wird mit einem doppelten Ausgang des Gerichts gerechnet, und hypostasiert gedachte menschliche Taten werden als gerichtlich bedeutsam angesehen. Es fehlen hier jedoch noch Elemente späterer Totengerichtsvorstellungen wie die Abwägung der Taten, die Vorstellung einer qualitativen Differenzierung der Werke, sowie Belohnung und Bestrafung.[6] Man darf nach HEILIGENTHAL auch nicht mit einem direkten Einfluß dieser Lehre auf Totengerichtsschilderungen in späteren biographischen Inschriften und Weisheitslehren

---

[3]Vgl. auch v. Bissing 119, Text X: "Gott straft für ein Vergehen, belohnt für eine gute Tat...Man kann Gott und der Vergeltung nicht entgehen".

[4]Vgl. v.Bissing 116, X, und Otto 174, Nr.46.

[5]Vgl. hierzu Heiligenthal 249f.

[6]Vgl. ibid. 251, Anm. 258: "Eine Verbindung von Totengericht noch ohne Nennung der Taten und dem Belohnungs- bzw. Bestrafungsgedanken belegen zuerst die 'Jenseitsführer'".

rechnen, da diese stark von magischen Praktiken beeinflußt worden sind.[7] In der Spätzeit kam es in Weisheitslehren und biographischen Texten zur Ausbildung des Gedankens an ein Jenseitsgericht mit einer "differenzierten Prüfung der Werke". Es wurde nun eine Verbindung zwischem der Waagevorstellung und dem Gedanken des 'Nicht-Ansehens-der-Person' hergestellt, um die Objektivität des Gerichtsaktes zu betonen.[8]

B. Zarathustra: ältere Awesta[9]

Für die ältere Awesta, die wohl noch auf Zarathustra selbst zurückgeht, ist die Vorstellung vom jenseitigen Gericht von großer Bedeutung. Dieses Gericht wird als ein ganz gerechtes vorgestellt, das frei ist von jeglicher Willkür. Ausschlaggebend für seinen Ausgang für den Einzelnen wird die freie Willensentscheidung sein, die er im irdischen Leben getroffen hat: Entweder befolgte er den Willen Ahura Mazdas und gehörte zu den "Wahrhaftigen", "Guthandelnden", oder er kehrte sich von ihm ab und hat die sich daraus ergebenden Konsequenzen zu tragen.

Termini technici bei der Beschreibung des Gerichts sind "Vergeltung" (*ada*) und "Lohn" (*asay*).[10] Wer den von Zarathustra gewiesenen Weg geht, dem wird am Ende Lohn zuteil werden:

"Wer mir, dem Zarathustra, gemäß dem Wahrsein verwirklichen wird, was nach [seinem, des Weisen Herrn] Willen das Herrlichste ist, dem mögen, da er Lohn im künftigen Leben verdient, samt allem, was er im Sinn hat, zwei trächtige Kühe zuteil werden. Das hast Du mir verkündet, o Weiser, der Du es am besten weißt" (*Yasna* 46,19; 11.Gatha).

[7]Vgl. ibid. 251.

[8]Vgl. ibid. 256.

[9]Die Übersetzungen entstammen der Ausgabe von Lommel.

[10]Vgl. König 274.

"Zwei trächtige Kühe" sind ein mythischer Ausdruck für das jenseitige Heil.[11]

Nicht Zarathustra selbst, sondern der Weise Herr ist Lohngeber. Beim Weltgericht am Ende der Zeiten scheidet Feuer, dem göttliche Gerechtigkeit innewohnt, zwischen Anhängern und Gegnern des Weisen Herrn:

> "Dann will ich dich als den Starken und Verständigen erkennen, o Weiser, wenn du in deiner Hand jene Vergeltungen hälst, welche du dem Lügner und dem Wahrhaftigen geben wirst durch die Hitze deines wahrheitskräftigen Feuers..." (*Yasna* 43,4; 8.Gatha).

Von Anbeginn an sind Worte und Taten mit Lohn und Strafe versehen; Zarathustra hat sie angeblich erschaut:

> "Als den Verständigen habe ich dich, o Weiser, da erkannt, als ich dich zuerst erschaute bei der Erzeugung des Daseins, als du die Taten und die Worte mit Lohn [und Strafe] versehen machtest, Böses für Böses und gute Vergeltung für Gutes durch deine Machtfülle bei der letzten Wendung der Schöpfung" (*Yasna* 43,5; 8.Gatha).[12]

Die Vorstellung vom Gericht im Jenseits dient nach F.KÖNIG als "Antrieb zur Beobachtung der Forderungen des Weisen Herrn im Diesseits".[13]

C. Griechisch-römische Literatur

Für H.PREISKER "ist klar, daß das Griechentum einen Lohngedanken, wie er sich im AT und NT findet, einfach nicht kennt".[14] Diese Behauptung läßt sich allerdings angesichts der vielen griechisch-römischen Texte, die von einer gerechten Vergeltung reden, nicht aufrecht erhalten.

---

[11]Siehe Gathas, hrg. v. Lommel, 137.

[12]Zu Lohn und Vergeltung vgl. auch *Yasna* 28,4; 33,12; 34,13; 49,9; 51,21.

[13]König 5.

[14]Preisker 708.

Schon die *eleusinischen Mysterien* kennen die Vorstellung von Strafen und Belohnungen in der Unterwelt. Allerdings werden hier nicht gute Taten belohnt, sondern Lohn erhalten die in die Mysterien Eingeweihten.[15] Die Vorstellung von der jenseitigen Belohnung der Gerechten begegnet zum ersten Mal bei den *Orphikern*. Hesiods Sehnsucht nach göttlicher Vergeltung wurde zum leitenden Prinzip ihres Glaubens.[16] Während man vorher aber überzeugt war, daß die ausgleichende Gerechtigkeit noch im Leben der Menschen stattfindet, wird sie nun auf die Unterwelt übertragen. So schreibt M.P.NILSSON: "Neben dem alten Glauben, daß es dem Gerechten wohlergehen wird, steht ziemlich unvermittelt ein anderer, der von Lohn und Strafe in der Unterwelt weiß, ein hier zuerst auftretender schicksalschwangerer Gedanke".[17]

Platon erzählt von zwei Orphikern[18], die die Vorstellung vom jenseitigen Lohn der Gerechten vertreten:

"Musaios aber und sein Sohn verheißen den Gerechten noch herrlichere Dinge von den Göttern. Sie führen sie nämlich in ihrer Rede in die Unterwelt, lassen sie dort niedersitzen und bereiten ein Gastmahl den Frommen, wie sie sie nun die ganze Zeit bekränzt und vollauf trinkend zubringen lassen, meinend, der schönste Lohn für die Tugend sei ewiger Trunk (ἡγησάμενοι κάλλιστον ἀρετῆς μισθόν μέθην αἰώνιον). Andere aber ziehen den Lohn von den Göttern noch mehr in die Länge (ἀποτείνουσιν μισθοὺς παρὰ θεῶν) indem sie sagen, daß Kindeskinder und ein ganzes folgendes Geschlecht nachbleibe von dem Gerechten und Treuen" (*Resp.* 2,363 c/d; Schleiermacher).

PREISKER meint, daß *Platon* hier verwirft, was orphischer Glaube über Lohn und Strafe predigt.[19] Leicht zu erkennen ist der ironische Unterton, mit dem Platon die orphische

---

[15]Vgl. Rohde 312: An der Ausbildung des Gedankens der Vergeltung guter und böser Taten "sind die Mysterien von Eleusis...gänzlich unbetheiligt [sic] gewesen...Jedenfalls aber: einem Gericht über Tugend und Laster im Hades war durch die in den Mysterien nach ganz anderen Gesichtspunkten ausgetheilten [sic] unterirdischen Belohnungen und Strafen vorgegriffen". Vgl. auch Nilsson, Geschichte 1, 674.

[16]Vgl. Nilsson, Orphism, 228; Dover 255: "The personification and deification of justice or right as Dike appear as early as Hesiod (Op. 256-62), where she is a daughter and minister of Zeus...This remained a fundamental religious concept in the classical period".

[17]Nilsson, Geschichte 1, 689. Zur Vergeltung noch zu Lebzeiten vgl. Adkins 138f. Zum orphischen Gedanken der jenseitigen Vergeltung vgl. Nilsson, Orphism, 210.

[18]Nilsson, Orphism, 209: "Musaeus and Orpheus are closely connected and not sharply distinguished. Musaeus is a representative of the same current of ideas as Orpheus".

[19]Vgl. Preisker 708.

Lehre beschreibt.[20] Die Ironie bezieht sich aber auf das Bild von der ewigen Trunkenheit,[21] nicht auf die Vorstellung vom jenseitigen Lohn an sich, denn Platon selbst vertritt sie, wie aus anderen Stellen hervorgeht:

> "Hier wohnen sie [die Seelen der Verstorbenen] und reinigen sich, büßen ihre Vergehungen ab..., wie sie auch ebenso für ihre guten Taten Lohn erlangen, jeglicher nach Verdienst" (*Phaed.* 113e; Schleiermacher).

Platon kann betonen, daß die Gerechtigkeit selbst, auch ohne Lohn und Ruhm, wertvoll ist und gleich darauf dennoch auf ihren Lohn zu sprechen kommen:

> "...die Gerechtigkeit an und für sich, fanden wir, sei für die Seele an und für sich das Beste...Nun aber, o Glaukon, sprach ich, ist es doch ohne Gefahr, der Gerechtigkeit und der übrigen Tugend außer jenem auch noch den Lohn beizulegen, was für welchen und wie großen sie der Seele verschafft bei den Göttern sowohl als Menschen, schon während der Mensch noch lebt und auch nach seinem Tode" (*Resp.* 10,612 a/b, c; Schleiermacher).[22]

Tugend ist ein Wert an sich, der aber auch Lohn von außen einbringt, sowohl im Leben als auch nach dem Tod. Platon verknüpft die Frage nach dem Schicksal der unsterblichen Seele nach dem Tode mit der Forderung eines gerechten Lebens. Darum greift er die orphische Lehre von Strafen und Belohnungen in der Unterwelt auf. So schreibt NILSSON: "Die Schilderung der Unterweltstrafen ist ein integrierender Teil der Lehre von der Seelenwanderung, welche für Platon eine notwendige Folge seiner Grundanschauung von der Unsterblichkeit der Seele war...Daneben steht als zweites Hauptmotiv die Forderung der Gerechtigkeit; der Mensch soll den gerechten Lohn seiner Taten erhalten oder erleiden".[23]

[20]Vgl. Brandon 88: "This description was obviously intended to ridicule the teachings of Musaeus and Eupolmus".

[21]Vgl. Maass 112, Anm. 149.

[22]Vgl. auch 10,614a.

[23]Nilsson, Geschichte 1, 821.

Auch die *Tragödiendichter* reden gelegentlich vom Lohn der Götter, den es für gutes Verhalten auf Erden gibt, so z.b. Sophokles[24] und Aischylos:

> "Von der furchtbaren Schar der Erinnyen seh
> Ich erblühen dem Volk vielteuren Gewinn (μέγα κέρδος)!
> Wenn die freundlichen [sic] ihr mit freundlichem Sinn
> Stets fromm hochehrt,
> So werdet ihr Stadt und Gebiet allzeit
> Euch schmücken im Ruhm des Gerechten!" (*Eum*. 990ff; Droysen).

Daneben wird "Lohn" auch negativ im Sinne von Strafe verwendet: Die Fessel des Prometheus ist der "Lohn" (ταπίχειρα) für seinen Hochmut (Aischylos, *Prom.* 319); Leiden sind "Lohn" (ἄποινα) für Gotteslästerung (*Pers.* 808).

Noch im 1. und 2. Jh. n. Chr. lebte die Vorstellung von der göttlichen Vergeltung im griechischen Denken weiter. *Plutarch* berichtet, daß Agamedes und Trophonius nach einer Erzählung Pindars Apollo für den Tempelbau in Delphi um Lohn baten. Dieser versprach ihnen die Bezahlung am siebten Tag, in der Zwischenzeit sollten sie essen, trinken und fröhlich sein. Am Abend des siebten Tages, nachdem sie sich niedergelegt hatten, um zu schlafen, bereitete Apollo ihrem Leben ein Ende (*Cons.* 109a). Lohn für den Bau des Tempels ist hier der selige Tod.[25]

In seiner Schrift über die "Späte Vergeltung" beschäftigt sich Plutarch mit der Frage, ob die Gottheit die Menschen nach ihrem Tod belohnt oder bestraft. Er verwendet mehr Begriffe aus dem Bildfeld des Wettkampfes als aus dem des Lohnes, wenn er die Antwort auf die am Anfang gestellte Frage gibt:

> "Wenn aber die Seele nach dem Tode noch besteht, so spricht die höhere Wahrscheinlichkeit dafür, daß ihr auch Lohn und Strafe zuteil wird (τιμὰς ἀποδίδοσθαι καὶ τιμωρίας). Aber welche Belohnungen oder Strafen sie dort, ganz auf sich gestellt, für das, was sie im Leben getan hat, davonträgt, das geht uns Lebende nichts an, und es wird nicht geglaubt oder nicht gewußt..." (560f; Ziegler).

Jedenfalls ist Plutarch davon überzeugt, daß es eine Vergeltung nach dem Tode gibt.[26]

---

[24]Sophokles, *Oed. Col.* 1435f.

[25]Vgl. die oben zitierten ägyptischen Texte, in denen dem König ein göttlicher Lohn für den Bau eines Tempels versprochen wird.

[26]Nilsson, Geschichte 2, 550: "Plutarch...verteidigt sie als nützlich, um böse Leute von bösen Taten abzuschrecken".

Daneben werden aber seit dem 1. Jh. v. Chr. auch Stimmen laut, die den Lohngedanken ablehnen oder ihn als mythisch belächeln. Im folgenden Text referiert Cicero die Ansichten der *"akademischen Skepsis"*: Weil es keine vergeltende Gerechtigkeit der Götter auf Erden gibt (Guten geht es schlecht, Schlechten gut), kann es auch keine göttliche Weltregierung geben:

> "Denn wie schon ein Hauswesen und eine staatliche Gemeinschaft nicht als vernünftig eingerichtet und geordnet gelten kann, wenn es in ihm an jederlei Belohnungen für gute Taten und Strafen für Verbrechen fehlt, so kann auch von einer göttlichen Weltregierung im Hinblick auf die Menschen gar keine Rede sein, wenn bei ihr keine Unterscheidung zwischen Gut und Böse getroffen wird" (*Nat. Deor.* 3,85; Gerlach/Bayer).

Die Vorstellung von einer ausgleichenden Gerechtigkeit im Jenseits wird hier gar nicht in Betracht gezogen. Für *Cicero* gilt der Grundsatz:

> "Unter einem sittlichen Gut verstehen wir ein solches, das bei Ausscheidung jeglicher Bezugnahme auf irgendwelchen Nutzen, Lohn und Gewinn um seiner selbst willen mit Recht anerkannt werden kann" (*Fin.* 2,14,45; Atzert).

Ganz ähnlich ist auch für *Seneca* (*Ep.* 79,18) die Tugend selbst der Lohn, und *Epiktet* (*Diss.* 3,24,51f) erinnert an die olympischen Athleten, die sich mit der olympischen Krone zufrieden geben und nichts weiter verlangen. *Lukian* (*De sacr.* 2) verspottet die Äthiopier, die erwarten, daß Zeus sie für ihre kultischen Dienste belohnt: "So nothing, it seems, that they do is done without compensation (ἀμισθί)".

Diogenes Laertius sagt im Rückblick von dem frühen Stoiker Kleanthes:

> "Die Tugend erklärt er für die allgemein gebilligte Seelenverfassung, und zwar sei sie zu erstreben um ihrer selbst willen, nicht im Hinblick auf irgendwelche Furcht oder Hoffnung oder irgendwelche äußeren Umstände. In ihr liegt die Glückseligkeit beschlossen für die Seele..." (7,89; Apelt).

Hinter der Ablehnung des Lohngedankens in der Stoa steht die Ablehnung der Vorstellung von einem persönlichen, von außen auf die Welt einwirkenden Gott. Die pantheistische stoische Theologie identifiziert Gott mit der menschlichen Seele.[27]

---

[27]Vgl. auch Pfitzner 34.

2.Kapitel: Jüdische Literatur

A. Altes Testament

Im Alten Testament begegnet sowohl die Vorstellung von der göttlichen Vergeltung menschlicher Taten, als auch die Vorstellung vom göttlichen Lohn. Vergeltungs- und Lohnaussagen stehen meist unverbunden nebeneinander. Nur einmal (Ruth 2,12) sind sie miteinander verknüpft. K.KOCH behauptet dagegen, daß im Alten Testament noch nicht von Vergeltung die Rede ist: "Durch sein Tun 'schafft' der Mensch sich eine Sphäre, die ihn bleibend heil- und unheilwirkend umgibt...Jahwe setzt diese Zusammenhänge in Kraft, indem er die Tat am Täter wirksam werden läßt, sie auf ihn zurücklenkt und vollendet (nesib, paqad, sillem)".[28] Dieser Behauptung ist von alttestamentlichen Exegeten oftmals widersprochen worden. Neben dem Gedanken von der schicksalswirkenden Tatsphäre gibt es durchaus auch Vergeltungsaussagen im Alten Testament.[29] Sie liegen dann vor, wenn von Gott als der handelnden Instanz die Rede ist, und die Verben Pi'el von שלם oder Hif'il von שוב verwendet werden. Nach G.GERLEMANN hat Pi'el von שלם durchweg die Bedeutung "bezahlen, vergelten", ja es handelt sich dabei sogar um die Grundbedeutung der Wurzel שלם.[30] Auch Hif'il von שוב sollte nach W.L.HOLLADAY mit "zurückgeben, bezahlen" wiedergegeben werden.[31]

Bei den weitaus meisten Stellen, an denen im Alten Testament von Vergeltung die Rede ist, handelt es sich um Vergeltung im negativen Sinne, um Bestrafung. Daneben gibt es einige wenige Stellen, die positiv von Vergeltung reden. In 1 Sam 24,20 hofft Saul, daß Gott David sein Verhalten gut vergilt, denn David hat Saul verschont, obwohl er ihn hätte töten können:

---

[28]Koch, Vergeltungsdogma, 166f.

[29]Vgl. Scharbert 322.324.

[30]Vgl. Gerlemann 4: "Alle Erscheinungen der Wurzel, nominale wie verbale, liegen...innerhalb des Sinnbereiches des Bezahlens und Vergeltens". Vgl. auch Jenni und Westermann in: THAT 2, 933: Die Grundbedeutung von שלם im Pi'el ist: "eine zustehende Gegenleistung erstatten".

[31]Vgl. Holladay 95: "give back ([on] to someone recompense...)...(cf. the English expression 'pay back' in this context. Object a reward (God subject)".

"Der Herr vergelte dir mit Gutem, was du heute an mir getan hast".

In der Parallelerzählung in 1 Sam 26,23 ist es David, der auf das Vergeltungshandeln Gottes hinweist:

> "Der Herr aber vergilt jedem seine Gerechtigkeit und Treue; denn der Herr hat dich heute in meine Hand gegeben, ich aber wollte nicht Hand an den Gesalbten des Herrn legen".[32]

Immer ist es gutes mitmenschliches Verhalten, das von Gott vergolten wird: die Wohltat gegenüber den Armen (Spr 19,17) oder sogar gegenüber dem Feind (Spr 25,21f):

> "Wenn dein Feind hungert, so speise ihn,
> dürstet ihn, so gib ihm zu trinken;
> so wirst du feurige Kohlen auf sein Haupt sammeln,
> und der Herr wird es dir vergelten".

Gott vergilt, weil er gnädig ist (Ps 62,13) und weil er kein Unrecht tut (Hi 34,10f). Worin die Vergeltung konkret besteht, wird nicht weiter ausgeführt.

Während die obige Übersicht zeigt, daß Vergeltungsaussagen meist in der Form weisheitlicher Einzelsprüche erscheinen (1 Sam 26,23; Spr 25,21f; Hi 34,10f; auch Ps 62 enthält weisheitliche Elemente), begegnen Lohnaussagen meist in Heilsverheißungen.

Ausdrücke für Lohn im Alten Testament sind שכר, משכרת und פעלה.[33] In Gen 15,1 ergeht eine Verheißung an Abraham:

> "Fürchte dich nicht, Abram, ich bin dein Schild; dein wartet reicher Lohn".

Aus dem weiteren Verlauf der Erzählung geht hervor, daß der Lohn Abrahams hier in den vielen Nachkommen besteht.[34]

Weil Ruth sich aus Liebe zu ihrer Schwiegermutter einem fremden Volk angeschlossen hat, wünscht Boas für sie gute Vergeltung durch Gott (Ruth 2,12). Kinder werden als Lohn Gottes bezeichnet (Ps 127,3). Rahel, die um ihre Kinder weint, wird von Gott mit der

---

[32]Vgl. Stolz 167: David "faßt nochmals zusammen, was Richtschnur seines Tuns ist: die von Jahwe gesetzte Lebensordnung, die jeden, der sich an ihr orientiert, stützt und in eine heilvolle Zukunft bringt (v.23f)".

[33]Zu פעלה vgl. Humbert 42: "...ce n'était pas un mot du langage courant...". Es hat auch die Bedeutung "salaire payé par Dieu".

[34]Anders Westermann, 258f, demzufolge Gen 15,1 nur ein allgemeines Heilswort ist: "Man kann dann nicht fragen, worin denn der 'Lohn' für Abraham bestehen soll...".

Rückkehr der Kinder belohnt werden (Jer 31,16). Obwohl die Bemühungen des Gottesknechts ergebnislos geblieben sind, ist ihm göttlicher Lohn sicher (Jes 49,4):

"Umsonst habe ich mich gemüht, um nichts und nutzlos meine Kraft verzehrt; und doch - mein Recht ist bei dem Herrn und mein Lohn bei meinem Gott".

Auch Heiden können von Gott belohnt werden. Nebukadnezar erhält von Gott Ägypten als Lohn für seinen Kampf gegen Tyrus (Ez 29,19f):

"Siehe, ich will Nebukadnezar, dem König von Babel, das Land Ägypten geben; er wird seinen Reichtum mit fortnehmen, wird es plündern und ausrauben, und es wird seinem Heere als Lohn zufallen. Als Entgeld, um das er gearbeitet hat, gebe ich ihm das Land Ägypten, spricht Gott der Herr".

Hervorgehoben wird hier der Gedanke des Arbeitens für Gott.[35]

Aus den zitierten Stellen geht hervor, daß es im Unterschied zur Vergeltung beim Lohn keine feste Norm gibt, nach der er sich richtet. In ägyptischen Texten heißt es, daß gute Taten, worunter meist der kultische Dienst für die Gottheit verstanden wird, belohnt werden. Eine Verbindung von guten Taten und Lohn gibt es im Alten Testament nicht. Belohnt werden Abrahams Gehorsam, Ruths Sorge um ihre Schwiegermutter, Rahels Trauer um ihre Kinder, das erfolglose Bemühen des Gottesknechts. Der Lohn wird immer noch während des Lebens erteilt und besteht in ganz konkreten Dingen. Meist sind es Nachkommen oder Landbesitz. Umgekehrt kann sogar Gott als Lohnempfänger dargestellt werden. In Jes 40,10 ist von Israel als Lohn Gottes die Rede:

"Siehe da, sein Lohn ist bei ihm und sein Verdienst vor ihm her (הנה שכרו אתו ופעלתו לפניו)".[36]

G.FOHRER bemerkt zu dieser Stelle: "Daß er die aus Babylon Befreiten als Lohn und Verdienst mitbringt, schildert ihn als Arbeiter, der ein schweres Tagewerk hinter sich hat (...)".[37]

---

[35]Zimmerli, Ezechiel 2, 720, schreibt zu dieser Stelle: "Dabei kann durchaus auch der Gedanke mitschwingen, daß Jahwe die Gerechtigkeit, die er von seinem Volke fordert, wenn er verlangt, daß der Lohn des Tagelöhners...nicht über Nacht im Hause des Arbeitgebers liegenbleiben soll (Lv 19,13), wohl auch selber üben wird".

[36]Übersetzung: Elliger.

[37]Fohrer 3,22f. Vgl auch Elliger 37: "Auf jeden Fall ist der Lohn das Volk selbst, nicht etwa etwas, was 'die Treuen in Israel für ihre Leiden erhalten werden'". Ähnlich Botterweck 231.

B. Jüdisch-hellenistische Literatur

Innerhalb der jüdischen Literatur ist zum ersten Mal in jüdisch-hellenistischen Texten des 2. und 1. Jahrhunderts v. Chr. vom jenseitigen Lohn die Rede, d.h. von Lohn, der nicht noch während des Lebens des Menschen, sondern erst nach seinem Tode erteilt wird. Nach der *epistola Henochi*, dem paränetischen Buch innerhalb des äthHen, das gewöhnlich in die Hasmonäerzeit, d.h. ins 2. oder 1. Jh. v. Chr. datiert wird,[38] gehen der gerechten Vergeltung nach dem Tode jedoch nicht alle Menschen entgegen, sondern nur diejenigen Gerechten und Sünder, die die Vergeltung für ihre Taten auf Erden noch nicht erfahren haben:

"Alles Gute, Freude und Ehre stehen für sie bereit und sind aufgeschrieben für die Geister der in Gerechtigkeit Verstorbenen.
Mannigfaches Gutes wird euch zum Lohn für eure Mühen gegeben, und euer Los wird besser als das der Lebenden" (103,3; Riessler).

"Lasset nicht die Gerechten und Guten, die gelebt haben, sprechen:...wir plagten uns mühsam ab und bekamen keinen Lohn für unsere Mühe" (103,9.11b).

Anlaß für die Verlegung der Vergeltung auf die Zeit nach dem Tode war die Erfahrung der Verfolgung der Gerechten und die dazu in Spannung stehende Vorstellung von der Gerechtigkeit Gottes. Wollte man Gott nicht der Willkür bezichtigen, dann mußte man mit einer gerechten Vergeltung rechnen, die, wenn nicht im irdischen Leben, dann nach dem Tode stattfindet. Die Vorstellung von der gerechten Vergeltung hat also partikulare Ersatzfunktion, sie ist ein Ausgleich für die auf Erden oft nicht stattfindende Gerechtigkeit.[39]

Man hielt zwar auch weiter an dem Gedanken von der Vergeltung in dieser Welt fest, häufiger ist nun jedoch vom jenseitigen Lohn die Rede. Während es im Alten Testament noch keine Verknüpfung von "Lohn" Gottes und "guten Taten" der Menschen gibt, ist im

---

[38]Vgl. Nickelsburg 149f. Einige datieren äthHen 92-105 in die späthasmonäische Zeit, da sie meinen, hier Anspielungen auf die Exzesse des Alexander Jannai oder Johannes Hyrkanus zu finden. Andererseits erwähnt das um 169 v. Chr. geschriebene Jubiläenbuch das "Zeugnis" Henochs in der Aufzählung seiner Werke (Jub 4,17-19; vgl. äthHen 104,11-13; 105,1).

[39]Vgl. auch Mt 5,12: Die Verfolgten werden "im Himmel" Lohn erhalten als Ausgleich für das auf Erden erduldete Leiden.

nachbiblischen jüdischen Schrifttum das Lohnmotiv häufig mit dem der Gerechtigkeit verbunden, wie etwa in den folgenden Zitaten:

"Eure Werke vollführt in Gerechtigkeit, so wird er euch geben euren Lohn zu seiner Zeit!" (Sir 51,30; Sauer).

"Die Gerechten aber leben bis in Ewigkeit, in dem Herrn ist ihr Lohn..." (Weish 5,13; Georgi).

"Und die Gerechten - was sollen sie jetzt tun?...Bereitet eure Seelen vor auf das, was für euch zubereitet ist, und macht eure Seelen fertig für den Lohn, der für euch bereitliegt!" (syrApkBar 52,5.7; Klijn).

Neu ist die Verbindung von Lohnmetaphorik und Gerichtsterminologie. Eine Gerichtsszene, bei der die Gerechten Lohn erhalten, schildert 4Esr:

"Der Höchste offenbart sich auf dem Richterthron [dann kommt das Ende], das Erbarmen vergeht [die Barmherzigkeit entfernt sich], die Langmut verschwindet, nur das Gericht bleibt. die Wahrheit besteht, der Glaube erstarkt, das Werk folgt nach, der Lohn zeigt sich, die gerechten Taten erwachen, die ungerechten schlafen nicht mehr" (7,33-35; Schreiner).[40]

Aber nicht nur Gerechtsein wird belohnt, sondern auch Erleiden des Martyriums, sowie Glauben und Hoffen auf Gott:

"Ich schilderte in den Büchern alle Belohnungen, die für sie bestimmt waren. Er bestimmte ihnen ja dafür einen Lohn, daß sie als solche erfunden wurden, die den Himmel mehr als ihr Leben in der Welt liebten, und die mich priesen, während sie von bösen Menschen mit Füßen getreten, Schmähungen und Lästerungen von ihnen erduldeten und beschimpft wurden" (äthHen 108,10; Riessler).

"Die ihr den Herrn fürchtet, glaubt an ihn, und nicht wird dahinfallen euer Lohn.
Die ihr den Herrn fürchtet, hofft auf Gutes und auf ewige Zufriedenheit und auf Erbarmen.
Denn eine ewige Gabe mit Freuden ist sein Lohn" (Sir 2,8f; Sauer).[41]

Der Lohn Gottes entspricht nicht immer den Taten der Menschen, sondern geht weit über das hinaus, was sie eigentlich verdient hätten. Gott vergilt siebenfach oder gar hundertfach, wie aus folgendem Text hervorgeht:

---

[40]Vgl. auch slavHen 51,3.

[41]Vgl auch Sir 36,16, sowie syrApkBar 54,16: "Denn wahrlich, wer da glaubt, wird Lohn empfangen", 59,2 und 4Esr 7,83.

"Und den Engeln, welche die vollen Körbchen gebracht hatten, füllte er diese mit Öl, indem er sprach: Bringt [es] fort, gebt hundertfältig den Lohn unseren Freunden und denen, die eifrig die guten Werke getan haben. Denn die, welche gut gesät haben, sammeln auch gut dazu" (grApkBar 15,2f; Hage).[42]

Nicht nur gegenüber Gerechten erweist Gott sich barmherzig, sondern auch gegenüber denen, die keine guten Werke aufweisen können. Dies geht aus der *oratio Esdrae* hervor, einem Traditionsstück, das sich in 4Esr befindet:

"Du aber wirst wegen uns Sündern der Barmherzige genannt. Denn wenn du dich unser, die wir ja keine Werke der Gerechtigkeit haben, erbarmen willst, wirst du der Erbarmer genannt. Denn die Gerechten, denen viele Werke bei dir hinterlegt sind, werden aus den eigenen Werken den Lohn empfangen...In Wahrheit gibt es nämlich niemand unter den Geborenen, der nicht böse gehandelt, und unter den Gewordenen, der nicht gesündigt hätte. Denn dadurch wird deine Gerechtigkeit und Güte offenbar, Herr, daß du dich derer erbarmt hast, die keinen Bestand an guten Werken haben" (8,31-33.35-36; Schreiner).[43]

Diese Stellen werden deshalb so ausführlich zitiert, weil es leider immer noch Aussagen gibt wie die PREISKERS, der schreibt: "Das Judentum wagt es eben nicht, den Menschen ganz auf Gottes Gnade zu stellen, bleibt vielmehr beim Menschen und seiner Leistung stehen, will sich gerechten Lohn verdienen und kommt so aus Ohnmacht und Angst nicht heraus".[44] Dagegen weiß man auch im Judentum, daß eigentlich niemand zu den vollkommen Gerechten gehört, die aus eigenen Werken gerechtgesprochen werden könnten. Aufgrund ihrer Erwählung ist ihnen aber dennoch Lohn bei Gott sicher. Dazu bemerkt K.BERGER: "Die Gnade, die Gott den so Erwählten zukommen läßt, entspricht der alttestamentlichen Bundestreue (חן חסד)".[45] Die Fähigkeit, die Taten des Menschen zu vergelten, ist eine Eigenschaft, durch die sich der Gott Israels von den Göttern der Umwelt unterscheidet. Von ihnen gilt:

[42]Die Körbchen sind mit Blumen gefüllt, die die Tugenden der Gerechten darstellen, vgl. 12,1.5. Zur siebenfachen Vergeltung vgl. Sir 35,10f.

[43]Die *oratio Esdrae* (4Esr 8,20-36) ist ein Traditionsstück, zu dem der Offenbarungsengel in 8,37ff kritisch Stellung nimmt. Es wird angenommen, daß diese Kritik den Standpunkt des Verfassers des Buches 4Esr artikuliert. Für das Traditionsstück gilt jedoch nichtsdestoweniger: Hier werden innerhalb des hellenistischen Judentums Palästinas den paulinischen Aussagen vergleichbare Gedanken formuliert. Vgl. auch 4Esr 7,135, wo Gott der "Freigebige" genannt wird, "weil er lieber schenken als fordern will".

[44]Preisker 719.

[45]Berger, Gnade, 14.

"Weder wenn sie Böses von jemandem, noch wenn sie Gutes erfahren, mögen sie zu vergelten;...Wie kann man also meinen, daß sie Götter seien?" (EpJer 33.39; Gunneweg).[46]

Die Vorstellung von der göttlichen Vergeltung menschlicher Taten ist also ein wesentlicher Bestandteil des Glaubens an einen persönlichen Gott.

C. Qumran Literatur[47]

In den Texten aus Qumran ist häufig von strafender Vergeltung die Rede, die sowohl Gott, als auch die "Söhne des Lichts" an den "Söhnen der Finsternis" vollstrecken.[48] Dagegen fehlt die Lohnmetaphorik bis auf eine umstrittene Stelle ganz. In 1QS IV,25 heißt es: "ורואה ידע פעולת מעשיהן לכול קצי". E.LOHSE übersetzt: "Und er weiß um das Wirken ihrer Werke zu allen Zeiten",[49] während Braun פעולה mit "Lohn" wiedergibt.[50] Beide Übersetzungen sind möglich. פעולה hat aber sonst in Qumran-Texten immer die Bedeutung "Werk". Die einzige Stelle, an der פעולה mit "Lohn" wiedergegeben werden sollte (Dam 14,12), redet vom irdischen Arbeitserwerb der Sektenmitglieder".[51]

Von den Sektenmitgliedern wird einerseits strenger Gesetzesgehorsam gefordert, andererseits ist man sich aber bewußt, daß die eigenen Werke immer unzulänglich

---

[46]Vgl. Hebr 11,6: Glaube an Existenz und Vergeltungshandeln Gottes.

[47]Übersetzungen nach der Ausgabe von Lohse.

[48]Vgl. 1QM VI,6: Der Sieg der Sektenmitglieder über ihre Feinde ist eine Vergeltung für deren "Bosheit". Siehe aber auch 1QS X,17f: "Nicht will ich jemandem seine böse Tat vergelten, mit Gutem will ich jeden verfolgen. Denn bei Gott ist das Gericht über alles Lebendige, und er vergilt dem Mann seine Tat". Vgl. dazu Röm 12,19.

[49]Lohse in: Texte 17.

[50]Braun, Radikalismus 1, 27, Anm.6.

[51]Vgl. ibid. 102f, Anm.7.

bleiben.[52] Deshalb gibt es beim Endgericht auch keinen Lohn für gute Taten. so schreibt E.P.SANDERS: "...the context of gratuity is so clear that the possibility of earning the reward of salvation by deeds ('workrighteousness') scarcely arises".[53] Obwohl sie keinen Lohn erhalten, sind die Sektenmitglieder beim Endgericht aber gegenüber Außenstehenden im Vorteil. Trotz ihrer Sündhaftigkeit werden sie durch die Gnade Gottes gerettet werden:

"Und in deiner Gnade richtest du sie in reichem Erbarmen und großer Vergebung" (1QH VI,9).[54]

Die Texte von Qumran sind ein Beispiel dafür, daß Gesetzesgehorsam und Gnade Gottes sich nicht ausschließen: "Grace and works are not alternative roads to salvation. Salvation...is always by the grace of God, embodied in the covenant. The terms of the covenant, however, require obedience".[55] Gesetzesgehorsam ist Bedingung, um Mitglied der Sekte zu bleiben, hat aber keinen Anspruch auf Lohn beim Endgericht.

D. Philo[56]

Philo erwähnt an zwei Stellen den Lohn Abrahams.[57] Darüberhinaus redet er nur noch einmal von einem Lohn Gottes für menschliche Taten anläßlich der Erklärung des symbolischen Namens Issachars:

"das [Symbol] des Vollführers schöner Werke ist Issachar, denn 'er bot seine Schulter der Mühe dar und ward ein Ackersmann' (Gen 49,15); von ihm sagt Moses,

---

[52]Vgl. 1QH IX,14f: "Denn niemand ist gerecht in deinem Ge[richt]". Vgl. auch 1QH VII,28.

[53]Sanders 294.

[54]Vgl. auch 1QS XI,3.13f und 1QH VII,17f.

[55]Sanders 297.

[56]Übersetzungen nach der Ausgabe von Cohn et al.

[57]Philo, Her 2 und 26: Abraham hält sich für des Lohnes nicht würdig: "Denn wer bin ich, daß du mich reden lehrtest, daß du mir einen Lohn versprichst, ein Gut, köstlicher als Wohltat und Ehrengabe?"

wenn er in der Seele gesät und gepflanzt habe, 'so gibt es Lohn' (Gen 30,18), das heißt: Die Mühe ist nicht vergeblich, sondern wird von Gott gekrönt und belohnt (οὐκ ἀτελὴς ὁ πόνος ἀλλὰ στεφανούμενος ὑπὸ θεοῦ καὶ μισθοδοτούμενος)" (*All* I,80).

Dieser Lohn wird nach Philo noch während des Lebens des Menschen erstattet. So schreibt S.SANDMEL mit Recht: "What is strikingly absent from Philo is that aspect of reward and punishment in Palestinian thought wherein there is an afterlife to which rewards and punishments are defered...In Philo there is no hint of these matters, and no concept of a future heaven or hell".[58]

Mit dem Fehlen einer Vorstellung vom zukünftigen Leben geht das Fehlen des eschatologischen Lohngedankens einher. Für Philo sind die guten Werke selbst schon der Lohn. Dies wird besonders an zwei Stellen deutlich:

"Der Name eines jeden von ihnen [der Söhne Jakobs] aber ist das Symbol einer höchst wichtigen Tatsache:...das der Belohnungen, die für gute Werke gegeben werden, Issachar - wahrscheinlich aber waren die Werke selbst der vollständige Lohn..." (*Som* II,34).

"Denn wie der Bauer in gewissem Sinne von den Bäumen im fünften Jahr Lohn erhält, so wurde auch Issachar, das seelische Erzeugnis, welches nach dem dankbaren Juda geboren wurde, Lohn genannt, und mit vollem Recht; denn dem Dankbaren selbst ist dieser Dank voll genügender Lohn" (*Plant* 136).

Deutlich erkennbar ist hier der Einfluß stoischer Philosophie auf das Denken Philos. Auf diesen Einfluß ist wohl auch die Bevorzugung der Wettkampfmetaphorik zurückzuführen. In seinem Werk *De Praemiis et Poenis* zeigt Philo am Beispiel biblischer Gestalten, die bestimmte Tugenden verkörpern, welche Belohnungen den Tugendhaften und Gesetzestreuen verliehen werden und welche Strafen die Bösen und Abtrünnigen zu erwarten haben. Das ganze Leben des Menschen wird als "heiliger Wettkampf" (ἱερὸν ἀγῶνα) verstanden, in dem die "Tugendkämpfer" (ἀθληταὶ ἀρετῆς) "Kampfpreise" (βραβεῖοι) empfangen.

Exkurs: Wettkampfmetaphorik

Bei den Griechen war der *Agon* Ausdruck für jede Art von Wettkampf im bürgerlichen Leben. Charakteristisch für griechisches Bewußtsein war das Verlangen nach

---

[58]Sandmel 116.

Überlegenheit, Erfolg und öffentlicher Anerkennung. Philosophen wie Platon vergeistigten diesen *Agon.* Sie sahen ihn als einen Kampf zwischen λογιστικόν und ἐπιθυμητικόν im Menschen selbst. Während das Ziel dieses Wettkampfes bei Platon Gerechtigkeit ist, streben die Stoiker nach ἀπάθεια und ἀταραξία. Nicht Ruhm ist der Preis, sondern innerer Friede. Charakteristisch für Philo ist das Verständnis des Kampfes als ἀγὼν τῆς εὐσεβείας, den der Mensch für Gott kämpft. Die alttestamentlichen Verhaltensvorschriften werden dabei als "Trainer" verstanden, die Gott den Menschen gegeben hat, damit sie den Kampf erfolgreich bestehen.[59]

Auch Paulus verwendet neben der Lohnmetaphorik das Bild des Wettkampfes in seinen Briefen, am ausführlichsten in 1 Kor 9,24-27. Bei ihm ist der Wettkampf sowohl ein äußerlicher, als auch ein innerlicher:

- Seine äußeren Gegenspieler sind diejenigen innerhalb der Kirche, die eine seiner Ansicht nach falsche Lehre vertreten, bzw. seine Apostolizität bezweifeln. Hier spielt das Motiv des Wettbewerbs eine Rolle:

> "Wißt ihr nicht, daß die, welche in der Rennbahn laufen, zwar alle laufen, aber nur einer den Preis erlangt? Laufet so, daß ihr ihn erlangt!" (v.24).

- Seine inneren Gegenspieler in diesem Wettkampf sind Leidenschaften und Begierden:

> "Ich nun laufe so wie einer, der nicht ins Ungewisse läuft; ich kämpfe so wie einer, der nicht in die Luft schlägt; sondern ich kasteie meinen Leib und knechte ihn, damit ich nicht etwa, nachdem ich andern Herold gewesen bin, selbst verwerflich werde" (v.26f).

Der Wettkämpfer diszipliniert seinen Körper, um seine Konkurrenten zu besiegen. Der Kampfpreis wird von Gott verliehen werden.[60]

Sowohl Lohn- als auch Wettkampfmetaphorik dienen der Leistungsmotivation. Mit der Aussicht auf Lohn oder einen Kampfpreis wird ein Verhalten - gute Taten oder Askese - verstärkt. Dennoch gibt es einen Unterschied zwischen diesen beiden Motivkreisen: Nur einer kann aus einem Wettkampf siegreich hervorgehen, nur einer erhält einen Ehrenpreis (vgl. 1 Kor 9,24). Bei der Lohnarbeit wird dagegen die Arbeit eines jeden anerkannt und prämiert. Nicht nur der Tüchtigste, sondern jeder, der arbeitet, hat Anspruch auf Lohn. Damit fällt der Aspekt des Wettbewerbs weg und macht dem Aspekt der Solidarität Platz.

[59]Vgl. hierzu Pfitzner 1-48.

[60]Vgl. auch Phil 3,14.

E. Josephus

Wie Philo, so verwendet auch Josephus die Metapher "Lohn" in seinen Schriften sehr
selten. Nur an einer Stelle ist vom Lohn Abrahams die Rede:

> "Gott, dem die tugendhafte Handlungsweise Abrahams wohlgefiel, versprach ihm,
> daß seine edlen Taten nicht unbelohnt bleiben sollten. Als aber Abraham erwiderte,
> wozu ihm ein solcher Lohn zuteil werden sollte, da er ja keine Erben habe (er war
> nämlich damals noch kinderlos), verhieß ihm Gott, daß ihm ein Sohn geboren
> werde..." (*Ant* 1,183; Kausen).

Während im Alten Testament nicht ausdrücklich gesagt wird, wofür Abraham den Lohn
erhält, bezieht Josephus ihn eindeutig auf die guten Taten Abrahams.

Darüberhinaus wird "Lohn" nur noch einmal erwähnt: In *Ant* 18,306.309 bezeichnet
Josephus den Tod des Gaius als schuldigen Lohn Gottes an Petronius, der dem Tempel
"Ehre erwiesen" und den Juden geholfen hat.

An anderer Stelle (*Ap* 2,31) lehnt er unter Verwendung der Wettkampfmetaphorik
sämtliche "Ehrenpreise" ab. Ein gutes Gewissen ist selbst schon Belohnung genug für gutes
Verhalten. Diese Auffassung ähnelt sehr derjenigen Philos und der stoischen Philosophen.

F. Rabbinische Literatur[61]

Immer wieder ist in der rabbinischen Literatur vom göttlichen Lohn die Rede. Wie weit die
Meinungen der einzelnen Rabbinen auch auseinandergehen - Lohn in dieser Welt oder in
der kommenden, Lohn, der dem Ausmaß an guten Taten entspricht oder weit über die
"Verdienste" hinausgeht - niemals bezweifeln sie, daß Gott belohnt. Während eine
Lohnzahlung durch Gott nach dem Alten Testament noch im Leben der Menschen

---

[61]Es werden hier sowohl tannaitische, als auch amoräische Texte zitiert, in der Annahme, daß bestimmte
Lohnaussagen nicht an eine bestimmte Schicht von Traditionen gebunden sind, sondern in allen Schichten
vorkommen. Auch wird nicht zwischen den verschiedenen rabbinischen Dokumenten, in denen die
Lohnaussagen vorkommen, unterschieden. Eine genauere Differenzierung, so wünschenswert sie auch ist,
würde eine Spezialuntersuchung erfordern. Siehe auch Eingangsbemerkung und Bemerkung am Schluß dieses
Abschnitts. Die hier zitierten rabbinischen Texte sind nicht noch einmal neu übersetzt worden. Die zitierten
Übersetzungen wurden jedoch am Originaltext überprüft. Die Abkürzungen für die rabbinische Literatur
entsprechen Strack/Stemberger 330-332.

stattfindet, wurde sie im nachbiblischen Judentum mehr und mehr auf die "zukünftige Welt" verlegt, wie etwa aus folgendem, im Namen des Tanna R. Jaqob überlieferten, Spruch im Babylonischen Talmud hervorgeht:

> R. Jaqob "sagt, auf dieser Welt gebe es keine Belohnung für die Gebote. Es wird nämlich gelehrt: R. Jaqob sagte: Du hast kein in der Thora geschriebenes Gebot, bei dem eine Belohnung angegeben ist, von dem nicht die Auferstehung der Toten zu entnehmen wäre" (bQid 39b; Goldschmidt)[62]

Die Transzendierung der Lohnvorstellung resultiert aus der täglichen Erfahrung, daß es Gerechten schlecht geht, schlechten Menschen dagegen gut. Der Lohngedanke entspricht dem Wunsch nach einer ausgleichenden Gerechtigkeit, die empirisch nicht ohne weiteres feststellbar ist.[63]

Oft heißt es, daß der Lohn dem Gesetzesgehorsam, bzw. dem guten Verhalten der Menschen entsprechen wird:

> "Ben Hehe pflegte zu sagen: Gemäß der Mühsal der Lohn" (PA 5,23; Strack).

> "Wenn du viel Thora gelernt hast, gibt man dir viel Lohn; und dein Arbeitsherr ist zuverlässig, welcher dir den Lohn für deine Arbeit erstatten wird" (PA 2,16; Strack).

Mit dem Hinweis auf die göttliche Belohnung ermahnten die Rabbinen die Gemeindeglieder zu einem Leben gemäß der Thora. Weil Gott Israel erwählt hat, ist Israel verpflichtet, dem göttlichen Willen, der in den Geboten zum Ausdruck kommt, Gehorsam zu leisten. Der Gesetzesgehorsam ist die Antwort Israels auf die Erwählung. Wer die Gebotserfüllung verweigert, schließt sich aus dem Bund Gottes mit Israel aus, ja eine Verweigerung kommt einer Leugnung Gottes gleich.[64] Außerdem ist die Rede vom gerechten Lohn eine Folge der Vorstellung vom gerechten Gott, der nicht willkürlich an

---

[62]Vgl. auch PA 2,16 und Tan Ber 1,7a; bMen 44a spricht dagegen von einem Lohn, der sowohl während des Lebens als auch später erstattet wird.

[63]Vgl. Sanders 126.

[64]Vgl. Sanders 136.

den Menschen handelt.[65] Weil Gott gerecht ist, hat er den Lohn schon vor Bekanntgabe der Gebote angekündigt:

"Ich, der Ewige, rede Gerechtigkeit, künde Geradheit, d.i. bereits bevor ich euch die Gebote gab, habe ich euch schon vorher ihre Belohnung kundgetan" (Mek 19,2; Winter/Wünsche).

Die Rabbinen können auch von einem "Abwiegen" von Verdiensten und Sünden reden:

"Sind die Mehrheit [der Taten] eines Menschen Verdienste und die Minderheit [der Taten] Übertretungen, bestraft man [=Gott] ihn wegen der wenigen leichten Übertretungen, die er getan hat, in dieser Welt, damit ihm sein vollständiger Lohn in der kommenden Zukunft gegeben wird. Aber sind die Mehrheit [der Taten] eines [Menschen] Verdienste, gibt man [=Gott] ihm den Lohn für die [Erfüllung der] leichten Gebote, die er getan hat, in dieser Welt, damit er vollständig in der kommenden Zukunft bestraft wird" (jPea 1,1, 16b; Wewers).[66]

Väter können ihren Kindern Lohn vererben:

"R. Pinchas der Priester ben Chama erklärte diese Stelle [Spr 11,21] so: Wenn du eine Vorschrift erfüllt [ein gutes Werk vollbracht] hast, mußt du nicht den Lohn sogleich aus einer Hand in die andere erwarten. Warum? Weil du nicht rein, d.i. weil du nicht rein von deinen Sünden bist, und du wirst ein Frevler genannt, daß du nichts an deine Kinder vererben willst. Denn wenn unsere Altväter Abraham, Jizchak und Jakob den Lohn für ihre guten Werke, welche sie getan, verlangt hätten, wie hätte dann der Same der Gerechten... gerettet werden, wie hätte sonst Mose Abrahams, Jizchaks und Israels gedenken...können?" (ExR 44 zu Ex 32,13; Wünsche).[67]

Die einseitige Isolierung von Aussagen dieser Art aus dem Gesamtkontext der rabbinischen Vorstellungen zum Thema Lohn hat immer wieder Anlaß zu antijüdischen Äußerungen gegeben. So schreibt P.VOLZ: "Gerade das Dogma von der peinlich genauen Gerichtsgerechtigkeit Gottes hat dazu beigetragen, dem Bedürfnis nach Gnade und Evangelium Raum zu schaffen und dem Gesetz und dem Judentum die Herrschaft zu

---

[65]Vgl. Sanders 127. Brocke, 168, sieht die Betonung des richtenden und vergeltenden Handelns Gottes in der Notwendigkeit begründet, sich von der weitverbreiteten epikuräischen Popularphilosophie abzugrenzen, die eine völlige Indifferenz der Götter proklamierte.

[66]Vgl. auch GenR 33 zu Gen 8,1: unterschiedliche Vergeltung von Gerechten und Frevlern.

[67]Sjöberg, 46, schreibt dazu: "Nur darf man sich auch hier diesen Gedanken nicht zu mechanisch vorstellen. Mit ihm ist immer ein Moment der göttlichen Güte verbunden. Es ist immer ein Zeichen der Güte Gottes, daß er die Gerechtigkeit belohnt, um so mehr, wenn er sogar die Nachkommen der Gerechten dieses Lohnes teilhaftig werden läßt". Vgl. auch LevR 36 zu Lev 26,42.

nehmen".[68] Ähnlich äußert sich G.BORNKAMM: "Im späten Judentum bekommt der Lohngedanke endgültig eine verderbliche Wendung. Der Lohn hört auf, Gottes freie Verheißung zu sein und wird zu dem Kapital, das der einzelne Gesetzesfromme sich oben im Himmel erwirbt und dessen Auszahlung er mit Gewißheit erwarten kann".[69]

Dazu ist Folgendes zu sagen:

1. Auch im Neuen Testament begegnet die Vorstellung der "peinlich genauen Gerichtsgerechtigkeit Gottes".[70]

2. Die Propagierung dieser Vorstellung hat eine durchaus positive Funktion: Sie dient der Motivation zu guten Werken.

3. Es handelt sich hierbei nicht um ein "Dogma", sowie es im rabbinischen Judentum überhaupt keine "Dogmen" gibt.[71]

4. Auch die Rabbinen waren sich der Gefahr bewußt, daß ihre Aussagen mißverstanden werden und einem Ausrichten des Handeln auf Lohn Vorschub leisten könnten.[72] So schreibt M.BROCKE: "Daß diese Gefahr droht und nicht nur eine Versuchung für das 'einfache Volk' ist, beweist außer NT und rabbinischen Erzählungen die Geschichte der Religionen".[73]

Im Folgenden werden Texte vorgestellt, die der unter christlichen Theologen vorherrschenden Vorstellung vom "Leistungslohn" im Judentum nicht entsprechen.

Damit nicht einige Gebote erfüllt, andere dagegen vernachlässigt werden, heißt es, daß der Lohn für die Gebotserfüllungen unbekannt geblieben ist:

---

[68]Volz 296.

[69]Bornkamm, Lohngedanke, 27.

[70]Vgl. etwa Röm 2 und Kpitel 3.A. Herford, in: idem (Hrg.), Pirke Aboth, 40: "Whatever be said by way of criticism of Jewish ethical teaching in regard to rewards applies with precisely the same force to the teaching of Jesus on the same subject".

[71]Siehe hierzu besonders Kadushin, der stattdessen von "value concepts" spricht, die dem "organismischen" Denken der Rabbinen viel eher entsprechen. Diese "value concepts" sind nicht statisch, sondern dynamisch aufeinander bezogen.

[72]Vgl. Herford, in: Pirke Aboth 130.

[73]Brocke 173.

"Nimm es bei einem leichten Gebot so genau wie bei einem schweren; denn du weißt nicht, was für Lohn für die Gebote gegeben wird" (Abot 2,1b; Marti/Beer).[74]

Immer wieder betonen die Rabbinen, daß die Beziehungen Gottes zu seinem Volk und zum Einzelnen ein Verhältnis wie das von Arbeitgeber und Arbeiter weit übersteigen. Der Lohn, den Gott den Menschen auszahlt, ist unendlich groß:

"R. Joseph wollte erklären, es gebe keine Grenze für die Belohnung [eines Krankenbesuchs], da sprach Abajje zu ihm: Gibt es denn eine Grenze für die Belohnung aller anderen Gebote...!?" (bNed 39b; Goldschmidt).

"Und sowie die Wüste kein Ende hat, so haben auch die Worte des Gesetzes kein Ende, wie es heißt:...Und sowie die Worte kein Ende haben, so ist auch der Lohn unendlich, wie es heißt: 'Wie groß ist deine Güte, die du aufbewahrt hast deinen Verehrern' (Ps 31,20)" (PRK 12,20; Wünsche).[75]

Während Menschen nicht für alle auch noch so geringen Dienstleistungen, die für sie von anderen getan werden, Lohn zahlen, belohnt Gott alles, was für ihn getan wird, wie aus folgendem Text hervorgeht:

"There are two things serviceable to the body which men do not refuse to perform [for each other] and for which they do not take pay. For a man says to his fellow, 'Light me this lamp' and 'Do me [the favor] of shutting the door after you'. No one refuses to do these things, and no one takes pay for them. [But God says]: 'You have not done these things for...me without pay'. And is it not *a fortiori* [that] if, when you have done for me those things for which men do not receive pay, you have not gone unrewarded, [then] all the more so you will not go unrewarded if you do for me those things for which men do receive pay?" (Sifra 7,33; Smith).

Die bloße Intention, Gutes zu tun, wird von Gott ebenso hoch angerechnet wie die eigentliche Ausführung der Handlung:

"Und sie gingen und taten, um einen Lohn zu setzen für das Gehen und einen Lohn für das Tun. 'Und sie taten' - hatten sie es denn bereits getan? Allein, nachdem sie auf sich genommen hatten, es zu tun, rechnete sie [die Schrift] es ihnen so an, als hätten sie es getan" (Mek 12,28; Winter/Wünsche).

"Denn um dieser Sache willen" (Dtn 15,10). Wenn [jemand] gesagt hat, zu geben und [dann auch] gegeben hat, gibt man ihm Lohn für das Sagen und Lohn für das

---

[74]Vgl. auch bNed 39b.

[75]Vgl. auch PA 2,15: Die Arbeiter sind faul, aber der Lohn ist groß. Montefiore, in: Anthology, 286: "Again, the rabbis recognize that in relation to the 'greatness' of the reward - the joys of the life to come - man may be said to contribute nothing. What is human righteousness? All depends upon, all is given by, the mercy and the grace of God. God's goodness supplies man's insufficiencies".

Tun. Hat einer gesagt, [er wolle] geben, hatte aber nicht die Möglichkeit, zu geben, gibt man ihm den Lohn für das Sagen, der gleich ist dem Lohn für die Tat" (Sifre zu Dtn 15,10; Bietenhard).

Umgekehrt wird einer, der ein Gebot unbeabsichtigt erfüllt hat, von Gott ebenso belohnt wie einer, der es mit Absicht tat (vgl. Sifre zu Dtn 23,8).

Nicht nur das Tun von guten Werken oder die Absicht, sie zu tun, sondern auch das Unterlassen von Sünde ist wert, von Gott belohnt zu werden:

"R. Simon sagte:...Hieraus also folgt, daß man den, der dasitzt und keine Sünde begeht, ebenso belohnt wie den, der ein Gebot ausgeübt hat" (mMak 3,15; Goldschmidt).

Allerdings ist Gott zur Vergeltung nicht verpflichtet:

"R. Tanhuma eröffnete [seinen Vortrag mit]: 'Wer hat mir etwas zuvor gegeben, daß ich vergelten müßte? Was unter dem Himmel ist, mir gehört es' (Hi 41,3)" (PRK 9,2).[76]

Wenn Gott dennoch belohnt, so ist dieser Lohn nicht "verdient" und unabhängig von Gebotserfüllungen, so daß auch derjenige, der keine guten Werke vorzuweisen hat, Lohn erhalten kann. Eine Geschichte im Midrasch macht dies noch einmal besonders deutlich:

"In dieser Stunde zeigte ihm Gott alle Schätze des Lohnes, welche für die Gerechten bestimmt sind, und Mose fragte: Für wen ist dieser Schatz? Für den, der die Gebote tut? Für wen ist jener Schatz? Für diejenigen, die Waisen erziehen, und so bei jedem Schatz. Nachher sah er einen großen Schatz. Für wen ist dieser? fragte er. Demjenigen, antwortete Gott, welcher besitzt, dem gebe ich von seinem Lohn und demjenigen, welcher nichts besitzt, dem gebe ich es umsonst und gebe ihm von diesem, wie es heißt: 'Ich bin gnädig, wem ich gnädig sein will', d.i. dem ich Gnade erweisen will, 'und ich erbarme mich, wessen ich mich erbarmen will" (ExR 45 zu Ex 33,12; Wünsche).[77]

Die Rabbinen wußten, daß menschliche Leistung dem Anspruch Gottes nie gerecht werden kann, daß sie immer unzulänglich bleibt. Deshalb vertrauten sie auf Gottes Güte, mit der er sich auch denen zuwendet, die seinem Willen nicht vollen Gehorsam leisten:

"R. Tanhuma b. Abba begann [anknüpfend an Dan 9,7] 'Dein, Ewiger, ist Gerechtigkeit, unser aber ist Scham'. Was heißt das? R. Nechemja sagte: Selbst

---

[76]Vgl. Röm 11,35.

[77]Vgl. auch Sifre Num zu Num 6,25.

wenn wir Gerechtigkeit üben und unsere Werke genauer betrachten, so müssen wir uns schämen, wir können uns in keiner Stunde auf unsern Arm [d.i. unsere Stärke und unser Verdienst] verlassen..." (ExR 41 zu Ex 31,1; Wünsche).

"So sprach auch David: Mancher vertraut auf die schönen und geraden Werke, die er besitzt, mancher wieder vertraut auf das Werk seiner Väter, ich vertraue auf dich. Obgleich ich keine guten Werke besitze, allein da ich zu dir rufe, erhöre mich!" (MidrPss zu Ps 141,1; Wünsche).[78]

So wie die Rabbinen annahmen, daß Gottes Gnade über seine Gerechtigkeit dominiert (vgl Sifre Num 134 zu Dtn 3,24), so dachten sie auch, daß sein Lohn immer größer ist als seine Strafe (vgl. ARN 30,6).[79] Die beiden Eigenschaften Gottes, Güte (*Middat Ha-Rachamim*) und Gerechtigkeit (*Middat Ha-Din*) gehören im rabbinischen Denken unmittelbar zusammen: "The two aspects of God's character..., his mercy and his justice, are the essential moral attributes on which religion in Jewish conception is founded".[80] Dies kommt besonders deutlich in folgendem Ausspruch zum Ausdruck:

"Warum ist er gütig? Weil er redlich ist. Und warum redlich? Weil er gütig ist..." (MidrPss zu Ps 25,9; Wünsche).

Es gibt keinen Widerspruch zwischen der Güte Gottes und der Hochschätzung der menschlichen Tat:

"Alles ist vorhergesehen, und doch ist die Wahlfreiheit gegeben; mit Güte wird die Welt gerichtet, und doch kommt alles auf die Menge der Tat an" (PA 3,15; Marti/Beer).

Wenn man fragt, wie sich die Vorstellung, daß Gott gerecht ist und jedem den seiner Leistung entsprechenden Lohn zahlt, mit der anderen, daß seine Güte über seine Gerechtigkeit dominiert und er auch die belohnt, die keine Werke aufzuweisen haben, vereinbaren läßt, dann ist die Antwort, daß es sich hierbei nicht um ein logisches System

---

[78]Vgl. auch Mek 15,13.

[79]Vgl. Sjöberg 11: "Das ist eine der wenigen Ansichten in der rabbinischen, haggadischen Literatur, der nie widersprochen wird. Sie wird immer wieder angeführt, und zwar als ein selbstverständlich feststehender, unbestreitbarer Ausgangspunkt für weitere Schlüsse". Vgl. auch Marmorstein 12f.

[80]Moore 1, 387. Zur *Middat Ha-Din* und *Middat Ha-Rachamim* siehe die Untersuchung Grözingers.

handelt, sondern die eine oder die andere Aussage jeweils von der bestimmten Situation abhängt, auf die sie sich bezieht.[81]

Wie für die bei Cicero belegte skeptische Überzeugung,[82] so war auch für die Rabbinen das Vergeltungshandeln Gottes oft uneinsichtig. Der Babylonische Talmud überliefert eine Geschichte, in der Mose Gott nach dem Lohn für R. Akiba fragt. Gott zeigt ihm den Märtyrertod Akibas, worauf Mose spricht: "Herr der Welt, das ist die Thora und dies ihr Lohn!?" Gott antwortet: "Schweig, so ist es mir in den Sinn gekommen" (bMen 29b). Während der Skeptiker (bei Cicero) aus der Ungerechtigkeit in der Welt schließt, daß es keine göttliche Lenkung der Welt gibt, halten die Rabbinen unter allen Umständen an der Zuwendung Gottes zum Menschen fest und erklären die Uneinsichtigkeit seines Handelns mit seiner Souveränität und Freiheit.

Es gibt aber auch im Judentum Häretiker wie Abuja, die Auferstehung der Toten sowie göttliche Vergeltung leugnen, weil die Geschehnisse in der Welt einer Wirksamkeit Gottes zu widersprechen scheinen:

"Und einer sagte: [Aher wurde abtrünnig,] weil er die Zunge von Rabbi Yehuda dem Bäcker im Maul eines Hundes gesehen hatte, der das Blut trank. Er sagte: das ist die Thora, und das ist ihr Lohn!? Das ist die Zunge, die die Worte der Thora, wie sie festgesetzt worden sind, hervorbrachte!? Das ist die Zunge, die alle ihre Tage mit der Thora sich abmühte!? Das ist die Thora, und das ist ihr Lohn!? Es scheint, daß es keine Gabe des Lohns und keine Belebung der Toten gibt" (jChag 2,1, 77b; Wewers)[83]

Eine solche Auffassung läuft jedoch im Talmud der offiziellen Lehre zuwider.

Nicht nur Juden, sondern auch Nichtjuden erhalten nach rabbinischer Meinung von Gott Lohn. Es gibt bezüglich der Nichtjuden zwei verschiedene Konzeptionen. Die erste lautet, daß die Nichtjuden noch in dieser Welt Lohn für ihre wenigen guten Taten erhalten, in der kommenden Welt aber dann die Strafe für ihre Sünden zu erwarten haben, während es sich

---

[81]Vgl. Sanders 124.

[82]*Nat. Deor.* 3,85, zitiert in II.1.C.

[83]R. Yehuda der Bäcker war nach der Tradition einer der zehn Märtyrer der Hadrianischen Verfolgung.

mit Israel umgekehrt verhält (siehe MidrTann 32,35).[84] Nach der zweiten Auffassung heißt es, daß auch die Gerechten unter den Heiden zukünftigen Lohn zu erwarten haben (siehe tSanh 13,2).[85] So ist z.B. in Mek 13,17 vom Lohn der Ägypter die Rede, in Sifra 18,3 vom Lohn der Kanaanäer.[86]

Natürlich sind auch die Proselyten von der göttlichen Belohnung nicht ausgeschlossen. Ihr Prototyp ist Abraham.[87] Vom "Lohn Abrahams" wird einerseits im Zusammenhang mit der Bindung Isaaks gesprochen,[88] andererseits in Bezug auf seinen Glauben:

> "Und ebenso findest du, daß Abraham, unser Vater, diese Welt und die künftige Welt nur im Verdienste des Glaubens, den er an den Ewigen glaubte, geerbt hat, wie es heißt: 'Und er glaubte an den Ewigen, und er rechnete es ihm zur Gerechtigkeit' (Gen 15,6). Und so findest du, daß die Israeliten nur im Lohne des Glaubens aus Ägypten erlöst wurden, wie es heißt: 'Und das Volk glaubte' (Ex 4,31)" (Mek 14,31; Winter/Wünsche).[89]

Abrahams Verdienste reichten nicht aus:

> "R. Chaggai sagte im Namen von R. Jizchaq: Alle bedürfen der göttlichen Gnade, selbst Abraham...war davon nicht ausgenommen" (GenR 60 zu Gen 24,12; Wünsche).

Zum Schluß sollen noch die Texte vorgestellt werden, in denen betont wird, daß die Gebote um ihrer selbst willen, nicht um Lohn zu erlangen, erfüllt werden müssen. Am bekanntesten ist der Spruch im Namen des Antigonos aus Sokho:

> "Er pflegte zu sagen: Seid nicht wie die Knechte, welche dem Herrn dienen in der Absicht, Lohn zu empfangen; sondern seid wie die Knechte, die dem Herrn dienen

---

[84]Sjöberg, 79f, schreibt dazu: "Israels Lohn ist groß und kann nicht in kurzer Zeit bezahlt werden. Er muß für die zukünftige Zeit aufgehoben werden. Die Heiden aber haben nur einen kleinen Lohn zu verlangen, und der kann schnell bezahlt werden; das geschieht darum schon in dieser Welt".

[85]Siehe Sjöberg 81.

[86]Vgl. auch Ez 29,19f, wo der Lohn Nebukadnezars erwähnt wird.

[87]Vgl. Mek 22,20.

[88]Vgl. MRS 6,2.

[89]Vgl. Röm 4,5.

ohne die Absicht, Lohn zu empfangen; und es sei Gottesfurcht über euch" (PA 1,3; Strack).[90]

Nach M.HENGEL weist dieser Spruch in die Richtung einer von Kohelet ausgehenden Schule, die unter Einfluß griechischen Denkens zur "Kritik an der jüdischen Religion überhaupt" ausgeweitet wurde.[91] Es handelt sich hierbei aber weder um Kritik an der jüdischen Religion, noch muß man griechischen Einfluß annehmen. Sowohl R.T.HERFORD[92] als auch S.SCHECHTER machen darauf aufmerksam, daß es sich hier um einen integrierten Bestandteil rabbinischen Lohndenkens handelt: "It is a sentiment running through the Rabbinic literature of almost every age".[93]

Es gibt zahlreiche weitere Texte, in denen die intrinsische Motivation zur Gebotserfüllung betont wird. Zwei davon seien hier noch angeführt:

"R. Jehoshua b. Levi erklärte: Heil dem, der sich seines Triebes wie ein Mann bemächtigt, an seinen Geboten so recht seine Lust hat; R. Eleazar erklärte: An seinen Geboten, nicht aber an der Belohnung seiner Gebote" (bAZ 19a; Goldschmidt).

"Zu lieben J', euren Gott" (Dtn 11,13). Vielleicht sagst du: Siehe, ich lerne Thora, damit ich reich werde, [oder] dass ich Rabbi genannt werde, [oder] dass ich Lohn empfange in der zukünftigen Welt. Die Schrift sagt: "Zu lieben J', euren Gott". Alles, was ihr tut, das tut nur aus Liebe" (Sifre zu Dtn 11,13; Bietenhard).

---

[90]Nach Bickerman, 162, handelt es sich bei "*peras*" allerdings nicht um den Lohn freier Arbeiter, sondern um Essenszuteilung an Sklaven. Die Aussageabsicht ist aber in beiden Fällen gleich: Antigonos "advises us that there is no compensatory harmony between man's obedience and divine favor".

[91]Hengel, Judentum, 236f. Vgl. auch Reicke 206, Anm.3: "...this does not give us any typical picture of Judaism".

[92]Herford, in: Pirke Aboth 23.

[93]Schechter 162.

Damit wird jedoch die Vorstellung, daß Gott belohnt, nicht abgelehnt, im Gegenteil: Wer dem Willen Gottes aus Liebe Gehorsam leistet, erhält vierfachen Lohn (Sifre Dtn 6,5).[94] Dagegen erinnert der gleichzeitig auftauchende Gedanke, daß der Lohn einer Pflichterfüllung die Pflichterfüllung und der Lohn einer Übertretung die Übertretung selbst ist (PA 4,2), an Seneca und die stoische Lehre.

Die vielfältigen rabbinischen Aussagen zum Thema Lohn lassen sich nicht zu einem geschlossenen System zusammenfügen. Auch läßt sich keine historische Entwicklung des Lohngedankens im rabbinischen Judentum konstatieren, wie BILLERBECK es tun.[95] HEINEMANN wendet mit Recht dagegen ein: "Rabbinic teachings on reward are misinterpreted when different elements of the same theological conception are presented as conflicting and historically separate trends".[96] Es gibt keine chronologische Abfolge der verschiedenen Vorstellungen zum göttlichen Lohn. Zu jeder Zeit standen sich konkurrierende Meinungen gegenüber.

Der Überblick über die mannigfachen rabbinischen Äußerungen zum Lohngedanken sollte zeigen, daß die Rabbinen keineswegs nur die Vorstellung von einer ausgleichenden Gerechtigkeit kannten, sondern im Gegenteil immer wieder die Güte Gottes und die Unzulänglichkeit des Menschen betonen. Wie noch zu zeigen sein wird, unterscheiden sie sich hierbei von den apostolischen Vätern und Kirchenvätern, die die Gerechtigkeit Gottes bei der Lohnverteilung viel mehr hervorheben.

[94]Montefiore, in: Anthology 292f, weist auf Maimonides (*Siraj*) hin, der einen Zusammenhang zwischen extrinsischer und intrinsischer Motivation sieht: Wie ein kleines Kind anfangs mit Nüssen, Feigen etc. zum Lernen angehalten werden muß, später aber den Sinn des Lernens erkennt und äußerer Belohnungen nicht mehr bedarf, so muß denjenigen, die noch nicht in der Lage sind, die Gebote um ihrer selbst willen zu erfüllen, ein Lohn versprochen werden, in der Hoffnung, daß sie mit der Zeit Gefallen an der Gebotserfüllung selbst finden. Vgl. auch Moore 2, 90: "It was better to lead a man to obey the law of God from an inferior motive than that he should not obey it; and, as is frequently observed, if he is diligent in keeping the law from a lower motive he may come to do it from a higher".

[95]Siehe 3.Kapitel der Einleitung.

[96]Heinemann, Conception, 85.

3.Kapitel: Christliche Literatur

A. Neues Testament

a) Synoptische Evangelien

Zahlreiche Abhandlungen beschäftigen sich mit dem Lohngedanken in der Lehre Jesu. Man kann sie in zwei Kategorien einteilen:

(1) Die Vertreter der ersten Gruppe können zwar nicht bestreiten, daß Jesus, wenn er vom Lohn Gottes spricht, die Terminologie seiner jüdischen Umwelt verwendet. Aber diese formale Übereinstimmung ist ihrer Meinung nach das einzige Gemeinsame zwischen der Lehre Jesu und der jüdischen Lohnlehre. Inhaltlich überwindet Jesus den Lohngedanken durch die Vorstellung von der Gnade Gottes und den Ausschluß jeglichen Verdienststrebens des Menschen.

H.PREISKER faßt diese Auffassung folgendermaßen zusammen: "Jesus und das Urchristentum haben offensichtlich ganz ohne Bedenken vom Lohn gesprochen. Aber trotz dieser formalen Anlehnung ist die jüdische Lohnvorstellung radikal überwunden". Wenn im Neuen Testament vom Lohn geredet wird, "so ist dies nichts anderes als der zeitbedingte Ausdruck für das unvergleichliche Beschenktwerden des Menschen durch Gottes Liebe trotz aller menschlichen Schwäche und Sünde...". Die Rede Jesu vom Lohn hat also einen "allem Judentum völlig entgegengesetzten Inhalt und Sinn".[97]

Auch W.PESCH weist im Hinblick auf die Stellen, an denen Jesus im Neuen Testament vom göttlichen Lohn spricht, auf die "auffallende Abkehr von der Grundbedeutung des Wortes als geschuldetem Entgelt hin".[98] Zwar schloß Jesus sich an die Redeweise des "Spätjudentums" an, aber der vorgefundene Stoff wurde von ihm "mit großer Freiheit

---

[97]Preisker 736.

[98]Pesch, Lohngedanke, 2.

129

umgestaltet".[99] PESCH führt Texte an, in denen die Metapher "Lohn" gar nicht vorkommt[100] und leitet daraus eine "unüberhörbare Absage an jedes 'pharisäische' Benehmen" ab, sowie eine Ablehnung der jüdischen Vergeltungslehre.[101]

Für G.BORNKAMM ist der Lohngedanke bei Jesus ein integrierter Bestandteil der Gerichtserwartung. Im Unterschied zu jüdischen Vorstellungen ist er aber "zu einem radikalen Ausdruck dafür geworden, daß wir ganz auf Gottes Gnade gewiesen und geworfen sind...".[102] Der Lohn ist bei Jesus nicht Motiv des Gehorsams. Er gehört vielmehr in den Zusammenhang der Botschaft vom Reich Gottes, er ist "das Urteil, das Gott sprechen, offenbaren und durchsetzen wird, wenn seine Herrschaft über dieser Welt anbricht und vor der Welt offenbar wird".[103]

Nach G.DE RU meint Jesus, wenn er vom Lohn Gottes spricht, gar nicht die Bezahlung von Arbeitern, sondern die Belohnung von Sklaven, die keinen rechtmäßigen Anspruch auf Lohn haben: "Now in the Gospel, whenever 'reward' is mentioned in connection with the relationship between God and man, this relationship is clearly envisaged as that of a master and his servant".[104] Die Vorstellung von einer Bezahlung menschlicher Leistung durch Gott paßt dagegen nicht in Jesu Lehre vom Verhältnis zwischen Gott und Mensch: "The relationship between God and man is never that of employer and employee, a business arrangement in which God and man are contracting parties, and man can legitimately

[99]Pesch, Lohngedanke, 6. Vgl. auch Kirchner 201: "Um mit dem total Neuen, das Jesus brachte, keinen absoluten Mißerfolg zu haben, hat er...die alten Schläuche mit neuem Wein gefüllt".

[100]Z.B. Lk 12,42-46; 17,7-10.

[101]Vgl. Pesch, Lohngedanke, 52.

[102]Bornkamm, Lohngedanke, 89.

[103]Ibid. 79.

[104]De Ru 211.

claim a promised reward for a definite amount of work".[105] Vielmehr ist die Belohnung durch Gott immer Ausdruck seiner souveränen Gnade und Freundlichkeit.[106]

Auch B.REICKE geht von einer prinzipiellen Opposition Jesu gegen das zeitgenössische Judentum aus. Die an jüdische Lehren erinnernden Lohnaussagen Jesu bezeichnet er als Ausnahmen, die als solche gerade durch die im Neuen Testament vorherrschende Lehre, die eine "Umkehrung und neue Richtung aller anderen moralischen Systeme" ist, bestätigt werden.[107]

Allen diesen Ausführungen ist gemeinsam, daß sie die neutestamentlichen Stellen, an denen Jesus explizit von einem Lohn für gute Taten redet, gar nicht erwähnen, uminterpretieren oder zur Ausnahme erklären. Der rabbinischen Lohnlehre stellen sie Sprüche Jesu gegenüber, die gar nicht von Arbeitern und Arbeitslohn, sondern von Sklaven und deren Belohnung handeln, und sie können sogar sagen, daß Jesus auch dann, wenn er den Ausdruck "Lohn" gebraucht, eigentlich gar nicht die Entgeltung von Arbeitern, sondern die Belohnung von Sklaven meint. Dahinter steht das Bestreben, Jesu Verkündigung aus dem Kontext der zeitgenössischen jüdischen Lehre herauszuheben, sie als etwas radikal Neues darzustellen.

Eine mittlere Position nimmt R.SCHNACKENBURG ein. Einerseits betont er die Unangemessenheit vieler bisheriger Abhandlungen zum Thema Lohn im Neuen Testament und rabbinischen Judentum: "Die ganze, dem Judentum nachgesagte Theorie von der Lohnrechnerei, dem Pochen auf Verdienste, dem Abwägen von Gebotserfüllungen und - übertretungen im Gericht Gottes, dem Kompensieren der Verfehlungen durch gute Werke muß revidiert werden".[108] Die Vorstellung, daß Gott Lohn schenkt, ist Jesus und dem rabbinischen Judentum gemeinsam. Andererseits besteht aber der Unterschied zwischen rabbinischen Aussagen und Lohnlehre Jesu darin, daß Jesus, anders als die Rabbinen, mit dem Lohn angeblich immer das Eingehen in das Reich Gottes meinte. Der Lohngedanke Jesu ist also nach SCHNACKENBURG mit dessen Botschaft vom Reich Gottes verknüpft

---

[105]Ibid. 216.

[106]Vgl. ibid. 213.

[107]Vgl. Reicke 205.

[108]Vgl. Schnackenburg, Botschaft, 84.

und nicht ohne diese vorstellbar.[109] Diese Interpretation erscheint deshalb unangemessen, weil nur in Mt 20,1-15 Lohngedanke und Reich-Gottes-Vorstellung miteinander verbunden sind, und hier die Erwähnung des Reiches Gottes wahrscheinlich auf die redaktionelle Tätigkeit des Matthäus zurückzuführen ist. SCHNACKENBURG scheint die Reich-Gottes-Botschaft *a priori* zum Zentralthema der Verkündigung Jesu zu erklären, und er deutet alle übrigen eschatologischen Aussagen, ohne zu differenzieren, in diesem Licht. Es fragt sich aber, ob sich Jesu Lohnaussagen auch unabhängig von dieser Vorannahme von den rabbinischen unterscheiden.

(2) Die Vertreter der zweiten Gruppe versuchen, den Vergeltungsaussagen Jesu eine positive Bedeutung zu geben. Sie sehen sie als wesentlichen Bestandteil seiner Lehre an.

So wird nach F.K.KARNER "durch den Vergeltungsgedanken...erst die Sittlichkeit an Gott gebunden".[110] Der Gedanke der Vergeltung ist eine Folge der Vorstellung von der Gerechtigkeit Gottes. So gilt: "Die These, daß der Lohn- bezw. Vergeltungsgedanke in der Ethik Jesu der Rest einer im wesentlichen überwundenen Stufe der Sittlichkeit sei, läßt sich nicht halten...Der Vergeltungs- (und somit in positiver Hinsicht) der Lohngedanke bringt ein Moment des Gemeinschaftsverhältnisses zwischen Gott und dem Menschen zum Ausdruck, das für jede religiöse (und sittliche) Erfahrung unaufgebbar ist".[111] KARNER wendet sich damit gegen die oben dargestellte Auffassung, nach der die Lohnaussagen Jesu Ausnahmen, Reste eines veralteten jüdischen Denkens sind.

Ganz ähnlich äußert sich O.MICHEL: "Der Vergeltungsgedanke bleibt in der Verkündigung Jesu (und des Neuen Testaments) grundlegend; er hängt unmittelbar mit dem Herren- und Königtum Gottes zusammen".[112] Gott "läßt sich nichts schenken", sondern belohnt jeden für ihn verrichteten Dienst.[113] Auch die Rabbinen wenden sich

---

[109]Vgl. ibid. 83 und 85: "Im ganzen wird man das Vergeltungsmotiv bei ihm nur als Veranschaulichung seiner Basileia-Botschaft bezeichnen dürfen".

[110]Karner 98.

[111]Ibid. 113.

[112]Michel, Lohngedanke, 52.

[113]Vgl. ibid. 48f.

gegen das Verdienstdenken, aber weder sie noch Jesus lehnen den biblischen Lohngedanken ab.[114]

Auch K.H.RENGSTORF weist auf die Gemeinsamkeiten zwischen den Vergeltungsaussagen Jesu und denen der Rabbinen hin. Der Lohngedanke Jesu steht "im Rahmen einer theologischen Lohn- und Vergeltungslehre, die ihren Hintergrund in den entsprechenden theologischen Vorstellungen des zeitgenössischen Judentums hat".[115] Das menschliche Leben wird hier vorgestellt als ein Tag der Arbeit für Gott, der mit der Lohnzahlung endet. Dabei gilt: "Für das ganze Neue Testament gibt es keine Arbeit für Gott, die ohne Lohn bliebe!"[116]

Die Ansicht dieser christlichen Exegeten stimmt mit derjenigen jüdischer Theologen zur Lohnlehre Jesu überein. So schreibt etwa C.G.MONTEFIORE: "There is, in my opinion, little fundamental difference between the doctrine of rewards as held by the Rabbis and as stated by Jesus in the Synoptic Gospels".[117] Ob dies zutrifft, kann erst nach einer genauen Betrachtung der Stellen, an denen vom göttlichen Lohn die Rede ist, beurteilt werden.[118]

I. Markus

Im *Markusevangelium* begegnet die Metapher "Lohn" nur an einer Stelle. Mk 9,41 par. Mt 10,42 wird demjenigen, der den "Kleinen", bzw. christlichen Missionaren zu trinken reicht, Lohn versprochen:

> "Denn wer euch einen Becher Wasser zu trinken gibt auf meinen Namen hin, weil ihr Christo angehört, wahrlich ich sage euch: Ihm soll sein Lohn nicht mangeln".

[114]Vgl. ibid. 53.

[115]Rengstorf, Frage, 145.

[116]Ibid. 153, Anm.41.

[117]Montefiore, in: Anthology 360.

[118]Es werden im Folgenden nur diejenigen Stellen in den Evangelien herangezogen, an denen die Metapher "Lohn" verwendet wird. Die Knechtsgleichnisse, die Rede vom "Schatz im Himmel" etc. werden also nicht berücksichtigt. Das Verhältnis zwischen einem Herrn und seinem Sklaven ist kein Lohnverhältnis. Vgl. auch Bornkamm, Lohngedanke, 73, und Rengstorf, Frage, 148.

Die Parallelstelle Mt 10,42 hat μικρῶν statt ὑμᾶς, und es ist anzunehmen, daß dies die ursprüngliche Fassung ist.[119]

Umstritten ist, ob mit μικρῶν ursprünglich Kinder gemeint waren.[120] Die nähere Bestimmung ὅ τι Χριστοῦ ἔστε scheint ein markinischer Zusatz zu sein, der ἐν ὀνόματι (μου) erläutert.[121] So schreibt R.BULTMANN: "Es wäre dann möglich, daß die ursprüngliche Form des Wortes keine Beziehung auf Jesu Person hatte, sondern ein jüdisches Wort war", das von einer Wohltat am "geringsten" Menschen sprach.[122] Mk hat es auf die christlichen Sympathisanten der Wandermissionare bezogen, die die durch den Ort ziehenden Lehrer mit Nahrung unterstützen. Das Reichen eines Bechers Wasser ist als "das geringste Werk der Gastfreundschaft" anzusehen.[123] Es ist so selbstverständlich, daß ein Dank dafür nicht üblich ist.[124] Aber Gott belohnt auch solche Handlungen, die so gering sind, daß Menschen sie nicht für belohnenswürdig halten.[125]

II. Matthäus

Matthäus verwendet die Lohnmetapher besonders häufig im Zusammenhang der Bergpredigt, und zwar in

- der Seligpreisung der Verfolgten (Mt 5,12 par. Lk 6,23);
- der Aufforderung zur Feindesliebe (Mt 5,46);

---

[119]Vgl. Bultmann, Geschichte, 152; Schweizer, Markus, 111; Lohmeyer, Markus, 196; Schnackenburg, Markus, 133.

[120]So Bultmann, Geschichte, 152, und Lohmeyer, Markus, 196. Anders Schnackenburg, Markus, 133.

[121]Vgl. Bultmann, Geschichte, 152; Schnackenburg, Markus, 147.

[122]Bultmann, Geschichte, 153. Nach P. Pesch, 110, weisen sprachliche Fassung und gedanklicher Gehalt auf ein hohes Alter und semitische Herkunft hin. Vielleicht hat Jesus es selbst formuliert. Jedenfalls gilt: "Der Lohngedanke gehört in die älteste Tradition, die von Jesus herkommt" (ibid. Anm.21).

[123]Vgl. P.Pesch 110.

[124]Vgl. Jeremias, Theologie, 209.

[125]Vgl. Sifra 7,33, zitiert auf S.121.

- dem Aufweis der richtigen Formen der Frömmigkeit (Mt 6,1.2.5.16).

Am Ende der Seligpreisungen wird den Verfolgten verheißen:

"Freuet euch und frohlocket, weil euer Lohn groß ist in den Himmeln" (Mt 5,12).

Die Verse 5,10-12 gehören wohl zusammen. G.EICHHOLZ erkennt dahinter eine "gemeinsame spätjüdisch-urchristliche Tradition über die Freude angesichts des Leidens".[126] Er verweist auf syrApkBar 52,7 (zitiert auf S.111), in der die Gerechten aufgefordert werden, ihre Seelen auf den Lohnempfang vorzubereiten, nachdem vorher von der Freude im Leiden die Rede war (52,6). Auch äthHen 108,7.10 (S.111) spricht vom Lohn, den die Gedemütigten erhalten. Mt 5,12 ist ein Beispiel für die Selbstverständlichkeit, mit der in den Evangelien vom göttlichen Lohn die Rede ist: "Jesus does not mean that the persecuted earn their salvation; their final privilege is a blessing given by God; but faithfulness is necessary to qualify for it; in that sense Jesus here and elsewhere speaks freely of a reward for the righteous (...)".[127]

Schon im Alten Testament wird demjenigen Vergeltung verheißen, der seinem Feind Speise und Trank reicht (Spr 25,22). Mt 5,46 spricht noch radikaler vom Lieben des Feindes, bzw. von denen, die dies unterlassen und damit ihren zukünftigen Lohn verlieren:

"Denn wenn ihr nur die liebt, die euch lieben, was habt ihr für einen Lohn?"[128]

A.SCHLATTER schreibt zu dieser Stelle: "Wieder ist der Lohngedanke ohne jede Ängstlichkeit benützt. Gerade die Liebe rechnet darauf, daß ihrem Wohltun das göttliche Wohltun zur Seite stehe".[129]

In Mt 6,1-18 geht es um die richtigen Formen der Frömmigkeit. V.1 ist die Einleitung zu diesem Abschnitt. Sie sagt in allgemeiner Form das aus, was im folgenden konkretisiert

---

[126]Eichholz, Auslegung, 50.

[127]Filson, Commentary, 79.

[128]Lk 6,32 hat χάρις statt μισθός. Vgl. aber Lk 6,35.

[129]Schlatter, Evangelist Matthäus, 195.

wird. Möglicherweise stammt sie von Matthäus.[130] V.2-4 (Almosen), 5-6 (Beten) und 16-18 (Fasten) sind parallel aufgebaut. Zunächst wird das jeweils falsche Verhalten beschrieben. Von denen, die so handeln (sie werden als οἱ ὑποκριταί bezeichnet), heißt es, daß sie keinen göttlichen Lohn mehr zu erwarten haben. Richtig dagegen verhält sich, wer im Verborgenen Almosen gibt, betet und fastet. Gott wird es ihm vergelten. Die Handlungen an sich werden nicht kritisiert, sondern nur ihre Verrichtung in der Öffentlichkeit. ᾽Απέχειν τὸν μισθόν ist ein Ausdruck, der aus der Geschäftssprache stammt. Es handelt sich dabei um eine Quittierungsformel, mit der der Lohnempfänger bestätigt, daß er nichts mehr zu fordern hat.[131] Lohn gibt es von Gott in der kommenden Welt. Wer ihn schon in diesem Leben erstrebt, indem er seine Gerechtigkeit zur Schau stellt und sich von seinen Mitmenschen rühmen läßt, hat für die Zukunft nichts mehr zu erwarten. Eine Vorwegnahme des Lohnes in diesem Leben sollte deshalb vermieden werden.[132] Von dieser Vorstellung schreibt E.SCHWEIZER: "Das entspricht genau dem, was auch im Judentum zu finden ist: Entweder erhält der Mensch schon in diesem Leben seinen Lohn...und hat dann nichts mehr zu erwarten, oder er verzichtet darauf, ja nimmt Schmähung und Leiden um Gottes willen auf sich und darf dann dafür himmlischen Lohn erwarten".[133]

Auch Mt 10,41 ist Mt-Sondergut:

"Wer einen Propheten aufnimmt, weil er ein Prophet ist, wird den Lohn eines Propheten empfangen; und wer einen Gerechten aufnimmt, weil er ein Gerechter ist, wird den Lohn eines Gerechten empfangen".

Der Spruch ist infolge von Ideenassoziation zwischen 10,40 und 10,42 eingeschoben worden. Nach R.BULTMANN handelt es sich um einen alten jüdischen Spruch, der in den

[130]Vgl. Bultmann, Geschichte, 160; Schweizer, Bergpredigt, 54; Eichholz, Auslegung, 105. Anders Betz, Kult-Didache, 446.

[131]Vgl. Schlatter, Evangelist Matthäus, 202; Schweizer, Bergpredigt, 57.

[132]Vgl. Betz, Kult-Didache, 450.

[133]Schweizer, Bergpredigt, 57. Haenchen, Weg, 117, spricht Jesus diese Worte ab, weil Gott hier als Lohngeber erscheint, und dies angeblich nicht mit Jesu Lehre zu vereinbaren ist, ähnlich Schweizer, Bergpredigt, 54, und Gerhardsson, Opferdienst, 76. Vgl. aber Betz, Kult-Didache, 454, Anm.20: "Die Tatsache, daß der jüdische Lohngedanke in Mt 6,1-18 vertreten wird, spricht an sich weder für noch gegen die Herkunft von Jesus".

Zusammenhang der Gemeindetradition gestellt wurde,[134] nach D.LÜHRMANN geht er auf die Q tradierende Gemeinde zurück.[135] Die Belohnung dessen, der einem Gerechten hilft, erinnert an Sir 12,2: "Tue Gutes dem Gerechten, so wirst du Vergeltung erlangen, wenn auch nicht von ihm, so vom Herrn".

Im Kontext der Nachfolgesprüche wird in Mt 16,27 mit einem alttestamentlichen Satz auf die Vergeltung entsprechend menschlichem Handeln hingewiesen (vgl. Ps 62,13; Spr 24,12):

"Denn der Sohn des Menschen wird in der Herrlichkeit seines Vaters mit seinen Engeln kommen, und dann wird er jedem nach seinem Tun vergelten".

Allerdings wird hier nicht Gott, sondern der "Sohn des Menschen" als der Vergeltende dargestellt. Die Parallelstellen Mk 8,38 und Lk 9,26 haben καὶ τότε ἀποδώσει ἑκάστῳ κατὰ τὴν πρᾶξιν nicht. Mt hat diese Wendung also wohl in den Zusammenhang redaktionell eingefügt.

Im Gleichnis von den Arbeitern im Weinberg, Mt 20,1-15, erhalten alle Arbeiter trotz unterschiedlicher Arbeitsdauer gleichen Lohn. Die hohe Belohnung derer, die nur eine Stunde gearbeitet haben, wird mit der Güte des Arbeitgebers begründet. Auch aus Mk 9,41 par. Mt 10,42 ging hervor, daß Gott schon die geringste Leistung belohnt. Dieser Gedanke begegnet, wie wir bereits gesehen haben, in der nachbiblischen jüdischen Literatur immer wieder. Erinnert sei hier nur an das Traditionsstück in 4Esr 8,31ff (Erbarmen Gottes gegenüber denjenigen, die keine guten Werke aufzuweisen haben).[136]

[134]Bultmann, Geschichte, 158.

[135]Lührmann 111.

[136]Mt 20,1-15 wird im nächsten Teil ausführlicher behandelt.

III. Lukas

Lukas redet außer an den bereits erwähnten Stellen (Lk 6,23.35) nur noch einmal von der göttlichen Vergeltung.[137] Im Anschluß an das Gleichnis von den Plätzen beim Gastmahl (Lk 14,7-11) fordert er dazu auf, nicht Ebenbürtige, sondern Arme und Behinderte zu den Mahlzeiten einzuladen (Lk 14,12f):

"...und du wirst glückselig sein, weil sie es dir nicht vergelten können; denn es wird dir vergolten werden bei der Auferstehung der Gerechten" (v.14).

Grundlage der sozialen Gerechtigkeit der Griechen war das "Prinzip der Gegenseitigkeit". Man erwartete, daß alle Wohltaten, die man seinen Mitmenschen erwies, von diesen wiedervergolten würden.[138] Deshalb unterstützte man lieber Verwandte und Freunde als Arme, die zur Vergeltung nicht in der Lage waren. Lukas fordert die Gastgeber auf, die Situation einmal mit anderen Augen zu sehen. Das Unvermögen der Armen, die empfangenen Gaben zurückzuerstatten, sollte erst recht Grund sein, sie einzuladen, denn was sie nicht vergelten können, das wird von Gott vergolten werden. Die Aussicht auf göttlichen Lohn soll hier zur Wohltätigkeit gegenüber Bedürftigen motivieren.[139]

Nach Betrachtung der für den Lohngedanken relevanten Stellen in den synoptischen Evangelien kann dem Urteil Montefiores, der behauptete, daß es keinen grundlegenden Unterschied zwischen synoptischen Lohnvorstellungen und denen der jüdischen Umwelt gibt, zugestimmt werden. Schon die Tatsache, daß man bei den meisten Texten nicht entscheiden kann, ob sie aus jüdischer Tradition übernommen, Jesusworte oder Gemeindebildungen sind, spricht dafür.

---

[137]Lk 10,7 par. 1 Tim 5,18 kann in diesem Zusammenhang nicht verwendet werden, da "Lohn" hier nicht metaphorisch gebraucht wird. Es handelt sich um ein profanes Sprichwort, das im Kontext auf christliche Missionare bezogen wird. Diese Missionare werden mit "Arbeitern" identifiziert, die ihren Lohn verdient haben. "Lohn" bezieht sich auf das, was die Missionare an materieller Zuwendung von ihren Sympathisanten erhalten.

[138]Vgl. Bolkestein 158.

[139]Vgl. z.B. auch slavHen 51,3: Wer den Armen unterstützt, erhält göttlichen Lohn.

b) Johanneische Schriften

Im Zusammenhang mit der Samaritanermission ist in Joh 4,36 vom Lohn dessen, der erntet, die Rede:

"Der, welcher erntet, empfängt Lohn und sammelt Frucht für's ewige Leben, damit sich zugleich der freue, welcher sät, und der, welcher erntet".

Umstritten ist, wer mit dem Erntenden gemeint ist. Folgende Lösungsmöglichkeiten sind vorgeschlagen worden:

	Säender	Erntender
BULTMANN:	Jesus	Jünger
SCHNACKENBURG:	Gott	Jesus
BECKER:	Jesus	Jesus.[140]

Das Ergebnis hängt davon ab, ob man vor v.37 eine Zäsur zu erkennen meint (v.35f: vorösterliche Situation; v.37f: nachösterliche Situation) wie BECKER, oder v.35f von v.38 her versteht wie BULTMANN. M.E. ist die letztere Möglichkeit BULTMANNS die wahrscheinlichere. Jesus spricht dann in v.36 von sich selbst, um in v.37 auf die christliche Mission in Samaria überhaupt zu sprechen zu kommen. Mit dem Säenden wird Gott gemeint sein, dessen Werk Jesus vollendet (v.34)[141] und dafür Lohn empfängt. Nach SCHNACKENBURG handelt es sich hier nicht um einen Lohn im Sinne der Bezahlung von Arbeitern: "Wenn es heißt, daß er 'Lohn empfängt' und 'Frucht einsammelt', so soll damit nur die in Gang befindliche Ernte und die Freude des Erntenden ausgemalt werden. Das 'Lohn-Empfangen' bezieht sich hier schwerlich auf das Bild von der Lohnauszahlung (vgl. Mt 20,8ff); vielmehr dürfte der 'Lohn' eben im 'Frucht-Einsammeln' bestehen, das καί also die nähere Erläuterung bringen".[142] Jedoch sollten christologische Vorstellungen nicht den Blick dafür verstellen, daß auch Jesus als "Lohnempfänger" vorgestellt werden konnte.

In 2 Joh 8 werden die Leser hinsichtlich der Irrlehrer ermahnt:

"Achtet auf euch selbst, damit ihr nicht verliert, was wir erarbeitet haben, sondern vollen Lohn empfangt".

---

[140]Vgl. Bultmann, Evangelium, 145; Schnackenburg, Johannesevangelium, 483f; Becker 181.

[141]Mit Schnackenburg, Johannesevangelium, 484, gegen Becker 181.

[142]Schnackenburg, Johannesevangelium, 484; vgl. auch Becker 181: Der Lohn ist die "Erntefreude".

Die Stelle ist textkritisch umstritten. Die frühere Lesart des NESTLE-ALAND εἰργάσασθε ist besser bezeugt als εἰργασάμεθα. SCHUNACK, WENGST und SCHNACKENBURG ziehen aus diesem Grund die 2.Pl. vor.[143] Allerdings ist die 1.Pl. die schwierigere Lesart, und die 2.Pl. kann als Angleichung an ἀπολέσητε verstanden werden. Auch vom Inhalt her ist m.E. εἰργασάμεθα vorzuziehen. SCHUNACK und WENGST übersetzen zwar "was ihr erarbeitet habt", betonen aber, daß damit nicht gemeint sein kann, daß die Adressaten durch eigene Anstrengung Christen geworden sind.[144] Zieht man die andere Lesart vor, dann kann man den Verfasser des Briefes als denjenigen sehen, der als Missionar in der Gemeinde tätig war und die Adressaten für den Glauben gewonnen hat. Ihnen wird der Lohn nicht für ihr Christ-Sein an sich versprochen, sondern für ihr Festhalten am Glauben in der Situation der Bedrohung durch die Irrlehrer.[145]

c) Paulusbriefe

Die Metapher "Lohn" ist bei Paulus ein Element der Gerichtsterminologie. Neben der Vorstellung vom Gericht nach Werken kennt Paulus aber auch diejenige der Rechtfertigung durch Gnade. Gott ist für ihn sowohl Richter als auch Retter. Wie lassen sich diese beiden Aspekte miteinander vereinbaren? Es gibt auf diese Frage zwei mögliche Antworten:
- Gericht und Rechtfertigung sind disparate Elemente in der paulinischen Theologie. Die Beibehaltung der Gerichtsvorstellung zeugt von einer Inkonsequenz des Paulus.
- Gericht und Rechtfertigung gehören zusammen und sind integrierte Bestandteile der paulinischen Theologie. Paulus hat die Gerichtsvorstellung bewußt beibehalten.

(1) Der erstere Lösungsversuch wird in neuerer Zeit kaum mehr vertreten. Vertreter aus der Vergangenheit sind O.PFEIDERER, P.FEINE und W.WREDE.[146] Aber auch R.BULTMANN spricht von der "mißverständlich klingenden Weise", in der Paulus auf das

---

[143]Schunack 115; Wengst 241; Schnackenburg, Johannesbriefe, 314.

[144]Vgl. Wengst 241, der den Satz bildlich versteht als "tatkräftigen Einsatz, mit dem sie sich in ihrer Liebe auf die Wahrheit einlassen...".

[145]Damit ist der Einwand von Wengst (man erhält Lohn nicht für die Arbeit anderer, sondern nur für eigene Arbeit, ibid. 241) hinfällig.

[146]Siehe ihre im Literaturverzeichnis verzeichneten Werke.

Gericht hinweist,[147] und H.PREISKER findet den Lohngedanken "leicht störend und verwirrend" innerhalb der paulinischen Lehre.[148] Allerdings hat Paulus ihn seiner Meinung nach vom christlichen Glauben her umgestaltet, "gereinigt": "Die Veräußerlichung und Vergesetzlichung des Lohngedankens ist überwunden und trotz aller in ihm liegende [sic] Restbestände der jüdischen Gesetzlichkeit in die reine Luft der Religion des Glaubens und der Gnade, des Geistes und der Freudigkeit emporgehoben".[149]

Für H.BRAUN ist der Gerichtsgedanke zwar ein "organischer Bestandteil der paulinischen Theologie",[150] aber Gerichts- und Rechtfertigungslehre lassen sich nicht völlig harmonisieren, und die Gerichtsparänesen sind ein "gelegentlicher Rückfall in den Tenor jüdischer Paränese".[151]

J.JEREMIAS versucht das Problem durch die Annahme einer doppelten Rechtfertigung zu lösen, einer Rechtfertigung aus Glauben bei der Taufe und einer Rechtfertigung aus Glauben, der sich in Werken äußert, beim letzten Gericht. Die Rechtfertigung steht in der Spannung zwischen Besitz und Hoffnung.[152]

L.MATTERN unterscheidet zwischen der präsentischen Rechtfertigung der Person und einem futurischen Gericht über die "Werke", welches die Person nicht mehr bedroht.[153]

---

[147]Bultmann, Theologie, 263.

[148]Preisker 727.

[149]Ibid. 730.

[150]Braun, Gerichtsgedanke, 94.

[151]Ibid. 97.

[152]Jeremias, Paul, 370. Stuhlmacher, 229, Anm.3, schreibt dazu: "Die hier von Jeremias vorgetragene Sicht der Dinge wäre Luther und Calvin als klassischer Katholizismus erschienen...Es geht hier ja in der Tat um Recht oder Unrecht der Reformation!".

[153]Siehe Mattern.

P.STUHLMACHER verbindet Gericht und Rechtfertigung mit der Dialektik von σάρξ und πνεῦμα. Das Gericht betrifft dann nur noch die dem Christen anhaftende σάρξ.[154]

(2) F.V.FILSON ist dagegen ein konsequenter Vertreter der zweiten oben vorgestellten Lösungsmöglichkeit. Jüdische eschatologische Vorstellungen werden seiner Meinung nach von Paulus beibehalten und bejaht. Der Gerichtsgedanke ist in den späteren Briefen so ausdrücklich betont, daß er unmöglich eine überwundene Idee sein kann:[155] "The indisputable conclusion of the study of the recompense principle as held by Paul is that this principle occupied an important and permanent place in his life outlook...No tendency to abandon this recompense principle is found in any state of Paul's development. He affirmed its validity and vital importance throughout his ministry".[156] Sowohl Gerichts- als auch Rechtfertigungsvorstellung sind wesentliche Elemente paulinischen Denkens. Schon in der Zeit vor seiner Berufung, als er noch Pharisäer war, glaubte Paulus an das gnädige Handeln Gottes, und als Christ hält er weiter an dem Vergeltungsprinzip fest.[157]

Auf einen wichtigen Unterschied zwischen jüdischer und paulinischer Lehre weist G.THEISSEN hin: "Das Neue paulinischer Verkündigung besteht darin, daß er das als Gnade verstandene Recht ebenfalls universal proklamiert. Nicht nur den Juden, sondern auch den Heiden gilt die heilschaffende Gerechtigkeit Gottes, sofern sie an Christus glauben".[158] Paulus verwendet die Vorstellung vom Recht als "neutraler Größe", um die universale Schuld aller Menschen aufzuzeigen, die Vorstellung vom Recht als Gnadenbezeugung um den "Freispruch von dem allen Menschen drohenden Gericht" zu verkündigen.[159]

---

[154]Vgl. Stuhlmacher 230.

[155]Vgl. Filson, Conception, 117ff.

[156]Ibid. 126.128f.

[157]Vgl. ibid. 127. Vgl. auch 132: "It must therefore be unhesitatingly affirmed that Paul thought of the Christian God as a God of judgment as well as of grace. Both conceptions were of vital and enduring significance for him.

[158]Theißen, Symbolik, 288.

[159]Vgl. ibid.: "Der Gedanke einer gnädigen, 'heilschaffenden' Gerechtigkeit transzendiert...nicht den juridischen Rahmen, er setzt nur andere Rechts- und Unrechtserfahrung voraus".

Zuletzt sei noch auf E.SYNOFZIKS Erklärung hingewiesen. Ihm zufolge sind Gerichts- und Vergeltungsgedanke kein eigentliches Thema paulinischer Theologie, sondern sie dienen ihm nur als Argumentationsmittel. Die positiven Vergeltungsaussagen haben motivationale Funktion: Gott nimmt das Handeln der Christen ernst und belohnt es. Die Christen sind für ihr Handeln verantwortlich und werden dafür im kommenden Gericht zur Rechenschaft gezogen. Die Rechtfertigung, die nur Gott wirken kann, macht den Gedanken des Gerichts nicht überflüssig: "Rechtfertigung aufgrund des Glaubens und der Gnade und Gericht nach den Werken bilden für Paulus einen in sich einheitlichen Gedanken".[160]

Nach diesem Überblick über die verschiedenen Lösungsversuche sollen nun die Stellen untersucht werden, an denen Paulus über die göttliche Vergeltung schreibt.

I. 1/2 Korinther

In 1 Kor 3,8.14 geht es um den endzeitlichen Lohn der Apostel. Paulus verwendet hier das Bild der Pflanzung (3,6-8) und das des Hausbaus (3,10-15), um die Arbeit der Apostel in den Gemeinden zu beschreiben. Zunächst ist nur von Paulus und Apollos die Rede: Paulus hat "gepflanzt", Apollos hat "begossen". Keinem von ihnen ist der Vorzug zu geben. Sie ergänzen einander in ihrer Arbeit. Erst am Ende wird ihre Individualität offenbar:

"jeder aber wird seinen eignen Lohn empfangen nach seiner eignen Arbeit" (3,8b).

Paulus bezeichnet die Apostel als θεοῦ συνεργοί (3,9).

Auch das Bild vom Hausbau beginnt er mit seinem eigenen Beispiel, um es dann aber auf alle Apostel auszudehnen (3,10b). Am Ende wird eine Feuerprobe stattfinden, die die Bauwerke prüfen wird. Derjenige, dessen Werk wohlbehalten aus dem Feuer hervorgeht, wird Lohn erhalten (3,14), der, dessen Werk verbrennt, wird bestraft, nicht aber endgültig vernichtet werden (3,15). Schon Zarathustra sprach vom "wahrheitskräftigen Feuer", das beim Endgericht zwischen dem Lügner und dem Wahrhaftigen unterscheidet.[161] Eine

---

[160]Synofzik 108. Vgl. auch Mattern 137; Mohrlang 65f.

[161]Yasna 43,4, zitiert in II.1.B.

apokalyptische Tradition ist die Prüfung der hypostasierten menschlichen ἔργα.[162] Paulus verwendet also traditionelle Vorstellungen, um die individuelle Verantwortlichkeit der Apostel für ihre Tätigkeit zum Ausdruck zu bringen. Indem er auf das alleinige richterliche Handeln Gottes hinweist, kritisiert er den Anspruch der Gemeinde, die Apostel zu beurteilen.[163]

Von einer Vergeltung beim Endgericht spricht Paulus auch in 2 Kor 5,10:

> Denn wir alle müssen vor dem Richterstuhl Christi offenbar werden, damit jeder empfange, je nachdem er im Leibe gehandelt hat, es sei gut oder böse".

Von diesem Gericht ist jeder betroffen (πάντας); es ist zwangsläufig und unumgehbar (δεῖ). Der Ausgang kann positiv oder negativ sein, er hängt ganz vom Verhalten des Menschen während seines Lebens ab.[164]

II. Römer

Um die Gleichheit aller Menschen vor dem Gericht Gottes geht es auch in Röm 2,1-11.[165] Röm 2,6 ist eine fest geprägte Vergeltungsaussage, vielleicht ein LXX-Zitat.[166] Sie wird in einem doppelten Chiasmus (v. 7-10) interpretiert:[167] Die Vergeltung bedeutet für diejenigen, die Gutes wirken, ewiges Leben (v.7.10), für die Ungerechten aber göttliche Strafe (v.8f). Wie in 2 Kor 5,10 teilt Paulus auch hier die Menschen in zwei Gruppen ein, οἱ ἐργαζόμενοι τὸ ἀγαθόν (v.10) und οἱ κατεργαζόμενοι τό κακόν (v.9). Diese Einteilung erinnert an die Zwei-Wege-Lehre, während in v.6 an eine individuelle Vergeltung gedacht

---

[162]Vgl. Heiligenthal 212.

[163]Vgl. Synofzik 41. Nach Pesch, Sonderlohn, 206, sind die "treuen Gemeinden" selbst schon der Lohn für die Apostel. Das Bild von der Feuerprobe deutet aber an, daß Paulus eschatologischen Lohn meinte. Mattern, 172f, unterscheidet zwischen "Lohn für Gehorsam" und "Lohn für Leistung".

[164]Vgl. Heiligenthal 195.

[165]So Michel, Römer, 73; Cranfield 151; Mattern 131. Anders Wilckens 1, 122, und Synofzik, 80, die meinen, daß hier nur Juden angeredet sind.

[166]Ps 62,13. Vgl. auch Mt 16,27; Apk 2,23; 22,12. Heiligenthal 174: Es ist wahrscheinlich, "daß Paulus innerhalb einer breiten Überlieferungstradition von Vergeltungsaussagen stand".

[167]Vgl. Jüngel, Chiasmus, 173.

ist.[168] Zwar bezieht sich Röm 2,6-11 auf die Zeit vor Christus (3,21: νυνὶ δὲ), aber das Gericht nach Werken ist auch für die Zeit nach Christus noch gültig.[169] Die Vergeltungserwartungen sind nicht "Reste einer atomistischen Ethik",[170] sondern werden von Paulus als selbstverständlich gültig vorausgesetzt.

Vom Lohn Abrahams spricht Paulus in Röm 4,4f:

> "Dem aber, der Werke verrichtet, wird der Lohn nicht nach Gnade, sondern nach Schuldigkeit angerechnet; dem dagegen, der keine Werke verrichtet, aber an den glaubt, der den Gottlosen gerechtspricht, dem wird sein Glaube zur Gerechtigkeit gerechnet".

In Röm 3,9ff hat Paulus bereits gezeigt, daß niemand das Gesetz vollkommen erfüllt, und daß deshalb aus Werken des Gesetzes niemand gerechtgesprochen wird (3,20). Ab 3,21 faßt er die neue Wirklichkeit seit Christus in den Blick. Der Mensch wird nun unabhängig von den Werken des Gesetzes gerechtgesprochen, einzige Bedingung ist der Glaube. Damit wird auch den Heiden die Möglichkeit gegeben, des Heiles teilhaftig zu werden, denn Gott ist nicht nur der Gott der Juden, sondern auch der Gott der Heiden (3,28f). In 4,1ff begründet Paulus dies vom Alten Testament her,[171] indem er Abraham als Beispiel für diejemigen anführt, die keine lohnbringenden Werke aufzuweisen haben und auf Gottes Gnade angewiesen sind. Er bezieht sich auf Gen 15,1, wo Abraham ein reicher Lohn verheißen wird (Röm 4,4)[172] und auf 15,6, wo Abraham sein Glaube zur Gerechtigkeit gerechnet wird (Röm 4,5). Nicht die Beschneidung oder ein "Werk" wie die

---

[168]Vgl. auch Mattern 128.

[169]Siehe 1 Kor 3,8.14; 2 Kor 5,10.

[170]So Braun, Gerichtsgedanke, 52.

[171]Vgl. Berger, Abraham, 65.

[172]Wilckens, 262, unterscheidet zwischen Bild (v.4) und Anwendung (v.5): Paulus "zerbricht der Vergleich mitten während der Argumentation", denn: "Auf der Vorstellungsebene rabbinischer Rechtfertigung nach Leistung und Lohn läßt sich die Rechtfertigung 'aus Glauben' nicht adäquat denken". Folgende Argumente sprechen gegen diese Unterscheidung: (1) "Lohn" in v.4 bezieht sich auf "Lohn" in Gen 15,1. (2) Eine Überleitungspartikel fehlt. (3) Die beiden Halbsätze sind weitgehend parallel konstruiert (ὁ (μὴ) ἐργαζόμενος und (οὐ) λογίζεσθαι in beiden Teilen). (4) κατὰ χάριν in v.16 bezieht sich auf κατὰ χάριν in v.4. Weil Abraham ein μὴ ἐργαζόμενος war, erhielt er Lohn für seinen Glauben "aus Gnade", nicht "nach Schuldigkeit".

Bindung Isaaks[173] sind Voraussetzung für Abrahams Lohn gewesen, sondern allein sein Glaube.[174] So erscheint Abraham hier als Integrationsfigur für Juden- und Heidenchristen (vgl. 4,16): "Der Glaube an Jesus Christus gibt allen Menschen trotz Mangel an guten Werken die Möglichkeit, Gerechtigkeit zu erlangen".[175]

Wenn H.PREISKER schreibt, daß mit der Rechtfertigungslehre "der Lohngedanke überwunden" ist,[176] dann hat er Unrecht. Die Rechtfertigungslehre überwindet nicht den Lohngedanken, sondern setzt nur den Glauben an die Stelle der Werke (der Glaube Abrahams wird belohnt). Vorbereitet wird diese Vorstellung schon im Alten Testament und in der zwischentestamentlichen Literatur: Der Glaube wird belohnt (Gen 15,6; Sir 2,8f); Gott ist denen gnädig, die keine Werke haben (4Esr 8,31-33.35-36). Allerdings gilt: "Die Sünder in Israel sind immer noch deutlich von jenen unterschieden, die kein Gesetz haben".[177] Neu ist bei Paulus die Ausweitung der Vorstellung von der Gnade Gottes auf Heiden(christen). Die "Gemeinschaftstreue", die Gott veranlaßt, auch den Sündern ihren Lohn nicht vorzuenthalten, ist nicht auf Israel beschränkt, sondern betrifft nun auch die Heiden sofern sie glauben.[178] Paulus hat Röm 4,4f nicht im "Gegensatz zum Pharisäismus" formuliert,[179] nicht im "schroffen Gegensatz zur jüdischen Anschauung",[180] sondern in Kontinuität zu nachbiblischen jüdischen Lehren von der Gnade Gottes gegenüber

---

[173]Vgl. MRS zu Ex 6,2.

[174]Zur Vorstellung vom Lohn für Glauben im Judentum siehe schon Sir 2,8f; syrApkBar 54,16; 59,2; 4Esr 7,83 (zitiert auf S.111).

[175]Heiligenthal 303.

[176]Preisker 726.

[177]Berger, "Gnade", 14.

[178]Die Heiden werden bei Paulus also in Jesus Christus in die Erwählung Israels integriert.

[179]So Schlatter, Gerechtigkeit, 163.

[180]Käsemann, Römer, 105. Vgl. auch Michel, Römer, 117, der von einer "antithetische[n] Kampfformel" spricht, und Wilckens 262.

Sündern,[181] die auch Jesus im Gleichnis von den Arbeitern im Weinberg (Mt 20,1-15) vertritt.[182]

Zuletzt sei noch auf Röm 11,35 hingewiesen. Im Lobpreis Gottes, Röm 11,33-36, betont Paulus die Souveränität Gottes und seine Unabhängigkeit gegenüber den menschlichen Wünschen. Gott ist nicht zur Wiedervergeltung verpflichtet (v.35). Paulus richtet sich damit nicht "gegen den Anspruch des Rabbinen",[183] sondern auch er kann, wie wir bereits sahen, an anderer Stelle diesen Grundsatz vertreten.

Wie Jesus und nachbiblische jüdische Schriftsteller kann also auch Paulus gleichzeitig vom Lohn für gute Werke (1 Kor 3,8.14; 2 Kor 5,10) und vom gnädigen Lohn (Röm 4,4f) sprechen. Vom Christusgeschehen her radikalisiert er die Vorstellung vom gnädigen Lohn, indem er für die Heiden den Glauben zur Voraussetzung für seine Erlangung macht und ihn so auf alle Menschen ausweitet. Der Gedanke der gerechten Vergeltung, die auch für die Christen weiterhin gilt, steht für Paulus nicht im Widerspruch dazu.

d) Nachpaulinische Briefe

Lohn- und Vergeltungsaussagen begegnen im Kolosser-, Epheser- und Hebräerbrief.

Im Rahmen einer Paränese wird in Kol 3,24 Sklaven, die ihrem Herrn in Aufrichtigkeit dienen, göttliche Vergeltung versprochen, denn was sie tun, verrichten sie in Wirklichkeit für Gott und nicht für Menschen (v.23). Der gleiche Sachverhalt ist in Eph 6,8 etwas anders formuliert. Auch hier werden Sklaven ermahnt, ihren Herren gehorsam zu sein. Zusätzlich wird aber bemerkt, daß es bei der göttlichen Vergeltung keine Standesunterschiede gibt. Sklaven und Freie werden gleich behandelt werden.

Der Hebräerbrief redet besonders häufig vom Lohn und verwendet dafür den Ausdruck μισθαποδοσία, der innerhalb des Neuen Testament nur hier begegnet. In Hebr 2,2 hat

---

[181]Vgl auch Sanders 492, Anm.57: "There is no material contrast, for Judaism fully believed in forgiveness".

[182]Jesus hat allerdings den Schritt der völligen Loslösung des Lohnes bzw. der Rechtfertigung von den Werken noch nicht vollzogen. Auch redet er nicht vom Lohn für Glauben. Dies hängt wohl damit zusammen, daß seine Zuhörer zum größten Teil Juden waren, die schon in einem Erwählungsbund mit Gott stehen.

[183]So Michel, Römer, 286.

ἔνδικος μισθαποδοσία die Bedeutung einer Strafe für Übertretung und Ungehorsam.[184] Positiv ist dagegen in Hebr 10,35 vom göttlichen Lohn die Rede. Die Gemeinde, die darüber enttäuscht ist, daß das verheißene Heil noch nicht Realität ist, und die immer neues Leid zu erdulden hat (vgl. 6,12; 10,32ff), wird durch den Hinweis auf eine große Belohnung zu Ausdauer und Zuversicht motiviert. Als Beispiel für diese Zuversicht im Leiden wird Mose angeführt (11,26). Er zog es vor, mit seinem Volk Not zu erleiden, statt in Ägypten im Wohlstand zu leben, denn er wußte um die zukünftige Belohnung.[185]

In Hebr 11,6 wird neben dem Glauben an die Existenz Gottes der Glaube an sein Vergeltungshandeln gefordert:

"Ohne Glauben aber ist es unmöglich, [ihm] wohlzugefallen; denn wer sich Gott nahen will, muß glauben, daß er ist und denen, die ihn mit Ernst suchen, ein Belohner wird".

Das alleinige Für-Wahr-Halten der Existenz Gottes genügt demnach nicht. Hinzukommen muß ein Glaube an Gott als personale Macht, an seine moralische Natur, sein Wohlwollen gegenüber denjenigen, die sich ihm zuwenden. So schreibt H.MONTEFIORE: "Before man can enter into a true relationship with God, he must realize that God can give to man far more than man can give to him".[186]

O.MICHEL weist auf die Möglichkeit hin, daß dieser Vers in der Auseinandersetzung mit dem Atheismus geschrieben sein könnte.[187] Schon in EpJer 33 wird den Göttern der Völker ihre Gottheit bestritten, weil sie nicht in der Lage sind, Gutes und Böses zu vergelten. Für den Skeptiker (bei Cicero) gibt es keine göttliche Weltregierung, weil es keine göttliche Vergeltung gibt (*Nat. Deor.* 3,85).[188] Der Vergeltungglaube ist also ein wesentlicher Bestandteil des Glaubens an einen persönlichen, sich den Menschen zuwendenden Gott.

---

[184]Vgl. 2 Petr 2,13.15: μισθὸς ἀδικίας.

[185]Vgl. dazu H. Montefiore 203: "Moses did not act for the purpose of earning a reward but he remained faithful to God with the result that he was rewarded".

[186]Ibid. 191.

[187]Michel, Hebräer, 387: "Von dieser Auseinandersetzung her gesehen ist die Verbindung zwischen der Existenz Gottes und seiner Vergeltung (11,6) im Rahmen des Judentums besonders verständlich".

[188]Diese Texte sind in II.2.B bzw. II.1.C zitiert.

148

e) Johannesapokalypse

Am Ende der Sieben-Posaunen-Vision stimmen die Märtyrer folgendes Siegeslied an (Apk 11,17f):

"Wir danken dir, Herr, allmächtiger Gott, der ist und der war, daß du deine große Macht ergriffen und die Herrschaft angetreten hast. Und die Völker sind zornig geworden; da ist sein Zorn gekommen und die Zeit der Toten, daß sie gerichtet werden, und daß du den Lohn gibst deinen Knechten, den Propheten und den Heiligen und denen, die deinen Namen fürchten, den Kleinen und den Großen, und daß du die ins Verderben bringst, die die Erde verderben".

Der Sieg über die Heiden wird als verwirklicht, Totengericht und Belohnung der "Treuen" als noch ausstehend gedacht. Nach H.KRAFT spiegelt sich in den verschiedenen Bezeichnungen der "Knechte" die Struktur der Urgemeinde wider, die aus Amtsträgern ("Propheten"), Gläubigen ("Heilige") und Gottesfürchtigen ("die deinen Namen fürchten") besteht.[189] Alle drei Gruppen haben Anspruch auf Lohn.[190]

Apk 22,12 kündigt in Anlehnung an Jes 40,10 das baldige Kommen Jesu an:

"Siehe, ich komme bald und mein Lohn ist mit mir, um jedem zu vergelten, wie sein Werk ist".

Während aber Jes 40,10 vom neuen Exodus spricht, bei dem Gott Israel als Lohn mit sich führt wie ein Hirte seine Herde, ist hier vom Lohn die Rede, den Christus jedem für das zahlt, was er getan hat.

[189]Vgl. Kraft 162.

[190]Craig, 141, versteht diejenigen, "die deinen Namen fürchten" als später zur Gemeinde Hinzugekommene und sieht insofern eine Ähnlichkeit zwischen diesem Abschnitt und Mt 20,1-16: "The martyrs, who have worked all day in the scorching heat, will not be jealous if the owner of the vineyard chooses to pay these late-comers the same wage as he pays to them".

B.Neutestamentliche Apokryphen

In den neutestamentlichen Apokryphen wird die Metapher "Lohn" sehr häufig verwendet. So heißt es etwa in ActJoh, daß der Lohn den Werken entsprechen wird:

"der du jedem den seinen Werken entsprechenden Lohn erstattest,...würdige mich deiner Ruhe..." (1,13; Schäferdiek).

Dieser Lohn besteht in ewigem Leben (Sib 1,349f; ActThom 76, p.191). Belohnt wird die Standhaftigkeit der Christen, die der Verachtung durch die Umwelt ausgesetzt sind:

"Die aber, welche wandeln in Wahrheit und in der Erkenntnis des Glaubens an mich die Erkenntnis der Weisheit haben und Geduld um der Gerechtigkeit willen, indem man sie, die nach Armut streben, verachtet, und sie [trotzdem] aushalten, groß ist ihr Lohn" (EpApost 38 (49); Duensing).

Dieses Versprechen erinnert an Mt 5,12 und Hebr 10,35. Eine göttliche Belohnung erhofft man sich auch für die Umkehrpredigt (EpApost 40 (51)), das Zurechtweisen eines Sünders (EpApost 47 (58)) und den Gehorsam gegenüber der durch Propheten und Evangelium überlieferten Regel (ActPaul 8,3,36). Es heißt, daß Thomas Lohn für seine durch Jesus bewirkten Wunder und Werke erhält (ActThom 34, p.151). Wie in Joh 4,36, so ist auch in ActThom 147, p.257, das Bild des Lohnes mit dem der Ernte verbunden:

"Das Feld ist weiß geworden und die Ernte steht bevor, damit ich meinen Lohn empfange...; die mühevolle Arbeit, welche zur Ruhe bringt, habe ich vollendet...Schmach habe ich auf der Erde empfangen - verschaffe mir Lohn und Vergeltung im Himmel!" (Bornkamm).[191]

In den PsClem H VIII,4,2ff; 5,3 wird besonders deutlich darauf hingewiesen, daß die Berufung allein noch keinen Lohn garantiert; Werke müssen folgen:

"Daß sie auf den Ruf hin kommen, soviel ist erfüllt. Doch da das nicht bei ihnen liegt, sondern bei Gott, der sie berufen hat, so haben sie deswegen allein keinen Lohn...Wenn sie aber nach ihrer Berufung Gutes tun, was bei ihnen selbst liegt, so werden sie dafür ihren Lohn empfangen...Da es also den Hebräern und den aus der Schar der Heiden Berufenen geschenkt worden ist, den Lehrern der Wahrheit zu glauben, während es der persönlichen Entscheidung jedes einzelnen überlassen bleibt, ob er gute Taten vollbringen will, so fällt der Lohn mit Recht denen zu, die gut handeln" (Irmscher).

---

[191]Vgl. die Klage des Gottesknechts in Jes 44,9.

Zahlreich sind die Anklänge an Mt 20,1-15 in den ActThom: Christus gibt Ruhe denen, "die in deiner Arbeit müde werden", er heilt diejenigen, "die um deines Namens willen die Last und Hitze des Tages ertragen" (60, p.177).[192] Der Lohngeber wird dabei als "freigebig" vorgestellt:

> "Siehe, ich empfange [meinen Lohn] vom Lohnzahler, welcher gibt, ohne zu rechnen [weil sein Reichtum für seine Gaben ausreicht]" (ActThom 142, p.249; Bornkamm)

> "Ich freue mich aber, daß die Zeit der Befreiung von hier nahe ist, daß ich weggehe und am Ende meinen Lohn empfange. Denn gerecht ist mein Vergelter, er weiß, wie man vergelten muß. Denn er ist nicht neidisch, sondern freigebig mit seinen Gütern, da er darauf vertraut, [daß sein Besitz nichts bedarf]" (ActThom 159, p.270f; Bornkamm).

C. Nag Hammadi-Literatur

In den Texten aus Nag Hammadi erscheint das Wort "Arbeiter" als Selbstbezeichnung der Gnostiker. Daß es sich dabei um eine Ehrenbezeichnung handelt, geht aus ThomAthl 138,34 hervor:

> Wenn die Werke der Wahrheit, die in der Welt offenbar sind, schwierig für euch zu tun sind, wie nun wollt ihr die der erhabenen Größe und die des Pleromas tun, die nicht offenbar sind? Wie nun wird man euch 'Arbeiter' nennen? Daher seid ihr Anfänger und habt die Größe der Vollkommenheit noch nicht erlangt" (v.30bff; Krause/Labib).

Die Gnostiker werden verfolgt (ApkPetr 78,23). Sie können sich auch "Arbeiter der Wahrheit" nennen (SprSext 384). Ihnen wird ein Lohn für ihre Ausdauer versprochen:

> "Bleibt ausdauernd dabei, indem ihr alle belehrt, die an meinen Namen zum Glauben gekommen sind, denn ich habe in Mühen des Glaubens ausgehalten. Ich werde euch euren Lohn geben" (Taten des Petrus und der zwölf Apostel 10,4ff; Krause/Labib).

An anderer Stelle wird der Lohn als ein abgestufter vorgestellt. Jeder der Eingeweihten wird den ihm angemessenen Lohn erhalten:

---

[192]Vgl. auch ActThom 141, p.248.

"und sie werden die gute Tür öffnen durch dich, die, welche hineingehen wollen und
suchen, daß sie auf dem Weg wandeln, der vor der Tür ist, und sie werden dir folgen
und hineingehen und hineingeleitet werden, und du wirst jedem einzeln den Lohn
geben, der auf ihn kommt..." (2ApkJak 55,6ff; Böhlig/Labib).

Pistis Sophia II,97 gibt Mt 10,41 in veränderter Form wieder: Wer einem Propheten *glaubt*,
wird den Lohn eines Propheten empfangen, wer einem Gerechten glaubt, den Lohn eines
Gerechten. In der darauf folgenden Auslegung heißt es, daß der Lohn eines jeden sich
nach der Stufe des Eingeweihtseins in die Mysterien richtet.

D. Apostolische Väter

Immer wieder weisen die apostolischen Väter auf den gerechten Lohn Gottes hin, der sich
nach den Werken der Menschen richten wird. Da christliche Theologen häufig auf den
Lohngedanken bei den Rabbinen hinweisen, der, wie sie meinen, im Christentum durch die
Vorstellung von der unverdienten Gnade Gottes ersetzt worden ist, sind die folgenden
Stellen besonders zur Kenntnis zu nehmen:

"Der gute Arbeiter nimmt freimütig das Brot für seine Arbeit, der faule und
untätige aber wagt nicht dem Blicke seines Arbeitgebers zu begegnen. Daher ist es
nötig, daß wir bereit sind zu guten Werken; von ihm kommt ja alles. Er sagt nämlich
zu uns: 'Siehe, hier ist der Herr, und sein Lohn ist vor ihm, damit er jedem gebe
nach seinem Werke'" (1 Clem 34,1-3; Zeller).

"So wollen wir also, meine Brüder, nicht zweifeln, sondern in Hoffnung ausharren,
damit wir auch den Lohn empfangen. Denn getreu ist der, welcher versprochen hat,
einem jeden seinen Lohn zu geben nach seinen Werken" (2 Clem 11,5f; Zeller).

Nicht nur die Rabbinen, sondern auch die apostolischen Väter hatten der "Gewinnsucht"
unter ihren Gemeindegliedern entgegenzuwirken. So heißt es, daß der Lohn erst in der
Zukunft ausgezahlt wird, damit unter den Gerechten keine Gewinnsucht entsteht:

"Keiner der Gerechten hat alsbald seinen Lohn bekommen, sondern er erwartet ihn.
Denn wenn Gott den Lohn der Gerechten unverzüglich ausbezahlen würde, dann
würden wir eilens ein Geschäft betreiben, aber nicht die Gottesverehrung; denn wir
würden als gerecht gelten, nicht wenn wir die Frömmigkeit, sondern den Gewinn
erstrebten" (2 Clem 20,3f).

Neu gegenüber dem Neuen Testament ist die Vorstellung, daß die Christen Christus einen
Lohn als Gegengabe schulden:

"Was für eine Entgeltung wollen wir ihm nun geben oder welchen Lohn, der dem,
was er uns gegeben hat, entsprechend wäre? Wie viele Gaben schulden wir

ihm?...Was für ein Lob wollen wir ihm nun geben oder welchen Lohn als Gegengabe für das, was wir von ihm empfangen haben? (2 Clem 1,3.5).

Dieser Lohn ist nach 2 Clem das Bekenntnis der Christen (ibid. 3,3).

Während schon in Joh 4,36 von einem Lohn die Rede war, den Jesus für seinen Dienst erhält, dieser Lohn aber zumeist mit der "Ernte" selbst identifiziert wurde (siehe Kapitel 3.A), heißt es in Herm V 6,7 ganz ausdrücklich, daß auch Jesus von Gott einen Lohn erhält. Hier wird das Gleichnis vom Sklaven im Weinberg auf Jesus bezogen. Jesus ist der gut arbeitende Sklave, der von Gott am Ende belohnt wird:

"Als Ratgeber zog er [Gott] seinen Sohn [Hl. Geist, vgl. V 5,2] und die herrlichen Engel bei, auf daß auch dieser Leib [Christi], der dem Geiste ohne Tadel gedient hatte, eine Wohnstätte habe, und daß es nicht scheine, als sei er des Lohnes [für seinen Dienst verlustig gegangen; denn jeder Leib wird seinen Lohn erhalten], wenn er unbefleckt und makellos erfunden wird, in dem der Heilige Geist seine Wohnung hatte" (Zeller).

Die Erhöhung Christi wird also als Lohn für seinen irdischen Dienst verstanden.

E. Kirchenväter

Um die Christen zu guten Werken zu motivieren, versprechen die Kirchenvätern ihnen einen jenseitigen Lohn. Cyrill von Jerusalem bringt dies programmatisch zum Ausdruck:

"Die Erwartung eines Lohnes stärkt die Seele zu gutem Werke. Jeder Arbeiter ist ja gerne bereit, die Mühen zu ertragen, wenn er den Lohn für die Mühen voraussieht; wer aber für seine Mühen keinen Lohn erhält, der bricht physisch und moralisch zusammen" (*Catech.* 18,1; Häuser).

Die Aussicht auf himmlischen Lohn soll den Christen helfen, irdische Wünsche zu unterdrücken[193] und Leid zu ertragen.[194]

[193]Vgl. Johannes Chrysostomus, Mt-Kommentar, 16.Homilie 11.

[194]Vgl. ibid. 76.Homilie 4.

Wie die Rabbinen, so spricht auch Clemens von Alexandrien von einem Lohn für das bloße Unterlassen von Sünden. Wer darüber hinaus noch Gutes tut, wird doppelten Lohn erhalten:

> "Darum arbeitet der Gnostiker in dem Weinberg des Herrn; er pflanzt, beschneidet, begießt und ist in der Tat der göttliche Gärtner für die, die in den Glauben eingepflanzt sind. Während nun die einen, die das Böse unterlassen haben, einen Lohn dafür zu erhalten erwarten, daß sie nichts getan haben, fordert derjenige, der allein aus freiem Entschluß Gutes getan hat, mit Recht den Lohn als ein guter Arbeiter. Und gewiß wird er auch doppelten Lohn erhalten, den Lohn für das, was er unterlassen, und den Lohn für das Gute, das er getan hat" (*Strom.* 7,74,1f; Stählin).

Ambrosius rechnet mit einer Stufenfolge des göttlichen Lohnes:

> "Wie es endlich ein Wachstum in den Tugenden gibt, so auch ein Wachstum in den Belohnungen...Weil aber das Himmelreich die erste und das Himmelreich hinwiederum die letzte Lohnstufe bildet: Ist deswegen der Lohn für die Anfänger und für die Vollendeten etwa der gleiche?...Gibt es auch nur ein Reich, so doch verschiedene Verdienststufen im Himmelreiche" (Lk-Kommentar V,61; Niederhuber).

Nur Origenes, Augustinus und Johannes Chrysostomos betonen, daß der Lohn nie verdient, sondern immer ein Gnadenerweis Gottes ist:

> "Es ist sonach ganz gerecht, wenn die einen bestraft werden, und es ist eine Gnade, wenn die anderen Lohn empfangen. Denn wenn sie auch noch so viel getan haben, ihre Auszeichnung bleibt doch eine Gnade, weil sie für so kleine und unbedeutende Werke den weiten Himmel, das Reich Gottes und eine so überschwengliche Ehre erhalten" (Chrys., Mt-Kommentar, 79. Homilie 25; Nägle).

Während die meisten Kirchenväter die zukünftige Belohnung als Motiv des Handelns herausstellen, gibt es einige, die vor einem Mißbrauch des Lohngedankens warnen. Besonders Augustin sieht diese Gefahr sehr deutlich:

> "Wenn Gott dir die Gnade deshalb gab, weil er sie umsonst gab, so liebe ihn auch umsonst. Liebe Gott nicht um Lohn, er selbst sei dein Lohn" (Joh-Kommentar 3,21; Specht).[195]

Kritisiert wird die Vorstellung von der Verdienstlichkeit der guten Werke. Daß Gott jedoch belohnt, daran zweifeln auch Kirchenväter wie Chrysostomus nicht:

---

[195]Vgl. auch ibid. 51,11 und 91,4.

"Der Lohn wird indes größer sein, wenn du nicht in der Hoffnung auf Lohn handelst. So reden und rechnen ist eher die Sprache des Mietlings als des dankbaren Dieners. Man muß alles um Christi willen tun, nicht um des Lohnes willen" (Röm-Kommentar 6.Homilie 7; Jatsch).

Nur Gregor von Nyssa sieht wie die Stoiker in der Tugend selbst den göttlichen Lohn für das getane Gute.[196]

Vergleicht man die Aussagen der Kirchenväter mit denen der Rabbinen, so fällt auf, daß die Kirchenväter fast ausschließlich vom gerechten Lohn für gute Taten reden, während die Rabbinen daneben den gnädigen Lohn, den Gott auch dem gibt, der keine Werke aufzuweisen hat, betonen. Die Ursache dafür könnte sein, daß die Kirchenväter ehemalige Heiden anreden, die sie zu einem christlichen Lebenswandel erst motivieren müssen. Die Rabbinen dagegen wenden sich an Juden, die im Laufe von Generationen bereits die Gelegenheit hatten, den Gehorsam gegenüber dem göttlichen Willen zu internalisieren.

Das Versprechen eines gerechten zukünftigen Lohnes ist also notwendig, um ethisches Verhalten zu lehren, bzw. zu lernen. Ist die Ethik einmal verinnerlicht, kann die extrinsische Motivation durch eine intrinsische ersetzt werden.[197]

---

[196]Vgl. idem, *Beat.* 4,6.

[197]Der Lohngedanke hat über den jüdisch-christlichen Bereich hinaus weitergewirkt. Nirgendwo begegnet die Metapher "Lohn" so häufig wie im Koran. Allein in der 3.Sure ist elfmal vom Lohn die Rede.

4.Kapitel: Zusammenfassung

(1) Der Lohngedanke begegnet im Altertum nicht nur im Alten Testament, sondern auch in ägyptischen, iranischen und griechischen Schriften. Es handelt sich dabei also nicht um eine spezifisch israelitische Vorstellung, sondern um ein Element religiösen Denkens überhaupt, das überall dort auftaucht, wo mit (einem) persönlichen, auf die Welt einwirkenden Gott (bzw. Göttern) gerechnet wird.

(2) Schon in sehr frühen ägyptischen Texten gibt es eine Verbindung von Lohn und guten Taten. Der Lohn ist hier meist diesseitig und ganz konkret vorgestellt. Zarathustra (um 600) verknüpft dann die Vorstellung von Lohn und Strafe mit derjenigen vom jenseitigen Gericht, das eine Scheidung zwischen den Menschen verursachen wird. Etwa zur gleichen Zeit übertragen in Griechenland die Orphiker den Gedanken der Belohnung der Gerechten auf die Unterwelt. Schriftsteller wie Platon sind von ihnen beeinflußt worden.

(3) Vergeltungs- und Lohnaussagen stehen im Alten Testament weitgehend unverbunden nebeneinander. Die Vergeltung wird meist als eine strafende vorgestellt und richtet sich nach den Taten des Menschen. Im Unterschied zu ägyptischen Texten ist im Alten Testament der Lohn aber nicht ausdrücklich von guten Taten abhängig, er ist Heilsverheißung für die Zukunft, nicht aber Motiv des Handelns in der Gegenwart.

(4) Das Motiv des jenseitigen Lohnes begegnet in der jüdischen Literatur erstmals in hasmonäischer Zeit (2.-1. Jh. v.Chr.), ist aber zum Teil beschränkt auf diejenigen Gerechten, denen auf Erden noch keine Vergeltung zuteil wurde. In der jüdisch-hellenistischen Literatur werden Lohn und Gerechtsein des Menschen verknüpft und Vergeltungsaussagen mit Gerichtsterminologie verbunden. Daneben gibt es aber auch die Vorstellung von der Barmherzigkeit Gottes, der auch dann Lohn zahlt, wenn keine Werke vorhanden sind.

(5) Während in den Texten aus Qumran das Lohnmotiv überhaupt nicht verwendet wird, benutzen Philo und Josephus es nur sehr selten. Philo zieht die Wettkampfmetaphorik der Lohnmetaphorik vor. Lohn sind für ihn die Werke selbst, für Josephus ist es das gute Gewissen. Beide sind von stoischem Denken beeinflußt, das betont, daß die Tugend ein Werk an sich ist und keiner Belohnung von außen bedarf.

(6) Die Rabbinen sprechen einerseits vom Lohn, den es für Gebotserfüllungen und gute Taten gibt, um den Gemeindegliedern einen Anreiz zu geben, Gottes Willen zu erfüllen, und um an der Vorstellung vom gerechten Gott festzuhalten. Andererseits betonen sie, daß Gott gütig ist und sich auch denen zuwendet, die nicht viele gute Werke

vorweisen können, um diejenigen zu trösten, die sich selbst nicht für gerecht halten. Damit kein Verdienstdenken entsteht, fordern die Rabbinen dazu auf, die Werke um ihrer selbst willen zu tun.

(7) Nach dem Bild, das die synoptischen Evangelien geben, unterscheiden sich die Lohnvorstellungen Jesu nicht von denen seiner jüdischen Umwelt. Auch er spricht einerseits vom Lohn Gottes für gute Taten wie Feindesliebe oder Wohltätigkeit gegenüber den Armen, andererseits aber auch von Gottes Güte, mit der er auch geringe Leistung belohnt. Paulus behält die Vorstellung von der gerechten Vergeltung bei, kann aber aufgrund des Christusgeschehens den Gedanken der Güte Gottes, die in der Rechtfertigung des Sünders zum Ausdruck kommt, ausweiten auf die Heiden(christen). Der Glaube wird nun zur Bedingung für die Erlangung des göttlichen Lohnes.

(8) Die beiden Aspekte - gerechter Lohn für gute Taten einerseits und Güte Gottes andererseits - begegnen auch in den christlichen Schriften der nachfolgenden Zeit. Zwar betonen die apostolischen Väter fast noch mehr als die Rabbinen den gerechten Lohn als Motiv des Handelns, aber es erheben sich später auch bei den Kirchenvätern immer wieder Stimmen, die Kritik am Verdienstgedanken üben und herausstellen, daß jeglicher Lohn ein Gnadenerweis Gottes ist. Die Betonung des gerechten Lohnes ist notwendig, um ehemaligen Heiden einen Anreiz zum ethischen Handeln zu geben, das für Juden zu jener Zeit schon längst selbstverständlich war.

3.TEIL: MT 20,1-15 IM RAHMEN RABBINISCHER LOHNGLEICHNISSE

RELIGIONSGESCHICHTLICHER VERGLEICH

Nachdem in den beiden vorherigen Kapiteln die sozial- und traditionsgeschichtlichen Voraussetzungen sowohl des neutestamentlichen als auch der rabbinischen Lohngleichnisse erhellt worden sind, sollen nun die vorliegenden Gleichnisse miteinander verglichen werden.

Nach einem kurzen Überblick über die Forschungsgeschichte rabbinischer Gleichnisse werden die Gleichnisse zunächst in ihrem literarischen Kontext betrachtet. Sodann werden die Erzähl- und aktantielle Struktur der Gleichnisse miteinander verglichen. Läßt die Erzählstruktur die jeweilige Aussageabsicht des Autors erkennen? Wie verhalten sich die agierenden Personen zueinander? Schließlich soll unter Verwendung der Bildfeldtheorie H. Weinrichs festgestellt werden, welche Elemente des Bildfeldes "Lohn" jeweils verwendet und miteinander kombiniert werden.

1.Kapitel: Forschungsgeschichtlicher Überblick: rabbinische Gleichnisse

A. Die Anfänge der Erforschung rabbinischer Gleichnisse

Einer der ersten Gelehrten, die sich mit der literarischen Form der rabbinischen Gleichnisse beschäftigten, war PH.BLOCH. In seiner Untersuchung der Gleichnisse, die in der PRK enthalten sind, vermochte er im Hinblick auf die Form der Gleichnisse "einzelne normative Grundzüge" zu erkennen.[1] Den drei verschiedenen Typen von Einleitungsformeln entsprechen seiner Meinung nach drei Arten von Gleichnissen: die "indirekte Parabel", die "direkte oder eigentliche Parabel", und die "Ausführung einer biblischen Metapher", bzw. "demonstrative Parabel".

(1) Die "indirekte Parabel":

Sie wird eingeleitet durch מנהגו של עולם ["Die Gewohnheit der Welt"] oder בנוהג שבעולם ["Nach der Gewohnheit der Welt..."].[2] Gleichnisse dieser Art subsumieren entweder einen besonderen Fall unter eine allgemeine Regel, oder sie stellen eine Ausnahme dieser allgemeinen Regel dar. Es handelt sich hierbei also um eine Beispielerzählung, die einen allgemeinen Sachverhalt exemplifiziert, bzw. kontrastiert.[3] Zu einer Aufeinanderprojezierung zweier verschiedener Ebenen (Bild und Sache) kommt es hier nicht.

(2) Die "direkte Parabel":

Ihre Einleitungsformel lautet משל ל ["Ein Gleichnis..."] mit den Varianten למה הדבר דומה ל..., למה היה..., דומה ל..., משלו משל ל..., משלו משל. למה הדבר דומה ["Man erzählte ein Gleichnis..."; "Wem glich..."; "Wem gleicht die Sache?"; "Man erzählte ein Gleichnis. Wem gleicht die Sache?"]. Bloch rechnet dabei mit einer fortschreitenden Verkürzung dieser Einleitungsformel, d.h. die längste scheint ihm die

---

[1]Bloch 167.

[2]Vgl. ibid. 168.

[3]Vgl. ibid. 169: "Das ist keine Vergleichung, das ist ein Schluß von der Art auf das Einzelne".

ursprünglichste zu sein, während später nur noch die Partikel ל, bzw. ל משל übrigblieb.[4] An die Einleitungsformel wird das Subjekt der Parabel, meist ein "König", gleich angeschlossen.[5] Dieses Subjekt "steht als solches nicht immer im Mittelpunkt des Interesses, manchmal ist gerade die Nebenfigur der eigentliche Träger der Parabel".[6] Die dargestellte Begebenheit selbst bewegt sich stets im Rahmen des "Möglichen, Wahrscheinlichen und Bekannten".[7] Der Schlußsatz ist der eigentliche Höhepunkt, bzw. Zielpunkt der Parabel. Er entwickelt sich mit innerer Notwendigkeit aus der erzählten Begebenheit. Jedenfalls gilt: "Wie aber auch die anderen Züge des Erzählungsbildes sich verhalten mögen, der Schlußsatz muß stets eine zutreffende Analogie und klare Transparenz zeigen, da in ihm der eigentliche Vergleichspunkt, gleichsam das *tertium comparationis* der Parabel, ruht".[8] Auf den Schlußsatz folgt die "Nutzanwendung", eingeleitet durch כך, welche den "hermeneutischen Punkt" deutlich macht. In Ausnahmefällen, wenn es sich um Kontrastparabeln handelt, kann dieser Teil auch durch אבל eingeleitet sein.

(3) Die "demonstrative Parabel":

Die Formal מה...הזה ["Was ist dies...?"] leitet ein kurzes Gleichnis ein, das mehr eine "Vergleichung" als eine ausgeführte Parabel ist. Dieses Gleichnis hat nicht eine lebhafte Handlung oder Rede zum Inhalt, sondern "wird auf ein feststehendes Bild beschränkt, an dem ein identischer Zug hervorgehoben und als Vergleichspunkt demonstriert wird".[9] Auf מה...הזה folgt immer ein Nachsatz mit כך. Häufig werden Gegenstände aus dem

[4]Vgl. ibid. 176f.

[5]Ibid. 181: Der "König" als Subjekt "ist für die Parabel geradezu typisch geworden und wird selbst da oft gebraucht, wo es ein Geringerer auch hätte thun [sic!] können".

[6]Ibid.

[7]Ibid. 179.

[8]Ibid. 184.

[9]Ibid. 389.

Bereich der leblosen Natur oder dem Tierreich als Gegenstand der Ausführungen verwendet. Stoffe werden auch der Bibel entnommen.[10]

Am Anfang seiner formkritischen Beschreibung der Gleichnisse geht Bloch noch kurz auf die Frage ihrer Funktion im Rahmen der PRK ein. Im Kontext des Midrasch dienen die Gleichnisse nicht der Formulierung eines abstrakten Lehrinhalts, sondern sie haben schriftauslegende Bedeutung. Die Frage, welchen vorredaktionellen "Sitz im Leben" sie gehabt haben könnten, stellt er nicht.

Während sich BLOCH mit den verschiedenen formalen Merkmalen der Gleichnisse beschäftigte, ist I.ZIEGLERS Darstellung der Königsgleichnisse vor allem am Inhalt dieser Gleichnisse, d.h. an den verschiedenen Aspekten des römischen Kaisertums, die in ihnen erwähnt werden, interessiert. Nur in seiner Einleitung behandelt er einige generelle Fragen hinsichtlich rabbinischer Gleichnisse.

Nach ZIEGLER handelten die frühesten rabbinischen Gleichnisse nicht von einem König, sondern von einem Menschen an sich. Erst mit Domitian beginnen die eigentlichen Königsgleichnisse, die besonders zur Zeit der Antoninen weit verbreitet waren. ZIEGLER weist auf den königskritischen Standpunkt vieler dieser Gleichnisse hin, der zu einer Zeit, als der König wie ein Gott verehrt wurde, besonders bemerkenswert war.[11]

Die Stoffe der Gleichnisse sind nach ZIEGLER aus dem wirklichen Leben gegriffen, "das tertium comparationis der Gleichnisse war nicht Phantasiegebilde, sondern reale Wirklichkeit".[12] Für das Verständnis des Gleichnisses ist die "Mitthätigkeit [sic!] des Zuhörers" wichtig. Der Zuhörer muß das Bild ausgestalten und fortbilden können: "Dies erfordert vor allem eine intime Kenntnis der zu schildernden Zustände von seiten des Rhetors selbst".[13] Die Königsgleichnisse lassen vermuten, daß die rabbinischen Autoren

[10]Vgl. ibid. 393.

[11]Vgl. Ziegler XXIII: "Und je mehr der Principat zur Despotie sich entwickelte, je größer seine Machtentfaltung wurde, umso zahlreicher wurden die Gleichnisse, die in der Zeit von Caracalla bis Diocletian oft einen Anflug von überlegenem Hohn annehmen, um dann in der diocletianischen und constantinischen Epoche den Höhepunkt schroffen Gegensatzes zu erreichen".

[12]Ibid.

[13]Ibid. XXIV.

eine umfangreiche Kenntnis wenn auch selten des Königshofes selbst, so doch des Lebens innerhalb von Kreisen hoher römischer Würdenträger hatten.[14]

ZIEGLER vermeint, die Gleichnisse jeweils in die vor- oder nachdiokletianische Zeit einordnen zu können. Anhaltspunkte für die zeitliche Fixierung sind neben Tradentennamen inhaltliche Indizien wie *termini technici* der nachdiokletianischen Epoche, erst später nachweisbare Hofetikette, soziale Zustände, die sich in den Gleichnissen wiederspiegeln etc.: "Es ist kaum wahrscheinlich, daß die jüdischen Gelehrten veraltete Zustände in späteren Zeiten in ihren Gleichnissen angewandt hätten, besonders wenn die neuen Einrichtungen von weittragender Wirkung waren".[15] Andererseits haben sich bestimmte populäre Stoffe, wie das Thema Freundschaft, durch die Zeiten hindurch gehalten. Sein Vorgehen, Gleichnisse, die er in das 4. Jh. n. Chr. datiert, mit Tatsachen aus der frühen Kaiserzeit in Verbindung zu bringen, rechtfertigt Ziegler mit dem Hinweis auf die Konstanz der antiken Gesellschaft.[16]

ZIEGLERS Ansatz ist stark historisierend. Die Gleichnisse werden aufgrund ihres Inhalts der Regierungszeit bestimmter Kaiser zugeordnet, und mit speziellen Ereignissen innerhalb dieser Epochen (wie z.B. Steuernachlässen zur Zeit des Alexander Severus und Julian) korreliert. Da heute schon die Zuverlässigkeit der Tradentennamen angezweifelt wird, wird man dem Versuch, Gleichnisse aufgrund ihres Inhalts zu datieren, erst recht skeptisch gegenüberstehen. Auch dienen die Gleichnisse ZIEGLER ausschließlich als Quellentexte für Bräuche am damaligen Königshof. An ihrer literarischen Gestaltung und an ihrem theologischen Wert ist er nicht interessiert.

Auf P.FIEBIGS Beschäftigung mit rabbinischen Gleichnissen wurde bereits im 3.Kapitel der Einleitung hingewiesen. Für ihn war das Studium der rabbinischen Gleichnisse eine "unentbehrliche Grundlage zu einem wirklichen, geschichtlichen Verständnis der neutestamentlichen Gleichnisse", das die Gleichnistheorie JÜLICHERS, die (Jesu) "reine"

---

[14]Vgl. ibid. XXVI: "Die Gelehrten schilderten das Leben und Treiben in den Kreisen der hohen römischen Würdenträger, nur setzten sie statt der verschiedenen Beamtentitel den "König"...Und wo sie wirkliche Hofsitten wiedergeben, die sie mittelbar oder unmittelbar kennengelernt hatten, zeigten diese eine so vielfache Ähnlichkeit mit den allgemeinen Sitten, daß den Zuhörern nichts Fremdes geboten wurde".

[15]Ibid. XXIXf.

[16]Vgl. ibid. XXXII: "Die Cultur des Alterthums [sic!] war ungleich stabiler als die des Mittelalters oder gar unserer Zeit; Sitten und Gebräuche des 1. Jahrhunderts lebten noch im 4. Jahrhundert mit unverminderter Kraft weiter...".

Gleichnisse als frei von jeglichen allegorischen Elementen sah, widerlegen half.[17] So war die Fragestellung, die er an die rabbinischen Gleichnisse herantrug, durch sein neutestamentliches Interesse und die zu seiner Zeit vorherrschende Diskussion um die Gleichnisauslegung JÜLICHERS, d.h. die Frage, ob strikt zwischen Gleichnis und Allegorie unterschieden werden konnte, bestimmt.[18]

Zur Beantwortung dieser Frage ist besonders das Verhältnis zwischen Bild- und Sachhälfte der Gleichnisse von Bedeutung. Schon 1904 bemerkte FIEBIG, daß Bild- und Sachhälfte der rabbinischen Gleichnisse "in einem mannigfach verschiedenen Verhältnis zueinander stehen".[19] Oft gibt es mehr als eine Entsprechung, jedoch muß man auch die relative Unabhängigkeit beider Ebenen voneinander berücksichtigen. Für die meisten rabbinischen Gleichnisse gilt: Sie "sind nicht reine Allegorien, wo alles uneigentlich zu verstehen ist. Allegorische Elemente sind darin. Aber: die Bildhälfte hat ihr selbständiges Leben zum großen Teil gewahrt. Oefter kommt es nur auf einen Punkt, einen Zug an, häufig bietet Bild und Sache die mannigfachsten Beziehungen dar".[20]

In seiner Untersuchung von 1912 teilt FIEBIG die rabbinischen Gleichnisse dann entsprechend ihrem allegorischen Gehalt ein in (1) "kurze, spruch- und sprichwortartige Bildworte", (2) Allegorien, (3) reine Gleichnisse und (4) eine "Mischform zwischen Allegorie und Gleichnis, die auf geläufigen Metaphern beruht".[21]

Die reinen Gleichnisse sind "Bildreden, bei denen zwischen Bild- und Sachhälfte nur ein Punkt gemeinsam ist",[22] während bei den Mischformen "Bild- und Sachhälfte vielfach durch einen Hauptgedanken verknüpft sind,...außerdem aber eine Reihe von Metaphern

---

[17]Vgl. Fiebig, Gleichnisreden, III.

[18]Vgl. Fiebig, Gleichnisse, 77: "Die Hauptfrage, die wir der gegenwärtigen Lage der Forschung gemäß an die dargebotenen jüdischen Gleichnisse zu stellen haben, ist die: sind diese jüdischen Gleichnisse Allegorien oder nicht?"

[19]Ibid. 93.

[20]Ibid. 98.

[21]Vgl. Fiebig, Gleichnisreden, 225.

[22]Ibid. 226.

allegorisierende Töne mitschwingen lassen".[23] Diese Mischform ist unter den rabbinischen Gleichnissen am häufigsten anzutreffen.

Nach dieser Klassifizierung beschreibt FIEBIG die "Eigenheiten jüdischer Ausdrucksweise", die für die Gleichnisse charakteristisch sind. Er nennt deren fünf:

1. Monotonie und Neigung zum Parallelismus, formelhafte, stereotype Ausdrucksweise;
2. Breviloquenz und Elliptik;
3. Individualisierung und Konkretisierung, plastische, konkrete Ausdrucksweise;
4. "Lebhaftigkeit" der Darstellung, Imperative und rhetorische Fragen;
5. Kurze, aneinandergereihte Hauptsätze, "schwebende...Konstruktionen".[24]

Während die Gleichnisse im Midrasch häufig exegetischen Zwecken dienen, wurden nach FIEBIG im täglichen Leben Gleichnisse "bei den mannigfachsten Gelegenheiten angewandt", sie begegneten in Trauerreden, in Streitgesprächen etc.[25] Das Material der Bildhälfte ist den verschiedensten Lebensbereichen entnommen, in der Sachhälfte geht es meist um Fragen der Ausübung des Gesetzes, exegetische Inhalte, Fragen nach der jüdischen Geschichte.[26] Was ihre Überlieferung betrifft, so gehören Gleichnisse zur auf mündlicher Tradition beruhenden Literatur. Sie tragen "überall die Art mündlicher Tradition an sich".[27]

Neben der Beschränkung seiner Fragestellung auf Aspekte, die in der neutestamentlichen Gleichnisforschung gerade "modern" waren (Verhältnis von Gleichnis und Allegorie), ist vor allem FIEBIGS explizite Abwertung der rabbinischen Gleichnisse zu kritisieren. Wiederholt spricht er von dem "deutlich faßbaren Unterschied der 'künstlerischen Höhenlage'" zwischen den rabbinischen Gleichnissen und den Gleichnissen Jesu,[28] und

---

[23]Ibid. 233.

[24]Vgl. ibid. 233-239.

[25]Vgl. ibid. 240.

[26]Vgl. ibid. 241.

[27]Ibid. 250.

[28]Vgl. ibid. 271.

hebt die "entzückende Frische und Anschaulichkeit" der Gleichnisse Jesu hervor,[29] die sich von der "Inkonzinnität" und "Nachlässigkeit" der rabbinischen Gleichniserzähler unterscheidet.[30] Derartige ästhetische Werturteile liegen außerhalb des Zuständigkeitsbereichs des historisch-kritischen Forschers und zeugen von der antijüdischen Einstellung von Neutestamentlern der damaligen Zeit.

B. Die Erforschung rabbinischer Gleichnisse in neuerer Zeit

In neuerer Zeit wird die Erforschung der rabbinischen Gleichnisse sowohl in Amerika, als auch in Israel und Deutschland betrieben.

a) In Amerika

Im amerikanischen Bereich haben besonders R.M.JOHNSTON und D.STERN zu neuen Erkenntnissen auf diesem Gebiet beigetragen. In seiner Dissertation beschäftigt sich R.M.JOHNSTON mit rabbinischen Gleichnissen aus tannaitischer Zeit.[31] Schon vor ihrer Veröffentlichung setzte er sich in einem Artikel mit dem Problem der Klassifizierung der Gleichnisse auseinander.

Bisher wurden rabbinische Gleichnisse den für die neutestamentlichen Gleichnisse festgestellten Formen zugeordnet. Dies gilt sowohl für BLOCHS Einteilung in "indirekte", "direkte" und "demonstrative Parabel", die in etwa JÜLICHERS (unter dem Einfluß aristotelischer Rhetorik gewonnener) Einteilung in Beispielerzählung, Parabel und Gleichnis entspricht, als auch für FIEBIGS in Reaktion auf JÜLICHER entwickelte Kategorien Bildwort, Allegorie, reines Gleichnis und Mischform, die die im Hinblick auf

---

[29]Ibid. 270.

[30]Vgl. ibid. 255.

[31]Die Dissertation war mir nicht zugänglich.

die neutestamentlichen Gleichnisse aufgeworfene Frage nach dem allegorischen Gehalt der Gleichnisse zum Ausgangspunkt haben.

JOHNSTON weist auf die Schwierigkeiten hin, die sich bei Anwendung einer ausschließlich induktiven oder deskriptiven Klassifizierungsmethode ebenso ergeben wie bei der Verwendung normativer, von außen vorgegebener Kriterien. Bevor die Texte "induktiv" beschrieben werden können, müssen sie aufgefunden werden, und dabei ist die Auswahl nach bestimmten vorgegebenen Kriterien nicht zu umgehen.[32]

JOHNSTON legt vier solcher Kriterien fest: ausdrückliche Kennzeichen (*maschal* in der Einleitungsformel), abgekürzte Kennzeichen (verkürzte Einleitungsformel), bestimmte Formeln (z.B. "ein König aus Fleisch und Blut..."), Strukturmerkmale. Strukturmerkmale des *maschal* in seiner vollständigsten Form sind:

(1) Illustrant (i.e. Person oder Sache, die erläutert werden soll);

(2) Einleitungsformel (vollständig oder abgekürzt);

(3) Bildhälfte;

(4) Anwendung (meist eingeleitet durch *kakh*);

(5) Schriftzitat.[33]

Die Funktion der Gleichnisse im literarischen Kontext stimmt mit derjenigen von Sprichwörtern, Beispielerzählungen und Anekdoten überein, die sich formal von ihnen unterscheiden. Sowohl Gleichnisse als auch Sprichwörter, Anekdoten etc. dienen in erster Linie der Illustration oder des Beweises, meist stehen sie im Dienst der Schriftexegese.[34]

Gegen JÜLICHER behauptet auch JOHNSTON, daß die rabbinischen Gleichnisse mehr als ein *tertium comparationis* enthalten können. Was ihren allegorischen Gehalt betrifft,

---

[32]Siehe Johnston, Study, 338.

[33]Vgl. ibid. 342.

[34]Vgl. ibid.

stimmt er mit FIEBIG überein, daß es "Mischformen" gibt, lehnt aber FIEBIGS Kategorien als den rabbinischen Autoren der Gleichnisse "fremd" ab.[35]

An Beispielen zeigt JOHNSTON, daß die Verbindung von Bild und Sache auf die Redaktoren der Midrasch-Sammlungen zurückgeht.[36]

Am Ende stellt JOHNSTON fest, daß rabbinische und neutestamentliche Gleichnisse demselben *Genre* angehören. Nichtsdestoweniger stellt er Unterschiede fest: Die neutestamentlichen Gleichnisse dienen der Umkehrung bestehender Werte, während die rabbinischen Gleichnissen bestehende Normen bestätigen, bzw. verstärken. Die Gleichnisse Jesu schaffen Verwirrung, während die rabbinischen Gleichnisse versuchen, Verwirrung aufzulösen. Die neutestamentlichen Gleichnisse zeichnen zumeist ein Bild vom Himmelreich, während die rabbinischen Gleichnisse die Thora erläutern.[37]

Wie Johnston, so lehnt auch D.STERN die Bezeichnungen "Parabel" und "Allegorie" als für die rabbinischen Gleichnissen nicht angemessen ab. Sowohl rabbinische als auch neutestamentliche Gleichnisse enthalten zwar seiner Meinung nach allegorische Elemente, jedoch unterscheidet sich die Funktion des *maschal* sowohl von derjenigen der Parabel als auch von derjenigen der Allegorie. Die Funktion des *mashal* ist "neither to offer a proof in argument nor to disguise or personify abstract concepts in more concrete forms, but to bring a certain message to bear upon an ad hoc situation before its audience by suggesting it to them through an allusive tale. The allegorical, or symbolic, or referential features of the mashal exist only for the sake of enabling its audience to grasp for themselves the ulterior message the mashal bears".[38]

Da diese Ursprungssituation uns heute nicht mehr zugänglich ist, können wir das Gleichnis, bzw. die von ihm intendierte Sache, nur noch durch den narrativen Kontext verstehen. Viele Gleichnisse sind aber im Midrasch ohne narrativen Kontext enthalten. In diesem Fall

[35]Vgl. ibid. 349: "The rabbis were quite unconcerned about whether only one, or all, or nearly all, or merely some features in their parables were *tertia comparationis*".

[36]Vgl. ibid. 353.

[37]Vgl. ibid. 355.

[38]Stern, Rhetoric, 265.

dient das sogenannte *nimschal* als Kompensat für die narrative Situationsangabe.[39] Das *nimschal* ist Ausdruck der "Midraschisierung" des Gleichnisses, nicht seiner Allegorisierung. Es verbindet das *maschal* mit einem Bibeltext, ja, es besteht manchmal nur aus einem Schriftvers. Dabei unterscheidet STERN zwischen der "rhetorischen" Funktion des Gleichnisses (Beschuldigung, Lob, Polemik) und der "exegetischen" Funktion des *nimschal*.[40] Die Anwesenheit eines *nimschal* bei einem Gleichnis, die Form des Königsgleichnisses und die Verwendung stereotyper Erzählstrukturen und Motive sind Zeichen der "Regulierung" der Gleichnisse in amoräischer Zeit.[41]

Die Gleichnisse wurden wohl ursprünglich mündlich überliefert. Dabei konnte der Gleichniserzähler aus einem "Schatz" an traditionellen Bildern und Motiven schöpfen: "when a darshan was called upon to compose a mashal for a particular verse or occasion, he was able to draw upon a kind of ideal thesaurus of stereotyped, traditional elements to help him to improvise his composition under all the pressured requirements of spontaneous performance. Yet the way he actually employed those stereotypes, which ones he selected, and how he combined them to create the narrative he wanted - for aims both exegetical and rhetorical - was entirely a matter of his own wish and skill".[42] Deshalb ist es möglich und angeraten, Gleichnisse, die ähnliche Motive verwenden, miteinander zu vergleichen.[43]

STERNS Ansatz, insbesondere seine Sicht des *nimschal* als Kompensat für die fehlende Situationsangabe, ist von D.BOYARIN kritisiert worden. Nach BOYARIN bildet nicht das *nimschal*, sondern der Midrasch an sich den Kontext für das Gleichnis. Das *nimschal* muß

---

[39]Vgl. ibid. 265f: "For a mashal presented within a narrative context, that narrative supplies the information necessary to understand the mashal's ulterior meaning. In the absence of a narrative context, as in most midrashic literature, the normative presence of the nimshal as part of the mashal must therefore be understood as a device of compensation for the missing narrative, or as a way of replacing it: instead of a narrative context to give the mashal its ad hoc meaning, there is an exegetical one, but with an equally ad hoc meaning of its own". Vgl. auch idem, Interpreting, 17.

[40]Vgl. ibid. 276.

[41]Vgl. ibid. 267.

[42]Ibid. 268.

[43]Vgl. idem, Interpreting, 54: "Because of the presence of these traditional stereotypes in most meshalim, it is also possible for us today to analyze any mashal by comparing it with cognate meshalim that share with it stereotyped themes and diction; in this way, we can both isolate the unique dimensions of the composition and see how the darshan applied traditional themes and diction drawn from the ideal thesaurus...". Ein derartiger Vergleich geschieht in der Bildfeldanalyse im 5.Kapitel.

also eine andere Funktion haben.[44] Es ist die "wirkliche Erzählung" ("real narrative"),deren Funktion es ist, die Bibelverse, zu denen es gebildet worden ist, zu erklären. Es tut dies mit Hilfe des eigentlichen Gleichnisses oder der Bildhälfte, die BOYARIN "fiktionale Erzählung" ("fictional narrative") nennt. Das *maschal* ist Ausdruck einer Konvention oder eines Codes, durch welches die eigentliche Geschichte, das *nimschal* seine narrative oder normative Bedeutung erhält.[45]

Da für BOYARIN das Verhältnis zwischen *maschal* und *nimschal* nicht dem von Zeichen und Bezeichnetem entspricht, sondern beide Ebenen als Zeichen zusammenwirken, kann er das bisher angenommene Verhältnis von Bild und Sache zueinander umkehren. Das *nimschal* beginnt oft schon vor dem eigentlichen Gleichnis. Es hat eine "ästhetische Überlegenheit" über das *maschal*, das im Kontext des Midrasch nur eine untergeordnete Rolle spielt als "a sort of hermeneutic key, a convention for putting the verses together in a new narrative frame and a code for reading the narrative".[46] Nicht das *nimschal* bildet den Kontext für das *maschal*, sondern die "Makrostruktur" des Midrasch bildet den Kontext für das *nimschal,* als der eigentlichen Geschichte, die durch das *maschal* nur bildlich erläutert wird.

In seiner Antwort an BOYARIN weist D.STERN darauf hin, daß es nicht immer einen weiteren exegetischen Kontext gibt, der das *nimschal* ersetzen könnte. Auch befindet sich der Schriftbezug meist nicht außerhalb des *nimschal*, sondern ist ein integrierter Bestandteil von ihm.[47] Der wichtigste Unterschied zwischen STERN und BOYARIN ist aber ihre verschiedene Sicht des *maschal*. So schreibt STERN: "Part of the difficulty with Boyarin's view has to do with a confusion on his part between the use of the mashal as a device of exegesis and its rhetorical function".[48] Für BOYARIN hat das Gleichnis keine von seiner exegetischen Anwendung im Midrasch unabhängige rhetorische Funktion. Deshalb kann er es als dem *nimschal*, das eine Verbindung zum exegetischen Kontext

---

[44]Vgl. Boyarin 270.

[45]Vgl. ibid. 272: Das *maschal* liefert "the semiotic code within which the nimshal is to be interpreted".

[46]Ibid. 273.

[47]Vgl. Stern, Response, 276.

[48]Ibid. 277.

herstellt, untergeordnet betrachten. In STERNS Modell haben dagegen *maschal* und *nimschal* zusammen eine rhetorischen Funktion und werden von dieser hintergründigen Rhetorik gleichzeitig geformt. STERN gibt zu, daß zumindest phänomenologisch gesehen die rhetorische Intention des *maschal* der Exegese im *nimschal* zeitlich vorgeordnet ist. Andererseits muß aber die Exegese im *nimschal* der Bildung des *maschal* logisch vorausgehen, obwohl es im Endeffekt so scheint als sei das *nimschal* die (spätere) Anwendung des *maschal.*[49]

STERN hat mit seiner Ablehnung des Ansatzes von BOYARIN, der nicht zwischen Ursprungssituation und späterer literarischer Fixierung unterscheidet, sicher recht. Andererseits ist aber auch seine Sicht des Verhältnisses dieser beiden Tradierungsstufen ambivalent. Dies wird besonders in einem späteren Aufsatz deutlich.

Nach STERN geht die Exegese, die das *maschal* verdeutlichen soll, sachlich immer der Komposition des *maschal* voraus. Dabei meint er, daß sowohl der ursprüngliche, als auch der spätere literarische Kontext exegetischer Natur sind.[50] Andererseits ist das *maschal* aber auch Traditionsfigur[51] und hat eine rhetorische Funktion, die STERN auf die Kategorien Lob ("praise") und Beschuldigung ("blame") beschränkt.[52] Als das *maschal* ursprünglich erzählt wurde, war den Hörern seine Bedeutung wegen des gegebenen narrativen Kontexts unmittelbar einsichtig. Dieser narrative Kontext fehlte aber im Stadium der Niederschrift, so daß für die neuen Adressaten ein Kompensat gefunden werden mußte.

Der Fehler von STERNS Ansatz liegt nun m.E. darin, daß er diesen neuen Kontext, bzw. das *nimshal* nicht nur als Kompensat, sondern als mit dem originalen Kontext sinngemäß identisch ansieht. So schreibt er: "Once the mashal was committed to a literary context, however, and that real context was no longer immediately present or available, some kind of compensation became necessary for it in order to enable the mashal's new audience, its reader or listener, to understand enough about the <u>original</u> context to apply the mashal's

---

[49]Vgl. ibid. 278.

[50]Eine Ausnahme bildet der narrative Kontext einiger Gleichnisse in der rabbinischen Literatur. Im Anhang zu Stern, Interpreting, 287-300, finden sich hierzu Beispiele.

[51]Vgl. idem, Interpreting, 41: Formen wie das Proömium wurden von den Rabbinen des Midrasch selbst geschaffen. "Others, like the mashal, they adapted from previous literary traditions". Und ibid., 266, spricht er vom "midrashizing' of the literary form [mashal]".

[52]Vgl. Stern, Parable, 636.

message".[53] STERNS Darstellung ist ambivalent, da er einerseits zeitlich zwischen ursprünglichem Gleichnis ohne explizite Anwendung und der späteren literarischen Ausformung unter Einschluß des *nimschal* unterscheidet, andererseits aber sachlich ursprüngliches *maschal* und späteres *nimschal* miteinander verbindet. So entsteht die Frage, wie sich die Kenntnis der Ursprungssituation, die STERN ja beim Autor des *nimschal* vorauszusetzen scheint, durch die verschiedenen Tradierungsphasen durchgehalten haben kann. Eine zeitliche Differenz bei sachlicher Identität ist schwer vorstellbar. Das *nimshal*, wie es jetzt vorliegt, ist also als dem eigentlichen Gleichnis gegenüber nicht nur zeitlich, sondern auch sachlich sekundär zu denken. Es kann noch vor Aufnahme des Gleichnisses in den Midrasch gebildet worden sein, ist aber jedenfalls von den Redaktoren des jeweiligen Midrasch dem literarischen Kontext angepaßt worden.[54] Die Unausgeglichenheit zwischen *maschal* und *nimschal* (das *nimschal* bezieht sich oft nur auf einen in der Gleichniserzählung untergeordneten Gedanken) versucht STERN als von den Autoren intendiert zu erklären,[55] was aber nicht überzeugend ist.[56]

b) In Israel

Wie FIEBIG, so ist auch der Israeli D.FLUSSER von den neutestamentlichen Gleichnissen her zur Analyse der rabbinischen Gleichnisse motiviert worden. Da die Gleichnisse Jesu zur literarischen Gattung jüdischer Gleichnisse gehören,[57] ist es

---

[53]Ibid. 637. Unterstreichung von mir. Vgl. auch idem, Interpreting, 38.40.

[54]Die Ambivalenz von Sterns Modell wird auch dort deutlich, wo er den Autor des *maschal* mit dem des *nimschal* identifiziert, nachdem er vorher die beiden Stufen der mündlichen Formulierung und der schriftlichen Fixierung voneinander unterschieden hat, siehe ibid. 637.

[55]Vgl. ibid. 642: "in particular they plant discontinuities and gaps between the nimshal and the mashal in order to raise other questions about the narrative and its meaning in the minds of their audience".

[56]Vgl. auch neuerdings seine Ausführungen in ibid., Jesus' Parables, 58f. Auch hier wird nicht deutlich gemacht, inwieweit sich das *nimschal* als "Kompensat" vom ursprünglichen Kontext unterscheidet. Stern scheint anzunehmen, daß der ursprüngliche Kontext nicht mehr rekonstruierbar ist, und daß in einigen Fällen die Redaktoren der Midraschsammlungen Gleichnisse selbst gebildet haben, vgl. ibid. 73. Stern hat ein neues Buch zu den Gleichnissen im Midrasch angekündigt, das aber noch nicht erschienen ist.

[57]Vgl. Flusser 17 u.ö.

notwendig, die "Geschichte" der jüdischen Gleichnisse zu untersuchen, um zu einem besseren Verständnis der Gleichnisse Jesu zu gelangen.

Gleichnisse begegnen nur im palästinischen Judentum der rabbinischen Zeit. Es lassen sich hier nach FLUSSER zwei Gleichnistypen unterscheiden: der ältere oder "klassische" Typus, der "auf eine allgemein gültige Morallehre hin ausgerichtet" ist, und der spätere oder "degenerierte" Typus, erfunden zur Erhellung einer Bibelstelle.[58]

Neben den Tradentennamen,[59] die FLUSSER als historisch vertrauenswürdig zu verstehen scheint, ist also das Verhältnis des Gleichnisbildes zur vor- oder nachher zitierten Bibelstelle das einzige Unterscheidungskriterium für die beiden Arten von Gleichnissen. Die auch im Zusammenhang mit FLUSSERS älterem Typus oftmals vorkommenden Bibelverse erklärt er als für diese Gleichnisse nicht entscheidend, als bloße Illustration und nachträgliches Anhängsel,[60] für das entweder spätere Tradenten oder die Redaktoren der Midraschim verantwortlich sind.[61]

Andererseits ist das Bibelwort manchmal auch integrierter Bestandteil eines älteren Gleichnisses. FLUSSER warnt jedoch davor, diesen Unterschied zwischen den Gleichnissen Jesu, die er dem "klassischen" Typus der rabbinischen Gleichnisse zuordnet, und den rabbinischen Gleichnissen allzu hoch einzuschätzen: "Man kann auch auf der anderen Seite nicht ausschliessen, dass Jesus einzelne Zitate mit Bibelzitaten einleitete oder abschloss, dass aber die Evangelisten oder schon ihre Vorgänger das Bibelwort als die Erzählung störend empfanden und es deshalb ausliessen. Weder für die Rabbinen noch für Jesus war das Schriftzitat ein fester Bestandteil der Gleichnisgattung".[62]

---

[58]Vgl. ibid. 26f.

[59]Siehe hierzu I.1.

[60]Vgl. ibid. 27.

[61]Vgl. ibid.: "Es ist sogar möglich, dass bisweilen erst die Verfasser der rabbinischen Sammelwerke die klassischen Gleichnisse mit Bibelzitaten versahen", um "den Eindruck [zu] vermitteln, ihre Sammelwerke seien kontinuierliche Kommentare zu biblischen Büchern".

[62]Ibid. Vgl. auch Petuchowski 79: "Jesus may have been more of a Scripture exegete than the Gospels, in their present form, would allow him to have been...Perhaps some of Jesus' other parables, too, may originally have been part of his exposition of Bible passages - even though, for reasons of their own, the Evangelists may have seen fit to re-arrange the material".

Mit dieser letzten Behauptung hat FLUSSER sicherlich recht. Dann aber lassen sich die rabbinischen Gleichnisse aufgrund ihrer Verbindung mit einem Bibelvers nicht in einen älteren und einen späteren Typ aufteilen. Die Verknüpfung mit einem Schriftzitat ist auf die Arbeit der Redaktoren der Midraschwerke zurückzuführen und sagt nichts über das Alter der Gleichnisse an sich aus. Auch die Tradentennamen wird man kritisch zu hinterfragen haben. Ein und dasselbe Gleichnis kann an verschiedenen Stellen im Namen unterschiedlicher Autoritäten zitiert sein. Die Rabbinennamen dienen den Redaktoren der Sammelwerke in erster Linie zur Abgrenzung der Einzeltraditionen voneinander, können also aufgrund des kollektiven Charakters rabbinischer Literatur[63] für eine zeitliche Zuordnung nicht ohne weiteres ausgewertet werden.

Eine zeitliche Differenzierung ist also weder mit Hilfe der Tradentennamen noch aufgrund des Verhältnisses des Gleichnisbildes zum mit ihm zitierten Bibelvers möglich. Solch eine Chronologie ist also nicht überzeugend. Daß man bei einem Vergleich der Gleichnisse Jesu mit rabbinischen Gleichnissen auch ohne sie auskommen kann, macht FLUSSER an anderer Stelle deutlich. Einmal sind die neutestamentlichen Gleichnisse Hinweis darauf, daß die Gattung jüdischer Gleichnisse schon lange vor Jesus im Umlauf gewesen sein muß: "Die vielen Gleichnisse Jesu und die Reife ihrer Form sind nur unter den Voraussetzungen zu verstehen, dass die Gattung Gleichnisse schon lange vor Jesus ausgebildet war und dass auch die Gleichnis-Hauptthemen sowie mannigfaltige Variationen von Sujets bereits vorlagen".[64] Zum Zweiten weist FLUSSER darauf hin, daß sich Themen und Motive als Folge der "konventionellen Natur der Gleichnisse" relativ konstant durch die Jahrhunderte hindurch halten.[65] So begegnen die gleichen Sujets und Motive in FLUSSERS "älteren" und "späteren" Gleichnissen.[66] Ein Vergleich der Gleichnisse miteinander kann zeigen, wie der jeweilige Erzähler bereits vorgegebene Motive und Strukturen variiert hat (vgl. STERN).

---

[63]Einzelpersönlichkeiten haben hier nur untergeordnete Bedeutung, deshalb ist es im Grunde auch unerheblich, ob ein bestimmter Meister einen bestimmten Ausspruch getan hat, oder jemand anderes. Vgl. hierzu den schon in I.1 erwähnten Aufsatz von Green 84 und 88.

[64]Ibid. 146. Die Behauptung Flussers, der Spruch des Antigonos von Socho (Abot 1:3) sei der "älteste Beleg für die Existenz jüdischer Gleichnisse" (145), ist aufgrund der in I.1 genannten Schwierigkeiten bei der Auswertung von Tradentennamen abzulehnen.

[65]Vgl. ibid. 38.

[66]Vgl. ibid. 22: Auch die "späteren" Gleichnisse sind für einen Vergleich mit den Gleichnissen Jesu nützlich, "weil ihr Sujet aus denselben Elementen aufgebaut ist wie die älteren Gleichnisse".

FLUSSER hält einen griechischen Einfluß auf die Entstehung der rabbinischen Gleichnisse für möglich. Der Anfang des Gleichnisspruches im Namen von R. Tarfon (PA 2,15f) geht nach FLUSSER auf einen Spruch des Hippokrates zurück. Weiter verweist er auf Beispielerzählungen des Stoikers Kleanthes und Epiktets Gleichnisbilder. Auch bei den stoischen Texten handelt es sich um in der Vergangenheit geschilderte Fälle, die der allgemeinen Morallehre dienen. Bei Epiktet erscheint die Gottheit in der Symbolgestalt des Hauseigentümers. Diese Ähnlichkeiten lassen nach FLUSSER einen griechischen Ursprung der Gattung Gleichnis erkennen, die dann im rabbinischen Schrifttum als Resultat einer langen innerjüdischen Entwicklung erscheint.[67] Die rabbinischen Gleichnisse und ihre griechische Parallelerscheinung gehören der sogenannten "Vulgärethik" an, wollen "gangbare Sittlichkeit" begründen. FLUSSER merkt an, daß eine mehr als hypothetische Behauptung einer griechischen Vorgeschichte rabbinischer Gleichnisse einer umfangreicheren Untersuchung griechisch-römischen Schrifttums bedürfe.[68]

In Anknüpfung an FLUSSER betont B.H.YOUNG in seiner Untersuchung der literarische Form der Gleichnisse in der rabbinischen Literatur und den Evangelien, daß historische Fragen nach der Entwicklung der Gleichnisform nicht zu umgehen sind.[69] Mit HEINEMANN, der für eine formgeschichtliche Untersuchung des aggadischen Materials plädiert,[70] und mit FLUSSER rechnet YOUNG mit einem ersten mündlichen Stadium spontaner Gleichniserzählung, auf das dann ein zweites Stadium der schriftlichen Fixierung folgte: "A parable often has various levels of understanding which are connected with a change of audience and a new context. In the first level, the parable was designed to be told as a story or an illustration. From this stage, the parable was preserved in a text. At this level of understanding, the parable sometimes was reinterpreted".[71] Dieser Wechsel von

[67]Vgl. ibid. 156.

[68]Ibid. 158.

[69]Vgl. Young 127.

[70]Siehe Heinemann, Derashot, 11ff.

[71]Ibid. 370.

Hörer/Leserschaft und Funktion kann besonders deutlich in den Evangelien beobachtet werden, gilt aber in Analogie dazu wohl auch für die rabbinische Literatur.[72]

Mit FLUSSER unterscheidet YOUNG zwischen homiletischen und exegetischen Gleichnissen. Homiletische Gleichnisse erscheinen unabhängig von Bibelversen und illustrieren "volkstümlichere" Themen. Auch YOUNG sieht in ihnen eine frühere Entwicklungsstufe, die dem ausschließlich exegetischen Gebrauch der Gleichnisse in den Midraschim vorausging.[73] Die vielfältige Anwendbarkeit liegt in der Natur der Gleichnisse: "Parables have an adaptability that allows them to be used by different parabolists and applied to quite diverse situations".[74] In ein und demselben Midrasch kann dasselbe Gleichnis zu verschiedenen Zwecken verwendet werden.[75] Bei der Interpretation rabbinischer Gleichnisse wird man zunächst von ihrem literarischen Kontext ausgehen, um festzustellen, wie sie in ihm verwendet werden.[76] Der zweite Schritt müßte dann die kritische Hinterfragung der Anwendung sein: Trifft sie den Kernpunkt des Gleichnisses oder bezieht sie sich nur auf in der Erzählung untergeordnete Aspekte? Letzteres könnte eine ursprünglich andere Funktion des Gleichnisses andeuten, die sich vielleicht aus der Bildebene erschließen läßt.

YOUNG verdeutlicht seinen Ansatz an einer Reihe von Beispielen, deren eines das Gleichnis vom Lahmen und Blinden ist, das mehrmals in der rabbinischen Literatur, aber auch bei Epiphanius und in indischen Texten vorkommt. Es behandelt das in diesen verschiedenen Kulturen relevante Thema von Auferstehung und Endgericht. Die rabbinischen Versionen unterscheiden sich voneinander durch Ausführlichkeit und Kontext. Während das Gleichnis in Mek (Horovitz 125) und bSanh 91a-b Teil eines Gesprächs zwischen Antonius und Rabbi über das endzeitliche Gericht über Körper und

---

[72]Vgl. ibid. 125: "The process of transferring the teaching of Jesus and most certainly his parables, from oral tradition into writing created many problems that are paralleled in talmudic literature". Vgl. auch ibid. 128: "Perhaps the synoptic gospels more that [sic!] other texts provide the opportunity for studying how the homiletical parable from the spontaneous animated teaching of Jesus was turned into the literary parable".

[73]Vgl. ibid. 277: "It seems more likely that the pure exegetical use of the parable was a later development which certainly would have been proliferated in the literary stages because of its versatility".

[74]Ibid. 65f. Vgl. 129, Anm.6, wo Beispiele genannt werden.

[75]Vgl. ibid. 124, wo Young sich auf SifreDtn 19 und 356 bezieht.

[76]Vgl. ibid. 67f: "It is always necessary to contextualize the parable and to interpret it according to its function within the framework of the source from which it is derived".

Seele ist, dient es in LevR 4:5 der Illustration des Verses Lev 4:2. Ein und dasselbe Gleichnis hat also je nach Kontext verschiedene Funktionen und ist sicher von den Redaktoren dem jeweiligen Zweck entsprechend bearbeitet worden.[77]

Nach YOUNG gibt es keine formale Entwicklung von tannaitischen zu amoräischen Gleichnissen: "it seems possible to observe that the later homiletical parables were to a large extent adaptations of earlier ones and that the basic form and structure of the Amoraic parable is quite similar to that of the Tannaim".[78] Unterschiede ergeben sich nur aus dem verschiedenen individuellen Stil des jeweiligen Gleichniserzählers, bzw. aus der unterschiedlichen Redaktion, die die Gleichnisse in den rabbinischen Schriften erfahren haben.[79]

YOUNG plädiert dafür, die Gleichnisse Jesu im Kontext der rabbinischen Gleichnisse zu studieren, da diese ihnen formal und inhaltlich am nächsten stehen: "Since they are derived from the same literary genre, one can see how different motifs and components can be combined in different parables in order to teach relevant truth".[80]

c) In Deutschland

In Deutschland war A.GOLDBERG der erste, der sich nach mehr als fünfzig Jahren (BLOCH, FIEBIG) wieder mit rabbinischen Gleichnissen befaßte. Entgegen FLUSSER behauptet GOLDBERG, daß sich die Gleichnisse Jesu ganz entschieden von rabbinischen Gleichnissen unterscheiden. Sie haben zwar wohl auch ihren Ursprung im jüdischen Lehrhaus oder in der Predigt, und ihre Strukturen, Stoffe und Motive stimmen mit denen der rabbinischen Gleichnisse überein, aber der jeweilige "Kotext", das Evangelium bzw. der Midrasch, und damit auch die Funktion des Gleichnisses in ihm, sind gänzlich

---

[77]Vgl. ibid. 72-77.

[78]Ibid. 128.

[79]Vgl. ibid. 148, Anm.171.

[80]Ibid. 370f.

verschieden.[81] GOLDBERG stellt sich die Aufgabe, das rabbinische Gleichnis formanalytisch zu untersuchen ohne sich den Blick durch Ergebnisse, die an neutestamentlichen Gleichnissen gewonnen worden sind, zu verstellen.

Grundsätzlich unterscheidet er nur zwischen Vergleich und Gleichnis, wobei er den Vergleich als deskriptiv und fiktiv, das Gleichnis dagegen als narrativ und fiktional definiert.[82] In der rabbinischen Literatur befinden sich zwei Arten von Gleichnissen, die "rhetorischen" und die "schriftauslegenden Gleichnisse". Dabei versteht GOLDBERG "rhetorisch" hier nicht als Bezeichnung des ursprünglichen Sitzes im Leben dieser Gleichnisse. In diesem Sinne wären alle Gleichnisse als rhetorisch zu bezeichnen. Aber zu diesem Stadium kann der Leser heute, bzw. der Leser des Talmud oder Midrasch damals, nicht mehr zurückfinden. Gleichnisse begegnen nur in literarischen Texten, haben einen "Sitz in der Literatur", aber keinen "Sitz im Leben" mehr:[83] "Der Versuch, das Gleichnis als tatsächliche Rede wieder in eine historische Situation zu stellen, ist aussichtslos".[84] Was der heutige Ausleger allerdings tun kann, ist, die Gleichnisse "nach Kotexten und entsprechenden Situationen [zu] unterscheiden",[85] und so ergeben sich nach GOLDBERG das rhetorische und das schriftauslegende Gleichnis als zwei mögliche Formen. Das rhetorische Gleichnis befindet sich in dialogischen Kotexten, während das schriftauslegende Gleichnis im Kotext ausschließlich der Bibelexegese dient, d.h. keine argumentative oder polemische Funktion hat.[86] GOLDBERGS folgende Formanalyse beschäftigt sich ausschließlich mit dem schriftauslegenden Gleichnis.

---

[81]Vgl. Goldberg 5

[82]Vgl. Ibid. 8. Siehe auch ibid. 27: "Fiktional heißt bei diesen Texten 'möglich' - aber so nicht geschehen". Das Dargestellte bleibt zwar meist im Rahmen des Wahrscheinlichen, aber: "Als Konstrukt kann das Relat [i.e. die "Bildhälfte"] auch Unwahrscheinliches wiedergeben, gerade dann, wenn es z.B. am unwahrscheinlichen Verhalten Gottes konstruiert ist...".

[83]Ibid. 84.

[84]Ibid. 12. Vgl. auch ibid. 84: "Die ursprüngliche illokutionäre Kraft dieser Rede, das, was der Autor oder Redner bewirken wollte oder auch bewirkt hat, ist für uns verloren, erreicht uns nicht mehr, auch wenn es uns noch - ein wenig - bewegt".

[85]Ibid. 12.

[86]Auch das rhetorische Gleichnis kann einen Schriftvers erklären, aber der Kotext ist hier der Dialog.

Ob das schriftauslegende Gleichnis sich aus einer früheren, "klassischen" Form entwickelt hat (vgl. Flusser), interessiert GOLDBERG nicht.[87] Für ihn stellt das schriftauslegende Gleichnis "eine eigene, neue literarische Form eigenen Rechts dar".[88] Diese Form besteht nicht nur aus der sogenannten Bildhälfte, die GOLDBERG "Relat" nennt, sondern hat folgende Elemente:

1. Schriftvers = "Lemma";

2. Formular ("Ein Gleichnis...") = "Konnektor";

3. Kurzer, narrativer Text = "Relat";

4. Ausführung über die Entsprechung = "Korrelat".[89]

Das Korrelat ist dabei meist ein kurzer diskursiver Text, den GOLDBERG als "Midrascherzählung" bezeichnet. Relat und Korrelat stehen zueinander in einem "Verhältnis der Ähnlichkeit" oder "Analogie".[90] Dabei gilt jedoch: "Ein tertium komparationis zu suchen ist ebenso unmöglich wie zwecklos".[91] So lehnt er auch WEDERS Bestimmung des Gleichnisses als Metapher und diese Metapher als Satz mit der Gleichniserzählung als Subjekt und dem Korrelat als Prädikat als für das schriftauslegende Gleichnis unangemessen ab, da das Korrelat "kein bestimmbares Subjekt ist, wie z.B. das 'Himmelreich'".[92]

Immer wieder betont GOLDBERG, daß man die "Bildhälfte" nicht als eigenständige Form verstehen und von Schriftvers und Auslegung trennen darf. Die Form der "Parabel", d.h. "eine[r] kleine[n] epische[n] Einheit, deren 'Sachhälfte' nicht ausgeführt ist und nicht

---

[87]Vgl. ibid. 14: "Daß dem Schriftauslegenden Gleichnis eine 'klassische Form' vorausging, ist nur für den Historiker von Bedeutung".

[88]Ibid.

[89]Vgl. ibid. 19.

[90]Vgl. ibid. 39.41.

[91]Ibid. 39.

[92]Vgl. ibid. 43.

ausgeführt zu werden braucht, weil der Hörer einbezogen ist",[93] gibt es in der rabbinischen Literatur seiner Meinung nach nicht. Innerhalb des Midrasch hat das Relat nur die Funktion des "Modells" für das im Korrelat Ausgesagte.[94] Andererseits hält er es jedoch für wahrscheinlich, daß "Gleichnisse von den Rabbinen einmal in freier Rede ad hoc gebildet oder für geformte Reden geschaffen und verwendet" wurden.[95] Gleichnisse sind zwar vom literarischen Standpunkt aus gesehen "Texteme", d.h. Bausteine der größeren literarischen Einheit, historisch betrachtet aber "Zitate", d.h. bereits bestehende Formen, die nun aufs Neue verwendet werden.[96] GOLDBERG warnt davor, den Text aus seinem literarischen Kontext herauszulösen, weil man damit angeblich die "rabbinische Literatur" verläßt, gibt aber andererseits zu daß "seine ursprüngliche Form (welche könnte das sein?) noch ganz zu bestehen scheint".[97]

GOLDBERGS Frage läßt sich leicht beantworten: Diese "ursprüngliche Form" könnte die der "Parabel" sein, die GOLDBERG am Anfang beschrieben hat, aber als Form der rabbinischen Literatur ablehnt. Die Bestimmung der Form der meisten rabbinischen Gleichnisse als "Parabel" ist nicht nur "historisch", sondern auch literaturwissenschaftlich gesehen angemessener als die des "schriftauslegenden Gleichnisses", da Relat und Korrelat, wie GOLDBERG zugibt, aus zwei verschiedenen und, wie GOLDBERG mit VIA betont, nicht miteinander zu "kontaminierenden",[98] literarischen Ausdrucksformen bestehen, nämlich der der Erzählung und der des Diskurses.

Insofern wird man gegen GOLDBERG behaupten müssen, daß das Gleichnis, bzw. die sogenannte Bildebene, sehr wohl eine selbständige, auch literarische, Form ist. Dies wird auch daran deutlich, daß ein und dasselbe Gleichnis in verschiedenen Kontexten, bzw. Kotexten begegnet, also auch von den rabbinischen Redaktoren der Sammelwerke als

---

[93]Vgl. ibid. 10.

[94]Vgl. ibid. 46.

[95]Ibid. 83.

[96]Vgl. ibid. 84.

[97]Ibid. 85.

[98]Vgl. ibid. 37.

eigenständige Traditionsform gekannt und verwendet wurde. Insofern ist also das "historische" Interesse des Auslegers durchaus legitim. Die vorredaktionelle Form der rabbinischen Gleichnisse unterscheidet sich dann aber auch formal nicht wesentlich von der der neutestamentlichen Gleichnisse,[99] so daß ein Vergleich und eine Spekulation über deren mögliche vorredaktionelle Funktion nicht abzuweisen ist.

Die vorredaktionelle Funktion der rabbinischen Gleichnisse muß durchaus nicht immer die Schriftauslegung gewesen sein. Hier sind FLUSSERS Überlegungen zur späteren Midraschisierung bzw. Evangelisierung der Gleichnisse zu Rate zu ziehen. Eine Beschränkung der Betrachtung auf das letzte redaktionelle Stadium tendiert dazu, die auf sekundäre Bearbeitung zurückzuführenden Unterschiede zwischen rabbinischen und neutestamentlichen Gleichnissen als der Form "rabbinisches Gleichnis" bzw. "Gleichnis Jesu" inhärent zu erklären.[100]

Wie GOLDBERG, so geht es auch C.THOMA und S.LAUER darum, die rabbinischen Gleichnisse unabhängig von neutestamentlichen Gleichnissen zu analysieren und sie "als Gebilde eigener, unverkennbarer Färbung" zu betrachten.[101]

In der Einleitung zu ihrer Untersuchung der PRK-Gleichnisse,[102] geben sie zunächst eine Definition des rabbinischen Gleichnisses: Das Gleichnis
1. ist "eine einfache, profane, fiktionale, nicht autonome Erzählung, die ein ganzheitliches Metapherngefüge bildet";
2. erklärt Thora;

---

[99]Abgesehen von den nach Flusser auf griechischsprechende Bearbeiter zurückzuführenden "Glättungen" der neutestamentlichen Gleichnisse.

[100]Vgl. hierzu auch Thoma/Lauer 74: "Es ist ein allzu weit verbreitetes Klischee, die Rabbinen hätten mit ihren Gleichnissen nur Bibelprobleme bewältigen wollen".

[101]Vgl. Thoma/Lauer 12.

[102]Ich verwende hier die Abkürzung Stembergers, die sich von derjenigen Thoma/Lauers unterscheidet.

3. "dient...der allgemeinen religiösen, liturgischen oder halachischen Unterweisung jüdischer Gemeinschaften" und hat damit "didaktische und sapientiale Zweckbestimmung".[103]

Im ersten Teil ihrer Definition stützen THOMA/LAUER sich auf die Gleichnistheorien WEDERS, VIAS und FUCHS', die das Gleichnis als Metapherngefüge sehen, dessen zwei Isotopieebenen sich überschatten.[104] Beide Ebenen gehören unmittelbar zusammen: "Die Gleichniserzählung ist ferner *nicht autonom*: Sie steht nicht um ihrer selbst willen da. Vielmehr weist sie auf die rabbinisch verstandene Thora hin und steht ganz in deren Dienst".[105] Im Midrasch dient die Gleichniserzählung immer der Bibelexegese, ist nicht autonom, sondern hat "einen referentialen Charakter".[106]

Andererseits betonen THOMA/LAUER aber, daß rabbinische Gleichnisse auch eine selbständige literarische Form gewesen sein können, die erst nachträglich in einen midraschischen Kontext gestellt wurden: "Formkritisch gesehen ist die Verbindung masal/nimsal keine unbedingte. Beide können u.U. für sich allein bestehen".[107] So kann man den *nimsal* der Form Midrasch zuordnen. Während ferner von Auslegern rabbinischer Gleichnisse meist behauptet wird, das Gleichnis (*masal*) sei als Erläuterung der Auslegung (*nimsal*) gebildet worden (siehe STERN und GOLDBERG), kommt auch der umgekehrte Fall vor: "Einem älteren masal, der ursprünglich einem anderen nimsal zugewiesen war, wird sekundär ein neuer, nicht ganz zu ihm passender nimsal angehängt".[108] Nahtstellen,

[103]Vgl. ibid. 16f.

[104]Vgl. auch ibid.26.

[105]Ibid. 17.

[106]Vgl. ibid. 23.

[107]Ibid.

[108]Ibid.

181

die die sekundäre Verbindung von *maschal* und *nimschal* erkennen lassen, sind in PRK noch sichtbar. Allgemeingültige Aussagen lassen sich hier nicht machen.[109]

Aufgrund dieser Aussagen ist es verwunderlich, daß THOMA/LAUER sich in ihrer Analyse der rabbinischen Gleichnisse immer nur mit der redaktionellen Stufe befassen, d.h. die Gleichnisse von dem ihnen im Midrasch beigelegten *nimschal* her erklären. Eine formkritische Vorgehensweise, die sie aufgrund der auf dem Gebiet der rabbinischen Gleichnisse heute allseits vorherrschenden Redaktionskritik für durchaus wünschenswert halten,[110] müßte aber das Verhältnis des *nimschal* zum Gleichnis einerseits und zum midraschischen Kontext andererseits untersuchen, um erst im Anschluß daran Aussagen über das Verhältnis von *maschal* und *nimschal* zueinander machen zu können (siehe hierzu unseren Schlußkommentar zu diesem Abschnitt).[111]

THOMA/LAUER zeichnen den Weg des Gleichnisses von seiner Veranlassung, über seine Komposition, bis zu den Adressaten nach. Veranlaßt wurde das Gleichnis immer durch einen zu erklärenden Bibelvers, sei es in liturgischer oder in nicht-liturgischer Situation (Lehrhaus). Das Gleichnis dient dabei der Erhellung derjenigen Bibelverse, die für die Predigt oder in der gelehrten Diskussion "gerade an der Reihe" waren. Immer kommt es im Gleichnis zum *hiddus* ("Neues"), bzw. zu der Erschließung der Situation oder des Bibelverses für den Hörer, die AURELIO "disclosure" nennt.[112] "Neues" bedeutet in diesem Zusammenhang aber nicht bisher noch nicht Dagewesenes, "sondern aktivierte,

[109]Vgl. ibid. 18: "Es gibt PesK-Gleichnisse von derartiger Tiefe und Hintergründigkeit, dass die Vermutung naheliegt, sie seien ursprünglich selbständige Entwürfe für Predigten oder Lehrvorträge gewesen, die erst nachträglich in einen midraschischen Zusammenhang, bzw. in eine petiha eingefügt worden seien (...). Andere Gleichnisse dagegen zeigen deutliche Spuren ihrer Verwiesenheit auf die sie umgebenden Midraschim (...)".

[110]Vgl. ibid. 74f: "Man hat auch in der Judaistik noch zu wenig erkannt, dass die rabbinischen Gleichnisse, bevor sie in Kompilationstexte eingeschoben und eingearbeitet wurden, teilweise selbständige homiletische Entwürfe mit spezifischer Theologie und spezifischer Aussageweise waren".

[111]Nach Thoma/Lauer scheint der Prozeß der Gleichnisbildung zur selben Zeit und von derselben Person vollzogen worden zu sein wie die Verbindung des Gleichnisses mit seiner Anwendung, siehe ibid. 24: "Aus all dem ergibt sich die These, dass den Gleichniserzählern sowohl eine Reihe von Erzählmustern (thesaurus, depositum) als auch ziemlich festgefügte Midraschentwürfe zur Verfügung standen. Die Gleichniserzähler schöpften daraus wie aus einer Schatztruhe mit zwei Fächern - dem Gleichnis- und dem Midraschfach - und komponierten die narrativ-normative Redefigur der aus masal und nimsal bestehenden Gleichnisse". Die Bezeichnung "Gleichniserzähler" ist hier irreführend, da es sich nach Thoma/Lauer doch offensichtlich um einen literarischen Vorgang handelt.

[112]Vgl. Thoma/Lauer 21: "Das rabbinische Gleichnis...ist von religiös-evokativem Charakter. Es erschliesst neue Sinnzusammenhänge, die man aus vorgegebenen Texten nicht ohne weiteres erkannt hätte".

182

aufgelebte, aufgefrischte Tradition".[113] Die rabbinischen Gleichnisse werden verstanden als *hidduse thora*, als Erschließung der Thora für den zeitgenössischen Hörer/Leser.

Der Adressatenkreis der Gleichnisse ist nicht uneingeschränkt.[114] Im homiletischen Midrasch sind die Gleichnisse Teile der Predigt, im nicht-homiletischen Midrasch wird ein rabbinisches Diskussionspublikum vorausgesetzt.[115] Auch hier ist nicht ganz klar, ob THOMA/LAUER den Leserkreis der midraschisierten Gleichnisse anvisieren oder den Hörerkreis der mündlich vorgetragenen Gleichnisse, bzw. ob sie diese beiden Gruppen miteinander identifizieren.[116]

THOMA/LAUER knüpfen an FLUSSERS Vorschlag eines möglichen griechisch-popularphilosophischen Einflusses auf die rabbinischen Gleichnisse an. Die kynisch-stoische Diatribe mit ihren Beispielerzählungen "wirkte offensichtlich anregend auf jüdische Haggadisten und Darschanim". Allerdings zeigen die Gleichnisse Epiktets einen anderen formalen Aufbau als die rabbinischen Gleichnisse, und es gibt tiefgreifende inhaltliche Differenzen. Diese Unterschiede "erlauben also den Satz nicht, die rabbinischen Gleichnisse hätten sich historisch aus hellenistischen Erzähl- oder Lehrformen heraus entwickelt, wie David Flusser meint. Vielmehr wirkten verschiedene biblische, altorientalische (...), hellenistische und evtl. gnostische (...) Erzählformen...stimulierend auf die in ihrer Art unverwechselbaren rabbinischen Gleichnis-Kreationen ein".[117]

Es läßt sich keine formale Entwicklung der rabbinischen Gleichnisse feststellen. Da "die rabbinische Gleichnisform - ähnlich wie die Fabeln, Märchen etc. - ziemlich unbeweglich ist", ist der Mangel an Indizien zur historischen Einordnung der Gleichnisse unerheblich,

[113]Ibid. 22.

[114]Vgl. ibid. 33: "Die Rabbinen erzählten ihre Gleichnisse nicht auf offener, jedermann zugänglicher Bühne".

[115]Vgl. ibid. 33.

[116]An anderer Stelle, ibid. 50, schreiben Thoma/Lauer im Hinblick auf den ursprünglichen "Sitz im Leben": "Wahrscheinlich dienten auch die rabbinischen (bzw. vorrabbinischen) Gleichnisse ursprünglich als eine Art Repertoire für Lehrer und Prediger. Daraus erklärt sich z.B., dass die rabbinischen Gleichnisse oft fast willkürlich eingeschoben wirken. Solche Gleichnis-Repertoires können sowohl den Diatribe-Wanderlehrern als auch den Synagogenpredigern zur Verfügung gestanden haben". Auch wenn die Gleichnisse in Synagogen erzählt wurden, wird man sich den Hörerkreis schwerlich exklusiv vorstellen können. Jeder, der sich dafür interessierte, wird Zugang zu solchen Vorträgen gehabt haben.

[117]Ibid. 50.

und können rabbinische Gleichnisse, obwohl in späteren Dokumenten vorliegend, mit neutestamentlichen Gleichnissen verglichen werden.[118]

Allerdings kann nach THOMA/LAUER der Behauptung FLUSSERS, die rabbinischen und die neutestamentlichen Gleichnisse gehörten derselben Gattung an, nicht uneingeschränkt zugestimmt werden. Neben dem "achristologischen Gedankenduktus" der rabbinischen Gleichnisse ist auch der Adressatenkreis ein verschiedener gewesen. Während die Gleichnisse Jesu der Jünger- oder Volksbelehrung dienten, konzentrierten sich die Rabbinen auf den innergemeindlichen Bereich unter Ausschluß der Umwelt. In Verteidigung FLUSSERS ist anzumerken, daß auch die Gleichnisse Jesu wohl ursprünglich "achristologisch" intendiert waren und verstanden wurden und erst später, in den Gemeinden, eine christologische Ausrichtung erhielten.[119] Da, wie bereits angemerkt, auch THOMA/LAUER mit einer ursprünglichen Verbreitung der rabbinischen Gleichnisse durch volkstümliche Prediger rechnen,[120] und jedermann zu diesen Predigten Zugang hatte, ist auch, was die "Offenheit" des Adressatenkreises betrifft, kein Unterschied zwischen den Gleichnissen Jesu und den rabbinischen Gleichnissen festzustellen. Auch Jesu Hörer waren wohl (fast) ausschließlich Juden. Erst durch die Übertragung der Gleichnisse ins Griechische verschob sich der Adressatenkreis und wurde "internationaler".

In Anknüpfung an THOMA/LAUERS Arbeit vergleicht P.DSCHULNIGG die von seinen Vorgängern aus PRK erhobenen Gleichnisse mit Gleichnissen Jesu. Dabei lehnt er eine differenzierte form- und redaktionskritische Vorgehensweise, die zu "Schichtenmodellen" führt, ab. Seiner Meinung nach ist "die Stimme Jesu immer nur in und durch die Worte seiner Tradenten und Redaktoren vernehmbar, die sich aber gerade als getreue Zeugen ihres Meisters verstanden haben und dies der Substanz nach auch weiterhin waren".[121]

DSCHULNIGG vertraut in ähnlicher Weise der rabbinischen Überlieferung, auch die rabbinischen Gleichnisse haben im Midrasch angeblich ihre ursprüngliche Form und

---

[118]Vgl. ibid. 65: "Damit bleiben Vergleiche mit ntl. Gleichnissen möglich, obwohl diese älter sind und obwohl historische Abhängigkeiten zwischen den ntl. und den rabbinischen Gleichnissen nur schwer feststellbar sind".

[119]Mit Linnemann, gegen Weder.

[120]Vgl. ibid. 50.

[121]Dschulnigg 531.

Funktion bewahrt. Er betrachtet also nur das Endstadium des traditionsgeschichtlichen Prozesses, das heißt die Gleichnisse im Rahmen des Evangeliums bzw. des Midrasch, leitet daraus aber Aussagen über ein früheres Stadium, nämlich die Gleichnisse Jesu bzw. der Rabbinen ab.

Bei seinem Vergleich stellt er in dreierlei Hinsicht Unterschiede zwischen den neutestamentlichen und den rabbinischen Gleichnissen fest:

Erstens gibt es eine Differenz hinsichtlich der Sprecher. Die rabbinische Gleichnisse können im Namen einer Mehrzahl von Sprechern oder auch anonym überliefert sein. Die rabbinischen Tradenten "treten mit ihrer Person ganz hinter die Aufgabe der Vermittlung und Aktualisierung der Thora zurück. Ihre persönliche Situation und Aufgabe spiegelt sich nicht im Gleichnis".[122] Die Person des Gleichniserzählers ist für das Verständnis des Gleichnisses unerheblich. Sprecher der synoptischen Gleichnisse ist jedoch immer Jesus, der auch im Mittelpunkt der übergeordneten Gattung Evangelium steht. Die "singuläre Bedeutung des Erzählers" ist nach DSCHULNIGG in den Gleichnissen selbst reflektiert. Jesus kommt in den Gleichnissen selbst zur Sprache, und zwar so, wie er sonst nur in christologischen Hoheitstiteln erscheint,[123] so daß gilt: "Die Gleichnisse Jesu verweisen also anders als die rabbinischen Gleichnisse indirekt auch auf das Geheimnis des Erzählers selbst und seine personale Hoheit".[124]

Hieraus leitet sich dann auch der zweite von DSCHULNIGG behauptete Unterschied zwischen rabbinischen Gleichnissen und Gleichnissen Jesu ab. Während die rabbinischen

[122]Ibid. 14.

[123]Vgl. Ibid. 14f.

[124]Ibid. 15.

Gleichnisse immer und ausschließlich der Thoraauslegung dienen,[125] ist der "alles umgreifende und bestimmende Bezugspunkt" der Gleichnisse Jesu die *basileia* Gottes.[126] Drittens unterscheidet sich der Adressatenkreis der rabbinischen Gleichnisse von dem der Gleichnisse Jesu. Die rabbinischen Gleichnisse haben einen "begrenzten Horizont": sie dienen immer der Erbauung und Belehrung der Gemeinde. Die Gleichnisse Jesu richten sich dagegen an das Volk, "sind damit auf einen breiteren und weniger gruppenspezifisch organisierten Adressatenkreis ausgerichtet".[127] Dschulnigg bemerkt jedoch, daß auch die Gleichnisse Jesu im Zuge der Redaktion auf dem Hintergrund von Gemeindeproblemen verändert werden und nun auch hier ein "gruppenspezifisches Interesse" deutlich wird.

In Kritik an DSCHULNIGG ist zunächst einmal seine mangelnde Unterscheidung zwischen Tradition und Redaktion hervorzuheben, die die obige Bestimmung der Unterschiede zwischen Gleichnissen Jesu und rabbinischen Gleichnissen grundlegend bestimmt. Wie sonst könnte er alle Gleichnisse Jesu als "Basileia-Gleichnisse" bezeichnen, da doch die Einleitungsformel "Das Himmelreich ist gleich" sich nur bei einigen Gleichnissen findet und meist auf redaktionelle Bearbeitung zurückzuführen ist.[128]

Gegen ein christologisches Verständnis der Gleichnisse Jesu, das die Gleichnisse als Ausdruck von Jesu "Gottmenschlichkeit" versteht, wendet sich schon STERN. Bei einer un-historischen, d.h. nicht formkritisch arbeitenden Methodik besteht die Gefahr, Ideen und

---

[125]Vgl. ibid. 12: "Die rabbinischen Gleichnisse wie das gesamte rabbinische Schrifttum überhaupt stehen im Dienst der Erhellung und Aktualisierung der schriftlichen und mündlichen Tora". Dschulnigg ist in diesem Punkt noch strikter als Thoma/Lauer, die immerhin auch mit anderen Funktionen der Gleichnisse rechneten, vgl. ihre Kritik an Goldberg, ibid. 74. Dschulniggs Behauptung einer Ausrichtung der gesamten rabbinischen Literatur auf die Thora ist sicherlich falsch, wie die zahlreichen Arbeiten J. Neusners über die redaktionellen Programme der Kompilatoren der Talmude und Midraschim zeigen. Vgl. z.B. idem, Sifra, 13: "The exegesis as to its rhetoric and logic, begins not with the atom, the verse itself, but with the generative proposition important to the authorship of the document as a whole". Wenn dies schon für Sifra gilt, umwieviel mehr dann für die beiden Talmudim, denen es ja in erster Linie um einen Kommentar zur Mischna geht, zu deren Erhellung sie erst sekundär Bibelstellen heranziehen, und deren Redaktoren darüberhinaus auch spezielle nicht-mischnaische und nicht-biblische Anliegen hatten, die sie in ihren *sugyot* zum Ausdruck brachten.

[126]Vgl. Dschulnigg 13 und 584: Alle Gleichnisse Jesu dienen "direkt oder indirekt der Erhellung der Botschaft Jesu vom Anbruch des Reiches Gottes, seiner Gegenwart und Vollendung". Ibid. 14: "So qualifizieren sie indirekt sein Wirken als Anbruch der Basileia oder messen seiner Person bei ihrer Vollendung eine eschatologische Funktion zu".

[127]Vgl. ibid. 15.

[128]Siehe hierzu auch Flusser 68 und Young 222.263. Matthäus leitet Gleichnisse gerne mit dieser Formel ein.

Glaubensinhalte, die erst in der nachösterlichen Gemeinde entwickelt wurden, in die Gleichnisse Jesu hineinzulesen. DSCHULNIGGS vermeintlich literarkritische Aussagen zum Wesen der Gleichnisse Jesu basieren in Wirklichkeit auf theologischen Annahmen, die die Gleichnisse selbst nicht bestätigen können.[129] STERNS Annahme, daß das Studium rabbinischer Gleichnisse einem solchen un-historischen Verständnis der Gleichnisse Jesu entgegenwirken könnte,[130] wird durch DSCHULNIGGS ideologisch voreingenommene Interpretation widerlegt.

Was DSCHULNIGGS Behauptung der "Exklusivität" der rabbinischen Gleichnisse im Unterschied zu den Gleichnissen Jesu betrifft, so fragt man sich, warum er die redaktionskritischen Erwägungen, die er hier hinsichtlich der neutestamentlichen Gleichnisse anstellt (ursprüngliche Offenheit/Volksbelehrung - spätere Anwendung auf die Gemeinde) nicht auch für die rabbinischen Gleichnisse geltend macht. Der "Sitz im Leben" der rabbinischen Gleichnisse in Lehrhaus und Synagogenpredigt ist keineswegs so sicher begründet, wie DSCHULNIGG annimmt. Die rabbinische Bewegung war nicht homogen, sondern bestand aus vielen verschiedenen Strömungen, so daß die Autoren der Gleichnisse und ihre Intentionen keineswegs mit den Redaktoren der Sammelwerke und ihren Interessen identisch sein müssen. Hier wird man also ebenso mit einem Wechsel des Hörer/Leserkreises rechnen müssen.[131]

Der "Normaltyp" der Gleichnisse besteht nach DSCHULNIGG immer aus vorangehender Erzählung ("Rhema") und folgender Auslegung ("Thema"). Dies gilt für die neutestamentlichen Gleichnisse ebenso wie für die rabbinischen.[132] Jedoch gibt es hier Unterschiede: "Vereinfacht läßt sich die Differenz zwischen PesK- und synoptischen Gleichnissen auf die Formel bringen: Die Stärke der PesK-Gleichnisse liegt tendenziell in der Ausführlichkeit des Themas, was aber gerade gerne zur Schwächung des Rhemas beiträgt. Die Stärke der Jesusgleichnisse liegt tendenziell in der besseren Entfaltung des

[129]Dasselbe gilt für andere von Ricoeur beeinflußte Gleichnisauslegungen, wie z.B. diejenige Jüngels und Weders.

[130]Vgl. Stern, Jesus' Parables, 58.

[131]Der ursprüngliche Hörerkreis der rabbinischen Gleichnisse wird in der rabbinischen Literatur nicht genannt. Die Evangelien sprechen im nachhinein von Volks- und Jüngerbelehrung. Ob man dieser Darstellung historischen Wert zumessen kann, ist aber zweifelhaft. Vielleicht waren bei Jesu Gleichnisvorträgen auch nur die Jünger anwesend. Umgekehrt können auch die rabbinischen Gleichnisse in freiem Vortrag etwa auf dem Marktplatz an alle Hörwilligen gerichtet gewesen sein.

[132]Vgl. ibid. 11.

Rhemas, der erzählerischen Dimension und ihrer Möglichkeiten".[133] Aspekte, die auf die Struktur der übergeordneten Gattungen Evangelium versus Midrasch zurückzuführen sind, werden auch hier wieder als Unterschiede der Gleichnisse Jesu bzw. der Rabbinen postuliert. Eine genaue Differenzierung zwischen Tradition und Redaktion wäre wünschenswert.

DSCHULNIGGS angeblicher Vergleich der Gleichnisse Jesu mit den rabbinischen Gleichnissen der PRK ist eher ein Vergleich der zeitlich und literarisch weit auseinanderliegenden Gattungen Evangelium und Midrasch, als ein Vergleich der Traditionsform Gleichnis, und die Unterschiede, die er aufzuweist, sind auch eher Aspekte dieser übergeordneten Gattungen, als Unterschiede der Gleichnisse wie Jesus und die Rabbinen sie erzählten.[134]

T.THORION-VARDI beschäftigt sich mit einer bestimmten Art von rabbinischen Gleichnissen, dem sogenannten Kontrastgleichnis. Es besteht aus zwei Teilen, in denen jeweils eine ähnliche Handlung dargestellt wird. Der erste Teil "faßt meist verallgemeinernd Lebenserfahrungen aus dem menschlichen Bereich zusammen".[135] Im zweiten Teil werden parallele Erscheinungen, meist aus dem göttlichen Bereich, dem im ersten Teil Geschilderten kontrastiv gegenübergestellt. Zweck dieser Gegenüberstellung ist es, die Eigenschaften oder Handlungen Gottes als unbegreiflich, erstaunlich, den weltlichen Bereich sprengend darzustellen: "Durch die Nebeneinander- oder Gegenüberstellung dieser beiden Welten ist die Prävalenz der oberen Sphäre (...) über die untere Sphäre (...) absolut und ausnahmslos hervorgehoben.[136]

---

[133]Ibid. 560.

[134]Ein redaktionsgeschichtlicher Vergleich, d.h. eine Untersuchung über die Verwendung der Gleichnisse in den verschiedenen Literaturwerken, kann m.E. erst nach einer genauen Analyse der Gesamtkonzeptionen, bzw. der redaktionellen Programme der verschiedenen rabbinischen Literaturwerke durchgeführt werden. Gleichnisse werden z.B. im palästinischen Talmudtraktat Neziqin anders verwendet als in anderen Traktaten dieses Talmuds, in Sifra anders als in PRK etc. Insofern scheint mir auch die (nur das letzte, redaktionelle Stadium behandelnde) Untersuchung der PRK-Gleichnisse durch Thoma/Lauer und Dschulnigg nicht repräsentativ zu sein für die rabbinische Verwendung von Gleichnissen in anderen Werken.

[135]Vgl. Thorion-Vardi 9.

[136]Ibid. 135. Vgl. auch ibid. 56.

Bestimmte Textmerkmale sind charakteristisch für Kontrastgleichnisse. So stehen am Anfang oft stereotype Einleitungsformeln, die sich auf beide Teile beziehen, wie z.B. שלא כמדת בשר ודם מדת הקב״ה ["Denn nicht nach der Art von Fleisch und Blut ist die Art des Heiligen, Gelobt Sei Er"]. Ein solcher Satz kann auch den Abschluß einer vorausgehenden literarischen Einheit bilden und gleichzeitig das folgende Kontrastgleichnis einleiten: שאין מדותיו כמדת בשר ודם ?למה ["Warum? Weil seine Wege nicht wie die von Fleisch und Blut sind"]. Während THORION-VARDI Midraschtexte, in denen Kontrastgleichnisse vorkommen, nur synchronisch betrachtet,[137] ist der redaktionelle und damit sekundäre Charakter dieser Verbindungsformeln m.E. eindeutig ersichtlich.

Die Einleitung der ersten Hälfte des Kontrastgleichnisses, בנוהג שבעולם ["Nach der Gewohnheit der Welt..."], begegnet auch als Einleitung direkter Gleichnisse.[138] In der Einleitung des zweiten Teils finden sich meist adversative Partikel wie ואילו, ו, אבל, ברם הכא ["aber", "jedoch"], mit denen Formeln gebildet werden wie אבל הקב״ה אינו כן אלא ["Aber der Heilige, Gelobt Sei Er, ist nicht so, sondern..."].[139] Da alle diese Phrasen aber auch außerhalb der Kontrastgleichnisse in der rabbinischen Literatur vorkommen, gilt: "Ein Merkmal, das in allen KGG vorhanden wäre und damit als absoluter Indikator für jedes KG dienen könnte, gibt es ... nicht".[140] Dennoch ist aufgrund der erwähnten inhaltlichen und formalen Charakteristika eine Übereinstimmung von Form und Inhalt festzustellen.

Innerhalb der Makroeinheit gehen dem Kontrastgleichnis ein Bibelzitat und eine auf dieses Zitat bezogene Bemerkung der Rabbinen voraus. Diese Bemerkung schafft einen Übergang zwischen Zitat und Gleichnis und ist unbedingt notwendig zum Verständnis der ganzen Einheit: "Liest man...das Zitat mit dem KG, ohne die Aussage, scheinen sie

[137]So versucht sie, ibid. 17, Anm.22, diese Übergänge als rhetorische Mittel zu erklären: "Die Zugehörigkeit der Phrasen zu beiden Seiten war für den Prediger oder den Hörer der Predigt kein Problem. Eine derartig aufgebaute Texteinheit mit glatten Übergängen klang wahrscheinlich gut und überzeugend".

[138]Vgl. ibid. 18.

[139]Vgl. ibid. 42f.

[140]Ibid. 134.

zusammenhanglos zu sein".[141] Nur in den seltenen Fällen, in denen der Zusammenhang zwischen Bibelvers und Gleichnis unmittelbar einsichtig ist, kann diese Aussage fehlen.

Kontrastgleichnisse haben nach THORION-VARDI eine andere Funktion als direkte Gleichnisse: "Direkte Gleichnisse sind zur Erhellung und Auslegung von Textproblemen verwendet (...). Hingegen dienen die KGG zur Hervorhebung und weiterer Exemplifizierung der Herrlichkeit Gottes, und auch das meist durch Stützung nicht auf einen angeführten Schriftvers, sondern auf eine von den Rabbinen selbst formulierte Zwischenaussage".[142]

Wie STERN, GOLDBERG, THOMA/LAUER und DSCHULNIGG, so betrachtet auch THORION-VARDI die Gleichnisse nur im Zusammenhang der Makrogattung Midrasch, ohne form- und redaktionskritische Unterscheidungen zu machen. Es handelt sich hierbei lediglich um eine Beschreibung der "Oberflächenstruktur" einer spezifischen literarischen Einheit des Midrasch, nicht aber um eine Analyse der formgeschichtlichen Gattung "Kontrastgleichnis" (wenn es diese überhaupt gibt).[143]

d) Konsequenzen

Aus dem obigen Überblick ergibt sich Folgendes:

Obwohl die rabbinischen Gleichnisse erst viel später als die Gleichnisse Jesu literarisch bezeugt sind, ist ein Vergleich zwischen ihnen durchaus möglich, denn (a) die formalen Merkmale der Gattung "Gleichnis" sind relativ konstant geblieben; (b) dieselben Motive und Bilder begegnen sowohl in neutestamentlichen als auch in rabbinischen Gleichnissen verschiedenster Provenienz. Ein Vergleich der Gleichnisse hinsichtlich der Auswahl und des Gebrauchs bestimmter Metaphern und der mit ihnen verbundenen Assoziationen kann

[141]Ibid. 88.

[142]Ibid. 134.

[143]Der Vollständigkeit halber seien noch folgende Untersuchungen zu rabbinischen Gleichnissen genannt: Sulzbach beschäftigt sich vor allem mit Fabeln, die er auch unter dem Oberbegriff *maschal* einreiht; Feldmans Arbeit ist eine Sammlung von Gleichnissen, die Anklänge an den landwirtschaftlichen Bereich enthalten; Weinel, Talmud, kritisiert Fiebigs "unkritische" Heranziehung talmudischer Texte zur Lösung neutestamentlicher Probleme.

die Eigenart des jeweiligen Gleichniserzählers, bzw. seine spezielle Aussageabsicht verdeutlichen.

Im Bereich rabbinischer Gleichnisauslegung ist heute der redaktionskritische (STERN), verbunden mit dem literaturwissenschaftlichen (GOLDBERG) bzw. hermeneutischen Ansatz (THOMA/LAUER, DSCHULNIGG) vorherrschend. Die Gleichnisse werden als Formen midraschischer Lehrweise verstanden, die in erster Linie der Bibelerklärung dienten. Form und Funktion der Gleichnisse innerhalb der Rahmengattung Midrasch werden erhellt.

Eine derartige Untersuchung ist sicherlich notwendig, zeigt sie doch, welch unterschiedlichen Zwecken die Gleichnisse den Redaktoren der Evangelien einerseits und den Verfassern der Midraschwerke (und Talmude) andererseits dienten. Die neutestamentlichen Gleichnisse werden von den Evangelisten alle Jesus zugeschrieben und sind eng mit Jesu übriger Lehre und Geschick verknüpft. Für die nachösterlichen Rezipienten sind es Gleichnisse des auferstandenen Christus, der sich und die Gottesherrschaft mit ihnen ankündigte. In der rabbinischen Literatur gibt es jedoch keine Gleichniserzählerpersönlichkeit, die besonders hervorgehoben würde. Es ist letztendlich unerheblich, wer ein Gleichnis erzählt hat. Die Herausgeber rabbinischer Schriften betrieben keinen Persönlichkeitskult. Jeder Rabbiner war prinzipiell gleichbedeutend.[144] Die Gleichnisse dienten nun (oft indirekt) der Schriftauslegung, sowie der Verdeutlichung von theologischen Sachverhalten und rabbinischen Wertvorstellungen.

Diese auf die besondere Natur der jeweiligen Rahmengattungen zurückzuführenden Unterschiede sollte man allerdings nicht zu hoch bewerten. Man darf sie nicht unmittelbar auf Jesus und die rabbinischen Gleichniserzähler zurückprojezieren, wie DSCHULNIGG dies tut. Mit HEINEMANN, FLUSSER und YOUNG ist vielmehr an der "historischen" Betrachtungsweise, bzw. der Verwendung formkritischer Methodik unbedingt festzuhalten und hinter die redaktionelle Rahmung im vorliegenden Kontext zurückzufragen. Nur eine formkritische Untersuchung kann es vermeiden, später entstandene theologische Konzeptionen und exegetische Bedürfnisse in die Gleichnisse hineinzulesen.[145] Form- und Redaktionskritik müssen unterschieden, dürfen aber nicht getrennt werden.

---

[144]Vgl. hierzu Porton, 96, der auf den Unterschied zwischen *apophthegmata* und ähnlichen Geschichten über einzelne Rabbinen hinweist.

[145]Vgl. Stern, Jesus' Parables, 73: Unterschiede zwischen neutestamentlichen und rabbinischen Gleichnissen "reside...within their nimshalim rather than in the meshalim themselves, that is, in the subsequent literary and theological contextualizations; and in the values, transcendent or mundane, that their respective religious traditions historically attributed to them".

Die Gleichnisse sind zunächst in ihrem literarischen Kontext innerhalb der entsprechenden Midraschwerke, bzw. des Talmuds zu betrachten. Es ist zu fragen, wie sich das *nimschal* zur Gleichniserzählung einerseits und zum weiteren midraschischen/talmudischen Kontext andererseits verhält. Stimmt es in seiner Terminologie mit dem weiteren Kontext überein, während es sich in der Wortwahl vom Gleichnis unterscheidet, d.h. verwendet es für die gleiche Sache andere Ausdrücke, wird man vermuten dürfen, daß das *nimschal* erst später, durch die Herausgeber der Sammelwerke oder die Verfasser der midraschischen Proömien, an das Gleichnis angefügt worden ist, während das Gleichnis relativ unverändert belassen wurde.[146] Gibt es terminologische Übereinstimmungen zwischen *maschal* und *nimschal*, ist mit einem redaktionellen Eingriff in die Formulierung des Gleichnisses zu rechnen, insbesondere dann, wenn der in beiden Teilen gleich formulierte Sachverhalt einen im Kontext wichtigen Aspekt betrifft.

Außer der Untersuchung des unmittelbaren literarischen Kontextes sind für die Erhebung redaktioneller Eingriffe in vorgegebenes Traditionsmaterial Parallelversionen in anderen Kontexten zu Rate zu ziehen. Unterschiede gegenüber anderen Versionen sind dann als redaktionell bedingt anzusehen, wenn sie sich gut in den literarischen Kontext des jeweiligen Werkes einfügen, bzw. einen für nur diesen Kontext relevanten Aspekt zum Ausdruck bringen. Dabei können Parallelversionen auf gemeinsame Tradition zurückgehen, oder es kann sich bei in späteren Dokumenten erscheinenden Parallelen um Abänderungen oder Verkürzungen von aus früheren Dokumenten bereits bekannten Texten handeln. Eine letztgültige Entscheidung ist hier oft nicht möglich.

Trotz der Kompliziertheit und Unsicherheit des hier dargestellten Verfahrens ist das von DSCHULNIGG verworfene "Schichtenmodell" m.E. in einer historisch-kritischen Untersuchung nicht zu umgehen. Ohne die Annahme von Tradition ist es auch müßig, von Redaktion zu reden, und die Verfasser der Sammelwerke wären nicht kreative Bearbeiter

---

[146]Oft ist ein und dasselbe Gleichnis in verschiedenen Werken mit verschiedenen *nimschalim* verbunden. Diese Anwendungen können, wenn sie in den Gesamtkontext der entsprechenden Perikope passen, von den Redaktoren des Midrasch/Talmud verfaßt worden sein, um Schriftvers und Gleichnis miteinander zu verbinden. Vgl. auch Stern, Rhetoric, 274: Das *maschal* bietet keine direkte Interpretation des Schriftverses, die Verbindung wird erst durch das *nimschal* hergestellt.

vorgegebenen Materials, sondern freischaffende Autoren. Eine solche Möglichkeit ist aber angesichts des Collagen-Charakters rabbinischer Literatur abzulehnen.[147]

An die Untersuchung der literarischen Kontexte der jeweiligen Gleichnisse schließen sich Struktur- und Aktantenanalyse an. Für einen Vergleich der schon von vielen Exegeten bemerkten gemeinsamen Motive und Bilder eignet sich besonders die von H. Weinrich entworfene Bildfeldtheorie, die im 5.Kapitel dieses Teils vorgestellt wird.

[147]Die von Neusner gemachte Beobachtung, daß die Verfasser der größeren Werke bei der Komposition planmäßig vorgegangen sind und etwas ganz Neues schafften, wird hier nicht bestritten. Nur muß betont werden, daß diese Neuschaffung durch die Verwendung von "altem" Material geschah, und daß man ohne das "Herausschälen" dieses "Alten" auch nicht das wahrhaft Neue erkennen kann. Wewers, 10, verwendet für die Redaktion des Palästinischen Talmuds den Ausdruck "Montage". Ich ziehe das Modell der "Collage" vor, da hierin der Eigenanteil des Bearbeiters stärker zum Ausdruck kommt. Ein Collagenkünstler verwendet vorgegebenes Material, aber er reiht es nicht nur zu einem neuen Ganzen aneinander, sondern schafft durch eigene malerische Tätigkeit Verbindungen und größere Zusammenhänge.

2. Kapitel: Die rabbinischen Gleichnisse in ihrem literarischen Kontext[148]

Bevor wir die rabbinischen Lohngleichnisse mit Mt 20,1-15 vergleichen, ist es angebracht, sie im Rahmen ihres literarischen Kontextes zu untersuchen, um festzustellen, wo es sich um Tradition handeln könnte und wo um Redaktion.[149]

(1) jBer 2,8 (5c)

Das Gleichnis vom König, der den fleißigen Kurzzeitarbeiter ebenso hoch belohnt wie die Ganztagsarbeiter, befindet sich in der *gemara* zu mBer 2,8. In dieser Mischna geht es um die Frage, ob man anläßlich des Todes eines Sklaven Tröstung entgegennehmen darf [לקבל עליו תנחומין]. Diese Frage wird anhand eines *maaseh* beantwortet. Als Rabban Gamliels Sklave Tabi starb, nahm er seinetwegen Tröstung entgegen, weil er, obwohl Heide, rechtschaffen war. Es handelt sich in diesem Fall also um eine Ausnahme von der Regel, nach der man beim Tod von Sklaven eben keine Tröstung entgegen nimmt. Dieses ist aber erst in der *gemara* explizit gesagt [אין מקבלין תנחומין על העבדים]. Die *gemara* beginnt mit der Behandlung des von der Mischna vorgegebenen Themas der Entgegennahme von Tröstung beim Tode eines Sklaven. Ein *maaseh* über R. Eliezers Verhalten nach dem Tode seiner Magd, das dem des Rabban Gamliel genau entgegengesetzt ist - R. Eliezer weigert sich entschieden, Tröstung entgegenzunehmen, die Magd wird aber auch nicht als besonders rechtschaffen bezeichnet - illustriert die allgemeine Regel [s.o., wiederholt am Ende des *maaseh*], die schon in der Mischna impliziert ist.

Das nächste in der *gemara* behandelte Thema sind Trauerreden, die von Rabbinen anläßlich des Todes von Kollegen gehalten wurden. Diese *sugja* besteht aus vier Abschnitten, die jeweils mit der Formel על ר׳פ ואפטר עליו [א]על ר׳פ [כד דמך ר׳פ ("als R.X. starb, ging R.Y. hinauf und hielt eine Trauerrede über ihn") beginnen. Es folgt jeweils ein Bibelvers, eine kurze Erklärung zu diesem Bibelvers (außer im vierten Abschnitt), ein Gleichnis (außer im dritten Abschnitt; im ersten Abschnitt folgt auf das Gleichnis noch eine Mischform zwischen *maaseh* und Gleichnis) und eine Schlußbemerkung, die das

---

[148]Die rabbinischen Gleichnisse sind im Anhang im hebräischen Originaltext und in Übersetzung wiedergegeben. In die Übersetzung wurde auch ihr unmittelbarer Kontext miteinbezogen. Für die hebräische Fassung des Kontextes siehe die entsprechenden Textausgaben.

[149]Für Einleitungsfragen, die hier nicht behandelt werden können, wird auf Strack/Stemberger verwiesen.

Gleichnis auf den anfangs erwähnten verstorbenen Rabbiner bezieht. In den Abschnitten geht es um folgende Rabbinen, wobei Ersterer die Trauerrede für Letzteren hält:

(1) Resch Laqisch - R. Chijja b. Adda

(2) R. Zeira - R. Bun b. Chijja

(3) R. Lajja - R. Simon b. Zebid

(4) Vater Schmuels - R. Levi b. Sissi.

Es handelt sich bei dieser Kompilation weitgehend parallel verlaufender Abschnitte entweder um die Konstruktion der Redaktoren des palästinischen Talmuds[150] oder um die redaktionelle Einarbeitung einer vorgegebenen Midraschsammlung.[151]

Der Abschnitt über R. Bun b. Chijja, der unser Lohngleichnis enthält, entspricht also seinem Aufbau nach weitgehend den anderen drei Abschnitten. Dieser Aufbau ist also entweder redaktionelle oder vor-redaktionelle literarische Konstruktion.[152]

Das Gleichnis begegnet in etwas anderer Form auch in Tan *Ki Tissa* 3, 151a (2). Auch hier geht es im Kontext um die göttliche Belohnung Frühverstorbener im Zusammenhang mit Koh 5,11. Der Anfangsteil der beiden Gleichnisse ist weitgehend identisch. Ein König dingt Arbeiter und hält einen von ihnen von der Arbeit ab, indem er mit ihm spazierengeht. Während dann im zweiten Teil des 1. Gleichnisses die Zahlung des vollen Lohnes an alle Arbeiter ausdrücklich berichtet wird, ist davon in der Argumentation des 2. Gleichnisses nur implizit die Rede. Der wichtigste Unterschied zwischen den beiden Gleichnissen ist das Motiv des besonderen Arbeitseifers des einen Arbeiters, das sich nur im 1. Gleichnis findet. Dieses Motiv bestimmt dann auch die Rechtfertigung des Königs am Ende des Gleichnisses. Die Betonung des besonderen Verdienstes des Kurzzeitarbeiters paßt gut zum literarischen Kontext, in dem es um R. Bun b. Chijja geht, der als besonders eifriger Toragelehrter charakterisiert wird. Es ist also möglich, daß der Verfasser dieses Abschnittes das Motiv der besonderen Strebsamkeit der vorgegebenen Tradition

---

[150]Schon Lieberman 20-25, bes. 22, hat entgegen früheren Auffassungen darauf hingewiesen, daß der palästinische Talmud sehr wohl eine (abschließende?) Redaktion erfahren hat. Der/die Redaktoren der *sugjot* ordneten das ihnen zur Verfügung stehende Material nach einem bestimmten Plan. Die Art und Weise der Redaktion, bzw. die genaue Bestimmung des Anteils des sog. *"Stam"* (d.h. des anonymen Teils) ist allerdings heutzutage noch umstritten. Vgl. dazu neuerdings Neusner, Taxonomy, und Bokser, Study, 14: "While the notion of a literary enrichment has gained much support regarding the Babli, some type of analogous process centering on the orchestration of the teachings and the addition of an anonymous framework would seem to be true for some degree, as well, for the Yerushalmi".

[151]Die Parallelen in KohR 5,11 und HldR 6,2, die die ersten drei Abschnitte in veränderter Reihenfolge enthalten, sind deutlich von jBer 2,8 abhängig. Siehe hierzu auch Strack/Stemberger 289-291.

[152]Diese Konstruktion entspricht ihrer Form nach Einheiten homiletischer Midraschim, wie etwa LevR.

hinzugefügt, oder es zumindest besonders hervorgehoben hat.[153] Andererseits könnte man die Tan-Version als eine Verkürzung der PT-Version ansehen und dürfte dann aus der größeren Ausführlichkeit der PT-Version keine redaktionskritischen Schlüsse ziehen. Gleichnis und Bibelvers sind nicht vollkommen deckungsgleich. Gemeinsam ist ihnen die Rede von (einem) Arbeiter/n (wobei Koh 5,11 allerdings das Wort עובד verwendet, das Gleichnis dagegen von einem פועל spricht), sowie der Unterschied zwischen "wenig" und "viel". Die im Bibelvers verwendeten Ausdrücke מעט und הרבה erscheinen im Gleichnis allerdings nicht, und es ist dort auch nicht vom Schlaf, sondern von der Arbeit die Rede. Das Gleichnis scheint also ursprünglich unabhängig vom Bibelvers formuliert worden zu sein, da es für dieselbe Sache andere Formulierungen verwendet, und thematisch leicht abweicht. Der Schlußsatz, der das Gleichnis auf R. Bun b. Chijja bezieht, verwendet Terminologie des Gleichnisses, wenn vom "Mühen" (יגע) R. Bun b. Chijjas die Rede ist, ein Verb, das auch für das Arbeiten des einen Arbeiters am Ende des Gleichnisses verwendet wird. Wie bereits oben bemerkt, könnte es sich bei dem Motiv des Mühens um einen redaktionellen Zusatz handeln. Andererseits könnte der Verfasser des *nimschal* aber auch bewußt eine Wendung des Gleichnisses aufgreifen.[154] Jedenfalls ist hier eine Gleichniserzählung, die von einem Arbeiter, dessen Arbeitszeit durch den Arbeitgeber vorzeitig beendet wurde, handelt, von dem Redaktor der *sugja* oder dem Redaktor dieser von Ersterem bereits vorgefundenen Midraschkompilation sekundär auf die spezifische Situation des frühen Todes R. Bun b. Chijjas bezogen worden.

(2) Tan *Ki Tissa* 3, 151a

Das dem ersten Gleichnis ähnliche Gleichnis vom König, der einen Arbeiter von der Arbeit abhielt und ihm deshalb den vollen Lohn zahlen mußte, befindet sich in einem Proömium, das mit dem Proömiumsvers Koh 5,11 ("Süß ist der Schlaf des Arbeiters...") beginnt und endet, und deshalb ein "kreisförmiges Proömium" ("circular proem") zu

---

[153]Da man in der Tanhuma-Forschung neuerdings von der einheitlichen Spätdatierung abgekommen ist (vgl. Bregman), ist es durchaus möglich, daß den beiden Versionen gemeinsames Traditionsmaterial vorlag, das sie unabhängig voneinander verarbeiteten.

[154]Im Hinblick auf die Verwendung gleicher Terminologie im *maaseh* und der anschließenden anonymen Erklärung im BT schreibt Segal 214: "Again the 'anonymous Talmud' that connects the case to the theoretical *sugya* is quoting from the body of the case...This suggests that the case was not actually cited in order to illustrate the solution, but rather the solution was learned from the case". Gleiches darf für das Verhältnis von Gleichnis und Anwendung im PT gelten.

nennen ist.[155] Aufgabe des Verfassers ist es, vom anfangs zitierten Vers ausgehend einen Bogen zu schlagen zu anderen Themen hin, um am Ende wieder an seinem Ausgangspunkt anzukommen. Innerhalb eines Proömiums sind die Sätze meist durch thematische oder Stichwortassoziation miteinander verbunden. Das Proömium insgesamt steht in impliziter (thematischer) Beziehung zum Sedervers.[156]

Die scheinbare Unvereinbarkeit zwischen Salomos[157] Weisheit und seinem angeblich gesundem Menschenverstand widersprechenden Satz gibt Anlaß zur allegorischen Auslegung dieses Satzes: Die Arbeiter sind die Gerechten, diejenigen, die sich mit Thora mühen (עמלי תורה). Ob sie viel oder wenig essen bedeutet im übertragenen Sinne, ob sie sich kurz oder lange mit Thora mühen (יגע). Als erstes Beispiel werden ein mit dreißig Jahren verstorbener Gelehrter und ein mit achtzig Jahren verstorbener angeführt. Obwohl sich der eine nur zwanzig Jahre, der andere sich dagegen siebzig Jahre lang mit Thora beschäftigt hat, wird niemand sagen können, daß Gott Ersterem weniger Lohn zahlen wird als Letzterem, denn Gott selbst hat ein längeres Thorastudium des Ersteren durch frühzeitige Hinwegnahme (שסלקתני) verhindert. Das zweite, im Namen von R. Hanina angeführte Beispiel kann als Konkretisierung des ersten gelten. Obwohl Samuel nicht so lange lebte wie Mose, und sich deshalb nicht so lange für Israels Wohl einsetzen konnte wie jener, hat Gott sie gleich behandelt, wie angeblich aus Ps 99,6 hervorgeht. Die Wiederholung des Proömiumsverses Koh 5,11 schließt die Auslegung im Namen R. Haninas ab und leitet gleichzeitig über zum im Namen von R. Levi zitierten Gleichnis.

Anders als im 1. Gleichnis wird hier nicht ein besonderer Arbeitseifer des einen Arbeiters erwähnt. Im Kontext wird auch nicht ein bekannter Gelehrter hervorgehoben, dessen besondere Gelehrsamkeit man betonen wollte, sondern es ist von einem anonymen Frühverstorbenen die Rede.

Im Unterschied zum Bibelvers (עובד) verwendet das Gleichnis die Bezeichnung פועל für Arbeiter. Für das Arbeiten wird nicht eines des im vorausgehenden Kontext begegnenden Verben עמל oder יגע verwendet, sondern עשה. Diese unterschiedliche Terminologie, sowie die Zitierung im Namen einer anderen Autorität (R. Levi), läßt die ursprüngliche Unabhängigkeit der Gleichnistradition vom literarischen Kontext vermuten. Diese Vermutung wird durch die Analyse des dem Gleichnis folgenden Passus bekräftigt. In diesem anonymen Teil begegnet wieder Vokabular des Anfangs. Die Arbeiter sind

---

[155]Zum "circular proem" vgl. Fox. Normalerweise enden Proömien mit dem sog. Sedervers, d.h. mit dem durch den Synagogenlesezyklus vorgegebenen Bibelvers.

[156]Vgl. hierzu Fox 31.

[157]Salomo wird in der Tradition als Autor des Verses Koh 5,11 angesehen.

diejenigen, die sich mit Thora mühen (עמלי התורה bzw. מי שיגע בתורה). Bis auf die verschiedenen Zahlenwerte entspricht die hiesige Erklärung dem obigen ersten Beispiel. Sogar der Ausdruck שסלקתני taucht hier wieder auf. Diese Auslegung des Gleichnisses stammt also von demselben anonymen Verfasser des obigen Anfangsteils, nämlich dem Verfasser des vorliegenden Proömiums, der, wie die unterschiedliche Terminologie zeigt, nicht mit dem Verfasser der Gleichnistradition identisch ist. Der Autor des Proömiums hatte also wohl den Proömiumsvers, die Auslegung im Namen R. Haninas, sowie die im Namen von R. Levi überlieferte Tradition vorliegen und hat diese Teile in sein Proömium eingearbeitet. Dabei kann das R. Levi zugesprochene Gleichnis auf mit dem 1. Gleichnis gemeinsame Tradition zurückgehen, oder es kann sich um eine Verkürzung und sekundäre Zueignung des ersteren handeln (siehe oben unter 1). Das Proömium schließt mit dem Proömiumsvers, der mit der für Proömien typischen Formel לפיכך אמר eingeleitet wird.

(3) Sifra *Bechuqqotai* 2,5 zu Lev 26,9

Sifra ist ein halakhischer Midrasch zu Lev, der Lev Vers für Vers kommentiert. Das vorliegende Gleichnis wird nach den üblichen Einleitungsformeln gleich an den Bibelvers Lev 26,6 angehängt.
Gleichnis und Bibelvers sind durch das Stichwort פנה miteinander verbunden. Diese Verbindung muß nicht besagen, daß das Gleichnis ursprünglich zur Erhellung eben dieses Bibelverses formuliert worden ist. Der Redaktor des Abschnitts kann sich bei Zitierung von Lev 26,9 durch Stichwortassoziation an das Gleichnis erinnert haben.
Das Gleichnis ist eine autonome Erzählung. Es enthält über das mit dem Bibelvers gemeinsame Moment der Zuwendung des Königs/Gottes das Element des Vergleichs des einen Arbeiters mit den vielen und die Begründung der besonderen Zuwendung zu dem einen Arbeiter. Es ist also nicht bloße Bibelerklärung, sondern will eine eigenständige Aussage machen. Die mit כך eingeleitete Anwendung des Gleichnisses greift Formulierungen der Gleichniserzählungen auf (הללו עשר עמי מלאכה מיעטת ואני נותן להם שכר מועט. אבל אתם חשבון רב אני עתיד לחשב עמכם) und bezieht sie speziell auf Israel und die Völker, während aus der abstrakten Gleichniserzählung selbst die kollektive Bedeutung nicht ersichtlich ist. Der Abschnitt endet mit der Wiederholung des anfangs zitierten Bibelverses.

(4) DtnR 6,2 (*Ki Teze*) zu Dtn 22,6

Das Gleichnis befindet sich in einem Proömium zum Sedervers Dtn 22,6: "Wenn du unterwegs auf irgendeinem Baume oder auf der Erde zufällig ein Vogelnest mit Jungen oder Eiern findest...". Es handelt sich hierbei nicht um ein kreisförmiges Proömium, das mit dem Proömiumsvers beginnt und endet, wie in Tan *Ki Tissa* 3, 151a (s.o.), sondern am Anfang steht der Proömiumsvers Spr 5,6: "Den Weg des Lebens wäge nicht ab" und am Ende der Sedervers. Aufgabe des Verfassers des Proömiums ist es, sich von seinem Ausgangspunkt (Spr 5,6) durch assoziative Verbindungen einen Weg zum Endpunkt, dem Sedervers (Dtn 22,6), zu bahnen.[158] Das Wort תפלס in Spr 5,6 erinnert an das in Jes 40,12 begegnende פלס, das hier die Bedeutung "Waage" hat. In diesem Sinne wird dann auch Spr 5,6 verstanden. Das "Abwägen" führt zum Thema der Gebote: Gebote sollen nicht "abgewogen" werden, d.h. man soll Gebote nicht um ihres Schwierigkeitsgrades und des davon abhängigen Lohnes erfüllen. Um dies zu vermeiden, ist der Lohn der einzelnen Gebote von Gott nicht bekanntgegeben worden. Man soll sie in Unkenntnis des mit ihnen verbundenen Lohnes tun. Diese "Unkenntnis" (כתום) läßt sich dann gut mit dem "irren" (נעו) in der zweiten Hälfte des Proömiumsverses verbinden. Hierauf folgt dann das Gleichnis von den Arbeitern, die mit unterschiedlichen Gartenarbeiten beschäftigt sind ohne zu wissen, wie groß der Lohn für jede einzelne Arbeit ist. Auch das Gleichnis verwendet den Ausdruck לא גילה להם מהו שכר (oben heißt es allerdings מתן שכרה). Wahrscheinlich hat diese Gemeinsamkeit, bzw. das Thema des Unbekanntseins des Lohnes, zur Anfügung des Gleichnisses an dieser Stelle geführt.

Diesem Gleichnis ähnliche Versionen begegnen in Tan *Ki Teze* 2, 330a (5) und MidrPss 9,3, 41a (6). Auch dort geht es im weiteren Kontext um das Unbekanntsein des Lohnes vor Beendigung der Arbeit. Gemeinsam ist den drei Gleichnistexten, daß ein König Arbeiter in seinen Garten/auf sein Feld führt, ihnen den Lohn nicht bekanntgibt, und sie am Ende einen den jeweiligen Arbeiten entsprechenden verschiedenen Lohn erhalten (im 4. Gleichnis ausdrücklich gesagt, im 5. und 6. impliziert). Die Szene der Lohnauszahlung ist im 4. Gleichnis viel ausführlicher als im 5. und 6. Sie enthält für den Kontext nicht relevante (Spezifizierung des Lohnes anhand von drei Beispielen; Begründung für das Unbekanntsein des Lohnes) bzw. dem Kontext widersprechende Elemente (siehe dazu weiter unten). Deshalb ist anzunehmen, daß der Verfasser dieses Proömiums das Gleichnis so bereits aus seiner Tradition kannte und relativ unverändert übernommen hat. Bei den in (5) und (6) erscheinenden Gleichnissen ist mit einer kontextbedingten Verkürzung dieser Tradition zu rechnen, sei es daß man eine hinter dem 4.-6. Gleichnis vorliegende

---

[158]Zum Proömium vgl. Heinemann, Proem.

gemeinsame Tradition annimmt, sei es daß man diese Tradition mit dem 4. Gleichnis identifiziert.[159]

Um zum Endpunkt, nämlich dem Sedervers, der von dem Gebot des Entlassens der Vogelmutter spricht und traditionell als das leichteste (bzw. unwichtigste) Gebot gilt, zu gelangen, muß der Verfasser des Proömiums in seiner Auslegung von der Aussage des Gleichnisses leicht abweichen. Während dem Gleichnis zufolge der Lohn keiner Arbeit, also auch nicht der Lohn der schwersten und der leichtesten, bekanntgegeben worden ist, wird in diesem Abschnitt behauptet, daß Gott den Lohn für die Erfüllung des schwersten (wichtigsten) und leichtesten (unwichtigsten) Gebotes, nämlich des Entlassens der Vogelmutter, bereits angekündigt hat. Der Lohn für das Erfüllen beider Gebote ist gleich, während die Arbeiter im Gleichnis für unterschiedliche Arbeiten verschiedenen Lohn erhalten. Nur das Element des Unbekanntsein des Lohnes, nicht aber die eigentlichen Lohnaussagen waren für die Verwendung des Gleichnisses in diesem neuen Kontext ausschlaggebend. Auch hier ist wieder, wie im Midrasch üblich und im Unterschied zur Sprachweise des Gleichnisses, von מתן שכר die Rede. Da nun vom leichtesten Gebot die Rede ist, wird schlüssig Dtn 22,6 zitiert. Damit hat der Verfasser des Proömiums seinen Endpunkt erreicht.

(5) Tan *Ki Teze* 2, 330a

Der Sedervers des vorherigen Abschnitts aus DtnR (Dtn 22,6) ist auch der Sedervers dieses Proömiums. Der Proömiumsvers, von dem ausgehend der Bogen geschlagen wird, um am Ende wieder bei ihm anzugelangen (hier handelt es sich wieder um ein kreisförmiges Proömium), ist hier Spr 4,23: "Wachsam behüte dein Herz...". Mit dem wachsamen Behüten des Herzens wird das Bewahren der Thoragebote assoziiert. Das Bewahren der Gebote hat langes Leben zur Folge (ותאריך ימים). Der Lohn eines jeden Gebotes ist bekanntgegeben (ובל מצוה ומצוה נזכר מתן שכרה). Als Beispiele werden auch hier das schwerste (Eltern Ehren) und das leichteste Gebot (Entlassen der Vogelmutter) genannt, wobei von letzterem im Sedervers die Rede ist. Diese Gebote haben langes Leben zur Folge, andere Kinder etc. Am Ende dieses Abschnitts ist noch einmal vom Gebot des Entlassens der Vogelmutter und seinem Lohn die Rede.

Hierauf folgt das Gleichnis von den Arbeitern, die verschiedene Arbeiten erledigen, ohne deren Lohn zu kennen, und sich angesichts der so hohen Belohnung für leichte Arbeit

---

[159]Auch in (1) und (2) begegnete im allgemein früher datierten Dokument (PT) eine längere Gleichnisfassung als im späteren (Tan). Darf man also annehmen, daß die Redaktoren späterer Dokumente dazu neigten, vorgegebene Traditionen ihren jeweiligen Bedürfnissen entsprechend stärker zu verändern als die Redaktoren früherer Dokumente? Die längere Fassung wäre dabei als die ursprünglichere anzusehen.

einen sehr viel höheren Lohn für schwerere erhoffen. Im Unterschied zum vorausgehenden Kontext heißt es im Gleichnis gerade, daß der Lohn für die verschiedenen Pflanzungen nicht bekannt gegeben worden ist (ולא גילה להם שכר נטיעתן). Das Gleichnis ist durch das Stichwort קל, "leicht", mit dem Kontext verbunden. Das Entlassen der Vogelmutter wurde unmittelbar vorher als das "leichteste" der Gebote bezeichnet (ראי ן לך מצוה קלה בכל המצות יותר משלוח הקן). Im Gleichnis heißt es, daß jemandem, der einen "leichten" Baum gepflanzt hat (נטע אלא אילן אחר קל), ein Goldstück gegeben wird. Im 4. Gleichnis, daß wohl auf gemeinsame Tradition zurückgeht oder die dem 5. Gleichnis vorliegende Tradition darstellt, findet eine Bewertung der jeweiligen Arbeit als "leicht" nicht statt. Es ist also möglich, daß der Verfasser des Proömiums diese Bewertung aufgrund des kontextuellen Zusammenhangs mit dem "leichten" Gebot der Entlassung der Vogelmutter eingefügt hat. Auch fehlt in diesem Gleichnis die im 4. Gleichnis betonte (und weder dort noch hier kontextrelevante) Begründung für das Unbekanntsein des Lohnes. Stattdessen wird der Hoffnung der mit schwereren Arbeiten beschäftigten Arbeiter auf höheren Lohn Ausdruck verliehen.

In der folgenden Auslegung wird dann dieses nur hier begegnende Element der Hoffnung auf proportional höheren Lohn wieder aufgegriffen. Wenn schon der Lohn für ein leichtes Gebot so groß ist, wie groß wird dann erst der Lohn für ein schweres Gebot sein? Auch wird hier der im Gleichnis erwähnte Aspekt des Unbekanntseins des Lohnes noch einmal in anderem Wortlaut wiederholt: לא פירש הקב״ה שכר עושי מצוה בתורה im Gegensatz zur anfänglichen Behauptung der Bekanntgabe des Lohnes durch Gott (s.o.). Aufgrund des Gleichnisses ist es also in diesem Proömium zu einem Gedankenfortschritt gekommen. Der Gebrauch des midraschischen *terminus technicus* für das Gebot des Entlassens der Vogelmutter (שילוח הקן), sowie bestimmter, bereits am Anfang begegnender Terminologie (אריכת ימים) lassen trotz scheinbar gegensätzlicher Aussage auf denselben Verfasser für Anfang und Ende dieses Proömiums schließen. Durch Aufnahme der bereits im Traditionsmaterial (vgl. 4. Gleichnis) begegnenden Vorstellung vom Unbekanntsein des Lohnes ist er zum Gedankenfortschritt gelangt. Nach Zitierung des zum Thema passenden Abschnittes aus PA, der das Tun der Gebote um ihrer selbst willen noch einmal bildhaft verdeutlicht, wird abschließend der Proömiumsvers, Spr 4,23, zitiert. Wachsam sein Herz Hüten bedeutet in diesem Zusammenhang also, die Gebote unabhängig vom Lohn zu erfüllen.

(6) MidrPss 9,3, 41a

In diesem Proömium zu Ps 9,1 ist der Einleitungsvers Spr 5,6: "Den Weg des Lebens wäge nicht ab", wie schon oben in (4). Die beiden Proömien sind weitgehend parallel, allerdings gibt es auch einige Unterschiede, die wohl durch die Beziehung auf verschiedene

Sederverse verursacht worden sind. Auch hier wird תפלס als "abwägen" verstanden, und mit "abwägen" wird das Vergleichen der Gebote hinsichtlich des mit ihnen verbundenen Lohnes assoziiert.

Das Gleichnis vom König, der Arbeiter in seinen Garten führt ohne ihnen den Lohn bekanntzugeben, entspricht in etwa dem ersten Teil des 4. Gleichnisses, in dem vom Unbekanntsein des Lohnes die Rede war und als Begründung für dieses Unbekanntsein die Notwendigkeit der Bearbeitung des ganzen Gartens angeführt wurde. Es ist anzunehmen, daß dem Redaktor dieses Proömiums der Text in SifreDtn bekannt war, und er ihn durch Auslassung der Szene der Lohnauszahlung, die er als für seinen Kontext nicht relevant ansah, verkürzt hat. Ihm ging es wohl in erster Linie um die Begründung für das Unbekanntsein des Lohnes, wie aus der Wiederholung dieses Gedankens im Anschluß an das Gleichnis hervorgeht. Während im Kontext des 4. und 5. Gleichnisses als Folge des Unbekanntseins nur das Tun der Gebote um ihrer selbst willen genannt wurde, wird hier der Gedanke der Erfüllung aller Thoragebote hinzugefügt. Ähnlich heißt es in dem R. Acha im Namen von R. Abba bar Kahana zugeeigneten Spruch, daß Israel die Gebote vollständig (משלם) erfüllen soll.

Die Betonung der Erfüllung aller Gebote und die im Unterschied zu (4) und (5) fehlende Beziehung des Gleichnisses auf das "leichteste" Gebot des Entlassens der Vogelmutter, sowie die im Unterschied zum 4. Gleichnis fehlende Spezifizierung der verschiedenen Arbeiten im Gleichnis, hängt damit zusammen, daß im Sedervers hier nicht ein bestimmtes Gebot erwähnt wird. Die Unterschiede sind also wohl durch die Beziehung auf verschiedene Sederverse verursacht.

Der Rückbezug zum Sedervers wird in der R. Acha im Namen von R. Abba bar Kahana zugeschriebenen Aussage hergestellt. Das schon eingangs begegnende Stichwort von der "Beweglichkeit" des Lohnes der Gebote (מטולטלין) wird hier wieder aufgegriffen (טלטל). Durch ein Wortspiel wird der Sedervers mit dem Thema des Proömiums, dem Unbekanntsein des Lohnes verknüpft. על-מות לבן wird hier verstanden als עלמת מלבן, "du hast vor ihrem Herzen [den Lohn] verborgen". Damit ist der Bogen vom Proömiumsvers zum Sedervers vollendet.

(7) MidrPss 37,3, 127a

Diese Predigt zu Ps 37,3, "Vertraue auf Gott und tue Gutes", handelt von David, dem Gott seine Zuwendung versichert, trotz der scheinbar erfahrenen Ungerechtigkeit. In Anknüpfung an den Sedervers ist hier immer wieder vom "Gutes tun" die Rede. Gott tut den Frevlern Gutes, und dieses scheinbar ungerechte Verhalten soll David nicht davon abhalten, selbst Gutes zu tun, sondern soll ihn im Gegenteil dazu besonders motivieren; denn wenn Gott schon den Frevlern Gutes tut, wieviel mehr wird er dann erst David Gutes tun, dessen Tugenden er kennt.

Hieran schließt sich dann das Gleichnis vom Langzeitarbeiter an, der zuerst verzagt, da er keinen Lohn erhält, sich aber dann freut, als er sieht, wieviel schon einem Tagelöhner gezahlt wird. Der Ausdruck שמח בלבו am Ende des Gleichnisses steht in deutlichem Gegensatz zum ירע בלבך im ersten Abschnitt. שמחה בלבי wird dann auch in der folgenden Auslegung aufgegriffen, indem Ps 4,8 zitiert wird, der diesen Ausdruck enthält. Auch hier begegnet also wieder die für Midrasch-Proömien so typische Stichwortassoziation, die Übergänge von einer Tradition zur anderen schafft. Auch das eingangs begegnende Stichwort der Frevler (רשעים) taucht hier nochmals auf. Vom Wohlergehen der Frevler in dieser Welt ist der Lohn der Gerechten in der nächsten zu erschließen. Am Ende ist im Zitat des Ps 31,20 dann wieder vom Gut die Rede, das Gott denen, die ihn verehren, aufbewahrt hat. Ein Proömium, das mit der Aufforderung zum Gutestun beginnt, endet mit dem Hinweis auf das Gute, das Gott den Menschen zukommen lassen wird.

(8) MidrPss 26,3, 109a/b

Bei diesem Abschnitt handelt es sich um eine homiletische Auslegung von Ps 26,2: "Prüfe mich, Gott, und erprobe mich". Zunächst werden Gestalten aus der Bibel wie Abraham, Isaak und Josef angeführt, die von Gott erprobt wurden und diese Prüfung gut bestanden haben. Der Psalmvers wird traditionell David zugesprochen. Er bittet Gott, auch ihn zu prüfen, aber nicht allzu streng mit ihm umzugehen, da er fürchtet, nicht stark genug zu sein, um dieser Prüfung standzuhalten. Wenn schon David, dessen Gerechtigkeit der Verfasser mit Hinweis auf Ps 26,2-6 herausstellt, um Milderung der Leiden bat, wird der Rest der Menschheit Gottes Gnade erst recht bedürftig sein.
Im Namen Salomos wird dann das folgende Gleichnis angeführt, das vom König, der faule Arbeiter dingt und ihnen dennoch den vollen Lohn zahlt, spricht. Das Gleichnis begegnet in fast identischer Form in MidrPss 3,3, 19a (9) und MidrPss 105,13, 227a (10). In allen drei Kontexten geht es um die Güte Gottes gegenüber denjenigen, deren Thoraerfüllung nach ihrem eigenen Ermessen mangelhaft ist.
An das Gleichnis schließt sich die Salomo zugesprochene Bitte an Gott um Gnadenlohn an, in der die guten Arbeiter mit den Erzvätern identifiziert werden, während die gegenwärtige Generation sich als faule Arbeiter sieht. Die Bezeichnung פועלים עצלים wird hier wieder aufgegriffen, aber anders als im Gleichnis ist hier nicht vom Ruhm (שבח), sondern von Güte (טובה) die Rede. Der Abschnitt schließt mit 1 Kö 8,57, wo die Bitte um Gottes Zuwendung ausgesprochen ist. Die Anführung des Gleichnisses im Namen von Salomo ist sicher redaktionell, denn sie führt das der Predigt zugrundeliegende chronologische Schema Erzväter - David fort. Dasselbe gilt für die Auslegung und die Zitierung des Salomo zugesprochenen Verses 1 Kö 8,57.

203

(9) MidrPss 3,3, 19a

In diesem Abschnitt begegnet eine Version des obigen Gleichnisses in einem anderen
Kontext und im Zusammenhang mit einem anderen Bibelvers.
Die Homilie beginnt mit der Bestimmung der Situation in der David Ps 3 gesprochen
haben könnte, nämlich bei Besteigung des Ölbergs, wie aus 2 Sam 15, 30 entnommen wird.
Das Stichwort עולה begegnet später wieder im Zusammenhang mit R. Schmuel b.
Nachmani, der von Babylonien nach Palästina kommend angeblich drei Fragen stellte.
Eine dieser Fragen bezieht sich auf die scheinbar widersprüchliche Aussage in Dan 9,9,
wonach Gott auch denen vergibt, die sich gegen ihn empören. In der Antwort Jonathan des
Brunnengräbers wird das schon oben begegnende Gleichnis mit geringen Abweichungen
zitiert. Statt von Ruhm (שבח) ist hier von Dank (טובה) die Rede, und statt von faulen
Arbeitern (פועלים עצלים) von einem Arbeiter, der nicht in Redlichkeit mit dem
Hausherrn arbeitet (שאינו עושה עמו באמונה).
Der sich an das Gleichnis anschließende Teil ist hier viel länger als in (8). Nach der
wiederholten Zitierung von Dan 9,9 stellt R. Schimon b. Nachmani das im Gleichnis und in
Dan 9,9 ausgedrückte Verhalten Gottes noch einmal in Frage. Wie das Gleichnis, so
verweist auch er auf "die Gewohnheit der Welt", nach der ein König seinen Untertanen, die
ihm nicht gehorchen, eben nicht Nahrung zukommen läßt. In der R. Jonathan
zugeschriebenen Antwort wird auf das Manna verwiesen, daß Gott den götzendienerischen
Israeliten in der Wüste zukommen ließ. Auch dies dient als ein Beispiel für die Richtigkeit
des Satzes Dan 9,9.
Das Gleichnis ist hier vom Verfasser der Homilie in den Dialog zwischen R. Schmuel bar
Nachmani und R. Jonathan über die Richtigkeit von Dan 9,9 eingeflochten worden.

(10) MidrPss 105,13, 227a

Hier begegnet eine Version des obigen Gleichnisses in einem wieder anderen Kontext. In
dem Dialog zwischen R. Chanina und R. Chijja bar Abba geht es um die Auslegung von Ps
105,44f. Auf die Frage R. Chaninas nach der Bedeutung der ersten Hälfte dieses Satzes
("Und er gab ihnen Länder der Völker") wird die zweite Hälfte zitiert, in der auf die
Bewahrung der Thoragebote verwiesen wird. Gott gab den Israeliten die Länder der
Völker als Belohnung für die Bewahrung seiner Gebote. Das in (8) und (9) als Einheit
zitierte Gleichnis wird hier in Frage und Antwort zweier verschiedener Personen
aufgespalten. Der erste Teil ist als Frage R. Chaninas an R. Chijja formuliert. Im Hinblick
auf das vorher Gesagte ist diese Frage folgendermaßen zu verstehen: Wenn Gott uns die
Länder der Völker für die Bewahrung der Gebote gibt, sind wir ihm dann zum Dank

verpflichtet (der in dem am Ende von Ps 105,45 begegnenden "Halleluja" zum Ausdruck kommt)? Der zweite Teil des Gleichnisses wird im Namen von R. Chijja zitiert. In der sich daran anschließenden Auslegung wird dann ausdrücklich die Verbindung zu Ps 105,44f hergestellt: Es heißt dort "Halleluja", weil Gott die Länder der Völker auch denen gegeben hat, die seine Gebote nicht beachteten.

(11) Hallel Midrasch, S.8

Ein Gleichnis, das vom Thema her den obigen sehr ähnlich ist, wird hier im umgekehrten Sinne verwendet, d.h. nicht um Gottes Güte darzustellen, sondern um den Kontrast zwischen der scheinbaren Ungerechtigkeit eines weltlichen Arbeitgebers und der Gerechtigkeit Gottes aufzuzeigen.

Der Form nach würde es sich hierbei nach Thorion-Vardi um ein Kontrastgleichnis handeln: Das Handeln Gottes wird dem Handeln der Welt kontrastiv gegenübergestellt.[160] Andererseits entspricht das Handeln des Königs im Gleichnis aber nicht dem Handeln eines normalen Arbeitgebers,[161] sondern scheint, wie in den ganz ähnlichen Gleichnissen in (8) bis (10), metaphorisch auf Gott zu verweisen. Dies deutet an, das das Gleichnis wohl ursprünglich nicht kontrastiv verwendet wurde, sondern selbständiges metaphorisches Bild für das gütige Handeln Gottes war. Erst sekundär ist es von einem Redaktor, der den ursprünglichen metaphorischen Sinn des Gleichnisses verkannte, als Kontrastgleichnis verwendet worden.

(12) MidrPss 127,3, 247a

Hierbei scheint es sich eher um ein Kontrastgleichnis im Sinne Thorion-Vardis zu handeln. Im Anschluß an Ps 127,3 ("Ein Erbe Gottes sind Kinder") wird ein Gleichnis zitiert, das das normale Verhalten eines Arbeitgebers gegenüber einem Arbeiter darstellt: Nachdem dieser seine Arbeit beendet hat, erhält er den ihm zustehenden Lohn, und damit hat der Arbeitgeber alle seine Verpflichtungen erfüllt. Gott dagegen gewährt dem Menschen alle seine Wünsche, ohne daß er dazu verpflichtet wäre. Allerdings ist das Gleichnis ein Kontrastgleichnis nur im Zusammenhang mit der auf es folgenden Auslegung, die aber

[160]Vgl. Thorion-Vardi 135.

[161]Siehe unter I.6.C.

sicherlich literarisches Konstrukt des Redaktors dieses Abschnittes ist. Das Gleichnis selbst ist ganz abstrakt und generell. In seiner abstrakten Form ist es offen für die verschiedensten Konkretisierungen, eignet es sich zur Verwendung in den verschiedensten Situationen, bzw. Kontexten. Nichts deutet auf eine ihm inhärente Beziehung zu Ps 127,3 hin. Im jetzigen Kontext dagegen wird es mit diesem Vers verbunden, der Kinder als Geschenk Gottes bezeichnet. Diese Beziehung ist sicherlich erst durch den Redaktor des Midrasch, bzw. dieser Homilie hergestellt worden.

Bis auf eine Ausnahme (1)[162] befinden sich alle vorliegenden rabbinischen Gleichnisse in Midraschim, und zwar zumeist in Proömien.[163] Es ist anzunehmen, daß es für die Verfasser der Midraschwerke, bzw. der Proömien, bestimmte Konventionen hinsichtlich der literarischen Einarbeitung von Gleichnissen gab. Diesen Konventionen zufolge wurden Gleichnisse durch gewisse Einleitungsformeln (למה הדבר דומה ; משל etc.) als fiktive Erzählungen gekennzeichnet, die sich vom midraschischen Kontext in ihrer Form abhoben.[164] Die Beziehung zum Kontext wurde durch den Verfasser der Homilie dann durch כך hergestellt. In dem so eingeleiteten Teil legt er die allgemein und abstrakt gehaltene Aussage des Gleichnisses auf eine spezifische Bedeutung fest, die ihm durch das Thema des Proömiums, bzw. durch den vorher zitierten Bibelvers vorgegeben war. Dabei liegt der Bibelvers, auf den das Gleichnis sekundär bezogen wird, immer schon fest, sei es als Sedervers, d.h. als Leseabschnitt der Perikopenlesungsordnung, oder als Proömiumsvers, der die Homilie einleitet. Durch Stichwortverbindung oder thematische Analogie wird die Gleichnistradition in diesen schon vorgegebenen Rahmen eingepaßt und zum Teil entsprechend verändert.

Inkongruenzen zwischen Gleichnis und Kontext weisen auf die ursprüngliche Unabhängigkeit des Gleichnisses hin. Aber auch wo keine Inkongruenzen vorliegen, unterscheiden sich die Gleichnisse in ihrer Abstraktheit und Narrativität formal vom umgebenden Kontext. Es handelt sich um kleine Erzählungen, die in der einen oder anderen Form durchaus unabhängig vom jeweiligen Zusammenhang, bzw. zur Erhellung

---

[162]Siehe aber Parallelen in HldR und KohR.

[163]Gleichnisse befinden sich durchaus nicht immer in exegetischen Kontexten, sondern auch in narrativen (Vgl. Stern, Interpreting, 287-300) und halakhischen (etwa in jNeziqin). Hier finden sich die für den midraschisch-exegetischen Kontext typischen Rahmungen nicht.

[164]Ähnlich werden *maasim*, d.h. kurze Geschichten oder Anekdoten, in der palästinischen Literatur oft durch die Formeln מעשה oder דלמא als solche gekennzeichnet.

eines ganz anderen Sachverhalts Verwendung finden konnten. Dies wird besonders da deutlich, wo verschiedene Versionen ein und derselben Gleichnistradition in unterschiedlichen Kontexten begegnen und das "Grundmaterial" als dem jeweiligen Kontext sekundär angepaßt erscheint.[165]

Die Gleichnisse werden im Folgenden unabhängig von ihrem literarischen Kontext im Hinblick auf Struktur, Aktanten und Motive untersucht werden. Gemeinsamkeiten und Unterschiede hinsichtlich der Struktur der Gleichnisse können verdeutlichen, inwiefern die Gattung der jüdischen Gleichnisse konstant bzw. Entwicklungen unterworfen war, wobei im Neuen Testament die ersten literarischen Belege für diese Gattung zu finden sind. Besonders angemessen für einen Vergleich zwischen zeitlich weit auseinanderliegenden Texten, die aber ein und demselben Kulturkreis angehören, ist die von H. Weinrich entwickelte Methode der Bildfeldanalyse. Diese Methode wird im 5.Kapitel vorgestellt.[166]

---

[165]Wie bereits angedeutet, müßte eine redaktionskritische Untersuchung der rabbinischen Gleichnisse die verschiedenen Formen der Verwendung von Gleichnissen in den zeitlich, örtlich und formal unterschiedlichen Werken der rabbinischen Literatur untersuchen. Thoma/Lauer haben mit ihrer redaktionskritisch orientierten Analyse der Gleichnisse in der PRK sicher einen Anfang gemacht. Nur sollte man von der Verwendung und redaktionellen Verarbeitung von Gleichnissen in einem relativ späten homiletischen Midrasch keine allgemeinen Schlüsse auf die Verwendung von Gleichnissen in der gesamten rabbinischen Literatur ziehen. In den Bavot-Traktaten des Palästinischen Talmud z.B., die von Lieberman und anderen als der Redaktion des übrigen Talmud chronologisch vorgängig betrachtet werden, dienen Gleichnisse eben nicht der Erhellung eines Bibelverses, sondern illustrieren halakhische Themen. Hier fehlt auch jegliche "Auslegung" oder "Anwendung" der Gleichnisse. Die Gleichnisse sprechen aus sich selbst heraus. Die Beachtung der besonderen Natur des jeweiligen Rahmenwerkes ist also unbedingt zu berücksichtigen. Von redaktionellen Eigenheiten des jeweiligen Rahmenwerkes sollten nicht voreilig Schlüsse auf die "Natur" rabbinischer Gleichnisse generell gezogen werden.

[166]Der redaktionelle Kontext des Gleichnisses von den Arbeitern im Weinberg, Mt 20,1-15, wird im 6.Teil noch ausführlich behandelt werden.

3.Kapitel: Die narrative Struktur der Gleichnisse

Im Folgenden soll die jeweilige Erzählstruktur des Gleichnisses von den Arbeitern im Weinberg sowie der rabbinischen Gleichnisse untersucht werden. Im 7.Kapitel der Einleitung wurden bereits die strukturalistischen Analysen D.O.VIAS, E.GÜTTGEMANNS und T.AURELIOS vorgestellt, und es wurde auf ihre Schwächen hingewiesen, die in erster Linie in der zu großen Schematisierung, bzw. im Gebrauch von Kategorien, die den neutestamentlichen Texten nicht angemessen sind, bestehen. Das Gleichnis wird dabei den angeblichen "Universal"strukturen russischer Volksmärchen (GÜTTGEMANNS) oder griechischer Tragödien/Komödien (VIA) untergeordnet, während seine ihm eigenen Sprachstrukturen überhaupt nicht beachtet werden.[1] Dabei werden diese "Universalien" der Individualität des Textes nicht gerecht.

Während nun die Anwendung von GÜTTGEMANNS Modell wegen Unergiebigkeit abgelehnt wird, ist an der Grundeinsicht des Strukturalismus, daß die literarische Struktur eines Textes für dessen Aussageabsicht relevant ist, festzuhalten. Durch eine Analyse der narrativen Struktur der Gleichnisse ist ihre selektive Dominanzbildung zu erkennen und damit ihre jeweilige Intention zu ermitteln.[2] Dabei haben uns die methodischen Hinweise K.BERGERS als Anregung gedient.[3] Es geht einerseits darum, die "Kohärenz" eines Textes, d.h. die Verbindungen der Sätze untereinander, festzustellen, andererseits aber sollen Gliederungsmerkmale aufgefunden werden, die als Kriterien zur Unterscheidung der einzelnen Teile dienen. Kohärenz stiftende Elemente eines Texte sind nach BERGER Wiederholungen, sogenannte "Pro-Formen" wie Pronomina, Konjunktionen, das Bindewort "und", Reihen gleichartiger Dinge, Zugehörigkeit zum gleichen semantischen Feld etc. Als Gliederungsmerkmale fungieren Oppositionen, Anfang und Schluß eines Textes, sowie Zeitadverbien, Partikel, Tempuswechsel und Wechsel der Person/en. Diese textimmanente Hinweise steuern die Aufmerksamkeit des Lesers auf das vom Autor

[1]Vgl auch Berger, Exegese, 67: Der Hauptfehler der strukturalistischen Ansätze besteht darin, "daß die Anzahl dieser möglichen Modelle von vornherein festgelegt wird und daß man unbefragt Modelle russischer Zaubermärchen übernimmt, statt auf dem Wege der Induktion aus neutestamentlichen Texten selbst typische Formmodelle zu erschließen".

[2]Vgl. Berger, Exegese, 79: "...von...den dramatischen und quantitativen Schwerpunkten des Textes her [kann man] auf die Mitteilungs- und Wirkabsicht des Autors schließen".

[3]Vgl. insbesondere ibid. 12-27.78-85.

Intendierte hin. Ihnen, nicht dem Text angeblich zugrundeliegenden universalen Prinzipien, hat der Exeget nachzuspüren.

A. Mt 20,1-15

Durch die Zeitangaben ἅμα πρωΐ (v.1b) und ὀψίας (v.8) wird das Gleichnis in zwei Teile gegliedert. Der erste Teil umfaßt den Zeitablauf vom Morgen bis zum Abend. Die Ereignisse des zweiten Teils geschehen dagegen in einem begrenzten Zeitraum, bzw. in einem Zeitpunkt. Daran ist erkenntlich, daß alles auf den zweiten Teil (v.8-15) zuläuft, daß der erste Teil (v.1-7) nur Vorbereitung dazu ist.

Die erste Szene, das Mieten der Arbeiter, besteht aus fünf weitgehend parallel geschilderten Handlungsabläufen, die jeweils mit einer Zeitangabe verbunden sind. Ein Verb der Ortsveränderung (ἐξελθὼν) bezieht sich als Partizip jeweils auf das Subjekt ἄνθρωπος οἰκοδεσπότης (v.1). Eine Lohnabmachung mit Angabe der Lohnhöhe wird nur beim Mieten der ersten Arbeiter genannt (v.2: συμφωνήσας...ἐκ δηναρίου τὴν ἡμέραν), während beim Mieten der Arbeiter der dritten Stunde die Lohnhöhe offengelassen (καὶ ὃ ἐὰν ᾖ δίκαιον δώσω ὑμῖν) und bei den Letzten der Lohn gar nicht erwähnt wird. Während das Mieten der Arbeiter der sechsten und neunten Stunde nur summarisch geschildert wird (ἐποίησεν ὡσαύτως), ähneln sich die v.3-4 (Mieten der Arbeiter der dritten Stunde) und 6-7 (Mieten der Arbeiter der elften Stunde) in der größeren Ausführlichkeit der Erzählung, die jeweils eine wörtliche Rede des Hausherrn einschließt. Nach dem εἶδεν/εὗρεν ἄλλους ἑστῶτας (v.3b.6b) und der Bezeichnung der letzten Arbeiter als ἀργοί (v.6-7, mit Begründung dieses Zustandes in der Antwort der Arbeiter) erfolgt jeweils die Aufforderung an sie: ὑπάγετε...εἰς τὸν ἀμπελῶνα (v.4.7b).

Während in dieser Szene das Mieten der Arbeiter sehr ausführlich geschildert wird, wird auf die Arbeit selbst erst später und nur indirekt im Murren der Ersten angespielt (v.11: βαστάσασι τὸ βάρος τῆς ἡμέρας καὶ τὸν καύσωνα). An das Mieten schließt sich gleich die Szene der Lohnzahlung an.

Die Aufforderung an den Verwalter in v.8 ist Exposition zu v.9-10, und bereitet die dort geschilderte Handlung vor. Die Lohnauszahlung soll ἀπὸ τῶν ἐσχάτων ἕως τῶν πρώτων erfolgen. Dies deutet schon auf ein ungewöhnliches Vorhaben des Hausherrn hin. War in der ersten Szene noch die Rede von fünf Gruppen von Arbeitern, konzentriert sich im weiteren Verlauf alles auf die Gruppe der Ersten und Letzten. Gegenüber der ersten Szene ist die Reihenfolge nun umgekehrt: Zuerst erhalten die zur elften Stunde gemieteten Arbeiter ihren Lohn, dann erst die Ersten. Die v.9-10 zeichnen sich wieder durch die Parallelität der Darstellung aus. Das Partizip Präsens des Verbs ἐλθεῖν, sowie der

Ausdruck ἔλαβον ἀνὰ δηνάριον erscheinen in beiden Sätzen. Die Gleichbehandlung der beiden Gruppen hat also auch in der Ausdrucksweise ihren Niederschlag gefunden. Bevor die Ersten ihren Lohn in Empfang nehmen, ist jedoch der Satz ἐνόμισαν ὅτι πλεῖον λήμψονται eingeschoben (v.10). Aus der Hoffnung auf hohen Lohn (ἐνόμισαν) wird nach der Enttäuschung dieser Hoffnung (ἔλαβον, wiederaufgenommen in v.11: λαβόντες) in der dritten Szene (v.11-15) ein offener Protest. Diese dritte Szene bildet den Höhepunkt des Gleichnisses. Sie ist bestimmt durch die wörtliche Rede, den Dialog des Hausherrn mit den Ganztagsarbeitern.

Im Murren der Ersten kommt der Gegensatz zwischen μίαν ὥραν ἐποίησαν - βαστάσασι τὸ βάρος τῆς ἡμέρας καὶ τὸν καύσωνα und ἴσους αὐτοὺς ἐποίησας, zwischen der ungleichen Arbeit (Folge der ersten Szene) und dem gleichen Lohn (in der zweiten) explizit zum Ausdruck. Diesen Gegensatz versucht der Hausherr in seiner Antwort aufzuheben, zuerst durch eine Feststellung, οὐκ ἀδικῶ (v.13), dann durch drei rhetorische Fragen, in denen er
- zurückgreift auf das Übereinkommen in v.2 (v.13: συνεφώνησας μοι);
- sich auf seinen Willen beruft (θέλω in v.14b.15);
- die Zahlung des gleichen Lohnes als "Güte" bezeichnet (v.15: ἐγὼ ἀγαθός εἰμι).[4]
Innerhalb der Argumentation des Hausherrn ist also eine Steigerung festzustellen vom Recht, über den Willen, bis zur Güte. Die Zahlung des gleichen Lohnes an Erste und Letzte ist nicht ungerecht, sie ist gerecht, aber sie ist zugleich auch gütig, weil sie über das, was nach jüdischem Arbeitsrecht gerecht ist, hinausgeht.

B. Rabbinische Gleichnisse

(1) jBer 2,8 (5c)

Der Text besteht aus vier Szenen. In der ersten wird an "König" ein Relativsatz angeschlossen, in dem davon die Rede ist, daß der König viele Arbeiter dingte. Diese sehr kurze Szene leitet das Gleichnis ein. Es ist hier ganz allgemein von Arbeitern die Rede. Aus diesen Arbeitern wird in der nächsten Szene einer besonders hervorgehoben, dessen Arbeit näher beschrieben wird: Er strengte sich in seiner Arbeit ganz übermäßig an. Im

---

[4]Tannehill, 109, weist darauf hin, daß "objection stories", eine Unterform der Apophthegmata, häufig mit rhetorischen Fragen als Antwort des Helden auf die Herausforderung durch seine Gegner enden. Im Hinblick auf die literarische Struktur scheinen also gewisse Ähnlichkeiten zwischen Gleichnissen und Apophthegmata zu bestehen.

Anschluß an eine rhetorische Frage wird die Reaktion des Königs auf diesen besonderen Eifer beschrieben: Er nahm ihn und ging mit ihm spazieren. An dieser Stelle weiß der Leser noch nicht, wie lange der Arbeiter gearbeitet hat, aber der gemeinsame Spaziergang "über langen und kurzen Wegen" erscheint doch schon sonderbar. Die dritte Szene wird durch die Zeitangabe "zur Abendzeit" von den beiden vorhergehenden abgegrenzt. Die vielen Arbeiter, über deren Arbeit wir bisher nichts Genaueres erfahren haben, kommen, um ihren Lohn zu empfangen. Unter ihnen befindet sich auch der besonders tüchtige Arbeiter der zweiten Szene. Es ist hier nur von der Lohnzahlung an diesen einen Arbeiter die Rede, während in der vierten Szene die Reaktion der vielen geschildert wird.

Die Arbeiter werden als "unzufrieden" bezeichnet, und diese Unzufriedenheit kommt in ihrem Protest zum Ausdruck. In dieser wörtlichen Rede wird der durch die zweite und dritte Szene konstituierte Gegensatz explizit: Der eine Arbeiter hat nur zwei Stunden gearbeitet, die übrigen den ganzen Tag, und dennoch hat der König ihm den vollen Lohn gegeben. Der König versucht in seiner Antwort den Gegensatz aufzulösen, indem er auf die besondere Arbeitsamkeit des einen Arbeiters hinweist. Nicht nur die Dauer der Arbeit ist für ihn Kriterium für die Lohnhöhe, sondern auch der Arbeitseifer, und darin hat der eine Arbeiter die anderen noch übertroffen.

(2) Tan *Ki Tissa* 3, 151a

Auch in diesem Gleichnis wird das Mieten der Arbeiter am Anfang nur kurz erwähnt, aber nicht näher ausgeführt. Auch die Arbeit als solche wird nicht weiter geschildert. Es wird lediglich darauf hingewiesen, daß der König mit einem Arbeiter spazierenging. Von einer besonderen Tüchtigkeit dieses Arbeiters ist hier nicht die Rede. Um so ausführlicher wird die Szene der Lohnauszahlung geschildert, bei der der Arbeiter, der durch den König von seiner Arbeit abgehalten wurde, kommt, um seinen Lohn mit den übrigen zu empfangen. Es wird ein fiktiver Dialog zwischen König und Arbeiter konstruiert, der die Zahlung des vollen Lohnes trotz nur zweistündiger Arbeitszeit rechtfertigen soll. Dabei kommt zum Ausdruck, daß die kurze Arbeitszeit Schuld des Königs ist. Von einer Lohnzahlung ist nicht ausdrücklich die Rede.

(3) Sifra *Bechuqqotai* 2,5 zu Lev 26,9

Das Mieten von Arbeitern und die Hervorhebung eines Arbeiters, der im Unterschied zu den anderen lange Zeit bei dem König arbeitete, werden in einem Einleitungssatz summarisch miteinander verbunden. Die Erzählung geht dann gleich in die Szene der

Lohnauszahlung über, in deren Mittelpunkt die Rede des Königs an den einen Arbeiter steht. Die Zusage "Ich werde mich dir zuwenden" wird durch einen Satz im antithetischen Parallelismus erklärt: "Diesen vielen, die wenig Arbeit mit mir getan haben, werde ich wenig Lohn geben. Mit dir aber werde ich in Zukunft eine große Rechnung berechnen". Die besondere Zuwendung des Arbeitgebers besteht also in der "großen Rechnung", die er mit dem einen Arbeiter berechnen will.

(4) DtnR 6,2 (*Ki Teze*) zu Dtn 22,6

In der Einleitungsszene ist von einem König die Rede, der Arbeiter mietete und sie in seinen Garten führte, ohne ihnen die Höhe des Lohnes bekanntzugeben. Während diese Handlungen nur summarisch geschildert werden, wird die Begründung für das Fehlen einer Lohnabmachung in einem Finalsatz näher ausgeführt: Wäre der Lohn bekannt, würden die Arbeiter diejenige Arbeit, für die es einen geringen Lohn gibt, liegenlassen und nur die hochbezahlte Arbeit tun. Offenbar liegt in dieser Erklärung der Schwerpunkt des Gleichnisses.

Die Szene der Lohnauszahlung, die sich gleich an die Einleitungsszene anschließt, wird durch die Zeitangabe "am Abend" deutlich von jener abgegrenzt. Sie besteht aus drei parallel gestalteten Wechselreden zwischen dem König und jeweils einem Arbeiter, denen das folgende Schema zugrundeliegt:
- Rufen des Königs nach einem Arbeiter;
- Frage des Königs nach der Art der Arbeit;
- Antwort des Arbeiters;
- Nennen der Lohnhöhe für diese spezifische Arbeit.
Während in der ersten Szene, vor Beginn der Arbeit, das Unbekanntsein des Lohnes betont wurde, wird dieser hier, nach Beendigung der Arbeit, genau angegeben. Er richtet sich nach der Art der verrichteten Arbeit.

In der dritten Szene sind nun alle Arbeiter zusammen Gesprächspartner des Königs. Sie verlangen von ihm eine Begründung für die Nichtbekanntgabe des Lohnes zu Beginn der Arbeit und sprechen eine der Folgen aus, die der Arbeitgeber gerade vermeiden wollte: Nur die Arbeit würde verrichtet werden, auf die hoher Lohn steht. Damit werden die Befürchtungen des Arbeitgebers, die ihn zu der beanstandeten Maßnahme führten, gerade bestätigt. Der König greift in seiner Antwort die schon anfangs erwähnte negative Konsequenz auf und führt sie weiter aus: Die niedrig bezahlte Arbeit würde nicht getan und ein Teil des Gartens nicht bearbeitet werden. Schwerpunkt des Gleichnisses ist also die Begründung für das Unbekanntsein des Lohnes vor Beendigung der Arbeit, nämlich das Interesse des Arbeitgebers an der vollständigen Verrichtung aller Arbeiten um ihrer selbst willen.

(5) Tan *Ki Teze* 2, 330a

Ganz kurz wird in einem Einleitungssatz erzählt, daß ein König Arbeiter auf sein Feld schickte, ihnen aber den Lohn für ihre Arbeit nicht bekanntgab. Eine Begründung für das Unbekanntbleiben des Lohnes wird hier nicht genannt. Auch hier ist die Szene der Lohnauszahlung durch eine Zeitangabe von der Einleitungsszene abgehoben und ist am breitesten ausgeführt. Es wird berichtet, daß auch für geringe Arbeit ein hoher Lohn gezahlt wird. Daraufhin wird der Erwartungshaltung der fleißigen Arbeiter in einem *Qal Vahomer*-Schluß Ausdruck verliehen: Wenn schon ein fauler Arbeiter so hoch bezahlt wurde, wie hoch wird dann erst der Lohn der fleißigen Arbeiter sein.

(6) MidrPss 9,3, 41a

Dieses Gleichnis ähnelt sehr der Einleitungs- und Schlußszene des 4. Gleichnisses. Daß ein König einen Garten besitzt und in ihn Arbeiter schickt, darauf wird hier nur kurz hingewiesen. Umso ausführlicher wird die fehlende Bekanntgabe des Lohnes und ihre Begründung geschildert. In einem Konsekutivsatz wird die mögliche Folge einer Bekanntgabe ausgedrückt: Die Arbeit des Gartens wäre zum Teil vernachlässigt und zum Teil besorgt worden. Dem Arbeitgeber geht es aber offenbar um die Bearbeitung des ganzen Gartens.

(7) MidrPss 37,3, 127a

In den ersten beiden Szenen, die weitgehend parallel aufgebaut sind, ist von zwei Arbeitern die Rede, deren Arbeitsdauer und (unterlassene) Lohnzahlung einander im antithetischen Paralleleismus gegenübergestellt werden:
- erster Arbeiter: arbeitet lange und erhält nichts;
- zweiter Arbeiter: arbeitet kurz und erhält Lohn und Speise.
Am Ende der ersten Szene werden die Befürchtungen des Langzeitarbeiters monologisch zum Ausdruck gebracht. Diese Befürchtungen stehen im Gegensatz zu der in der dritten Szene ausgesprochenen Hoffnung. Hier zieht der Langzeitarbeiter für sich die Konsequenzen aus der zweiten Szene. Aus dem Besorgtsein wird Freude, denn er kommt in einem *Qal Vahomer*-Schluß zu der Einsicht: Wenn schon jener Kurzzeitarbeiter einen so hohen Lohn erhält, wie hoch wird dann erst sein Lohn sein, da er doch so viele Tage mit dem König gearbeitet hat.

(8)-(10) MidrPss 26,3, 109a/b; 3,3, 19a; 105,13, 227a

Es handelt sich hierbei jeweils um Argumentation mit Hilfe eines Bildwortes. Der Text beginnt mit einer rhetorischen Frage, die einen gewöhnlichen Fall darstellt. Die Frage muß im negativen Sinne beantwortet werden: Ein König/Hausherr, der gute/redliche Arbeiter dingt und ihnen ihren Lohn zahlt, verdient keinen Ruhm/Dank, denn er handelt nur seiner Pflicht gemäß. Darauf folgt eine weitere Frage, die sich nach den Bedingungen für eine positive Beantwortung der ersten erkundigt. Der diese Frage beantwortende Konditionalsatz weist auf einen Fall hin, der dem im ersten Satz dargestellten genau entgegengesetzt und gar nicht gewöhnlich ist: Wenn der Arbeitgeber faule/unredliche Arbeiter dingt, verdient er Ruhm/Dank. Die Struktur des 10. Gleichnisses weicht von der des 8. und 9. ab, indem die zweite Frage fehlt, und in der Antwort auf die erste das dort bereits implizierte noch einmal wiederholt wird.
Im Mittelpunkt der Bildworte steht der Ruhm oder Dank, der dem Arbeitgeber gebührt. Dieser Dank soll die Reaktion der faulen Arbeiter auf die gütige Behandlung durch den König sein.

(11) Hallel-Midrasch, S.8

Das, was in anderen Gleichnissen in drei Szenen mehr oder weniger ausführlich geschildert wird, das Mieten der Arbeiter, die Arbeit und die Lohnauszahlung, ist hier ganz kurz in drei Sätzen zusammengefaßt. Eine Erklärung für die ungewöhnliche Handlung des Königs oder eine Schilderung der Reaktion der Arbeiter erwartet man vergebens. Pointe ist aber die Zahlung des gleichen Lohnes an den faulen und an den gründlichen Arbeiter.

(12) MidrPss 127,3, 247a

Im ersten Teil werden die zahlreichen Arbeiten, die ein Arbeiter zu verrichten hat, summarisch aneinandergereiht: "Er pflügt mit ihm. er sät mit ihm, er jätet mit ihm, er hackt mit ihm". Sie sind Konkretisierungen des allgemeinen Ausdrucks "ein Arbeiter arbeitet mit dem Hausherrn". Anschließend ist von dem Lohn die Rede, den der Arbeiter erhält, ohne daß dabei auf die Art seiner Arbeit Rücksicht genommen wird. "Er gibt ihm eine Münze, und er geht" wird nur konstatiert, nicht begründet. Die unmotivierte Verbindung betont die Gewöhnlichkeit des hier Geschilderten, das in Kontrast zu Gottes Handeln treten soll, der jedem entsprechend seinen besonderen Wünschen einen besonderen Lohn gibt.

C. Vergleich

Das folgende Schema soll den den verschiedenen Gleichnissen (von der Lohnzahlung an) gemeinsamen Handlungsablauf verdeutlichen:

1. Aktion: AG—A2	Kurzzeitarbeiter; faul, unredlich; geringe Arbeit	Mt 20,1-15 (1), (5), (7) (8)-(11)
2. Reaktion: A1	Erwartung eines propor- tional höheren Lohnes	Mt 20,1-15, (5), (7)
3. Aktion: AG—A1	Ganztagsarbeiter; gut, redlich	Mt 20,1-15, (8)-(11)
4. Reaktion:	A1 = Murren Mt 20,1-15; (1)	A2 = Dank (8)-(10)
5. Aktion: AG	Rechtfertigung Mt 20,1-15; (1)	

AG: Arbeitgeber
A1: Ganztagsarbeiter, Langzeitarbeiter, gute Arbeiter
A2: Kurzzeitarbeiter, faule Arbeiter

Mehr als der Hälfte der Gleichnisse (Ausnahmen: 2.-4., 6., 12. Gleichnis) ist eine Handlung des Arbeitgebers gemeinsam. Er zahlt Arbeitern, die nur kurz gearbeitet haben, faul oder unredlich sind, die also gegenüber den übrigen Arbeitern ein Minus an Arbeitsdauer, Tüchtigkeit oder Treue aufzuweisen haben, den vollen Tagelohn. Auf diese ungewöhnliche Handlung laufen alle vorhergehenden Szenen (Mieten der Arbeiter, Arbeit) wie Vorbereitungen zu, hier hat alles Weitere seinen Ausgangspunkt. Bis auf das 11. Gleichnis, brechen die übrigen Gleichnisse hier nicht ab, sondern fahren in der Erzählung fort. Auf die Zahlung des unerwartet hohen Lohnes an die "schlechten" Arbeiter folgt als Reaktion der Ganztags- bzw. guten Arbeiter in den Gleichnissen Mt 20,1-15, (5) und (7) die Erwartung eines proportional höheren Lohnes für sich selbst. Die Gleichnisse (5) und (7) haben hier ihren Höhepunkt, sie werden nicht weiter fortgeführt. In Mt 20,1-15 folgt dagegen eine zweite Handlung des Arbeitgebers. Er zahlt auch den Ganztagsarbeitern nur den üblichen Tagelohn. Ihre Erwartung auf höheren Lohn wird also enttäuscht.

Auf die Zahlung des gleichen Lohnes an "schlechte" und "gute" Arbeiter gibt es zwei mögliche Reaktionen. Die "schlechten" Arbeiter haben dem Arbeitgeber für seine Güte zu danken. Dies kommt in den Gleichnissen (8) bis (10) zum Ausdruck, die hier zugleich ihren Höhepunkt haben. Die Reaktion der "guten Arbeiter" ist dagegen das Murren als Ausdruck ihrer Unzufriedenheit (Mt 20,1-15; 1). Bei diesem Murren kann es nicht bleiben. Es fordert eine Antwort des Arbeitgebers. In dieser Antwort rechtfertigt er sich für sein Verhalten, indem er auf den besonderen Arbeitseifer des einen Arbeiters hinweist (1) oder sein eigenes Verhalten als gütig darstellt (Mt 20,1-15). Nur Mt 20,1-15 enthält alle Handlungsstufen dieses Schemas (auch wird nur hier die erste Szene der Dingung von Arbeitern ausführlich geschildert).

Nicht berücksichtigt wurden bisher das 2.-4. und 6. Gleichnis. Im 2. Gleichnis findet keine "1. Aktion" des Arbeitgebers statt. Die Erklärung für den vollen Lohn trotz kurzer Arbeitzeit, die sonst erst nach der Zahlung erfolgt, wird hier sozusagen vorweggenommen. Die Pointe des 3. Gleichnisses ist die Erklärung für die besondere Belohnung des einen Arbeiters, die jedoch zu diesem Zeitpunkt noch nicht stattgefunden hat. In den Gleichnissen (4) und (6) steht nicht die Lohnzahlung, bzw. die Höhe des Lohnes im Mittelpunkt, sondern die Begründung für das Unbekanntsein des Lohnes vor Beendigung der Arbeit.

Mittelpunkt der Gleichnisse ist also immer die Szene der Lohnzahlung, Höhepunkt die Reaktion der verschiedenen Gruppen von Arbeitern, bzw. des Arbeitgebers:

- die Erwartung eines proportional höheren Lohnes (5; 7);
- die Rechtfertigung der Zahlung eines ungewöhnlich hohen Lohnes durch den Arbeitgeber (Mt 20,1-15; 1; 2);
- die Verpflichtumg zum Dank für den Empfang eines ungewöhnlich hohen Lohnes (8-10);
- die Begründung für das vorherige Unbekanntsein des Lohnes (4; 6).

4.Kapitel: Die aktantielle Struktur der Gleichnisse

Das Aktantenmodell wird von E.GÜTTGEMANNS als Teil des strukturalistischen Ansatzes vorgestellt.[5] Dabei wird zwischen Personen und Rollen unterschieden, wobei verschiedene Personen die gleiche Rolle spielen können, sowohl in ein und demselben, als auch in mehreren Texten. Die Personen sind also variabel, während die Rollen konstant bleiben.[6] Im Hinblick auf Märchen sind von V.J.PROPP sieben solcher immer wiederkehrender Rollen festgestellt worden.[7] Wir können aber nicht ohne weiteres davon ausgehen, daß diese Rollen auch in den vorliegenden Gleichnissen begegnen. Deshalb ist es notwendig, von den Gleichnissen selbst, d.h. induktiv vorzugehen und zu fragen, ob bestimmte Personen oder Gruppen gleiche Funktionen innerhalb der Erzählung erfüllen. Dabei wird zunächst jedes Gleichnis einzeln behandelt und anschließend mit den übrigen verglichen.

Nach D.O.VIA begegnen in Jesu Gleichnissen zwei invariable Rollen, die des Arbeitgeber-König-Vaters und die des Knecht-Subjekt-Sohnes.[8] M.E. wird diese Einteilung aber den Nuancen insbesondere innerhalb der Knecht-Subjekt-Sohn-Gruppe nicht gerecht und berücksichtigt auch etwaige Nebenspieler, bzw. vermittelnde Rollen nicht.

A. Personen

Hauptpersonen sind in den meisten der vorliegenden Gleichnisse der Arbeitgeber und zwei (Gruppen von) Arbeiter(n). Was die Arbeiter betrifft, so gibt es die folgenden Möglichkeiten:

---

[5]Vgl. Güttgemanns, Introductory Remarks, 39f.

[6]Güttgemanns, ibid. 40, definiert "Aktant" folgendermaßen: "a 'role' within the 'game' of the 'narrative' defined by particular, limited actions ('functions') that can be precisely assigned; particular actors can be inserted into such 'roles'".

[7]Vgl. ibid. 39.

[8]Vgl. Via, Parables, 181.

- Zwei Arbeiter, bzw. zwei Gruppen von Arbeitern werden einander gegenübergestellt: (7), (8);
- Aus mehreren (Gruppen von) Arbeiter(n) werden zwei hervorgehoben und einander gegenübergestellt: Mt 20,1-15; 11;
- Aus mehreren Arbeitern wird einer hervorgehoben und den übrigen gegenübergestellt: (1), (2), (3), (5);
- Bei einem Arbeiter werden zwei mögliche Fälle unterschieden und kontrastiert: (9), (10).

Ausnahmen sind das 4. Gleichnis, in dem von drei Arbeitern die Rede ist, das 6., in dem die Anzahl der Arbeiter nicht genauer bestimmt wird, und das 12, das von nur einem Arbeiter handelt.

Nebenpersonen sind im Gleichnis von den Arbeitern im Weinberg (Mt 20,1-15) der Verwalter und die zur dritten, sechsten und neunten Stunde gemieteten Arbeiter. Der Verwalter nimmt nach R.W.FUNK eine Mittlerstellung zwischen Arbeitgeber und Arbeitern ein: "Subordinate figures may be stage pawns representing the buffer between social superiors and inferiors or between social groups of equivalent status". Die später nicht mehr erwähnten Gruppen von Arbeitern haben nur erzähltechnische Funktion: "Subordinate figures may fill out the body of the narrative by repetition without adding to the content, e.g. the laborers hired at the third, sixth and ninth hours in the Laborers in the Vineyard".[9] In den übrigen Gleichnissen gibt es solche Nebenpersonen nicht.

Folgende Personenkonstellationen lassen sich erkennen:

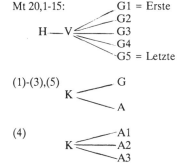

Mt 20,1-15:
G1 = Erste
G2
H—V G3
G4
G5 = Letzte

H = Hausherr
K = König
V = Verwalter
G = Gruppe von Arbeitern
A = Arbeiter

(1)-(3),(5)
K G
A

(4)
A1
K A2
A3

---

[9]Funk 52. Sowohl die zweite bis vierte Gruppe von Arbeitern als auch der Verwalter werden nur einmal erwähnt, während die Ersten und Letzten und der Arbeitgeber in allen Szenen erscheinen.

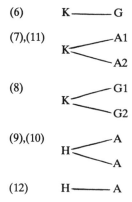

(6)   K——————G

(7),(11)   K⟨ A1 / A2

(8)   K⟨ G1 / G2

(9),(10)   H⟨ A / A

(12)   H——————A

Da Gruppen wie einzelne behandelt werden, braucht man eigentlich nicht zwischen ihnen zu differenzieren. Das Grundmuster der Gleichnisse Mt 20,1-15, (1)-(3), (5), (7)-(11) ist dann weitgehend identisch:

K/H⟨ A1/G1 / A2/G2

Dieses gleichbleibende Grundmuster wird in Mt 20,1-15 durch Vermehrung der Personen am meisten differenziert: Nur hier tritt neben den Hausherrn ein Verwalter. Nur hier begegnen fünf Gruppen von Arbeitern.

B. Rollen

Die Rollen sind im Allgemeinen konstant. A1 entspricht immer der Norm. Er arbeitet bei durchschnittlicher Tüchtigkeit einen Tag lang. Vom Arbeitgeber wird er "gerecht" behandelt (Ausnahme: 5. Gleichnis; hier wird impliziert, daß A1 ein ungewöhnlich hoher Lohn zuteil werden wird). A2 hat gegenüber A1 ein Minus an Arbeitszeit (Mt 20,1-15) oder Tüchtigkeit (5; 8-11) oder ein Plus an Beständigkeit (3; 7) aufzuweisen. In einem Fall (1) wird die mangelnde Arbeitszeit durch besonderen Fleiß kompensiert. Der Arbeitgeber verhält sich A2 gegenüber "gütig", d.h. er überschreitet die Norm der Gerechtigkeit im positiven Sinne.

Ein Rollenwechsel findet lediglich im 7. Gleichnis statt. Der für längere Zeit gemietete Arbeiter ist anfangs im Nachteil, weil er keinen Lohn erhält, während sein Kollege zum Lohn sogar noch Nahrung bekommt. Am Ende aber ist er im Vorteil, denn er darf auf einen sehr hohen Lohn hoffen, während der andere den Arbeitsplatz verlassen muß und keine weitere Aussicht auf Lohn hat.

Einen solchen Rollenwechsel könnte man auch für Mt 20,1-15 annehmen. Dies scheitert jedoch daran, daß die Letzten durch den Erhalt des vollen Tagelohnes nicht im Vorteil gegenüber den Ersten sind, sondern ihnen dadurch gleichgestellt werden, so daß nun niemand im Nachteil ist.

5.Kapitel: Bildfeldanalyse

Im Rahmen der postmodernen Literaturwissenschaft wird immer wieder betont, daß ein Text nicht als isoliertes Gebilde, losgelöst von seinem sozio-kulturellen Kontext, betrachtet werden darf, sondern im Zusammenhang mit sprachlichen und nicht-sprachlichen Äußerungen einer Kulturgemeinschaft gesehen werden muß. So schreibt J.CULLER: "Intertextuality thus becomes less a name for a work's relation to particular prior texts than a designation of its participation in the discursive space of a culture: the relationship of a text and the various languages or signifying practices of a culture and its relation to those texts which articulate for it the possibilities of that culture",[10] und J.KRISTEVA bezeichnet Intertextualität als die Summe des Wissens, die es ermöglicht, daß Texte verstanden werden.[11] Der Gedanke der Intersubjektivität wird innerhalb der postmodernen Literaturkritik ersetzt durch der der Intertextualität. Der Autor eines Textes wird nicht mehr als genialer Neuschöpfer von etwas bisher nicht Dagewesenem gesehen, sondern seine Kreativität besteht in der Art und Weise, in der er vorgegebenes Material neu verbindet und aktualisiert.[12] Seine Worte beziehen sich immer auf andere Worte, auch wenn dies nicht explizit deutlich gemacht wird. "Jedes Wort ist ein Vorurteil" (NIETZSCHE), indem es auf bereits existierenden Äußerungen, Überzeugungen, Weltanschauungen beruht.[13] Neuerung ist dabei nur im begrenzten Sinne möglich, denn wenn der Rahmen des traditionell Einsichtigen allzuweit überschritten wird, ist Verständigung gar nicht mehr möglich.

Im Zuge dieser Strömung zu einer ganzheitlicheren Betrachtung von Einzelphänomenen innerhalb der neueren Literaturwissenschaft ist es auch auf dem Gebiet der

---

[10]Culler 103. Vgl. auch Barthes, Work, 77, der betont, das es bei Intertextualität nicht um die Suche nach einem vorgängigen Originaltext, der den späteren Text direkt beeinflußt haben könnte, geht: "Every text, being itself the intertext of another text, belongs to the intertextual, which must not be confused with the text's origins: to search for the 'sources of' and 'influence upon' a work is to satisfy the myth of filiation. The quotations from which a text is constructed are anonymous, irrecoverable, and yet *already read*: they are quotations without quotation marks".

[11]Vgl. Kristeva 146.

[12]Vgl. hierzu besonders Barthes, Image, und Culler 101.

[13]Vgl. hierzu Bloom 9.

Metapherntheorie zu einem Fortschritt gekommen.[14] Beschränkte sich die auf ARISTOTELES zurückgehende rhetorische Metapherntheorie auf die Untersuchung der Metapher als Einzelwort, so geht es der seit BREAL sich entwickelnden linguistischen Metaphorologie um ein Verständnis der Metapher im textuellen (Textsemantik) und situativen Kontext (Pragmasemantik), sowie im Kontext der Sprache (Paradigmatik).

H.WEINRICHS Bildfeldtheorie gehört in den Zusammenhang dieser zuletzt genannten Richtung, die an den paradigmatischen Beziehungen von Metaphern innerhalb der Sprache interessiert ist. Dabei lehnt Weinrich sich in seiner Metapherntheorie an die allgemeine Sprachwissenschaft an, indem er F.DE SAUSSURES Unterscheidung zwischen *langue* und *parole* auf die Bildersprache überträgt.[15] SAUSSURE bezeichnete als *langue* die Sprache als objektivem, strukturiertem Sprachbesitz einer Gemeinschaft, während mit *parole* der individuelle Sprechakt, d.h. die Aktualisierung bestimmter Elemente dieses allgemeinen Sprachbesitzes gemeint ist. Untersuchungen der *parole*, d.h. der individuellen Metaphern eines Autors, gab es schon vor WEINRICH zur Genüge. Neu ist seine Insistierung auf der Notwendigkeit einer Untersuchung der "überindividuellen Bildwelt als objektivem, materialem Metaphernbesitz einer Gemeinschaft".[16] Die weitgehende Übereinstimmung im Metapherngebrauch bei Angehörigen eines Kulturkreises, insbesondere wenn sie ein und derselben Epoche angehören, kann kaum Zufall sein. Vielmehr gilt: "Der Einzelne steht immer schon in einer metaphorischen Tradition, die ihm teils durch die Muttersprache, teils durch die Literatur vermittelt wird und ihm als sprachlich-literarisches Weltbild [beim einzelnen Sprechakt] gegenwärtig ist".[17]

Dieser überindividuelle Metaphernbestand kann diachronisch oder synchronisch untersucht werden, diachronisch im Hinblick auf eine Entwicklung innerhalb der Tradition und synchronisch bezüglich der Relationen von Metaphern zu anderen Metaphern innerhalb der Sprache. Nach WEINRICH ist die diachronische Betrachtungsweise, die

---

[14]Eine ausführliche Darstellung der Entwicklungen innerhalb der Metapherntheorie und eine Einordnung von H. Weinrichs Ansatz in diesen Rahmen findet sich in von Gemünden 9-21. Ibid. 36-42 werden neutestamentliche Arbeiten vorgestellt, die die Erkenntnisse der neueren Metaphernforschung berücksichtigen. Dazu gehört auch P. von Gemündens Arbeit selbst, die von Weinrichs Bildfeldtheorie ausgehend Vegetationsmetaphorik im Neuen Testament und seiner Umwelt untersucht.

[15]Vgl. hierzu Weinrich 277.

[16]Ibid.

[17]Ibid. 278.

bisher vorherrschte, durch die synchronische zu ergänzen.[18] Dabei betont er, daß er bei der Auswahl seiner Beispiele aus der europäischen Literatur bewußt ahistorisch vorgegangen ist, "weil die Metaphern, die wir...in unser Sprachbewußtsein aufnehmen, in unserem Gedächtnis ja auch nicht jeweils mit einer Jahreszahl als Index gegenwärtig sind. Für das Sprachbewußtsein relevanter ist die Zugehörigkeit der Metapher zu einem Bildfeld".[19]

WEINRICH verwendet den Begriff des Bildfeldes in Anlehnung an P.CLAUDELS *champ de figures* und in Analogie zu dem aus der Linguistik bekannten Begriff des Wort- oder Bedeutungsfeldes:[20] "Im Maße wie das Einzelwort in der Sprache keine isolierte Existenz hat, gehört auch die Einzelmetapher in den Zusammenhang eines Bildfeldes. Sie ist eine Stelle im Bildfeld."[21] WEINRICH verdeutlicht dies an dem Beispiel der Metapher "Wortmünze". Der Hörer/Leser assoziiert mit "Wort" den ganzen Bereich der Sprache, während in "Münze" das Gebiet des Finanzwesens anklingt. Jeder Teil einer Metapher gehört also einem bestimmten Sinnbezirk an, so daß man bei der aktualen Realisierung einer Metapher von der "Koppelung zweier sprachlicher Sinnbezirke" sprechen kann. Diese Sinnbezirke bezeichnet WEINRICH in Anlehnung an J.TRIER als bildspendendes und bildempfangendes Feld. Zusammen konstituieren sie ein Bildfeld.[22]

Bildfelder sind nicht deduktiv durch philosophische Weltdeutung zu erschließen. Sie werden vielmehr in der Tradition eines Kulturkreises weitergereicht. Auch kann man sie nicht sauber voneinander scheiden, sondern es kommt zu Überlagerungen, so daß mehrere Bildfelder einzelne Metaphern gemeinsam haben.[23] Das Bildfeld ist äußerst wichtig für

[18]Vgl. ibid. 282.

[19]Ibid. 283.

[20]In der Linguistik wird der Begriff des Wortfeldes manchmal von dem des assoziativen Feldes unterschieden. Einem Wortfeld gehören demnach nur solche Einheiten der *langue* an, die in einem gegebenen Kontext füreinander substituierbar sind, also Begriffe mit synonymer Bedeutung, während die Vorstellung eines assoziativen Feldes auf Saussures Erkenntnis beruht, daß zwischen den Einheiten der *langue* assoziative Beziehungen bestehen, d.h. "Beziehungen zwischen einer im Satz vorhandenen Einheit und latenten, im Gedächtnis vorhandenen, aber nicht ausgesprochenen Einheiten", vgl. Lewandowski 1, 68f.

[21]Weinrich 283.

[22]Vgl. ibid. 284.

[23]Vgl. ibid. 286.

den Grad der Rezeption einer Metapher durch die Hörer/Leser. Die isolierte Metapher "hat gewöhnlich keinen Erfolg bei der Sprachgemeinschaft. Die Sprachgemeinschaft will die integrierte Metapher...Die in einem Bildfeld integrierte Metapher hat alle Aussichten, von der Sprachgemeinschaft angenommen zu werden".[24] Als Sprachgemeinschaft, bzw. Bildfeldgemeinschaft bezeichnet WEINRICH dabei das Abendland: "Die konkreten Bildfelder sind wohl kaum jemals Allgemeinbesitz der Menschheit, aber auch nicht exklusiver Besitz der Einzelsprache (Muttersprache). Sie gehören zum sprachlichen Weltbild eines Kulturkreises".[25]

Was die Autorschaft im Bildfeld betrifft, so darf man Originalität hier nicht mit Neuschöpfung verwechseln. Neuschöpferisch tätig ist nur derjenige, der ein ganz neues Bildfeld schafft. Das aber geschieht sehr selten. Meist handelt es sich um die Ausfüllung freier Metaphernstellen, "die mit dem bestehenden Bildfeld bereits potentiell gegeben sind".[26] Originalität zeigt sich also im kreativen Gebrauch eines bereits bestehenden Bildfeldes.

Bildfelder werden "im einzelnen metaphorischen Sprechakt subjektiv vergegenwärtigt", indem sie vom Sprechenden/Schreibenden mitgemeint und vom Hörenden/Lesenden mitverstanden werden. Die gemeinsame Teilhabe von Sprecher/Schriftsteller und Hörer/Leser an den jeweils aktualisierten Bildfeldern ist also unabdingbare Voraussetzung dafür, daß Verständigung überhaupt zustande kommt. Dabei ist unser Weltbild enscheidend von unseren Bildfeldern bestimmt.

Im individuellen Sprechakt, sowie im literarischen Text, begegnen Metaphern nie isoliert, sondern sie stehen immer in einem Kontext. Erst dieser Kontext macht ein Wort zur Metapher, denn er determiniert es so, daß es etwas anderes meint, als es eigentlich bedeutet. Entsprechend definiert WEINRICH die Metapher als "ein Wort in einem konterdeterminierenden Kontext".[27] Manchmal kommt es vor, daß ein Text mehrere Metaphern ein und desselben Bildfeldes enthält. Diese Nachbarmetaphern stützen sich

---

[24]Ibid. Vgl. auch 327: Eine Metapher wird als "evident" empfunden, wenn der Leser oder Hörer "sie mühelos in dem vorgegebenen Bildfeld zu Parallelmetaphern hin verschieben kann. Er kann mit der Metapher etwas machen. Deshalb akzeptiert er sie auch".

[25]Ibid. 287.

[26]ibid. 288.

[27]Ibid. 320.

224

dann gegenseitig. Je größer die Kontextdeterminierung ist, und je mehr sinnverwandte Metaphern sich in einem Text befinden, umso besser wird ein Text, bzw. eine Einzelmetapher in ihm, verstanden: "Eine starke Determination des bildempfangenden Kontextes, gleichgesinnte Metaphern in der Nachbarschaft des Textes und die Vertrautheit mit dem traditionellen Bildfeld - das alles wirbt für eine Metapher und macht sie uns vertraut, auch wenn sie uns aus diesem oder jenem Grund befremdet".[28]

Es ist schwierig und bisweilen unmöglich, die Grenzen eines Bildfeldes zu bestimmen. Von Überschneidungen zwischen einzelnen Bildfeldern war schon oben die Rede. Dennoch sollte man daraus nach WEINRICH keinen grundsätzlichen Zweifel an dem Phänomen überhaupt ableiten.[29] Bildfelder lassen sich zumeist aus den zur Verfügung stehenden Quellen induktiv erschließen,[30] wobei Texte einer Kulturgemeinschaft in Frage kommen, die zeitlich recht weit auseinanderliegen können. Dabei wird, wie bereits angedeutet, vorausgesetzt, daß Angehörige einer Kulturgemeinschaft an den in dieser Kulturgemeinschaft geläufigen Bildfeldern partizipieren. WEINRICH bezeichnet das Abendland als eine solche Kulturgemeinschaft. Im Falle der vorliegenden Gleichnisse kann man diesen Bereich zeitlich auf die Spätantike und örtlich auf den palästinschen Bereich enger umgrenzen. Juden und Christen jener Zeit bildeten eine Kulturgemeinschaft, die durch das biblische Erbe einerseits und den Einfluß der griechisch-römischen Kultur andererseits geprägt war. Dabei hat die diachronische Betrachtung der Lohnmetaphorik (siehe 2.Teil) bereits ergeben, daß die Lohnvorstellungen innerhalb des Judentums von der Zeit Jesu bis in die Zeit der Rabbinen hinein relativ konstant geblieben sind. Insofern ist es also durchaus legitim, für die Konstruktion des Bildfeldes "Lohn" der christlich-jüdischen Spätantike Texte heranzuziehen, die Jahrhunderte auseinanderliegen.

Die synchronische Betrachtungsweise versucht keine gegenseitige Abhängigkeit dieser Texte festzustellen. Es geht ihr lediglich darum, zu sehen, welche virtuellen Möglichkeiten den Gleichniserzählern für die Realisierung ihrer Aufgabe zur Verfügung standen, und welche Auswahl sie aus diesen Möglichkeiten getroffen haben. Mit der Realisierung einer bestimmten Metapher/Metaphernkombination aus diesem Bildfeld wird ja zugleich ein

[28]Ibid. 313.

[29]Vgl. ibid. 325.

[30]Dies gilt insbesondere für neutestamentliche und rabbinische Texte, da sie von unserer modernen abendländische Kultur zeitlich und räumlich weit entfernt sind und ihre Sprache nicht unsere Muttersprache ist, vgl. Berger, Exegese, 138; Klauck 143.

"Nein" gegenüber allen anderen darin vorhandenen Möglichkeiten ausgesprochen. Aus der Auswahl und Art der Realisierung lassen sich also Rückschlüsse auf die Intentionen der jeweiligen Verfasser ziehen.[31]

Durch die Zusammenstellung der mit Lohn verbundenen Assoziationen in den Gleichnissen läßt sich nur ein Teilbildfeld erstellen. Für die Erschließung des Gesamtbildfeldes müßte die gesamte christliche und jüdische spätantike Literatur systematisch durchgesehen werden, und man dürfte sich nicht auf Gleichnisse beschränken, sondern müßte auch Sprichwörter, Aphorismen etc. mit einbeziehen, d.h. alle Texte, in denen "Lohn" oder mit Lohn verwandte Worte metaphorisch verwendet werden. Ein solches Unternehmen ist aber im Rahmen dieser Arbeit und angesichts des Umfangs der rabbinischen Literatur nicht möglich. Wir meinen allerdings, daß schon durch die Erstellung eines Teilbildfeldes wichtige Rückschlüsse auf die Verwendung der Lohnmetaphorik bei Jesus und bei den Rabbinen gezogen werden können, und daß die Bildfeldanalyse, auch wenn sie nur in einem begrenzten Rahmen betrieben wird, ein lohnenswertes Instrument für den religionsgeschichtlichen Vergleich von Texten darstellt.[32] Auch hindert uns die Betrachtung der in einem antiken Text realisierten Einzelmetapher im Rahmen ihres induktiv erschlossenen Bildfeldes daran, heute mit dieser Metapher verbundene Vorstellungen in den antiken Text hineinzulesen. Das Bildfeld "Lohn" unseres neuzeitlichen, durch Marxismus und Kapitalismus geprägten abendländischen Kulturkreises kann zwar mit dem Bildfeld "Lohn" des spätantiken Orientalen überlappen, wird aber wohl kaum vollständig identisch mit ihm sein.

Ein Weiteres ist wichtig: Für die Erstellung eines Bildfeldes sollte man sich nicht auf literarische Texte beschränken. Für die Erstellung des bildspendenden Sinnbezirks sind auch ökonomische Texte, Privatbriefe etc. heranzuziehen, denn es ist zu vermuten, daß eine Beziehung besteht zwischen Realisierungen von Metaphern in Texten und dem bildspendenden Bereich angehörenden Realia. Dies gilt besonders für die Metapher "Lohn": Die konkreten Erfahrungen der Hörer/Leser der Gleichnisse in der Arbeitswelt bestimmten sicher auch deren Rezeption der Texte. Andererseits ist auch zu vermuten, daß der Verfasser bei der Auswahl von Bildern aus einem Bildfeld von eigenen konkreten Erfahrungen geleitet wurde. Die in dieser Arbeit vorgenommene Unterteilung in

---

[31]Siehe Stern, Interpreting, 54. Siehe hierzu auch Berger, Exegese, 139: "Die Gemeinsamkeit von Texten ist primär an den semantischen Feldern erkennbar", und ibid. 140: "Leistung und Intention eines Autors können speziell daran bestimmt werden, wieweit er das jeweils 'erwartete' semantische Feld verändert hat". "Nur auf der Basis der Konvention sind...individuelle, neue Wortverbindungen überhaupt erst feststellbar" (138).

[32]Da die Bildfeldanalyse synchronisch arbeitet und von der Behauptung etwaiger Interdependenzen absieht, kann sie dem von kritischen Exegeten häufig geäußerten Vorwurf des Anachronismus entgehen.

226

"Sozialgeschichtlicher Hintergrund" und "Bildfeldanalyse" könnte also durch Einbeziehung und Inbeziehungsetzung von Lohnaussagen aus wirtschaftlichen und juristischen Texten einerseits und "literarischen" Texten andererseits überwunden werden.[33] Aus Arbeitsersparnisgründen[34] wird hier an der traditionellen Abgrenzung der Bereiche festgehalten, andererseits wird jedoch in der Bildfeldanalyse auf Ergebnisse des sozialgeschichtlichen Teiles zurückgegriffen. Es wird sich zeigen, daß ein Verständnis der Realisierung der Metaphern in den Gleichnistexten ohne Kenntnis der "Realität" des bildspendenden Bereichs gar nicht möglich ist.

Als Textgrundlage für die Bildfelduntersuchung dienen die Gleichnisse in ihrer vorliegenden literarischen Form. Da es darum geht, festzustellen, welche Assoziationen die spätantike palästinische Gesellschaft insgesamt mit der Metapher "Lohn" verbunden hat, ist es an dieser Stelle nicht notwendig, bei den Gleichnissen jeweils zwischen Tradition und Redaktion zu unterscheiden.

Der in den vorliegenden Texten realisierte Teil des Bildfeldes "Lohn" wird erstellt, indem man zunächst alle mit "Lohn" assoziierten Bilder, die in den Gleichnissen begegnen, sammelt. Dazu gehören nicht nur Einzelwörter, sondern auch Wortverbindungen und Satzteile.[35] Dieses Material wird sodann allgemeinen Begriffen untergeordnet, die nicht den Texten entnommen, sondern zur Analyse der Texte vom Exegeten formuliert wurden. Durch diese Systematisierung soll ein besserer Überblick ermöglicht und der Vergleich zwischen den Gleichnissen hinsichtlich ihrer Auswahl aus diesem Bildfeld erleichtert werden.

[33]Dies entspräche der allgemeinen Tendenz innerhalb der postmodernen Literaturkritik, die Grenzen zwischen literarischen, philosophischen, geschichtlichen etc. Texten aufzuheben. Vgl. hierzu die Schriften Jacques Derridas (zur Ablehnung einer Unterscheidung zwischen philosophischer und literarischer Sprache) und Hayden Whites (zur Geschichtsschreibung als Literatur).

[34]Die jetzige Einteilung lag schon vor; eine derartige Überarbeitung würde zu viel Zeit in Anspruch nehmen.

[35]Vgl. Berger, Exegese, 159.

Das Bildfeld "Lohn" in den Gleichnissen:

ARBEITGEBER	TÄTIGKEIT	EIGENSCHAFT
Hausherr (Mt 20; 9; 10; 12)	dingt (alle Gl. außer 12)	tut nicht Unrecht; ist gütig (Mt 20)
König (1-8; 11)	vereinbart Lohn (Mt 20)	verdient Ruhm, (8-10)
	gibt Lohn nicht bekannt (4-6)	
	s e n d e t i n Weinberg/Garten/Feld (Mt 20; 4-6)	
	geht mit einem Arb. spazieren (1; 2)	
	zahlt Lohn (Mt 20; 1; 2; 4; 5; 7; 8-12)	

ARBEITER	TÜCHTIGKEIT	TREUE
Tagelöhner (Mt 20; 1-2; 4-6; 8-12)	ein Arb. strengt sich bes. an (1)	arbeitet alle s. Tage beim AG (3; 7)
Langzeitarbeiter (ein Arb. in 3 u. 7)	gute Arb./faule Arb. (8)	
sind arbeitslos (Mt 20)	redlicher Arb./unredlicher Arb. (9; 10)	
	gründlicher Arb./fauler Arb. (11)	

ARBEIT	ART	DAUER
Weinberg (Mt 20)	P f e f f e r b a u m / Kapernbaum/ Olivenbaum (4)	1 Std./12 Stdn (Mt 20)
Garten (4; 6)	l e i c h t e r u. g e r i n g e r Baum/viele Bäume (5)	2 Stdn/12 Stdn (1; 2)
Feld (5)	Pflanzungen (6)	wenige Tage/viele Tage (3)

	pflügt, sät, jätet, hackt (12)	ein Tag/ganzes Leben (7)

LOHNZAHLUNG	GLEICHER LOHN	VERSCHIEDENER LOHN
durch Arb.geber (1-5; 7-12)	ein Denar (Mt 20)	wenig Lohn/große Rechnung (3)
durch Verwalter (Mt 20)	voller Lohn (1; 8-10)	ein Goldstück/ein halbes Goldstück/ 200 Maneh (4)
	eine Münze (12 - nur ein Arb.)	ein Goldstück/das Vielfache (5)
		voller Lohn sowie Essen u. Trinken/ das Vielfache (7)

REAKTION	ARBEITER	ARBEITGEBER
	murren (Mt 20)	gibt Erklärung (Mt 20; 1)
	sind unzufrieden (1)	

Mit der Metapher "Lohn" werden zunächst einmal Arbeiter und ein *Arbeitgeber* assoziiert. Dabei handelt es sich in den rabbinischen Gleichnissen zumeist um einen König, aber auch ein Hausherr, wie er im Gleichnis von den Arbeitern im Weinberg vorkommt, wird einige Male erwähnt. Die Tätigkeit des Arbeitgebers besteht zum größten Teil aus der Anwerbung, bzw. dem Dingen der Arbeiter und der Lohnzahlung. Diese beiden Tätigkeiten begegnen in (fast) allen Gleichnissen. Auch das zum-Arbeitsplatz-Senden ist üblich. Darüberhinaus berichtet Mt 20,1-15 von einer Lohnvereinbarung (mit einigen Gruppen von Arbeitern), während andere Gleichnisse (4-6) gerade das Fehlen einer solchen hervorheben. Das im 1. und 2. Gleichnis erwähnte Spazierengehen des Arbeitgebers mit einem Arbeiter gehört nur insofern zum Bildfeld "Lohn", als der König den Arbeiter dadurch von seiner Arbeit abhält. Oder sollte (besonders im 1. Gleichnis) der Spaziergang mit dem König schon als "Lohn" verstanden worden sein?

Nur wenige Gleichnisse erwähnen bestimmte Charktereigenschaften des Arbeitgebers, die ihn bei der Behandlung der Arbeiter leiten. So spezifiziert Mt 20,1-15 die Güte des Hausherrn, nach dem 8.-10. Gleichnis verdient er Ruhm bzw. Dank.

Was die *Arbeiter* betrifft, so handelt es sich in den Gleichnissen meist um Tagelöhner, nur im 3. und 7. Gleichnis begegnet ein Arbeiter, der mehrere Tage, bzw. sein ganzes Leben lang bei einem Arbeitgeber bleibt. Die Tüchtigkeit und Treue der Arbeiter wird häufig näher beschrieben. In ihrer Tüchtigkeit oder Treue unterscheiden sich Arbeiter oder Gruppen von Arbeitern voneinander. Ein Arbeiter strengt sich mehr an als die übrigen, einige Arbeiter sind gut/redlich/gründlich, während andere faul sind oder unredlich arbeiten. Der Arbeiter, der alle seine Tage bei ein und demselben Arbeitgeber verbringt, zeichnet sich durch seine Treue aus. Im Gleichnis von den Arbeitern im Weinberg fehlt eine derartige Differenzierung zwischen den verschiedenen Gruppen von Arbeitern völlig. Damit wird impliziert, daß alle Arbeiter ein gleiches Maß an Tüchtigkeit bzw. Arbeitswillen besitzen.

Die *Arbeit* trägt sich in einem Weinberg, Garten oder Feld zu. Dabei wird manchmal genauer definiert, um welche Art von Arbeiten es sich handelt. Im 4. Gleichnis wird zwischen der Arbeit unter einem Pfeffer-, Kapern- und Olivenbaum unterschieden, wobei ein unterschiedlicher Schwierigkeitsgrad mit den jeweiligen Bäumen verbunden zu sein scheint. Genereller ist von einem leichten Baum und vielen Bäumen und von Pflanzungen die Rede. Nur im 12. Gleichnis werden die verschiedenen Feldarbeiten listenartig aneinandergereiht. Im Gleichnis von den Arbeitern im Weinberg fehlt jeglicher Hinweis auf die Art der von den verschiedenen Gruppen von Arbeitern geleisteten Arbeit. Es ist also anzunehmen, daß alle Arbeiter die gleiche Arbeit zu leisten haben.

Außer der Art der Arbeit wird in den Gleichnissen die Dauer der Arbeit näher bestimmt. Dabei wird immer zwischen einem Arbeiter und einer Gruppe von Arbeitern unterschieden (außer in 7, wo nur zwei Arbeiter einander gegenübergestellt werden). Die Mehrheit arbeitet immer einen Tag lang (möglicherweise auch in 3). Die Arbeit für einen Tag, bzw. zwölf Stunden, bildet also den Standard. Der eine Arbeiter arbeitet entweder kürzer (ein oder zwei Stunden) oder länger (viele Tage; sein ganzes Leben) als die übrigen. Nur hinsichtlich der Dauer wird im Gleichnis von den Arbeitern im Weinberg zwischen den fünf Gruppen von Arbeitern unterschieden.

Die *Lohnzahlung* geschieht fast immer durch den Arbeitgeber selbst. Nur im Gleichnis von den Arbeitern im Weinberg wird ein Verwalter damit beauftragt. Wird allen Arbeitern der gleiche Lohn gezahlt, so ist gewöhnlich vom "vollen Lohn" die Rede. Nur in Mt 20,1-15 wird die Höhe des Lohnes genannt. Dort, wo die Arbeiter einen unterschiedlich hohen Lohn erhalten, ist dieser entweder nicht näher bestimmt (wenig Lohn/große Rechnung; voller Lohn/Vielfaches), oder es handelt sich um Angaben, die in den Bereich des Wunderbaren gehören (ein Goldstück/ein halbes Goldstück/200 *Maneh*; ein Goldstück/Vielfaches). Nirgendwo wird der Lohn zurückgehalten oder ein geringerer Lohn als der volle Tagelohn (der wohl einem Denar entsprach) gezahlt.

Nur Mt 20,1-15 und das 1. Gleichnis berichten von einer *Reaktion* der Arbeiter auf die Lohnauszahlung. Eine Gruppe von Arbeitern "murrt" oder "ist unzufrieden". Dies fordert die Erklärung des Arbeitgebers für sein Verhalten heraus. Mit dieser Erklärung rechtfertigt er sich für die Zahlung des gleichen Lohnes an alle.

In allen vorliegenden Gleichnissen (das 12. Gleichnis bildet eine Ausnahme) werden also zwei Arbeiter oder Gruppen von Arbeitern einander gegenübergestellt. Dabei unterscheiden sie sich in den Aspekten "Dauer der Arbeit", "Art der Arbeit", "Tüchtigkeit" und "Treue"[36] voneinander. Am Ende erhalten sie alle den gleichen Lohn oder einen verschiedenen. Es gilt also festzustellen, nach welchen Kriterien sich der Lohn bei den einzelnen (Gruppen von) Arbeitern richtet. Unter diesem Gesichtspunkt sollen nun die Gleichnisse miteinander verglichen werden.

DIE ARBEITER UNTERSCHEIDEN SICH IN:		LOHN:
Mt 20	Dauer der Arbeit (1 Std./12 Stdn)	gleich
(1)	Dauer (2 Stdn/12 Stdn) u. Tüchtig.	gleich
(2)	Dauer der Arbeit (2 Stdn/12 Stdn)	gleich
(3)	Treue (viele Tage; ein Tag)	versch.
(4)	Art der Arbeit (versch. Bäume)	versch.
(5)	Art der Arbeit (leichter/schwerer B.)	versch.
(6)	Art der Arbeit (versch. Pflanzungen)	versch.
(7)	Treue (alle Tage; ein Tag)	versch.
(8)	Tüchtigkeit (gut/faul)	gleich
(9)	Tüchtigkeit (redlich/unredlich)	gleich
(10)	Tüchtigkeit (redlich/unredlich)	gleich
(11)	Tüchtigkeit (gründlich/faul)	gleich

Wie die Letzten im Gleichnis von den Arbeitern im Weinberg, so unterscheidet sich auch der Arbeiter des 2. Gleichnisses in der Dauer seiner Arbeit von den übrigen. Im 1. Gleichnis sind dagegen zwei Aspekte, Dauer und Tüchtigkeit, miteinander kombiniert. Die Tüchtigkeit ist einziges Unterscheidungsmerkmal in den Gleichnissen 8-11. Andere

[36]Im 3. und 7. Gleichnis scheint es, was den Lohn betrifft, nicht auf die unterschiedliche Dauer der Arbeit anzukommen, sondern darauf, daß ein Arbeiter für längere Zeit bei ein und demselben Arbeitgeber bleibt, ihm also besonders "treu" ist. Deshalb wird die Dauer seiner Arbeit nicht mitgeteilt.

Gesichtspunkte sind die Treue der Arbeiters (3; 7), sowie die Art der von ihnen zu geleisteten Arbeit (4-6). Gewöhnlich werden die Arbeiter nur hinsichtlich eines dieser Aspekte voneinander unterschieden. Dabei sind Dauer und Art der Arbeit Dinge, die nicht im Ermessen des Arbeiters liegen, während er für seine Tüchtigkeit und Treue selbst verantwortlich ist.

Die Arbeiter erhalten trotz verschiedener Arbeitsdauer (Mt 20; 1; 2) oder Tüchtigkeit (8-11) den gleichen Lohn, wobei es sich jeweils um den vollen Tagelohn, bzw. einen Denar handelt. Wenn der Lohn verschieden ist, geht er auf die unterschiedliche Art der Arbeit (4-6) oder Treue (3; 7) zurück. Auch hier liegt er nie unter dem vollen Tagelohn, sondern im Falle der besonders hervorgehobenen Arbeiter jeweils weit darüber. Um diejenigen Fälle erkennen zu können, die auf dem Hintergrund jüdischen Arbeitsrechts ungewöhnlich erscheinen, ist es notwendig, hier kurz die Ergebnisse der sozialgeschichtlichen Untersuchung zu rekapitulieren (siehe I.4 und 6):

Normalerweise richtete sich der Lohn der Tagelöhner nach der Dauer der Arbeit (Dienstvertrag), in Sonderfällen wohl auch nach dem unterschiedlichen Schwierigkeitsgrad. Alles dies sind äußere Kriterien, auf die der Arbeiter selbst keinen Einluß nehmen kann. Erwartet wird von ihm eine durchschnittliche Tüchtigkeit. Bei unterschiedlicher Arbeitsdauer und gleicher Tüchtigkeit entspricht der Lohn dann jeweils der Arbeitsleistung, dem Endprodukt der geleisteten Arbeit. Anders ist es, wenn die Arbeit eines Arbeiters ober- oder unterhalb des allgemeinen Leistungsniveaus liegt. Bleibt er darunter, d.h. ist er "faul", entspricht der Lohn nicht mehr der Dauer der Arbeit, sondern kann ihm gekürzt werden. Ist er dagegen besonders fleißig, ist der Arbeitgeber nicht dazu verpflichtet, mehr zu zahlen; es liegt in seinem Ermessen, den Arbeiter zusätzlich zu belohnen, was, wenn es geschah, dazu diente, die anderen Arbeiter zu mehr Leistung zu motivieren.

Bei den einzelnen (Gruppen von) Arbeitern in den Gleichnissen richtet sich der Lohn nach:

nicht am Arbeiter orientierten Kriterien:

	DAUER	ART DER ARBEIT	NOTWENDIGKEIT
Mt 20	Erste		
(1)	viele Arbeiter		
(2)	viele Arbeiter		ein Arbeiter
(3)	viele Arbeiter		
(4)		alle Arbeiter	
(5)		alle Arbeiter	
(6)		alle Arbeiter	
(7)	ein Arbeiter		
(8-11)	gute Arbeiter		
(12)	ein Arbeiter		

= *"gerechte" Lohnzuteilung*

am Arbeiter orientierten Kriterien:

	TÜCHTIGKEIT	TREUE	BEDÜRFTIGKEIT
Mt 20			Letzte
(1)	ein Arbeiter		
(2)			
(3)		ein Arbeiter	
(4)			
(5)			
(6)			
(7)		ein Arbeiter	
(8-11)			faule Arbeiter
(12)			

-- + ------- + ----------- 0/-----

= *"gütige" Lohnzuteilung*

Nach der *Dauer* ihrer Arbeit werden die Ganztagsarbeiter in Mt 20,1-15 bezahlt, ebenso die "vielen" Arbeiter der Gleichnisse 1-3, der für einen Tag gemietete Arbeiter im 7. Gleichnis, die "guten" Arbeiter der Gleichnisse 8-11, sowie der Arbeiter des 12. Gleichnisses. Es handelt sich hierbei um das übliche Kriterium für die Bestimmung der Höhe des Lohnes. Von der *Art der Arbeit*, bzw. ihrem jeweiligen Schwierigkeitsgrad hängt für die Arbeiter des 4.-6. Gleichnisses die Höhe des Lohnes ab. Weil der Arbeitgeber des 2. Gleichnisses den einen Arbeiter an der weiteren Ausführung seiner Arbeit hindert, muß er ihm den vollen Tagelohn zahlen. Die Zahlung des vollen Tagelohnes ist hier also eine *Notwendigkeit*.

Jeweils eine Gruppe von Arbeitern (Mt 20, 1-15; 1; 3; 7; 8-11), beide Gruppen (2) oder alle Arbeiter (4-6; 12) werden in den Gleichnissen nach den Kriterien "Dauer", "Art der Arbeit" oder "Notwendigkeit" bezahlt. Es sind dies äußere Kriterien, die nicht im Ermessen des Arbeiters liegen. Eine an ihnen orientierte Lohnzahlung ist eine nach jüdischem Arbeitsrecht "gerechte" Lohnzahlung zu nennen.

Daneben wird aber in den Gleichnissen noch eine zweite Gruppe von Kriterien namhaft gemacht. Zu ihr gehört die *Tüchtigkeit* des Arbeiters. Wäre der Arbeiter des 1. Gleichnisses nach der Dauer seiner Arbeit bezahlt worden, dann hätte er nur einen minimalen Lohn erhalten. So aber wird sein besonderer Fleiß anerkannt. Er erhält nicht nur eine Belohnung, sondern einen seiner Mehrleistung entsprechenden Lohn.[37] Bei den Arbeitern, die sich entschlossen haben, für längere Zeit bei einem Arbeitgeber zu arbeiten (3; 7) wird ihre *Treue* diesem Arbeitgeber gegenüber besonders belohnt. In ihrer Tüchtigkeit werden sie sich von den anderen Arbeitern nicht unterschieden haben.

Die zuletzt gedungenen Arbeiter im Gleichnis von den Arbeitern im Weinberg erhalten den vollen Tagelohn, obwohl sie nur eine Stunde gearbeitet haben. Sie unterscheiden sich von den übrigen Arbeitern weder hinsichtlich ihrer Tüchtigkeit noch hinsichtlich ihrer Treue zum Arbeitgeber. Nur in diesem Gleichnis ist wiederholt von der Arbeitslosigkeit der nicht gedungenen Arbeiter die Rede (v.3.6: "müßig stehen"; v.7: "niemand hat uns gedungen"). Damit ist eine akute Notsituation angezeigt, die der Arbeitgeber durch die Anstellung und die Zahlung des vollen Tagelohnes zu beheben sucht. Der Lohn richtet sich hier also einzig und allein nach der *Bedürftigkeit* der Arbeiter. Ähnlich wird es sich im Falle der faulen, bzw. unredlichen Arbeiter der Gleichnisse 8-11 verhalten. Auch hier wird die Bedürftigkeit ausschlaggebend sein für die ungewöhnliche Höhe des Lohnes, obwohl dies nicht ausdrücklich gesagt, sondern nur impliziert ist.

In den Gleichnissen, in denen sich zwei Gruppen von Arbeitern gegenüberstehen, richtet sich also der Lohn bei der zweiten Gruppe, bzw. einem aus der ersten Gruppe herausgehobenen Arbeiter nach einem der Kriterien "Tüchtigkeit", "Treue" oder "Bedürftigkeit" (Ausnahme: 2. Gleichnis). Eine Lohnzahlung, die sich nach diesen Kriterien richtet, geht über das, was nach dem geltenden Arbeitsrecht "gerecht" ist, hinaus.

---

[37]Der Spaziergang des Arbeitgebers mit dem einen Arbeiter ist hier, anders als im 2. Gleichnis, nur Nebenzug, der zeigt, daß der Arbeiter wirklich nur zwei Stunden gearbeitet hat, daß ihm also keine Mehrarbeit aufgetragen wurde. In der Begründung der Lohnzahlung durch den Arbeitgeber wird nur auf die Tüchtigkeit des einen Arbeiters hingewiesen.

Ein Arbeitgeber, der den Lohn nach einem dieser Gesichtspunkte, die sich alle am Arbeiter selbst orientieren, zahlt, ist "gütig" zu nennen. Das gilt schon da, wo auf seiten des Arbeitnehmers etwas Positives, wie besondere Tüchtigkeit oder Treue, vorhanden ist. Denn verpflichtet, dies zu belohnen, ist der Arbeitgeber nicht. ein Arbeitgeber, der einen tüchtigen Arbeiter seiner guten Leistung entsprechend belohnt, ist also schon als gütig zu bezeichnen. Man darf dabei nicht von heutigen Gerechtigkeitsvorstellungen ausgehen und sie in die Gleichnisse hineinprojizieren.

Noch gütiger ist ein Arbeitgeber, der alles andere außer acht läßt und den Arbeiter seiner Bedürftigkeit entsprechend entlohnt. Die Letzten im Gleichnis von den Arbeitern im Gleichnis haben rein gar nichts vorzuweisen, was eine so hohe Bezahlung rechtfertigen könnte.

Am gütigsten aber erweist sich der Arbeitgeber der Gleichnisse 8-11, der sogar faulen Arbeitern, die ein Minus an Arbeitseifer aufzuweisen haben, ihren vollen Tagelohn zahlt. Normalerweise liegt Faulheit an mangelndem Arbeitswillen, aber vielleicht ist hier erkannt, daß die Arbeiter nicht willkürlich faul sind, sondern gar nicht anders können (vgl. oben unter I.5).

Zusammenfassend läßt sich sagen, daß aus den Gleichnissen zwei Kategorien von Kriterien, nach denen sich der Lohn richtet, zu erheben sind. Wenn zwei Gruppen von Arbeitern einander gegenübergestellt werden, richtet sich der Lohn bei einer Gruppe zumeist nach einem Kriterium der ersten, bei der anderen Gruppe nach einem Kriterium der zweiten Kategorie. Zur ersten Kategorie gehören die Aspekte "Dauer", "Art der Arbeit" und "Notwendigkeit". Sie sind äußere, nicht am Arbeiter orientierte Kriterien, und eine an ihnen orientierte Lohnzahlung gilt nach dem damaligen Arbeitsrecht als gerecht. Zur zweiten Kategorie gehören "Tüchtigkeit", "Treue" und "Bedürftigkeit". Ein Arbeitgeber, der sie zur Richtschnur seiner Lohnzahlung macht, hat den Arbeiter selbst im Blick und kann als gütig bezeichnet werden. Bei der gütigen Lohnzahlung gibt es eine Steigerung der Güte von der Belohnung besonderen Fleißes und besonderer Treue über die voraussetzungslose Bezahlung nach Bedürftigkeit bis zur Zahlung des vollen Tagelohnes an faule Arbeiter. Der Arbeitgeber des Gleichnisses von den Arbeitern im Weinberg nimmt also eine mittlere Stellung unter den gütigen Arbeitgebern ein.

6.Kapitel: Zusammenfassung

(1) Im Mittelpunkt der meisten der vorliegenden Gleichnisse steht die Zahlung eines ungewöhnlich hohen Lohnes an Arbeiter, die dies nicht verdient haben. Die Szenen des Mietens und der Arbeit dienen nur zur Vorbereitung dieser Handlung. Mit Ausnahme des 11. Gleichnisses bleiben die übrigen Gleichnisse nicht auf dieser Handlungsstufe stehen. Sie fahren mit der Erzählung fort und haben als Höhepunkt: die Hoffnung der Arbeiter, die schwerere Arbeit geleistet haben (5) oder ihr ganzes Leben bei demselben Arbeitgeber bleiben (7) auf einen höheren Lohn, den Dank der faulen Arbeiter für die gütige Behandlung durch den Arbeitgeber (8-11), die Rechtfertigung des Arbeitgebers für sein ungewöhnliches Verhalten (Mt 20,1-15; 1). Das Gleichnis von den Arbeitern im Weinberg zeichnet sich formal dadurch aus, daß es als einziges Gleichnis alle Handlungsstufen des Grundschemas realisiert. Die "Rechtfertigung des Arbeitgebers" teilt es mit dem 1. rabbinischen Gleichnis, das dabei die Geschicklichkeit des einen Arbeiters betont, während Mt 20,1-15 in einer Klimax die Gerechtigkeit des Arbeitgebers (er hält sich an den Vertrag), seine Souveränität (er kann über seinen Besitz frei verfügen) und als entscheidenden Punkt seine Güte hervorhebt. Dieser Güte soll der Mensch entsprechen. Die murrenden Arbeiter sollen ihren Neid überwinden. So ist die Frage "Oder ist dein Auge böse, weil ich gut bin?" zu verstehen. Ein vergleichbarer expliziter Appell an zwischenmenschliche Güte fehlt in den hier vorliegenden rabbinischen Gleichnissen, obwohl der Appell zu zwischenmenschlichem Verhalten als *imitatio dei* auch dem rabbinischen Denken nichts Fremdes ist.

(2) Hauptpersonen der Gleichnisse sind der Arbeitgeber und meist zwei (Gruppen von) Arbeiter(n), die je in Beziehung zum Arbeitgeber stehen und miteinander kontrastiert werden. Die Rollen sind im allgemeinen konstant: A1 entspricht der Norm und wird vom Arbeitgeber gerecht behandelt. A2 liegt hinsichtlich Arbeitsdauer oder Tüchtigkeit unter der Norm, manchmal auch hinsichtlich Tüchtigkeit und Treue darüber. Gegenüber A2 verhält sich der Arbeitgeber gütig. Im Gleichnis von den Arbeitern im Weinberg treten darüber hinaus Nebenpersonen auf, der Verwalter und die drei mittleren Gruppen von Arbeitern. Die Erwähnung der Arbeiter der dritten, sechsten und neunten Stunde hat wohl nur erzähltechnische Funktion. Es fällt auf, daß das Grundschema der Personenkonstellation in Mt 20,1-15 durch Vermehrung der Personen am meisten differenziert wird.

(3) Alle Assoziationen, die mit der Metapher "Lohn" verbunden sind, gehören einem Bildfeld an, das den in spätantiker Zeit in Palästina lebenden Menschen gemeinsam war. Die Gleichnisse unterscheiden sich voneinander durch Verwendung und Kombination verschiedener Elemente dieses Bildfeldes.

In den meisten Gleichnissen wird eine "gütige" einer "gerechten" Lohnzahlung gegenübergestellt. Eine gerechte Lohnzahlung richtet sich nach äußeren Kriterien wie "Dauer", "Art der Arbeit" und "Notwendigkeit", eine gütige nach den Kriterien "Tüchtigkeit", "Treue" und "Bedürftigkeit". Letztere ist also am Arbeiter orientiert. Je geringer die Leistungsfähigkeit des Arbeiters ist, umso größer ist die Güte des Arbeitgebers. Sie reicht von der Belohnung besonderer Tüchtigkeit über die Bezahlung nach Bedürftigkeit bis zur Zahlung des vollen Lohnes auch an faule Arbeiter. Der Hausherr im Gleichnis von den Arbeitern im Weinberg nimmt hier also eine mittlere Stellung ein. Diese mittlere Stellung in der zentralen inhaltlichen Aussage ist um so bemerkenswerter, als Mt 20,1-15 in formaler Hinsicht durchaus einige Besonderheiten (im Rahmen einer gleichbleibenden gemeinsamen Grundstruktur) aufzuweisen hat: Handlungs- und Personenschema werden reichhaltiger realisiert und differenziert.

4.TEIL: AUSLEGUNG DES GLEICHNISSES VON DEN ARBEITERN IM WEINBERG

Im Gleichnis von den Arbeitern im Weinberg stehen zwei Sinnhorizonte miteinander in Beziehung, der bildspendende Bereich menschlicher Arbeitswelt und der bildempfangende Bereich göttlichen Handelns. Sie sind verknüpft durch das "metaphorische Bedeutungsfeld, das durch das Zusammentreffen von Hausherr, Arbeiter und Lohnzahlung konstituiert wird".[1] Einzelmetaphern und Einzelzüge haben keine selbständige Funktion, sondern sind "nur im Ganzen der Erzählung von Interesse".[2]

Die Erzählung als Ganze ist ein poetisches Bild für das Verhältnis Gottes zum Menschen. Gottes Handeln wird mit dem eines Arbeitgebers verglichen, der am Morgen früh ausgeht, um Arbeiter für seinen Weinberg zu dingen. Weil die Arbeit drängt, er aber nur so viele Arbeiter wie unbedingt notwendig anstellen will, wiederholt sich der Vorgang des Dingens fünfmal.[3] Das sukzessive Anheuern ist zwar nicht ausdrücklich aus anderen Texten belegbar - auch erscheint es im Gleichnis in stilisierter Form (gleichmäßige Zeitabstände) - jedoch rät Columella (siehe S.58) einem Arbeitgeber, nur die allernotwendigste Anzahl an Arbeitskräften anzustellen, um Kosten zu sparen. In der drängenden Erntesituation, wenn die bereits angestellten Arbeiter die Arbeit nicht alleine leisten konnten, war ein solcher Arbeitgeber möglicherweise gezwungen, mehr Arbeiter zu dingen. So ist es also nicht beweisbar, aber durchaus möglich, daß das mehrmalige Anheuern den damaligen Verhältnissen entspricht.[4]

Die Einteilung in fünf Gruppen von Arbeitern kann auch erzähltechnisch bedingt sein. Zwei Gruppen sind für den Vergleich bei der Lohnauszahlung in der letzten Szene unbedingt notwendig. Die drei mittleren Gruppen sind eine Art "Füllstoff", der den krassen Übergang von den Arbeitern der ersten Stunde zu denen der elften abschwächt: Nachdem

[1]Weder 223.

[2]Ibid. 70.

[3]Vgl. Jeremias, Gleichnisse, 136; Schottroff, Güte, 73.

[4]Da das mehrmalige Anheuern in keinem anderen antiken Text ausdrücklich begegnet, könnte man hierin auch ein Abweichen von der Realität und damit ein Stück Aussageintention verwirklicht sehen. Dies erscheint mir aber unwahrscheinlich. Die Erzählung läuft auf die gütige Lohnauszahlung zu. Ein weiterer ungewöhnlicher Zug würde von dieser Pointe ablenken.

der Arbeitgeber den ganzen Tag über immer wieder neue Arbeiter angestellt hat, wirkt es erzählerisch besser motiviert, wenn er kurz vor Arbeitsende noch einmal Arbeiter anwirbt. Was in der realen Welt vielleicht weniger wahrscheinlich war, wird so in der Bildwelt des Gleichnisses plausibel gemacht, weil es dem Erzählgesetz der Wiederholung und einer durch Wiederholungen aufgebauten Erwartung entspricht. So ist die Alternative, ob dieses fünfmalige Dingen der Realität entspricht oder ungewöhnlicher Zug ist, vielleicht unangemessen, da sie stilistische Gesichtspunkte nicht in Betracht zieht.

Mit den zuerst gemieteten Arbeitern schließt der Hausherr einen Arbeitsvertrag ab. Er vereinbart mit ihnen einen Denar als Lohn für den ganzen Tag. Es handelt sich dabei um den üblichen Tagelohn. Der nächsten Gruppe will er geben, "was recht ist". Weil ihre Arbeitszeit kürzer ist als die der Ersten, müssen sie mit dem Bruchteil eines Denars rechnen. Bei der dritten bis fünften Gruppe werden Lohnabmachungen dann gar nicht mehr erwähnt. Eine nochmalige Wiederholung wäre redundant. Auch erzeugt die Nichterwähnung der Lohnhöhe Spannung.[5]

In der Frage des Hausherrn an die zuletzt noch auf dem Markt Stehenden (v.6b) sieht J.JEREMIAS einen Vorwurf an die "untätig schwatzenden Arbeiter". Ihre Antwort (v.7) deutet er dementsprechend als faule Ausrede, die "ihre echt orientalische Gleichgültigkeit bemänteln" soll.[6] Daß es sich um eine faule Ausrede handelt, geht aus dem Gleichnis nicht hervor, vielmehr muß man ἀργός hier mit "arbeitslos", "untätig" übersetzen. Wie der sozialgeschichtlich Teil gezeigt hat, war Arbeitslosigkeit im ersten Jahrhundert keine Seltenheit. Besonders in der Erntesaison, auf die das Gleichnis anzuspielen scheint,[7] war sie verhängnisvoll. Sie stürzte den Arbeiter und seine Familie in größte Not. Diejenigen, die auf dem Marktplatz so lange auf Arbeit warten, werden froh sein, wenigstens für ein paar Stunden Beschäftigung zu finden. Wenn sie auch damit rechnen müssen, nur einen minimalen Lohn zu erhalten, so können sie doch zumindest von den Früchten des Weinbergs essen.

Diese erste Szene des Dingens von Arbeitern ist nur in Mt 20,1-15 so ausführlich geschildert. In den rabbinischen Gleichnissen wird meist nur in aller Kürze mitgeteilt, daß der König/Hausherr Arbeiter anstellte. Die mehrmalige Erwähnung der Arbeitslosigkeit

---

[5]So Linnemann 89.

[6]Jeremias, Gleichnisse, 136.

[7]Vgl. die Erwähnung der "Hitze des Tages" in v.12.

der Arbeiter in Mt 20,1-15 (v.3.6f) dient wohl dazu, deren elende Situation und Bedürftigkeit zu betonen. In anderen Lohngleichnissen erscheint sie nicht. Über die Arbeit als solche erfahren wir nichts. Auch wird, im Unterschied zu einigen rabbinischen Gleichnissen, der Arbeitseifer der verschiedenen Gruppen von Arbeitern nicht thematisiert. Damit ist impliziert, daß die Arbeiter, die wohl mit der Traubenlese beschäftigt waren, sich in ihrer Tüchtigkeit nicht voneinander unterschieden haben.

Am Abend beauftragt der Hausherr den Verwalter mit der Lohnauszahlung. Der Autor des Gleichnisses scheint ein größeres Landgut im Blick gehabt zu haben, um dessen Verwaltung sich der Besitzer nicht selbst kümmerte. Die Figur des Verwalters kann aber auch erzähltechnisch bedingt sein, um die Erzählung durch eine zusätzliche Person auszuschmücken. Sie ist jedenfalls, wie die drei mittleren Gruppen von Arbeitern, von untergeordneter Bedeutung, denn sie begegnet nur an dieser Stelle innerhalb des Gleichnisses und wird nicht näher charakterisiert. Der Arbeitgeber weist den Verwalter an, zuerst den Letzten ihren Lohn zu zahlen und dann erst den Ersten. Diese ungewöhnliche Reihenfolge ist erzähltechnisch notwendig. Die Ersten erhalten ihren Lohn zuletzt, damit sie bei der Lohnzahlung an die Letzten anwesend sind.

Bis zu dieser Stelle entspricht das im Gleichnis Geschilderte (vielleicht von einigen Stilisierungen abgesehen) noch völlig der Alltagsrealität. Ungewöhnlich ist aber die Zahlung des vollen Tagelohnes an diejenigen Arbeiter, die nur eine Stunde gearbeitet haben. Zahlreiche antike Texte zeigen, daß Arbeitgeber dazu neigten, Arbeitern ihren Lohn vorzuenthalten, so daß schon ein Arbeitgeber, der den Lohn pünktlich auszahlte, als guter Arbeitgeber galt. Zugaben zum Lohn wurden höchstens für besondere Tüchtigkeit gewährt, der Tagelohn ohne die entsprechende Leistung nur in extremen Ausnahmefällen. Weil der Arbeitgeber des Gleichnisses sich gegenüber den Letzten so erstaunlich verhält, erwarten die Ganztagsarbeiter verständlicherweise einen entsprechend höheren Lohn. Als auch sie nur einen Denar erhalten, sind sie unzufrieden und zweifeln am Gerechtigkeitssinn des Hausherrn. Weil *Anachoresis* und Demonstration als Möglichkeiten des Protestes gegen den Arbeitgeber in ihrer Situation ungeeignet sind, bleibt ihnen nur die schwächere Form des Widerstandes, nämlich das Murren. Sie fordern vom Arbeitgeber eine Rechtfertigung für sein Verhalten. Dieser erinnert sie an die Lohnabmachung am Morgen. Die Zahlung des einen Denars an sie ist nach dem geltenden Arbeitsrecht durchaus legal. Auch betont der Arbeitgeber seine volle Verfügungsgewalt über seinen Besitz. Es ist sein Wille, den Letzten soviel zu geben wie den Ersten. Oder, so fragt er, "ist dein Auge böse, weil ich gütig bin?" Die Zahlung des vollen Lohnes an die Letzten geht über pure Gerechtigkeit hinaus, sie hat ihre letzte Ursache in der Güte des Arbeitgebers. Ob die Ganztagsarbeiter sich mit dieser Erklärung zufriedengeben, bleibt offen.

Nur nebenbei sei bemerkt, daß das Bild des Arbeitgebers in allen vorliegenden Lohngleichnissen das einer unumstrittenen Autoritätsperson ist. Der Arbeitgeber hat volle

Gewalt über die Arbeiter, Gewalt, die in Willkür ausarten kann, bzw. von einigen Arbeitern als Willkür empfunden wird. Er kann einen Arbeiter von der Arbeit abhalten (1. und 2. rabbinisches Gleichnis), die Nennung der Lohnhöhe unterlassen (4.-6. Gleichnis), und seinen Besitz nach eigenem Gutdünken verteilen (Mt 20,1-15). Sicher hat bei der Darstellung des Arbeitgebers die Sachebene mit eingewirkt, andererseits scheint sich hier aber auch die damalige Alltagserfahrung "kleiner Leute" zu spiegeln, die die besitzenden Schichten als so mächtig erlebten.[8] Unmutsäußerungen sind zwar erlaubt, aber der Großgrundbesitzer hat immer das letzte Wort, und gegen seinen Willen ist nichts auszurichten. Die Zahlung des vollen Lohnes an die Letzten geht über die "gerechte" Norm hinaus, während die Höhe des Lohnes der Ersten dieser Norm durchaus entspricht. Der Protest der Ersten gegen diese "doppelte Moral" ist also durchaus berechtigt. Die Einwirkung der Sachebene scheint sich in Mt 20,1-15 insbesondere in der Deutung dieser scheinbaren Willkür als "Güte" bemerkbar zu machen. Der durchaus berechtigte Protest der scheinbar ungerecht behandelten Arbeiter wird durch diese Interpretation des Verhaltens des Arbeitgebers zum Ausdruck mangelnder Solidarität mit den Nächsten.

Der Arbeitgeber des Gleichnisses von den Arbeitern im Weinberg erscheint als jemand, der die Not der arbeitslos stehenden Letzten kennt. Er denkt nicht an seinen Profit, sondern an ihre Bedürftigkeit[9] und zahlt ihnen den vollen Lohn. Ein immer nach diesem Prinzip handelnder Arbeitgeber ist in der Realität undenkbar. Er würde sich selbst zugrunde richten. Für Jesus aber ist Gott solch ein Arbeitgeber. So schreibt K.H.RENGSTORF: "Leitender Gesichtspunkt für Gottes Verhalten ist das jeweils vorhandene Bedürfnis, wobei nicht die Wünsche der Geschöpfe den Maßstab geben, sondern der Mangel an dem, was zur Erhaltung von Leben und Arbeitskraft notwendig ist".[10] Dabei wird Gott als einer gedacht, der unendliche Resourcen hat.

Im hellenistischen Judentum begegnet erstmals die Verbindung von "Lohn" und "guten Taten", wobei diese guten Taten meist als Dienst am Mitmenschen verstanden werden (siehe II.2.B). Im rabbinischen Judentum ist die "Arbeit" dann stehende Metapher für die Beschäftigung mit der Thora, d.h. Thorastudium und Beobachtung der Gebote, wobei unter "Geboten" nicht nur diejenigen der Thora, sondern auch rabbinische Verfügungen (die sogenannte "mündliche Thora") verstanden werden. Wir wissen nichts Genaueres über

[8]Siehe hierzu den Exkurs am Ende von Teil I.

[9]Siehe die wiederholte Erwähnung der Arbeitslosigkeit, die in den Hörern wahrscheinlich entsprechende Assoziationen hervorrief.

[10]Rengstorf, Frage, 153.

die *Halakha* der Pharisäer vor 70 n. Chr. Anzunehmen ist, daß sie sich vor allem mit Reinheitsgeboten, landwirtschaftlichen Abgaben (dem sog. "Zehnten") und Speisegesetzen beschäftigten.[11] Auch in Jesu Streitgesprächen mit den Pharisäern geht es hauptsächlich um diese Fragen. So ist anzunehmen, daß die Metapher "Arbeit" im Gleichnis von den Arbeitern im Weinberg die Beobachtung der Gebote, sowohl der Thoragebote als auch der pharisäischen Regelungen, bzw. das Studium der Thora meint.[12]

Nach Jesus fordert Gott vom Menschen das Halten der Gebote, bzw. ein Leben gemäß der Thora (vgl. II.3.A).[13] Der Gedanke des gerechten Lohnes wird nicht aufgehoben, die Ersten erhalten den ihrer Leistung entsprechenden Lohn. "Grundgedanke" bleibt also: "Jede Frömmigkeit erhält ihren Lohn".[14] Gott hat aber die Freiheit, darüber hinaus auch denjenigen ihren Lohn nicht vorzuenthalten, die nicht so viele gute Werke aufzuweisen haben. So ist es falsch, wie BILLERBECK vom "reinen Gnadenlohn" und wie G.BORNKAMM von "Rechtfertigung sola gratia" zu sprechen.[15] Für Jesus ist Gott sowohl gütig, als auch gerecht. Mit dieser Auffassung steht er ganz innerhalb der jüdischen Lehre.[16] Das verkennen diejenigen Exegeten, die das Gleichnis Jesu nur mit dem ersten rabbinischen Gleichnis vergleichen und zu pauschalen anti-jüdischen Ergebnissen gelangen. Repräsentativ dafür sei hier J.JEREMIAS angeführt, der schreibt: "So scheiden

---

[11]Siehe hierzu Neusner, Politics, 14, der annimmt, daß die Pharisäer von der Zeit Hillels bis zum Beginn der rabbinischen Bewegung nach 70 eine "sektiererische Tischgemeinschaft" ("sectarian table fellowship") waren, der es in erster Linie um die genaue Beobachtung der kultischen Reinheitsgebote außerhalb des Tempels ging. Dieses Bild, das die rabbinische Literatur bietet, scheint mit der neutestamentlichen Darstellung der Pharisäer in Streitgesprächen mit Jesus über rituelle Reinheit und Speisegebote (Händewaschen, Fasten, Tischgemeinschaft mit Sündern und Zöllnern) übereinzustimmen (siehe ibid. 67-80).

[12]Das Konzept der "mündlichen Thora" wurde nach Neusner dagegen erst nach 70 von den Rabbinen der Mischna entwickelt, und diente als eine Art Propaganda für ihr Programm der Erneuerung des Judentums nach der Zerstörung des Tempels, siehe idem, Traditions.

[13]Jesu Stellung zur Thora, bzw. die verschiedenen Auslegungen der Bergpredigt können hier nicht diskutiert werden.

[14]Michel, Lohngedanke, 49.

[15]Vgl. De Ru 88: "If one were to add, on the part of protestant theology, that this equal reward is 'a reward of grace', one would miss the point completely".

[16]Dies gilt sowohl für die jüdisch-hellenistische Literatur (vgl. II.2.B), als auch für rabbinische Aussagen zum Thema "Lohn" (vgl. II.2.F).

sich...zwei Welten: Dort Verdienst, hier Gnade; dort Gesetz, hier Evangelium".[17] Daß der Lohngedanke im Judentum der nachbiblischen Zeit entgegen G.BORNKAMM nicht "endgültig seine verderbliche Wendung" genommen hat,[18] zeigen zahlreiche rabbinische Gleichnisse, in denen wie im Gleichnis von den Arbeitern im Weinberg eine "gütige" Lohnzahlung einer "gerechten" gegenübergestellt wird. Entweder wird besondere Tüchtigkeit und Treue belohnt, oder der Arbeitgeber gewährt sogar faulen Arbeitern den vollen Tagelohn. Sieht man das Gleichnis Jesu in diesem Zusammenhang, erkennt man, daß der von Jesus dargestellte Arbeitgeber eine mittlere Position unter den gütigen Arbeitgebern einnimmt, daß in rabbinischen Gleichnissen, die von der Zahlung des vollen Tagelohnes an faule und unredliche Arbeiter berichten, noch radikaler von Gottes Güte gesprochen wird.

Während in Mt 20,1-15 die Ganztagsarbeiter eine durch Verschränkung entstandene Entsprechung für die Hörer sind und von der Legitimität des Handelns des Hausherrn überzeugt werden sollen, identifizieren sich Erzähler und Hörer der Gleichnisse (8) bis (11) mit den faulen Arbeitern. Sie wissen, daß sie dem Willen Gottes nicht vollkommen entsprechen. Dennoch hoffen sie auf seine Güte. Ihnen gebührt es, Gott zu danken. Weil es selbstverständlich ist, daß man sich für ein unverdientes Geschenk bedankt, wird dieser Sachverhalt in einem Gleichnis, bzw. Bildwort dargestellt. Bei Mt 20,1-15 handelt es sich dagegen um eine Parabel, in der das Ende offen bleibt.

Die rabbinischen Vorstellungen vom Lohn Gottes sind vielfältig und lassen sich nicht zu einem theologischen System zusammenfügen. Grundkonsens ist jedoch, daß Gottes Gnade über seine Gerechtigkeit dominiert, weil sonst die Welt nicht mehr bestehen würde. Der Gedanke, daß Gottes Gerechtigkeit nicht der Gerechtigkeit dieser Welt entspricht, sondern über sie hinausgeht, ist ein Gedanke, der schon im Alten Testament begegnet. So schreibt W.ZIMMERLI: "Es ist in neuerer Zeit ganz deutlich geworden, daß die von Jahwe ausgesagte 'Gerechtigkeit' nicht mit der justitia zu verwechseln ist, die mit verbundenen Augen streng nach einer über den Parteien stehenden objektiven Norm jedem an Lohn...zuteilt, was er verdient hat. Vielmehr meint das at. Reden von der 'Gerechtigkeit Jahwes' das der Gemeinschaft, die zwischen ihm und seinem Volk besteht, gemäße göttliche Verhalten".[19] Auch sind Sätze wie Ps 103,8, "Barmherzig und gnädig ist der Herr,

---

[17]Jeremias, Gleichnisse, 138.

[18]Vgl. Bornkamm, Lohngedanke, 77.

[19]Zimmerli, Grundriß, 124.

langmütig und reich an Güte" im Alten Testament zahlreich.[20] Jesus hat diesen Gedanken aufgegriffen und in einem Gleichnis expliziert, indem er ihn in Bilder aus der Erfahrungswelt seiner Hörer kleidete.

Anlaß dazu könnte eine innerjüdische Auseinandersetzung zwischen Jesus und einigen Pharisäern um das rechte Verständnis des Willens Gottes und seiner Konsequenzen im praktischen Leben gewesen sein. Für A.JÜLICHER und J.JEREMIAS war es Jesu Verkündigung von Gottes Zuwendung zu Sündern und Zöllnern, die bei den Pharisäern Anstoß erregte.[21] Nach E.LINNEMANN übten die Pharisäer aber nicht Kritik an Jesu Evangelium, sondern an seinem Verhalten: "Jesus antwortet auf den Protest der Schriftgelehrten und Pharisäer gegen seine Tischgemeinschaft mit Zöllnern und Sündern".[22] Sie wendet jedoch ein, daß nicht "lieblose Selbstsucht" die Pharisäer zum Protest trieb, sondern die Absicht, "die Gemeinschaft gegen das Überfluten der Sünde [zu] schützen".[23]

Generell ist zu sagen, daß es aufgrund der isolierten Überlieferung des Gleichnisses sehr schwierig ist, es einer konkreten Situation im Leben Jesu zuzuordnen - ganz abgesehen davon, daß wir über das Leben Jesu kaum historisch Zuverlässiges wissen. Jede Bestimmung eines konkreten "Sitzes im Leben" muß deshalb notwendigerweise hypothetisch bleiben. Schwierigkeiten bereitet die Identifizierung der zuletzt gemieteten Arbeiter mit den Sündern, d.h. mit solchen, die bewußt Gottes Willen zuwider gehandelt haben. Die "unredlichen" Arbeiter der rabbinischen Gleichnisse lassen sich viel eher auf Sünder beziehen. Außerdem ist zu beachten, daß die Erzählung von der Kritik der Pharisäer an Jesu Tischgemeinschaft mit Sündern und Zöllnern ein in der späteren Gemeinde entstandenes Apophthegma ist, das nicht ohne weiteres auf die Situation Jesu übertragen werden kann.[24]

---

[20]Vgl. Ex 34,6; Ps 86,15; 145,8.

[21]Vgl. Jülicher 466; Jeremias, Gleichnisse, 34.

[22]Linnemann 92.

[23]Ibid.

[24]Vgl. Bultmann, Tradition, 56: "Man wird sich nicht die Pharisäer und Schriftgelehrten als eine geschlossenen Gegnerschaft Jesu und der Urgemeinde vorstellen dürfen; in dieses Licht sind sie erst durch die evangelische Überlieferung geraten".

Vielleicht denkt Jesus nicht an Sünder, sondern an die bestimmt große Anzahl derjeniger unter seinen Zeitgenossen, die den strikten Anforderungen der Pharisäer nicht vollkommen entsprechen. Er spricht die Pharisäer auf die ihnen gemeinsame Theologie hin an, die schon im Alten Testament begründet ist. Jesus wirbt um das Einverständnis seiner Hörer und ermöglicht ihnen durch Umstrukturierung ihrer Wahrnehmung, die Welt mit anderen Augen zu sehen. Nicht die *Basileia* ereignet sich in diesem Gleichnis, sondern Jesus will angesichts der von ihm geglaubten Nähe der Gottesherrschaft dazu anleiten, Gottes scheinbare Ungerechtigkeit, aufgrund derer er auch Menschen annimmt, die den Thoraordnungen und der pharisäischen *Halakha* nicht vollkommen entsprechen, als Güte zu verstehen.

Exkurs: Das Motiv des "bösen Auges"

Jesus verwendet anders als die rabbinischen Gleichniserzähler in seinem Gleichnis das Motiv des "bösen Auges" (עין רע) zur Kennzeichnung des Verhaltens der Ersten. Wenn sie die Güte des Hausherrn nicht akzeptieren können, ist ihr "Auge böse". Das "böse Auge" ist *pars pro toto* für das Wesen des Menschen.[25]
Das Motiv begegnet schon im Alten Testament. Spr 28,22 heißt es:

> "Nach Reichtum hastet ein Mann mit einem bösen Auge (איש רע עין) und bedenkt nicht, daß Mangel über ihn kommen wird".

Auch in der zwischentestamentlichen Literatur ist der Mensch mit bösem Auge jemand, der nach Besitz strebt, vgl. Sir 14,8ff:

> "Schlecht ist der, der mit dem Auge neidisch blickt, der das Angesicht abwendet und die Verlangenden übersieht. Im Auge dessen, der vergleicht, ist sein eigener Teil zu klein, wer aber den Besitz seines Nächsten wegnimmt, richtet seinen eigenen Besitz zugrunde. Ein neidisches Auge ist ein Auge, das sich auf die Speise stürzt, und Unruhe herrscht an seinem Tische. Ein freundlich blickendes Auge vermehrt die Speise, und von einem solchen Auge läßt selbst das Trockene Wasser fließen auf den Tisch" (Ü.: Sauer).

Die in v.9 gegebene Beschreibung des Menschen mit bösem Auge ("Im Auge dessen, der vergleicht, ist sein eigener Teil zu klein...") paßt so gut auf die Ersten im Gleichnis, daß man meinen könnte, Jesus habe bei seiner Darstellung daran gedacht. Der Mensch mit bösem Auge ist hier jemand, der auf den Besitz des anderen neidisch ist, der die Not des anderen nicht sieht; es ist jemand, der seinen Besitz mit dem des anderen vergleicht und ihm den seinen im Geiste wegnimmt. Vor einem solchen Verhalten wird ausdrücklich gewarnt. Wie negativ es bewertet wird, geht aus Sir 31,13 hervor:

---

[25]Vgl. Edlund, Auge, 24: "Auge und Blick sind Ausdruck für die ganze persönliche Lebenshaltung. Das Auge personifiziert den Menschen".

"Denke daran, daß ein böses Auge böse ist, die Bosheit eines Auges haßt Gott, ein böseres als es hat er nicht erschaffen...".[26]
Besonders häufig begegnet das Motiv vom bösen Auge in der späteren rabbinischen Literatur. Das böse Auge gilt als eine der schlimmsten Untugenden:

"R. Jehoschua sagte: Das böse Auge, der böse Trieb und der Menschenhaß bringen den Menschen aus dieser Welt" (PA 2,11).

Ein böses Auge hat einer, der am Sabbat Brot bricht, um sich selbst das größte Stück zuzuteilen (bSchab 140b), der die Hebe zu seinem eigenen Vorteil absondert (bKet 100a), der einen Brunnen verkauft, den Weg zum Brunnen aber zurückbehält, so daß der Käufer gar keinen Gebrauch von dem Erworbenen machen kann (bBB 64b), der das kleinste Lamm zum Opfern weiht (bMen 108b), und der von seinem Besitz nichts an andere abgibt (LevR par. 17,3 zu Lev 14,34).

Das böse Auge steht allgemein für egoistisches, nur auf seinen eigenen Vorteil bedachtes Verhalten. In Bezug auf PA 2,11 schreibt Herford: "R. Jehoshua's sayings are in reality only one. He mentions three things which drive a man out of the world, the evil eye, the evil inclination and the hatred of mankind. These are only three synonyms for selfishness which is by its very nature unsocial. the selfish man cuts himself from human intercourse and the sympathy of his fellows; it is not they but himself to whom is due his exclusion".[27]

Jesus stellt dem bösen Auge der Menschen die Güte Gottes gegenüber. Wer immer die Zuwendung Gottes zu Menschen, die die pharisäische *Halakhah* nicht vollkommen erfüllen, bzw. nicht genügend Thora studieren, nicht akzeptieren will, wird als Mensch "bösen Auges" bezeichnet. Im Zusammenhang mit dieser "Sachebene" (d.h. mit der Aussage von Gottes vollem Lohn auch für diejenigen, deren Lebenswandel den Forderungen der Pharisäer, bzw. später der rabbinischen *Halakhah* nicht vollkommen entspricht) begegnet das Motiv m.E. in der rabbinischen Literatur nicht, während es im Zusammenhang der "Bildebene" (d.h. als Bild für den Neid auf den Reichtum der anderen) durchaus konventionell ist (siehe die oben zitierten Texte). Dadurch daß Jesus es in diesem Sinne in seinem Gleichnis verwendet, erhält das Gleichnis einen besonderen Akzent. Betont wird solidarisches zwischenmenschliches Verhalten: Weil Gott gütig ist, darum soll auch der Mensch gütig sein, bzw. sich mitfreuen über die seinem Nächsten widerfahrene unverdiente Gnade.[28]

---

[26]Auch bei Mt ist im Zusammenhang mit Reichtum vom "bösen Auge" die Rede. Nach der Warnung vor dem Schätzesammeln warnt er vor dem "bösen Auge" (Mt 6,19-21.23). Bei Lk steht das Wort vom bösen Auge in einem ganz anderen Kontext (Lk 11,34).

[27]Herford, in: Pirke Aboth, 57. Weitere Stellenangaben zum "bösen Auge" bei Allison 77f und Derrett, Christ, 279, Anm. 12 und 17.

[28]Vgl. auch das Gleichnis vom verlorenen Sohn, Lk 15,11-32.

5.TEIL: ZUR FRAGE NACH DER AUTHENTIZITÄT VON MT 20,1-15

Die weitaus meisten Exegeten halten das Gleichnis von den Arbeitern im Weinberg für ein echtes Jesusgleichnis. Sie kommen zu diesem Ergebnis durch Anwendung des Kriteriums der *Kontingenz*. In der Formulierung R.BULTMANNS lautet es: "Wo der Gegensatz zur jüdischen Moral und Frömmigkeit und die spezifisch eschatologische Stimmung, die das Charakteristische der Verkündigung Jesu bilden, zum Ausdruck kommt, und wo sich andererseits keine spezifisch christlichen Züge finden, darf man am ehesten urteilen, ein echtes Gleichnis Jesu zu besitzen".[1]

Die hier genannten Bedingungen treffen angeblich für Mt 20,1-15 zu. Viele Exegeten behaupten,

- das Gleichnis stehe im Gegensatz zur jüdischen Lehre. So wird nach A.JÜLICHER die "Originalität dieser Parabel...am besten klar, wenn wir sie vergleichen mit der jüdischen Parallele", i.e. mit dem 1. rabbinischen Gleichnis, denn "den religiösen Standpunkt der Talmudparabel will die Parabel Jesu geradezu entwurzeln";[2]

- die Auslegung in v.16 zeige, daß Matthäus das Gleichnis mißverstanden hat. Er hebt nur einen Nebenzug hervor.[3]

Neben dem Kriterium der Kontingenz wurde das Kriterium der *Konvergenz* angewendet. Es besagt,

- daß das Gleichnis von den Arbeitern im Weinberg gut in den Gesamtrahmen der Verkündigung Jesu paßt. Es hat angeblich seinen "Sitz im Leben" in der Zuwendung Jesu

---

[1]Bultmann, Tradition, 222. Vgl. auch Käsemann, Problem, 205; Lohse, Frage, 38f; Perrin 32f.

[2]Jülicher 467f. Vgl. auch Jeremias, Gleichnisse, 138; Schweizer, Evangelium nach Matthäus, 257; Eichholz, Gleichnisse, 99; Jüngel, Paulus, 166f; Haubeck 103.

[3]So Jülicher 469; Schweizer, Evangelium nach Matthäus, 258; Eichholz, Gleichnisse, 100f; Weder 230; Dietzfelbinger 127.

zu Sündern und Zöllnern.[4] Nach E.JÜNGEL fällt die Pointe des Gleichnises mit der "Pointe der Geschichte Jesu" zusammen.[5]

Die Anwendung dieser beiden Kriterien ergab also für die oben genannten Exegeten, daß es sich bei Mt 20,1-15 um ein authentisches Jesusgleichnis handelt. Nun ist aber bereits von H.J.HEINEMANN und C.G.MONTEFIORE darauf hingewiesen worden,[6] und hat auch diese Untersuchung gezeigt, daß das Gleichnis von den Arbeitern im Weinberg der jüdischen Lehre nicht diametral gegenübersteht, sondern sich sehr wohl in ihren Rahmen einfügen läßt. Muß man das Gleichnis also Jesus absprechen? Durch strikte Anwendung des Kontingenz-Kriteriums gelangt M.D.GOULDER zu diesem Ergebnis. Seiner Meinung nach handelt es sich hier um die matthäische Bearbeitung eines ursprünglich jüdischen Gleichnisses.[7]

Man muß das Gleichnis Jesus aber nicht absprechen, wenn man sich die Problematik des angewandten Kriteriums verdeutlicht. Man kann durch das Kontingenz-Kriterium nur "ein einwandfrei gesichertes Minimum an unzweifelhaft authentischen Jesusworten gewinnen",[8] nicht aber ein vollkommenes Bild von der Lehre Jesu erhalten. Schon für R.BULTMANN galt: "Die Verwandtschaft mit den jüdischen Gleichnissen braucht an sich nicht anders begründet zu sein als darin, daß Jesus, dem die synoptischen Gleichnisse zugeschrieben werden, in der jüdischen Tradition stand und als Mann seines Volkes und seiner Zeit Gleichnisse bildete wie auch seine Zeit- und Volksgenossen".[9] Neben H.BRAUN[10] haben vor allem L.SCHOTTROFF und W.STEGEMANN auf die Unzulänglichkeit des Kriteriums der Unähnlichkeit hingewiesen. Es dient dazu, Jesus "abzuheben von seinen

---

[4]Jülicher 466f; Dietzfelbinger 135; Jeremias, Gleichnisse, 138f; Linnemann 92.

[5]Jüngel, Paulus, 168.

[6]Vgl. Heinemann, Conception, 89; Montefiore, Rabbinic Literature, 289.

[7]Goulder, Midrash, 407ff.

[8]So Lohse, Frage, 38. Vgl. auch Calvert 218: "These two criteria are therefore of limited value as they do not on their own build up a full picture of the teaching of Jesus". Vgl. Käsemann, Problem, 205.

[9]Bultmann, Tradition, 219f. Vgl. auch Fiebig, Gleichnisse, 304.

[10]Siehe Braun, Jesus, 35.

Nachfolgern, ihn abzuheben vom Judentum, bis er auf dem einsamen Podest des genialen Heros steht, dessen Genialität umso deutlicher wird, je weniger er mit den Menschen seiner Umgebung gemein hat. Jesus ist grundsätzlich nicht abgrenzbar gegen bestimmte Gruppen im jüdischen Volk...".[11] Dies haben vor und neben ihnen auch jüdische Neutestamentler immer wieder betont. So schreibt z.b. P.LAPIDE: "Jesus und das Judentum gehören zusammen".[12] Das Jüdische kann nicht von Jesus abstrahiert werden. Schon L.BAECK machte einen Vorschlag zur Revision des Kriteriums: Alles, was den Vorstellungen einer späteren Generation entspricht, sowie das, was den Einfluß einer griechisch-römischen Umwelt erkennen läßt, ist einer späteren Schicht zuzurechnen. Umgekehrt gilt: "...das also, was vielmehr in Lebensweise und gesellschaftlicher Gestalt, in Stimmung und Denkart, in Sprechcharakter und Stil den Bereich und die Tage aufweist, in denen Jesus gelebt hat, das alles trägt damit die Zeichen des Ursprünglichen, Alten".[13]

Die Entscheidung, welche Texte dem historischen Jesus, bzw. der relativ ältesten Jesustradition zuzurechnen sind, ist also immer von bestimmten Vorentscheidungen abhängig. Hinter dem Kriterium der Unähnlichkeit ist das Bemühen erkennbar, Jesus aus seiner Zeit und Umwelt herauszuheben, seine Lehre als etwas radikal Neues darzustellen. Will man dagegen seine Lehre möglichst vollkommen erfassen, dann darf man ihn weder vom Judentum noch vom Urchristentum strikt abgrenzen, sondern muß ihn in Kontinuität zum Judentum und das Urchristentum in Kontinuität zu Jesus sehen. Berechtigt ist die Anfrage N.P.LEVINSONS:

"Muß ein großer Lehrer, ein begnadeter Künder unbedingt Neues lehren? Haben die Propheten um Originalität gerungen? Lagen ihre Größe und ihr Einfluß durch die Jahrhunderte nicht gerade darin, daß sie das Volk zur Rückkehr zu den überhaupt nicht neuen und gewiß nicht veralteten Wahrheiten zu bewegen trachteten?...So liegt auch die Größe Jesu nicht in der 'Umwertung aller Werte', wie David Flusser meint, sondern in der Weise seines Lehrens, die er vermocht hat, überkommene Werte und Einsichten durch die Macht seiner Persönlichkeit den Jüngern zu vermitteln und durch sie einer ganzen Welt zugänglich zu machen".[14]

---

[11]Schottroff/Stegemann, Jesus, 10.

[12]Lapide 24f. Vgl. auch schon Klausner 163: Ohne Kenntnis der zeitgenössischen jüdischen Lehre können wir Jesus überhaupt nicht verstehen.

[13]Baeck, Evangelium, 67f. Hierzu ist zu allerdings anzumerken, daß das Judentum sowohl vor als auch nach 70 n. Chr. nicht frei von griechisch-römischen Einflüssen war. Siehe hierzu insbesondere Hengel, Judentum.

[14]Levinson 54.

Wie bereits im Zusammenhang der Bildfeldanalyse (siehe III.5) bemerkt wurde, wird auch im Rahmen der neueren Literaturwissenschaft der Autor nicht mehr als genialer Neuschöpfer von etwas bisher nicht Dagewesenem gesehen, sondern als jemand, der bereits vorgegebenes Material auf einzigartige Weise aktualisiert. Für die Frage nach der Authentizität des Gleichnisses von den Arbeitern im Weinberg ergibt sich Folgendes:

a) Es ist eine geradezu *notwendige Voraussetzung* für die Echtheit eines Logions oder Gleichnisses, daß es als Ganzes oder in seinen einzelnen Motiven und Vorstellungen Analogien im spätantiken Judentum hat, d.h. historisch denkbar ist. Wie die jüdisch-hellenistische Literatur und einzelne, wohl früh anzusetzende Sprüche der rabbinischen Literatur (vgl. etwa den Spruch des Antigonos von Sokho in PA 1,3) zeigen, war das Bildfeld "Lohn" schon vor Jesus vorhanden. Jesus hat, wie später die Rabbinen, mit "Lohn" verbundene Assoziationen zu einem größeren Gleichnis ausgestaltet. Trotz der sowohl formalen als auch inhaltlichen Ähnlichkeit der Lohngleichnisse kann man dennoch an der Authentizität des Gleichnisses Jesu festhalten, wenn man Jesus und die Rabbinen als Lehrer versteht, die in ihrer jeweiligen Situation Elemente dieses Bildfeldes ausgewählt und zu Gleichnissen verwoben haben, wobei jedes Gleichnis die persönliche Note seines Autors trägt.[15]

b) Es handelt sich *wahrscheinlich* um ein echtes Jesuswort, wenn gegenüber den Analogien ein eigenständiger Akzent zu erkennen ist. Das Besondere des Gleichnisses Jesu, das ihn zwar nicht aus dem Kreis jüdischer Gleichniserzähler heraushebt, ihn aber doch von den anderen Gleichniserzählern unterscheidet, ist die Betonung des solidarischen zwischenmenschlichen Verhaltens am Ende des Gleichnisses (durch das Motiv vom "bösen Auge"): Weil Gott gütig ist, soll auch der Mensch seinem Mitmenschen gegenüber gütig sein.[16] Diese soziale Komponente paßt gut in den Gesamtrahmen der Verkündigung Jesu.

c) Das Gleichnis stammt wohl nicht von Matthäus, denn die in ihm enthaltene Kritik an den Ersten ist für seine Verhältnisse nicht scharf genug formuliert. Er muß das Logion von

---

[15]Die rabbinische Literatur ist zwar eine "Kollektiv"literatur, die keine Autorenpersönlichkeiten kennt, dennoch sind sowohl hinsichtlich des Traditionsmaterials als auch hinsichtlich der redaktionellen Konstruktionen von *Sugjot*, ganzen Talmudtraktaten und Midraschproömien stilistische Unterschiede festzustellen. Die Autoren bleiben jedoch anonym.

[16]Damit ist nicht gesagt, das das Motiv des bösen Auges oder die Mahnung zu mitmenschlichem Verhalten nicht auch im Judentum begegnen. Auf das "böse Auge" im Judentum wurde bereits im vorhergehenden Exkurs hingewiesen. Was mitmenschliches Verhalten betrifft vgl. z.B. Baeck, Wesen, 210ff ("Der Glaube an den Nebenmenschen"), wo zahlreiche alttestamentliche und talmudische Stellen zitiert werden. Nur in rabbinischen Lohngleichnissen und in dem ihm von Jesus gegebenen Sachzusammenhang begegnet das Motiv vom "bösen Auge" m.E. nicht.

den Ersten und Letzten (Mt 20,16) hinzufügen, um sie zu verstärken. Der Konflikt, für den Matthäus das Gleichnis aktualisiert, wird größer gewesen sein als derjenige, für den Jesus es ursprünglich formuliert hatte. Während Jesus noch hoffen konnte, seine Hörer mit Argumenten zu überzeugen, muß Matthäus eine direkte Drohung anfügen, um mit seiner Mahnung Erfolg zu haben.

Ob das Gleichnis von den Arbeitern im Weinberg von Jesus stammt, ist nicht mit letzter Sicherheit nachzuweisen. Es sprechen allerdings die rabbinischen Analogien, der besondere Akzent des "bösen Auges" und die schärfere Kritik des Matthäus an den Ersten dafür.

6.TEIL: DIE BEDEUTUNG DES GLEICHNISSES VON DEN ARBEITERN IM WEINBERG FÜR MATTHÄUS UND SEINE GEMEINDE - REDAKTIONSGESCHICHTE

Matthäus aktualisiert das Gleichnis von den Arbeitern im Weinberg für die Situation seiner Gemeinde. Mittel zur Aktualisierung älterer Stoffe ist die kompositorische Rahmung. So ist im Folgenden der literarische Kontext des Gleichnisses zu betrachten, um festzustellen, in welchen thematischen Zusammenhang Matthäus es eingefügt hat und welche Bedeutung es hier haben könnte.

1.Kapitel: Weiterer Kontext: Mt 19-20

Matthäus hat das Gleichnis in den Kontext von sog. Gemeinderede (Mt 18) und Pharisäer/ Endzeitrede (Mt 23; 24f) eingefügt. Dieser Abschnitt läßt sich folgendermaßen gliedern:

18	sog. Gemeinderede
19-20	Gemeindeprobleme
21-22	Auseinandersetzung mit Außenstehenden
23	Pharisäer-,
24-25	Endzeitrede.

Nur in diesem Abschnitt finden sich bei Matthäus die Logien von der Umkehrung der Rangordnung:

- erniedrigen/erhöhen (18,4; 23,12)
- groß sein/Diener sein (20,26; 23,11)
- Erste/Letzte sein (19,30; 20,16.27).

Während in Mt 19-20 noch Gemeindeprobleme behandelt werden, geht es in Mt 21-22 im wesentlichen um Auseinandersetzungen mit Außenstehenden.[1]

---

[1]Umstritten ist, ob die Blindenheilung Mt 20,29-34 noch zu Mt 19f oder schon zu dem mit Mt 21 beginnenden Abschnitt gehört. Schweizer, Klostermann, Schniewind, Lohmeyer und Montefiore (jeweils Mt-Kommentare ad loc.) sehen einen Einschnitt hinter 20,34. Für sie beginnt der neue Teil mit Mt 21 (Jesu Wirken in Jerusalem). Dagegen zählen Grundmann und Schlatter (Mt-Kommentare) die Blindenheilung schon zu diesem neuen Abschnitt.

Der Abschnitt Mt 19-20 läßt sich folgendermaßen einteilen:

19,1-15	Familienfragen	19,1.15: Szenenwechsel
19,16-20,16	Lohn der Nachfolge	20,17 : Szenenwechsel
20,17-34	Jesus als Vorbild	21,1 : Szenenwechsel
	des Dienerseins;	
	Blindenheilung.[2]	

Für Mt 21-22 ist eine Gliederung in thematische Unterabschnitte kaum durchführbar.[3]

In 19-22 folgt Mt im wesentlichen Mk. Aus seinem Sondergut und Q hat er eingefügt:

in 19-20: - die Frage der Ehelosigkeit (19,10-12 = S),
- das Gleichnis von den Arbeitern im Weinberg (20,1-16 = S),

in 21-22: - das Gleichnis von den ungleichen Söhnen (21,28-32 = S),
- das Gleichnis vom Hochzeitsmahl (22,1-10 = Q),
- das Gleichnis vom Gast ohne Festkleid (22,11-14 = S).

[2] Ähnlich unterteilen Lohmeyer und Grundmann (mit obiger Einschränkung).

[3] Z.B. gliedert Lohmeyer einerseits nach Zeitabschnitten (21,1-17: 1.Tag; 21,18-22,22: 2.Tag), andererseits nach literarischen Formen (22,23-46: Streitgespräche).

2.Kapitel: Näherer Kontext: Mt 19,19-20,16

Matthäus hat die Gespräche Jesu mit dem reichen Jüngling (19,16-22), mit den Jüngern (19,23-26) und mit Petrus (19,27-30) bei Mk vorgefunden (Mk 10,17-22.23-27.28-31). Er hat aber den mk Text entscheidend verändert und an das Logion von den Ersten und Letzten (Mk 10,31 par. Mt 19,30) das Gleichnis von den Arbeitern im Weinberg mit der Wiederholung des Logions am Ende (Mt 20,1-15.16) angefügt. Diese vier Abschnitte bilden in der mt Komposition eine zusammenhängende Szene. Davor (19,15) und danach (20,17) findet ein Szenenwechsel statt. Untereinander sind sie durch Stichworte verbunden,

ζωὴ αἰώνιον	19,16	19,29	
ἀκολουθεῖν	19,21	19,28	
ἀγαθός	19,17		20,15
πρῶτοι, ἔσχατοι		19,30	20,16

sowie durch das Thema des eschatologischen Lohnes.

A. Das Logion von den Ersten und Letzten

Das Wanderlogion von den Ersten, die zu Letzten werden und den Letzten, die zu Ersten werden, schließt sowohl die Gespräche über den Lohn der Nachfolge, als auch das Gleichnis ab. Wie ist es zu verstehen?

a) Gleichstellung oder Rangwechsel?

Nach W.MICHAELIS braucht das Logion weder in 20,16 noch in 19,30 zu besagen, "daß die, die Letzte werden, bestraft oder gänzlich ferngehalten werden sollen". Vielmehr ist es "sogar möglich, daß der Spruch (in 20,16 eher als in 19,30) überhaupt besagen soll, daß

Letzte und Erste sich am Schluß ganz gleich stehen".[4] Auch für K.BERGER ist das Logion in 20,16 "als Gleichstellung aufzufassen: die Letzten werden wie die Ersten sein".[5]

Das Logion an sich ist aber wohl im Sinne des Rangwechsels zu verstehen. Für die Bedeutung eines Rangwechsels spricht Folgendes:

(1) Eine genaue Parallele zu diesem Logion gibt es m.W. außerhalb des Neuen Testaments nicht.[6] Worte über Erste und Letzte begegnen in 4Esr und ThEv, weisen allerdings gegenüber dem synoptischen Logion charakteristische Unterschiede auf:

- 4Esr 5,42:

"Er sagte zu mir: Einem Kreis will ich mein Gericht vergleichen. Wie für die Letzten keine Verzögerung, so gibt es für die Früheren keine Verfrühung".

Die von den Ersten zu den Letzten verlaufende Linie wird zu einem Kreis geschlossen. Es gibt keine Ersten und Letzten mehr, alle sind gleich weit vom Kreismittelpunkt entfernt.[7]

- ThEv 4:

"Nicht wird zögern der Greis in seinen Tagen zu fragen ein ganz kleines Kind von sieben Tagen wegen des Ortes des Lebens, und er wird leben. Denn viele Erste werden Letzte, und sie werden ein einziger sein".

Hier begegnet nur eine Hälfte des Logions: Wenn Erste Letzte werden und Letzte Letzte bleiben, dann sind alle Letzte und somit gleich.[8]

In diesen beiden Texten geht es also jeweils um die Gleichstellung von Ersten und Letzten. In dem ihnen zugrundeliegenden Bild und in der Formulierung unterscheiden sie sich aber von dem synoptischen Logion.

(2) Für eine Umkehrung der Rangordnung gibt es Parallelen im Alten und Neuen Testament, sowie in der rabbinischen Literatur:

---

[4]Michaelis, Gleichnisse, 181.

[5]Berger, Bibelkunde 2, 259. Vgl. auch idem, Gesetzesauslegung, 448.

[6]Vgl. auch Schottroff/Stegemann, Jesus, 37.

[7]Vgl. Schreiner, in: 4 Esra, 329, Anm. 42b.

[8]Zur Bedeutung dieses Logions vgl. Haenchen, Thomas-Evangelium, 54.

- Im Alten Testament ist die Erwählung der Geringen, und damit Gottes besondere Zuwendung zu ihnen, ein wichtiges Element der Erwählungstheologie.[9] Daneben gibt es Aussagen wie Ez 21,31b: "Empor das Niedrige, und herunter das Hohe!"

- Im Neuen Testament sprechen zahlreiche Logien von der Umkehrung der Rangordnung:

erniedrigen/erhöhen: Mt 18,4;23,12; Lk 14,11; 18,14;
groß sein/Diener sein: Mk 10,43; Mt 20,26; 23,11;Lk 22,26;
klein/groß sein: Lk 9,48;
Erste/Letzte sein: Mk 9,35; Mt 19,30; 20,16.27.

- Parallelen dazu finden sich auch in der rabbinischen Literatur:

erniedrigen/erhöhen:

> "Hillel sagte: Meine [Selbst]erniedrigung ist meine Erhöhung, meine [Selbst]erhöhung ist meine Erniedrigung" (LevR 105c).

oben/unten:

> "So erkrankte einst Joseph, Sohn des R. Jehoschua, und verfiel in eine Lethargie. Darauf fragte ihn sein Vater, was er gesehen habe, und dieser erwiderte: Ich habe eine verkehrte Welt gesehen; die oberen unten und die unteren oben. Jener entgegnete: Du hast eine lautere Welt gesehen" (bBB 10b).

groß/klein:

> "Wer sich selbst um die Worte der Thora willen in dieser Welt klein macht [erniegrigt], der wird in der zukünftigen Welt groß sein; und wer sich selbst in dieser Welt um der Worte der Thora willen einem Sklaven gleichmacht, der wird in der zukünftigen Welt ein Freier sein" (bBM 85b).

Es handelt sich bei der Umkehrung der Rangordnung also um ein traditionelles Motiv, das in zahlreichen Varianten in Umlauf war.[10]

---

[9]Vgl. dazu Bächli, Erwählung, 393.

[10]Schottroff/Stegemann, Jesus, 38, verstehen das Logion einseitig im Sinne der "eschatologischen Umkehrung der sozialen Geschicke" und können dazu in der antiken Literatur keine inhaltlichen Analogien finden. Anders Braun, Auslegung, 350, der (anachronistisch) eine Abhängigkeit des ntl. Logions von bBB 10b annimmt: "Es ist wahrscheinlich, daß hier unser Evangelist dieses Sprichwort kennt".

In den Evangelien wird das Logion von den Ersten und Letzten auch meist im Sinne des Rangwechsels verstanden:

- Mk 10,31 warnt Erste wie Petrus vor selbstgerechtem Sich-Rühmen. Sie müssen mit einem Rollentausch beim Endgericht rechnen.[11]
- Lk 13,30 bezieht sich vom Kontext her auf Juden und Heiden. Während Lukas zufolge Juden der Zugang zum Gottesreich verwehrt ist, wird er Heiden(christen) ermöglicht werden, sofern sie gerecht sind.[12]

Mt hat in 19,30 das Logion sowie den Kontext von Markus übernommen. Er hat daran aber das Gleichnis von den Arbeitern im Weinberg angeschlossen, das von einer Gleichstellung von Ersten und Letzten berichtet. Die inhaltliche Unausgeglichenheit zwischen Gleichnis und Logion scheint Matthäus nicht aufgefallen zu sein. Durch Wiederholung des Logions in abgewandelter Form am Ende des Gleichnisses verschärft er die schon im Gleichnis angelegte Warnung an die Ersten.

b) Israelkritisch oder kirchenkritisch?

Nach A.JÜLICHER ist Mt 20,1-16 im Kontext des Mt eine Drohung an Israel: "Während die Jünger und andere Vertreter der ὄχλοι und τελῶναι im messianischen Reich Erste werden, trifft die bisher als Erste anerkannten Normalfrommen in Israel die Schmach und Erniedrigung, sie verlieren alles".[13] Auch G.BORNKAMM meint, daß Matthäus im Anschluß an 19,29 sagen will, daß es Lohn nur für die Jünger, nicht für ganz Israel gibt. Mt stellt das Gleichnis angeblich "in den Dienst der ihm eigenen Anschauung der Heilsgeschichte".[14] F.MANNS begründet seine heilsgeschichtliche Interpretation mit dem Hinweis auf das 3. rabbinische Gleichnis, das seiner Meinung nach eine polemische

---

[11]Vgl. Gnilka, Markus, 93, und Schottroff/Stegemann, Jesus, 101. Anders P. Pesch 145f, der hier die Reichen kritisiert sieht.

[12]Vgl. Rengstorf, Lukas, 157; G. Schneider 307.

[13]Jülicher 470. Vgl. auch Fiebig, Gleichnisreden, 90.

[14]Bornkamm, Enderwartung, 26.

Antwort auf Mt 20,1-15 ist.[15] Weil für Matthäus das Verhältnis zu Israel wichtig war, glaubt F.MANNS, daß auch er das Gleichnis entsprechend verstanden hat.[16] Eine Deutung, die das Gleichnis im Zusammenhang mit v.16 als Kritik an Israel versteht, ist jedoch aus folgenden Gründen abzulehnen:

(1) Der nähere Kontext des Gleichnisses besteht aus Gesprächen Jesu mit den Jüngern. Wenn Mt Gleichnisse auf Israel bezieht, macht er dies durch den Kontext deutlich (vgl. z.B. Mt 21,45).

(2) Der einzige Hinweis auf Israel im näheren Kontext ist Mt 19,28. Im Zusammenhang mit der Petrusfrage geht es hier aber nicht in erster Linie um Kritik an Israel (erst recht nicht von seiten der Heidenchristen), sondern um die besondere Privilegierung der Zwölf.

(3) Charakteristisch für Mt ist ein Umgang mit der Tradition, bei dem "die Tradition sich kritisch nach innen wendet, zur Selbstkritik anleitet"[17] (vgl. auch Mt 23).

Für das Verständnis des Gleichnisses bei Mt gilt also der "jüngerkritische Akzent".[18] Mt wendet das Gleichnis kirchenkritisch nach innen, um Zustände in seiner Gemeinde zu kritisieren. Zu fragen ist dann, welcher innergemeindliche Konflikt Mt veranlaßt haben könnte, das Logion als Warnung mit dem Gleichnis zu verbinden.

c) Zeitlich oder hierarchisch?

Im Gleichnis von den Arbeitern im Weinberg werden die Ausdrücke πρῶτοι und ἔσχατοι im zeitlichen Sinne verwendet. Entsprechend identifiziert K.BERGER die Letzten in Mt 20,16 mit später hinzugekommenen Gemeindegliedern, die mit den Alteingesessenen gleichgestellt werden sollen: "Die Apostel sind die ersten, aber auch für alle nach ihnen

[15]Siehe Manns 267: "On voit que cette interprétation est polémique, puisqu'elle contredit celle de la parabole de l'Evangile de Matthieu. Le fait qu'elle met en opposition Israël et le peuple du monde laisse entendre que la parabole de Matthieu était intrepretée ainsi".

[16]Zur Deutung auf Juden und Christen siehe ferner Goulder, Midrash, 408f. Auch für Kretzer, 297, dominiert die heilsgeschichtliche Ausrichtung von Mt 20,1-16. Zugleich ist es aber eine Mahnung an die Gemeinde mit Ausblick auf das zukünftige Gericht.

[17]Eichholz, Gleichnisse, 106.

[18]Ibid. 105.

Bekehrten steht der gleiche Lohn bereit".[19] E.SCHWEIZER sieht in den Letzten die "'zuletzt gekommenen' Heiden".[20] Dagegen spricht aber Folgendes:

(1) "Erste/r" ist im Neuen Testament Bezeichnung für die Führer des Volkes, die Oberschicht oder Gemeindeleiter, ist also immer Hinweis auf höheres Sozialprestige.

Herodes gibt ein Gastmahl für die "Ersten" Galiläas, für Würdenträger und Kriegsoberste (Mk 6,21). Neben Hohepriestern und Schriftgelehrten versuchen die "Ersten" des Volkes, Jesus anzuklagen (Lk 19,47). Die "Ersten" der Stadt werden neben den reichen, gottesfürchtigen Frauen genannt (Apg 13,50). Paulus versammelt in Rom diejenigen, die unter den Juden "Erste" sind (Apg 28,17). Publius, der Güter auf Malta hat und Paulus beherbergt, wird "Erster der Insel" genannt (Apg 28,7). Nach 3 Joh 9 wäre Diotrephes gerne "Erster" der Gemeinde.

(2) Entscheidend für die jeweilige Bedeutung des Logions muß der Kontext sein, in dem es verwendet wird. Im Anschluß an das Motiv vom Völkermahl sind in Lk 13,30 mit den "Ersten" und "Letzten" Israel und die Völker gemeint. Mt bringt das Logion aber in einem anderen Zusammenhang (vgl. schon Mk). In Mt 19,16-29 geht es nicht um heilsgeschichtliche oder soziokulturelle Unterschiede. Auch weist nichts darauf hin, daß das spätere Hinzukommen für die mt Gemeinde ein Problem war.[21]

So wird für Mt der Unterschied zwischen Ersten und Letzten ein hierarchischer gewesen sein. Die Ersten sind für ihn diejenigen, die höheres Ansehen in der Gemeinde genießen.

B. Der Lohn der Nachfolge

Mt schließt das Gleichnis von den Arbeitern im Weinberg und die Wiederholung des Logions von den Ersten und Letzten an die Gespräche Jesu mit dem reichen Jüngling (19,16-22), mit den Jüngern (19,23-26) und mit Petrus (19,27-30) an. Wen identifiziert Mt

---

[19]Berger, Gesetzesauslegung, 448.

[20]Schweizer, Matthäus und seine Gemeinde, 27, Anm. 76.

[21]Vgl. das bereits im Zusammenhang mit Erlemanns Auslegung im 9.Kapitel der Einleitung Gesagte.

vom Kontext her mit den Ersten, Menschen wie den reichen Jüngling oder Menschen wie Petrus?

Wie bereits im 9.Kapitel der Einleitung erwähnt wurde,[22] ist Ersteres von E.SCHWEIZER vertreten worden. In 19,30 seien mit den Ersten die Besitzenden gemeint. Sie würden einst denen nachgeordnet seien, die Jesus jetzt in radikalem Besitzverzicht nachfolgen.[23] Ebenso urteilt L.SCHOTTROFF. Ihr zufolge kritisiert Mt in 19,30 Menschen wie den reichen Jüngling, denn die Frage des Petrus nach Lohn wird positiv beantwortet.[24] Allerdings sieht sie dann eine "gewisse Sachdifferenz" zwischen 19,30 und 20,16. Während es in 19,16-30 um das Thema "reich/arm" ging, geht es ihrer Meinung nach in 20,1-28 um die Rangfolge in der Gemeinde, bzw. "um das Problem, das einige Jesusjünger gegenüber anderen Jesusjüngern die Ersten sein wollen".[25] In 20,1-16 kritisiert Mt angeblich "Menschen wie die Mutter der Zebedaiden und die Landzeitarbeiter", die auf Kosten anderer Privilegien beanspruchen.[26] Diese anderen Christen sind nach SCHOTTROFF die sog. "Kleinen", die in Mt 18 erwähnt werden, und in denen sie sozial schwache Gemeindeglieder sieht, die von den "Ersten" oder Gemeindeleitern schlecht behandelt werden.[27]

Gegen L.SCHOTTROFF ist einzuwenden, daß Mt 19,16-20,16 eine einheitliche Szene ist, die keinen Einschnitt hinter 19,30, sondern hinter 20,16 erkennen läßt. Dann aber meint Mt mit den Ersten und Letzten in 20,16 dieselben wie in 19,30. Werden aber in 19,30 wirklich Menschen wie der reiche Jüngling kritisiert?

---

[22]Der dortige Überblick über redaktionsgeschichtliche Auslegungen wird hier noch einmal rekapituliert.

[23]Siehe Schweizer, Evangelium nach Matthäus, 257.

[24]Siehe Schottroff, Güte, 87. Vgl. auch ibid. 86: "'Viele Erste werden Letzte sein' (19,30) heißt als Abschluß der vorangegangenen Geschichte bei Matthäus: Wer hier reich ist und der 'Erste', wird in der Herrschaft Gottes der Letzte sein, wenn er wie der reiche Jüngling die Gebote nicht hält. Und wer hier arm ist, weil er um Jesu willen alles verlassen hat, wer also in den Kategorien von Geld und Ansehen der Letzte ist, der wird bei Gott der Erste sein".

[25]Ibid. 86.

[26]Ibid. 87.

[27]Ibid. 90f. Vgl. auch Gnilka, Verstockung, 114: "Vielleicht richtet sich Matthäus im besonderen gegen anmaßende kirchliche Vorsteher".

Anders als E.SCHWEIZER und L.SCHOTTROFF versteht G.BARTH 19,30 als "scharfe Warnung" an Jünger wie Petrus. Mt hat das Gleichnis von den Arbeitern im Weinberg im Hinblick auf die Frage in 19,27 angefügt, d.h. er hat den Ungehorsam der Jünger hervorgehoben.[28] BARTH läßt offen, wer dann die Letzten sind, die zu Ersten werden, während A.SCHLATTER in ihnen die Reichen sieht. Die Jünger dürfen die Gemeindeharmonie nicht durch Verachtung der Besitzenden stören, sie nicht als weniger fromm ansehen. Die jetzige Gemeindehierarchie kann in der Endzeit umgekehrt werden: "Damit, daß Petrus und die anderen Erste sind, ist ihnen nicht zugesagt, daß sie es auch bleiben, und damit, daß andere, z.b. Reiche von der Art des Jünglings, Letzte sind, sind sie nicht unter das Urteil gestellt, daß sie es bleiben".[29]

Diese Auslegung SCHLATTERS ist m.E. die dem Text angemessenste. Sie wird dem Kontext am besten gerecht, wie noch zu zeigen sein wird. Auch schon Mk verwendet das Logion von den Ersten und Letzten, um das selbstbewußte Verhalten des Petrus zu kritisieren,[30] denn bezeichnend ist, daß Lk, dem es doch gerade um Kritik an den Besitzenden geht,[31] das Logion von den Ersten, die zu Letzten werden, ausläßt. Wenn er es im Mk-Zusammenhang als Warnung an die Reichen verstanden hätte, hätte er es sicher übernommen. So kann man L.SCHOTTROFFS und W.STEGEMANNS Interpretation der Stelle bei Mk und Lk zustimmen: "Im Zusammenhang seines Jüngernachgesprächs kritisiert Mk mit diesem 'eschatologischen Fragezeichen' den selbstbewußten Hinweis des Petrus auf den Verzicht der Jünger. Lk jedoch zieht die Verzichtleistung der Jünger nicht in Zweifel, auch nicht unter einem eschatologischen Aspekt".[32]

Wenn also Lk das Logion bei Mk als Kritik am Verhalten der Nachfolger Jesu und nicht als Kritik an den Reichen verstanden hat, dann darf man vermuten, daß es sich bei Mt ähnlich verhält. Anders als Lk übergeht er diese Kritik nicht, sondern verstärkt sie noch,

[28]Siehe Barth, Gesetzesverständnis, 112, Anm. 5. Vgl. auch Eichholz, Gleichnisse, 101ff; Frankemölle, Jahwebund, 154; Haubeck 107. Nach Rengstorf (brieflich) wird durch Logion und Gleichnis die Frage des Petrus korrigiert.

[29]Schlatter, Evangelist Matthäus, 585.

[30]So Schniewind, Markus, 132 und Gnilka, Markus, 93. Anders Berger, Amen-Worte, 46 und Breytenbach 11, die hier eine positive Verheißung an diejenigen sehen, die im irdischen Leben auf Güter verzichten.

[31]Er streicht die Reaktion der Jünger Mk 10,26 par. Mt 19,25, sowie die generalisierende Wendung über das schwierige Eingehen in die Basileia, Mk 10,24b.

[32]Schottroff/Stegemann, Jesus, 101.

indem er das Gleichnis von den Arbeitern im Weinberg anfügt, und das Logion an dessen Ende in abgeänderter Form wiederholt. Mt warnt also wohl Jünger wie Petrus davor, sich aufgrund ihrer Armut den Reichen überlegen zu fühlen und bei Gott Vorrechte zu beanspruchen.

Zu fragen ist nun, welche Bedeutung diese Warnung im Hinblick auf die Situation der mt Gemeinde hat. Wer kann sich in dem reichen Jüngling wiedererkennen, wer sich in dem armen Petrus?

a) Der reiche Jüngling als Repräsentant der reicheren Gemeindeglieder der Ortsgemeinden (19,16-26)

Die wichtigsten Änderungen, die Mt an der mk Fassung vorgenommen hat, sind Folgende:

- Während Mk auf das Bekanntsein der Gebote hinweist, formuliert Mt in einem Konditionalsatz: "εἰ δὲ θέλεις εἰς τὴν ζωὴν εἰσελθεῖν, τήρησον τὰς ἐντολάς" (Mt 19,17, vgl. Mk 10,19).

- Bei der Aufzählung der Gebote läßt Mt das mk Verbot des Raubes aus, fügt aber das Nächstenliebegebot ein (Mt 19,19, vgl. Mk 10,19).

- Nicht Jesus weist darauf hin, daß dem reichen Jüngling noch etwas fehlt, sondern dieser fragt selbst danach (Mt 19,20, vgl. Mk 10,21).

- Statt Besitzverzicht und Nachfolge apodiktisch zu fordern, formuliert Mt konditional: "εἰ θέλεις τέλειος εἶναι". Dabei hat er τέλειος redaktionell eingefügt (Mt 19,21, vgl. 19,17).

Das Gespräch Jesu mit dem reichen Jüngling besteht aus zwei Fragen des Jünglings und den jeweiligen Antworten Jesu. Im ersten Gesprächsgang fragt der Reiche nach den Voraussetzungen für die Erlangung ewigen Lebens. Jesus weist auf die Dekaloggebote und das Nächstenliebegebot hin. Aus der Frage des Jünglings, "Welche?" (19,18), geht hervor, daß grundsätzlich alle Gebote (der Thora, und die der Pharisäer) in Frage kommen können, Jesus aber bestimmte besonders betont. Die Hervorhebung von Dekalog und Nächstenliebegebot ist nach Mt das Besondere der Gesetzesverkündigung Jesu.[33] Es wird sich hierbei um das Ethos der mt Gemeinde handeln.

---

[33]Zum Nächstenliebegebot als Basis der übrigen Gebote vgl. Mt 22,39f, und dazu Bornkamm, Enderwartung, 28 und Barth, Gesetzesverständnis, 71. Zum Dekalog vgl. Mt 15,19 und dazu Barth, a.a.O. 75: "Matthäus hat den Lasterkatalog der Mc.-Vorlage auf Gebote des Dekalogs reduziert".

Im zweiten Gesprächsgang (19,20f) fragt der Jüngling, was ihm noch fehle. Für die Erlangung ewigen Lebens fehlt ihm offenbar nichts. Wenn er aber "vollkommen" sein will, muß er ein radikaleres Ethos erfüllen. Besitzverzicht ist Voraussetzung für die Nachfolge im engeren Sinne des Wortes.

An diesem Vers (19,21) hat sich immer wieder die Frage entzündet, ob Mt eine Zweistufenethik vertrete. Wer dies ablehnt, beruft sich auf Mt 5,48: Hier wird die Vollkommenheit von allen gefordert, nicht nur von einer besonderen Gruppe. Ebenso verhalte es sich mit 19,21. So schreibt G.BARTH: "Die Vollkommenheit ist das entscheidende Kriterium der neuen Gemeinde".[34] Der Hinweis darauf, daß die Vollkommenheit theoretisch allen gilt, ist aber kein Argument gegen ein abgestuftes Ethos. Immer ist τέλειος mit einer radikalen Forderung verknüpft, die in der Praxis nur wenige befolgen können.[35] in Mt 19,21 ist zwar die Nachfolge Voraussetzung für Vollkommenheit, aber zu dieser Nachfolge im engeren Sinne gehört der Besitzverzicht, zu dem nicht alle Jünger, sondern nur einige wenige fähig sind. Dies wird besonders in 19,25 deutlich. Hier identifizieren sich die Jünger mit dem Reichen.[36]

Mt unterscheidet auch an anderen Stellen deutlich zwischen einem gemäßigten und einem radikaleren Ethos. Einerseits ist sogar die Ehescheidung erlaubt (19,9), andererseits gibt es Eunuchen "um des Reiches der Himmel willen" (19,10-12).[37] Einige erleiden um Jesu willen das Martyrium (20,23), während dies für andere nicht gilt. Es gibt also ein verschiedenes Ethos im Hinblick auf Besitz, Ehe und Leidensnachfolge. Dabei darf

---

[34]Barth, Gesetzesverständnis, 93 (ibid. 89ff ausführliche Argumentation). Vgl. auch Schweizer, Evangelium nach Matthäus, 253; Grundmann 431; Trilling, Israel, 192, Anm. 37; Strecker 142, Anm. 1; Köster 613; Künzel 247; Burchill 228. Nach Schmeller, 72f, kam es nach Ostern zu einer Ausweitung der radikalen Nachfolgeforderungen auf alle Christen, die von einer Reinterpretation dieser Forderungen begleitet war.

[35]Bultmann, Theologie, 572, unterscheidet zwei Bedeutungen von τέλειος: "Mt 5,48 scheint τέλειος (...) noch im Sinne des hebräischen שלם oder תמים (= heil und ganz, ohne Bruch oder Zwiespältigkeit) gebraucht zu sein. Dagegen bedeutet es Mt 19,21 (anders Mk 10,21) 'vollkommen' im Sinne des Perfektionismus".

[36]Vgl. hierzu auch Theißen, Lokalkolorit, 302: "Bei Mt finden wir Hinweise auf eine Zwei-Stufen-Ethik. Der reiche Jüngling braucht nur die zehn Gebote zu erfüllen. Der Ruf in die konsequente Nachfolge wird bedingt erteilt:...Mt kennt Lehrer, die das ganze Gesetz erfüllen, und andere, die einzelne Gebote 'auflösen'. Aber auch die 'moderaten' Lehrer erhalten einen Platz im Himmelreich, wenn auch den letzten (Mt 5,19). Solch eine Zwei-Stufen-Ethik ist nicht programmatisch ausgeführt. Aber es gibt Ansätze zu ihr."

[37]Vgl. hierzu Blinzler 264: In Mt 19,10-12 geht es um "Mitglieder des engeren Jüngerkreises..., die seinetwegen oder des Gottesreiches wegen 'alles', auch Frau und Ehe, aufgegeben haben". Direkt danach folgt die Perikope von der Kindersegnung (19,13-15). Mt hat Mk 10,15 ("Wer das Reich Gottes nicht annimmt wie ein Kind...") hier ausgelassen (vgl. Mt 18,3). Die Perikope von den Eunuchen wird also direkt mit der von den Kinder, denen sich Jesus besonders zuwendet, verbunden.

allerdings das radikalere Ethos nicht im Sinne einer "Elite-Ethik" verstanden werden.[38] Die besonderen Forderungen begründen "'keine doppelte Moral', sondern Jesu bestimmte Forderungen sind funktional".[39]

Das Nebeneinander von radikaleren und gemäßigten Normen entspricht nach G.THEISSEN dem Nebeneinander von Wandercharismatikertum und ortsansässigen Sympathisanten.[40] Ein ähnlich kasuistischer Gebrauch von τέλειος begegnet in der Didache:

"Wenn du das ganze Joch des Herrn tragen kannst, wirst du vollkommen sein; vermagst du das aber nicht, so tue, was du kannst" (6,2f).

Sowohl in der Didache, als auch bei Mt wird beiden Gruppen, denen, die "das ganze Joch tragen" und denen, die dazu nicht in der Lage sind, ewiges Leben verheißen (vgl. Mt 19,17.29), denn, so heißt es am Schluß dieses Abschnittes, "bei Gott...sind alle Dinge möglich" (19,26).

b) Petrus als Repräsentant der Wandercharismatiker (19,27-29)

Die Änderungen des Mt gegenüber Mk sind folgende:

- Petrus fragt ausdrücklich nach Lohn (Mt 19,27, vgl. Mk. 10,28).

- Mt fügt die Verheißung des Sitzens auf zwölf Thronen und Richtens der zwölf Stämme Israels hinzu (Mt 19,28, vgl. Lk 22,30).

- Die Verheißung einer Belohnung in der Gegenwart läßt Mt aus (vgl. Mk 10,30).

Während Petrus bei Mk nur auf Verzichtleistung und Nachfolge hinweist (Mk 10,28), stellt er bei Mt ausdrücklich die Frage nach dem Lohn für diese Nachfolge im engeren Sinne, die

[38]Siehe Bornkamm, Jesus, 130.

[39]Kuhn 124.

[40]Theißen, Soziologie, 23. Vgl. Kretschmar 61: Neben den "Boten Jesu in der Gegenwart des Evangelisten" gab es seßhafte Christen, die in den alten Ordnungen verblieben: "...so wird aber auch Mt 19,17-19 zu verstehen sein". Ein abgestuftes Ethos nehmen auch Klostermann 158 und Braun, Radikalismus 2, 54, Anm.3, Abs.2, an. Vgl. auch Hengel, Nachfolge, 68: Nachfolge Jesu, verbunden mit Familien- und Besitzverzicht war "nicht die für alle geltende Bedingung zur Teilhabe am nahen Gottesreich..., sie galt nur für die einzelnen je und je dazu Aufgeforderten (...)".

mit einem radikaleren Ethos verbunden ist: "τί ἄρα ἔσται ὑμῖν" (Mt 19,27). Bereits zuvor ist dem reichen Jüngling für sein Halten der Gebote das ewige Leben verheißen worden (19,17). Daneben wurde auf eine andere, vollkommenere Art des Jüngerseins hingewiesen. Ob es für sie einen höheren Lohn gibt, blieb offen. Indem Petrus auf Verzichtleistung und Nachfolge hinweist, gibt er zu erkennen, daß er und seinesgleichen die Voraussetzungen zur Vollkommenheit erfüllen.[41] Er erwartet für diese Vollkommenheit einen höheren Lohn, als ihn das ewige Leben an sich darstellt.

Auf die Frage des Petrus antwortet Jesus zunächst mit einer Verheißung an die Zwölf: Sie werden beim Endgericht auf zwölf Thronen sitzen und die zwölf Stämme Israels richten. Hier kommt, wie schon in 10,40, der Gedanke der Identifizierung Jesu mit seinen Nachfolgern im engeren Sinne zum Ausdruck.[42] Zweitens wird allen, die um der Nachfolge willen Familie und Besitz verlassen haben, ewiges Leben als zukünftiger Ersatz versprochen. Die Verheißung eines Ersatzes für die Aufgabe der sozialen Beziehungen in der Gegenwart (Mk 10,30), der in der freundlichen Aufnahme der Wanderprediger durch die ortsansässigen Sympathisanten bestanden haben könnte,[43] übernimmt Mt nicht. Er schränkt also die Lohnverheißung auf die Zukunft ein. Wie schon dem reichen Jüngling vorher für das Einhalten von Dekalog und Nächstenliebegebot, so wird auch ihnen für die Nachfolge im engeren Sinne, die mit einem strengen Ethos verbunden ist, das ewige Leben als Lohn versprochen. Der Lohn ist also der gleiche.

c) Mt 19,30-20,16 als Ablehnung eines Sonderlohnes für Wandercharismatiker

Charakteristisch für Mt ist die Verwendung von Gleichnissen, um einen vorher behandelten Sachverhalt zu illustrieren:

- das Gleichnis vom verlorenen Schaf verdeutlicht das rechte Verhalten gegenüber den "Kleinen" (18,12f);

---

[41]Vgl. Schenke/Fischer 111: "Diese heimatlosen Propheten unterscheiden sich übrigens von den seßhaften Gemeindegliedern wohl nicht nur durch die Weise des Wohnens, sondern auch...durch ein Streben nach höherer Vollkommenheit, d.h. sie dürften mindestens eine Hinneigung zum Asketentum haben".

[42]Vgl. Schweizer, Evangelium nach Matthäus, 254. Nach Hoh, 266, steht die Verheißung des Richtens im Zusammenhang mit der Binde- und Lösegewalt, die nach Mt 16,19 Petrus, nach 18,18 der Gemeinde, bzw. den Gemeindeleitern verliehen wird.

[43]So Theißen, Soziologie, 18 und Schweizer, Markus, 116, sowie Kuhn 125. Anders Stegemann 107.

- das Gleichnis vom unbarmherzigen Knecht zeigt, wie man sich gegenüber anderen nicht verhalten soll (18,23-34).

Beide Gleichnisse haben an ihrem Ende einen von Mt hinzugefügten Schlußsatz, mit dem er eine Mahnung an seine Gemeinde richtet.[44]

Auch Mt 20,1-15 hat die Funktion der Illustration. Es ist von Mt als Illustration des Logions von den Ersten und Letzten angefügt worden (γάρ in 20,1), illustriert aber nicht so sehr das Logion (19,30),[45] als vielmehr die in der vorangegangenen Perikope behandelte Thematik vom Lohn der Nachfolge (19,16-29). In 19,16-29 und 20,1-15 lassen sich folgende Entsprechungen feststellen:[46]

19,16-29	20,1-15
Der reiche Jüngling hält zwar die Gebote, verwirklicht aber nicht das radikale Ethos der Nachfolge, d.h. er ist nicht vollkommen.	Die zuletzt gemieteten Arbeiter arbeiten nur eine Stunde im Weinberg, nicht den ganzen Tag.
Für den Gehorsam gegenüber Thora und Nächstenliebegebot wird ewiges Leben verheißen (19,17).	Für eine Stunde Arbeit erhalten sie den vollen Tagelohn (20,9).
Petrus weist hin auf sein "vollkommenes" Handeln und fragt nach dem entsprechenden Lohn (19,27).	Die Ersten weisen darauf hin, daß sie die "Last und Hitze des Tages" ertragen haben. Impliziert ist ein Anspruch auf höheren Lohn (20,12).

---

[44]Vgl. Pesch, Matthäus, 15. Außerdem beendet Mt mit Gleichnissen seine Reden: die Bergpredigt mit dem Gleichnis vom Haus auf dem Felsen (7,24-27); die eschatologische Rede mit drei Gleichnissen (24,45-51; 25,1-13; 25,14-30).

[45]Vgl. die Inkonzinnität zwischen Gleichnis und Logion, auf die bereits oben hingewiesen wurde. Ähnlich illustrieren auch die rabbinischen Gleichnisse meist nicht wirklich den sie umrahmenden Bibelvers. Siehe hierzu III.1.

[46]Schon Weiss, 233ff, hat den engen Zusammenhang zwischen Gleichnis und vorausgehendem Kontext (19,16-30) erkannt: "Aus dem soeben Gesagten folgt, daß Kern und Stern sowohl des Abschnitts 19,27-30 als auch der Parabel ist: gleicher Lohn für ganz verschiedene Arbeit" (ibid. 233f). Ein solcher Zusammenhang besteht auch zwischen der Parabel und 19,16-26: Auch ohne Weltentsagung kann man göttlichen Lohn erlangen, so wie im Gleichnis auch die Letzten ihren Lohn erhalten. Es gilt: "Die Parabel stellt einen wirklichen Lohn in Aussicht sowohl denen, welche die Welt verlassend die schwierigsten Arbeiten für Gott auf sich nehmen, als auch jenen, welche in der Welt bleibend nur geringere Arbeit für Gott verrichten" (ibid. 237).

Auch denen, die das strengere Ethos verwirklichen, wird <u>ewiges Leben</u> als Lohn versprochen (19,29).	Auch die Ersten erhalten den normalen <u>Tagelohn</u> (20,10).
Hinweis auf <u>Gottes Güte</u> (19,17).	Hinweis auf die <u>Güte des Hausherrn</u> (20,15).
"Bei Gott sind <u>alle Dinge möglich</u>" (19,26).	"Steht es mir nicht <u>frei</u>?" (20,15).

Mt hat daran das Logion von den Ersten und Letzten angeschlossen, um die schon im Gleichnis angelegte Kritik an den Ersten noch zu verstärken.

So wie es nach 19,16-29 zwei Arten des Jüngerseins gibt, das Halten der Gebote und die Nachfolge im engeren Sinne des Wortes, die mit Besitzverzicht verbunden ist, aber nur einen Lohn, das ewige Leben,[47] so zeigt das Gleichnis, daß Arbeiter, die nur eine Stunde, und solche, die den ganzen Tag gearbeitet haben, den vollen Tagelohn erhalten. Das Gleichnis scheint für Mt besonders den am Ende von Jesu Gespräch mit den Jüngern erscheinenden Spruch, "Bei den Menschen ist dies unmöglich, bei Gott aber sind alle Dinge möglich" (19,26), bildhaft zu verdeutlichen.

Mit dem Logion von den Ersten und Letzten kritisiert Mt das selbstbewußte Verhalten des Petrus und der durch ihn repräsentierten Wandercharismatiker, die wie die Ersten im Gleichnis meinen, aufgrund ihrer größeren Vollkommenheit einen höheren Lohn bei Gott beanspruchen zu können. Andererseits versichert Mt mit dem Gleichnis den Christen der Ortsgemeinden, die sich wohl in dem reichen Jüngling wiedererkennen können,[48] daß Gott ihren Gesetzesgehorsam verbunden mit der Nächstenliebe ebenso schätzt wie das radikalere Ethos der Wanderpropheten. Damit will er die Ausbildung einer Zweistufenethik, die ein abgestuftes Ethos mit abgestuftem göttlichen Lohn verbindet (vgl.

---

[47]Vgl. Kretschmar 55: Die Szene vom reichen Jüngling zeigt, "daß die Nachfolge eine Überbietung des Haltens der Gebote ist...Nachfolge ist der Weg, an dem nichts fehlt, der ganzen und ungeteilten Hingabe...Aber das hebt nicht auf, daß ihr gegenüber das bloße Halten der Gebote, das an sich zum Leben führt, weniger ist. Aber auch die Nachfolge kann zu nichts anderem führen als zum Leben...". Und weiter: "...es gibt nur einen Lohn, das Himmelreich. Das kann im ganzen dann doch nur heißen, daß es einen doppelten Weg zum Leben gibt, zwei Weisen des Wandelns vor Gott: das Halten der Gebote, also der Tora, und die Nachfolge".

[48]Nach Kilpatrick, 125, ist die Gemeinde des Mt eine reichere Gemeinde, "a community of greater wealth, accustomed to a much wider financial range than that in Mark. Because of wealthier conditions, where Luke was content to write μακάριοι οἱ πτωχοί (VI 20), the evangelist restricts this μακάριοι οἱ πτωχοί τῷ πνεύματι: for his community, it is a spiritual condition and not material poverty that is blessed".

z.B. die Pseudoklementinen),[49] verhindern. Es gibt zwar zwei verschiedene Arten des Christseins - das "Mehr" der Wandermissionare wird durchaus anerkannt (Jesus identifiziert sich mit ihnen besonders, vgl. 10,40 und 19,28) - aber nur einen Lohn, d.h. vor Gott gelten beide Wege, der der ortsansässigen Christen und der der Wandermissionare, gleichermaßen. Mt scheint also mit dem Gleichnis auf einen Konflikt zu antworten, der durch den Anspruch der Wanderprediger auf Sonderlohn bei Gott hervorgerufen wurde.

Exkurs: Wanderradikalismus

Durch drei Rückschlußverfahren gelangt G.THEISSEN zu dem Ergebnis, daß das Urchristentum in seinen Anfängen von Wandercharismatikern bestimmt wurde, sozial entwurzelten Menschen, die ein Ethos der Heimat-, Familien- und Besitzlosigkeit vertraten.[50] Sie zogen, das nahe Ende verkündigend, von Ort zu Ort und hatten ihre materielle Basis in örtlichen Sympathisantengruppen. Im Laufe der Zeit erhielten die Ortsgemeinden immer größere Bedeutung, aber im syrisch-palästinischen Raum konnte sich das Wandercharismatikertum auch noch im 2. und 3. Jh. n. Chr. halten.[51] Kritik an G.THEISSENS Wandercharismatiker-Hypothese hat vor allem W.STEGEMANN geübt. Seine Argumente sind folgende:

(1) Mk 10,28-30, nach W.STEGENANN außer Mk 1,18.20 einzige Textbasis für Wanderradikalismus in der historischen Jesusbewegung, spiegelt nicht die heimatlose Existenz wandernder Propheten, sondern die sozialen Folgen bei stationärem Religionswechsel.[52]

(2) Q-Texte setzen zwar Wanderpropheten als Trägergruppe voraus, aber ihre Heimatlosigkeit ist kein Ethos, sondern durch ökonomische Not bedingt.[53]

[49]Zu den pseudoklementinischen Briefen vgl. Kretschmar 64.

[50]Vgl. Theißen, Wanderradikalismus, 86ff, wo er folgende Verfahren anwendet: (1) analytische Rückschlüsse aus dem ethischen Radikalismus der Wortüberlieferung; (2) konstruktive Rückschlüsse aus direkten Aussagen über Wandercharismatiker in der synoptischen Aussendungsrede und der Didache; (3) vergleichende Rückschlüsse aus dem Auftreten kynischer Wanderpropheten im 1./2. Jh. n. Chr.

[51]Vgl. bes. ibid. 79-105 und idem, "Wir...", 106-141. Zu den Wanderpropheten der Didache vgl. Niederwimmer 145-167, zu den syrischen Asketen der Pseudoklementinen Kretschmar 27-67.

[52]Vgl. Stegemann 107f. Siehe auch Berger, Gesetzesauslegung, 421ff.

[53]Vgl. Stegemann 111.

(3) Wanderradikalismus ist zeitlich auf die Trägergruppe der Logienquelle beschränkt. Bei Lk ist Wanderradikalismus "literarische Fiktion" und dient der Kritik am Wohlstand der Ortsgemeinden.[54]

Dazu kommt folgender Einwand H.-W.KUHNS:

(4) Logien wie Mt 6,25-33 par Lk 12,22ff sind nach Ostern eine Aufforderung an alle, nicht nur für einen engeren Kreis von Jüngern bestimmt. Es gab keine "exklusive Ethik" für Wandercharismatiker.[55]

Zurückgewiesen wurde diese Kritik von H.-W.KUHN und G.THEISSEN:[56]

Zu (1): Nach KUHN sind "Häuser, Brüder, Schwestern..." in Mt 10,30 nicht eigentlich zu verstehen, "sondern meinen selbstverständlich den menschlichen und materiellen Ausgleich in der neuen Gruppe und bei ihren 'Sympathisanten' (...)". Der Text spricht vom Verlassen, nicht aber von einer neuen Seßhaftigkeit. die von STEGEMANN herangezogenen Vergleichstexte (Philo, *SpecLeg* I,52 und Tacitus, *Hist.* V,5), die vom Übertritt zum Judentum sprechen, weisen charakteristische Unterschiede dazu auf.[57]

Zu (2): KUHN schlägt vor, "Ethos" nach der Definition Meeks als "Lebensstil einer Gruppe" zu verstehen.[58]

Zu (3): Nach THEISSEN war Wanderradikalismus weder auf die Trägergruppe der Logienquelle begrenzt, noch ein lk Idealbild, sondern ein "weit verbreitetes Phänomen", besonders im syrisch-palästinischen Raum. Sowohl das Mt-Sondergut (Mt 10,40ff), als auch die Did (11,4ff) und PsClem weisen darauf hin. So schreibt THEISSEN: "Wegen dieser weiten Verbreitung von Traditionen des Wanderradikalismus ist es kaum möglich, diese Traditionen ausschließlich redaktionsgeschichtlich auszuwerten...Eine Eingrenzung des Phänomens auf Q entspricht nicht der breiten Streuung der Aussagen".[59]

---

[54]Ibid. 116f. Vgl. auch Harvey, 282, der das Phänomen des Wanderradikalismus zwar nicht bestreitet, aber ihm nicht so große Bedeutung beimessen will wie Theißen.

[55]Vgl. Kuhn 128f.

[56]Ibid. 122ff und Theißen, Gewaltverzicht, 187f.

[57]Vgl. Kuhn 125f.

[58]Ibid. 124f.

[59]Theißen, Gewaltverzicht, 188, Anm.62.

Zu (4): Die radikale Forderung erging zwar an alle, aber es gab wohl in der Praxis nur wenige, die ihr Folge leisteten, so daß sich Christen in den Ortsgemeinden und wandernde Missionare in ihrem Lebensstil voneinander unterschieden.[60]

Es sei im Folgenden auf vier zusätzliche, bisher noch nicht ausgewertete Quellentexte hingewiesen, die Aufschluß über (christliche?) Wanderpropheten im 1.-3. Jh. n. Chr. zu geben scheinen:

a) Jesus, Sohn des Ananias (Jos, *Bell* 6,300-309)

Josephus berichtet, daß vier Jahre vor Ausbruch des Jüdischen Kriegs (i.e. 62 n. Chr.), kurz nachdem Albinus als Nachfolger des Festus eingesetzt worden war, ein "ungebildeter Mann vom Lande", Jesus, Sohn des Ananias, zum Laubhüttenfest nach Jerusalem kam, in den Tempel ging und kommendes Unheil ankündigte, indem er rief:

"Eine Stimme vom Aufgang, eine Stimme vom Niedergang, eine Stimme von den vier Winden, eine Stimme über Jerusalem und den Tempel, eine Stimme über Bräutigam und Braut, eine Stimme über das ganze Volk!"

Er wiederholte seinen Ruf bis zur Zeit der Belagerung (70 n. Chr.) immer wieder, besonders aber an Festtagen, und ließ sich weder durch die angesehenen Bürger, noch durch Albinus davon abhalten. Er verteidigte sich nicht und fluchte nicht, wenn er mißhandelt wurde, sondern antwortete auf die ihm zugefügten Schläge nur mit dem Weheruf über Jerusalem. Albinus hielt ihn für geistesgestört. Als dann Jerusalem belagert wurde, sah Jesus b. Ananias seine Prophezeihung Wirklichkeit werden. Noch einmal rief er sein Wehe aus, wurde aber von einem (römischen?) Geschoß getroffen und starb.

Könnte es sich hier um einen christlichen Propheten handeln? Nach L.SCHOTTROFF ist diese Frage positiv zu beantworten. Sie spricht von "vielfältigen Bezügen zwischen diesem Gerichtspropheten und den Q-Propheten":[61]

---

[60]Vgl. Kretschmar 55. Auch Horsley bringt Argumente gegen die Wandercharismatikerthese vor. Wie Kuhn glaubt er, daß Jesu radikale Forderungen eine weitere Anwendungsbasis hatten (ibid. 229). Einige von Theißen wörtlich verstandene Textstellen will er bildlich deuten (z.B. Lk 14,26). Andere, offensichtlich bildlich gemeinte, interpretiert er wörtlich (so Mk 10,30: Aus dem Hinweis auf die "hundertfache" Rückgabe von Häusern, Familien und Äckern schließt Horsley, daß hier kaum von besitz- und familienlosen Wanderern die Rede sein kann; der Ausdruck "hundertfach" zeigt aber deutlich, daß hier nicht an eine Wiederseßhaftwerdung gedacht ist, sondern die Stelle im übertragenen Sinne zu deuten ist. Oben wurde bereits auf eine mögliche Interpretation hingewiesen). Weiter weist Horsley auf Unterschiede zwischen kynischen Wanderphilosophen und urchristlichen Wandercharismatikern hin, die seiner Meinung nach eine Analogie ausschließen (ibid. 230f). Zur Auseinandersetzung mit Theißens Thesen siehe neuerdings auch Schmeller 57-113.

[61]Siehe Schottroff/Stegemann 87.

- Jesus, Sohn des Ananias ist von niedriger sozialer Herkunft. Besonders mit den angesehenen Bürgern gerät er in Konflikt.
- Weder verteidigt er sich, noch flucht er, wenn er gedemütigt wird, sondern wiederholt nur seinen Weheruf. Vielleicht hat er die Aufforderung Jesu an die Jünger, Mk 13,11, wörtlich genommen.
- Zwar berichtet Josephus nur von einer negativen Verkündigung, anzunehmen ist aber, daß er dennoch ein positives Ziel verfolgte. Josephus zeichnet ihn bewußt als Unheilspropheten.

SCHOTTROFF schließt daraus: "So wird man vermuten können, daß Jesus ben Ananias trotz der Darstellung bei Josephus wohl doch in die unmittelbare Nähe der Q-Propheten gehört,- in seiner Botschaft, in seinem Verhalten, in seinem Schicksal und in seiner sozialen Herkunft".[62]

Noch etwas fällt auf: Jesus b. Ananias tritt im Herbst des Jahres 62 n. Chr. auf, kurz nachdem Albinus zum neuen Statthalter eingesetzt worden war. In die Zeit der Vakanz zwischen dem Tod des Festus und dem Amtsantritt des Albinus fällt das Martyrium des Jakobus. Möglicherweise hat Jesus b. Ananias aufgrund dieses Ereignisses seine Unheilbotschaft verkündigt. Die kommende Tempelzerstörung sah er dann als Strafe Gottes für die Steinigung des Jakobus an.[63] Daß die Tempelzerstörung zumindest später so verstanden werden konnte, geht aus einer Stelle bei Euseb (*HistEccl* 2,13,19f) hervor:

"Jakobus war so bewundernswürdig und bei allen anderen wegen seiner berühmten Gerechtigkeit so gefeiert, daß selbst die Juden, soweit sie noch klar dachten, glaubten, das erwähnte Vergehen gegen ihn sei die Ursache der bald auf seinen Martertod erfolgten Belagerung von Jerusalem gewesen; nur in dem blutigen Frevel, den sie an ihm begangen hatten, sahen sie den Anlaß ihres Schicksals. Auf jeden Fall trug Josephus kein Bedenken, in seinen Schriften diesen Gedanken zum Ausdruck zu bringen. Er schrieb: 'Dieses Schicksal widerfuhr den Juden als Rache für Jakobus, den Gerechten, den Bruder Jesu, des sogenannten Christus; denn obwohl er der Gerechteste war, hatten ihn die Juden getötet'".[64]

Wenn es auch unwahrscheinlich ist, daß dieser Zusammenhang von Juden gesehen wurde, so konnten Christen die Ereignisse durchaus so deuten.

---

[62]Ibid. 88.

[63]Auf diesen Zusammenhang machte mich G. Theißen aufmerksam.

[64]Dieses Zitat ist nicht in dem uns überlieferten Josephus-Text enthalten.

Bedenkt man alles dies, so könnte es möglich sein, daß Jesus b. Ananias ein christlicher Prophet war, auch wenn Josephus ihn nicht ausdrücklich als solchen bezeichnet.[65]

b) Peregrinus Proteus (Lukian, *Peregr. Mort.*)

Lukian zufolge verließ Peregrinus in der ersten Hälfte des 2. Jh. n. Chr. seine Heimatstadt Parium, um "von einem Lande ins andere unstät und flüchtig herumzuirren". In Palästina wurde er Christ.

"Es schlug so gut bei ihm an, daß seine Lehrer in kurzer Zeit nur Kinder gegen ihn waren. Er wurde gar bald selbst Prophet, Thiasarch, Synagogenhaupt und mit einem Wort alles in allem unter ihnen. Er erklärte und kommentierte ihre Bücher und schrieb deren selbst eine große Menge; kurz, er brachte es so weit, daß sie ihn für einen Gott ansahen, sich Gesetze von ihm geben ließen und ihn zu ihrem Vorsteher machten" (2,366).

Er wurde als Christ gefangengenommen und während der Zeit seiner Gefangenschaft von Sympathisanten unterstützt, bis der syrische Statthalter, "ein Mann, der die Philosophie liebte", ihn freiließ. Peregrinus kehrte in seine Heimat zurück und übereignete die Hinterlassenschaft seines Vaters der Stadt. Nun mußte er wieder auf Wanderschaft gehen, wurde aber von den "Christianern" materiell unterstützt, bis er wegen Übertretens der Speisegebote ("man hatte ihn, glaube ich, etwas, das bei ihnen verboten ist, essen sehen") bei ihnen in Ungnade fiel. Weil er nun gänzlich mittellos war, versuchte er, seine Güter zurückzuerlangen, hatte aber damit keinen Erfolg. Er reiste nach Ägypten zu einem kynischen Philosophen und konvertierte zum Kynismus. So konnte er sein heimat- und besitzloses Leben fortsetzen, bis er es auf einem Scheiterhaufen zu Olympia demonstrativ beendete.

Unverkennbar ist die Ironie, mit der Lukian das Leben des Peregrinus darstellt. Dennoch sind die Nachrichten über Peregrinus' Verbindung mit den Christen für glaubwürdig zu halten.[66] Umstritten ist die genaue Datierung seines Aufenthalts bei den Christen. Nach H.FLOERKE fällt er in die Zeit zwischen 140 und 152.[67] Peregrinus war also in der Mitte des 2. Jhs n. Chr. christlicher Wanderprophet. Die anderen ihm von Lukian beigelegten

---

[65]Vgl. Brüne 225: Was die Bezeichnung "Christen" betrifft, so hat Josephus ihnen diese Bezeichnung "nie und nimmer zugestanden, weil er Jesus von Nazareth für einen πλάνος καὶ ἀπατεών gehalten und seine Anhänger nach dem Vorgange der jüdischen Hierarchie mit dem verächtlichen 'Galiläer' näher bezeichnet hat". Vgl. auch Jos, *Ant* 2,200, wo Christen gemeint sind, Josephus sie aber nicht als solche bezeichnet.

[66]Vgl. Floerke, in: Lukian IV, 401.

[67]Ibid. 404. Anders Bagnani, 108, der ihn vor 140 ansetzen will.

Titel sind nach Betz im urchristlichen Schrifttum als christliche Titel nicht belegt, sondern "hellenistische Kulttitel". Deshalb "wird man für die gesamte Ämter- und Titelaufzählung eine Übertragung des im Hellenismus Üblichen auf urchristliche Verhältnisse anzunehmen haben. Lukian wusste eben nur, dass Peregrinus bei den Christen eine führende Rolle spielte".[68]

Überraschend ist seine baldige Freilassung aus der Gefangenschaft. G.BAGNANI versucht dies damit zu erklären, daß Peregrinus Judenchrist war, der zur Zeit des Bar-Kochba Aufstandes als jüdischer Sympathisant festgenommen wurde. Weil keine Anschuldigung gegen ihn vorlag, mußte der syrische Statthalter ihn wieder entlassen. Peregrinus fand nun eine neue Situation vor. Die Kirche hatte sich als heidenchristliche organisiert, er aber war essenisch beeinflußter Judenchrist. Was seinen Ausschluß aus der Gemeinde betrifft, so ist nach BAGNANI Folgendes anzunehmen: "...the real reason for his conflict with orthodox Christianity will have been not on his partaking of forbidden food, but on his refusing to partake of lawful food, that is to say he was excommunicated as an Ebionite".[69] Nach BETZ ist diese Rekonstruktion der Verhältnisse jedoch eine "unbegründete Behauptung Bagnanis".[70] Grund für seine Exkommumikation wird seiner Meinung nach wirklich das Essen verbotener Speisen gewesen sein.[71] Festzuhalten gilt:

- Peregrinus war christlicher Wanderprophet in der Mitte des 2. Jhs n. Chr.
- Er wurde von Sympathisanten materiell unterstützt.
- Wegen Übertretens der Speisegebote fiel er bei den Christen in Ungnade.

[68]Betz, Lukian, 230. Nach Floerke, in: Lukian II,366, Anm. 12, ist der θιασάρχης Vorsteher einer gottesdienstlichen Bruderschaft; ξυναγωγεύς ist zweifellos ein jüdischer Titel. Kyrill nennt Petrus und Paulus προστάτας τῆς ἐκκλησίας: "Was für eine Würde eigentlich damit gemeint sei, läßt sich zwar nicht genau bestimmen; indessen müßte es keine geringere als die bischöfliche gewesen sein" (a.a.O. Anm.13). Bei Petrus und Paulus von "bischöflicher" Würde zu sprechen, ist allerdings anachronistisch.

[69]Bagnani 110f.

[70]Betz, Lukian, 229, Anm.5.

[71]Vgl. ibid. 232.

c) Nachrichten des Celsus über Wanderpropheten (Origenes, *Cels* VII,8f)

In *Cels* VII,2-26 widerlegt Origenes Einwände des Celsus gegen alttestamentliche Propheten.[72] Dabei werden auch zeitgenössische, in Palästina und Phönizien auftretende Propheten erwähnt (VII,8f). Celsus erwähnt diese zu seiner Zeit wirkenden Propheten nur nebenbei, um durch einen Vergleich mit ihnen die alttestamentlichen Propheten herabzusetzen. Er bezeichnet sie als "Leute ohne Ruf und Namen", als "Betrüger" und "Marktschreier", die in Tempeln und auch außerhalb von ihnen zu finden sind und durch Städte und Kriegslager ziehen, um ihre Botschaft zu verkünden, die nach Celsus folgendermaßen lautet:

"'Ich bin Gott' oder: 'Ich bin der Sohn Gottes' oder: 'Ich bin der göttliche Geist. Ich bin gekommen, weil der Untergang der Welt schon im Anzug ist und euch, o Menschen, wegen eurer Sünden Verderben und Untergang droht. Aber ich will euch retten, und ihr werdet mich mit himmlischer Macht wieder kommen sehen. Selig sind, die jetzt mich ehren; alle Übrigen aber, Städte und Länder, werde ich dem ewigen Feuer übergeben. Diejenigen, welche die ihnen bevorstehenden Strafen nicht kennen (...), werden umsonst bereuen und seufzen; jenen aber, die mir Glauben geschenkt, verleihe und bewahre ich die Ewigkeit" (VII,9).

An diese Verheißungen schlossen sich angeblich noch "unverständliche, halb verrückte und ganz unklare Worte" an.

Schon für Origenes war unklar, ob es sich hierbei um jüdische, christliche oder heidnische Propheten handelte. Er vermutet aber, daß es christliche Propheten sind, da "sich auch jetzt noch Spuren seines [des Geistes] Wirkens bei einigen wenigen [Christen]" zeigen (VII,8). Nach W.VÖLKER gehört VII,9 "zu den umstrittensten Partien des ganzen Celsus-Buches".[73] In neuerer Zeit sind für die Identifizierung der Propheten folgende Lösungen vorgeschlagen worden:

-R.REITZENSTEIN denkt an Leute wie Dositheus und Simon Magus, d.h. *samaritanische Propheten*, die Origenes in *Cels* I,57 erwähnt:[74] "Wir können wenigstens ahnen, daß es sich hier um große Strömungen handelt, die nicht ausschließlich aus der Entwicklung der christlichen Kirche erklärt werden sollten".[75] Ihm schließt sich NORDEN an, der die Worte der Propheten mit der 33. Ode

---

[72]Celsus schrieb seine Schrift *Alethes Logos* im Jahre 178 n. Chr.

[73]Völker 76, Anm. 9.

[74]Vgl. Reitzenstein 224.

[75]Ibid. 225.

Salomos vergleicht und auf eine weit verbreitete Tradition dieses "soteriologischen Redetypus" schließt.[76] H.WEINEL kommt zu dem gleichen Ergebnis: "So christlich diese Worte klingen, so passen sie doch eher auf Simon Magus etwa als auf irgend einen christlichen Propheten, von denen keiner so hohes von sich aussagte. Oder vielmehr: im Munde christlicher Propheten konnte weder Gott noch Christus noch der göttliche Geist seine diesmalige Gegenwart in dem menschlichen Subjekt in dieser Weise zur entscheidenden machen, nachdem der lebende Christus aufgetreten war".[77]
- Dagegen meinen C.ANDRESEN und H.LIETZMANN hier *christliche Propheten* erkennen zu können. LIETZMANN schreibt: "...aus den Propheten spricht der Geist Jesu selbst in der Ichform; er kündet die Parusie an und schreckt die Sünder mit furchtbarer Drohung. Und wenn Celsus hinzufügt, daß die Rede am Ende in unverständliche und wahnwitzige Worte ausgehe, die keinerlei Sinn gäben..., so haben wir die uns wohlbekannte Erscheinung des Zungenredens mit nachfolgender Deutung vor uns...Aber im Großen und Ganzen ist das Bild des echten pneumatischen Ekstatikers richtig gezeichnet".[78]
- W.VÖLKER charakterisiert diese christlichen Propheten näher als *Montanisten*: "Bedenkt man, was uns Euseb im 5. Buch seiner Kirchengeschichte über die Ekstasen Montans berichtet, liest man die montanistischen Orakelsprüche, die ebenfalls wie VII,9 den charakteristischen Subjektwechsel haben und deren Selbstaussagen nicht minder hoch gegriffen sind, beachtet man den christlichen Charakter vorliegender Ansprache und erwägt man, daß Celsus christliche Verhältnisse geißeln mußte, sollte sein Beweis zwingend sein, so wird man kaum Bedenken tragen, in diesem Abschnitt eine Karikatur montanistischer Praxis zu sehen".[79]
- K.ALAND lehnt diese Deutung ab. Die Lokalitätsunterschiede - Celsus gibt vor, die Propheten in Phönizien und Palästina getroffen zu haben, montanistische Propheten sind dagegen nur für Phrygien/Kleinasien quellenmäßig belegt - schließen eine Identifizierung aus. Vielmehr bestätigt dieser Text nur, "wie auffällige Parallelen es zum Montanismus gegeben hat und wie sehr diese Phänomene der Prophetie, Ekstase usw. allen Religionen eigen sind".[80]

---

[76]Norden 194.

[77]Weinel, Wirkungen, 94. Vgl. auch Fascher 207.

[78]Lietzmann 2, 45. Vgl. Andresen 140.

[79]Völker 76, Anm. 9. An dieser Stelle gibt er auch einen Überblick über die Deutungen dieser Stelle bis 1928. Vgl. auch Ritschl 506. Die montanistischen Orakel, die tatsächlich den von Celsus angeführten entsprechen, sind nachzulesen bei Aland 143f, Nr.1.

[80]Aland 138. Er beruft sich hier auf die Argumente Labriolles, ibid. 96 und 99f.

Auch wenn man aus geographischen Gründen die Propheten des Celsus nicht mit den Montanisten identifizieren kann, so wird es sich doch aus folgenden Gründen um christliche Propheten handeln:

- In der Aussage "Ich bin Gott, ich bin der Sohn Gottes, ich bin der göttliche Geist" spiegelt sich die trinitarische Formel.[81]
- Sie vertreten eine Nah-Eschatologie und kündigen die Parusie an ("...ihr werdet mich mit himmlischer Macht wieder kommen sehen").
- Entscheidend für den Ausgang des Gerichtes ist ihnen zufolge der Glaube.
- Die "unklaren Worte" entsprechen der Zungenrede der in 1 Kor 14 erwähnten christlichen Propheten.[82]

c) Die Wanderasketen der pseudoclementinischen Schrift *De Virginitate*

Die pseudoclementinische Schrift *De Virginitate* wendet sich an wandernde Asketen im 3. Jh. n. Chr. Sie kritisiert bei ihnen aufgetretene Mißstände und empfiehlt ihnen ein tugendhaftes, asketisches Leben. Über die Adressaten ist dem Brief Folgendes zu entnehmen:

- Es handelt sich um Asketen, die sexuelle Enthaltsamkeit üben.
- Sie sind Wanderasketen, durchziehen "Weg und Wüste" (10,1).
- Sie verstehen sich als "Lehrer" (11,4) und "Propheten" (11,10).
- Sie besuchen Waisen, Witwen und Arme und sind Exorzisten (12,1-2).

Hier sind also eindeutig christliche Wanderpropheten gemeint, die noch im 3. Jh. n. Chr. in Syrien umherzogen.[83]

Aus den hier vorgestellten Texten geht also hervor, daß es vom 1.-3. Jh. n. Chr. im syrisch-palästinischen Raum - bei Jesus b. Ananias und den Propheten des Celsus ist dies ungewiß aber wahrscheinlich - Wanderpropheten gab, die von Ort zu Ort zogen und von Sympathisanten unterstützt wurden. Dann aber ist es durchaus möglich, daß auch zur Zeit des Mt das Wandercharismatikertum in Syrien noch eine lebendige Erscheinung war.

---

[81]Im Hinblick auf die Selbstaussagen gibt Gaston, 447f, zu bedenken: "...the prophets were conscious of a much greater authority than that of the teachers...and they could themselves utter new oracles in the name of the risen Lord".

[82]Vgl. Lietzmann/Kümmel 69.

[83]Vgl. Duensing 168.

3.Kapitel: Mt 20,1-16 im Kontext des Mt-Evangeliums

Läßt Mt auch an anderen Stellen einen Konflikt zwischen den zwei verschiedenen Arten der Nachfolge, d.h. zwischen Christen der Ortsgemeinden und Wandercharismatikern erkennen? Zur Beantwortung dieser Frage ist das Mt-Evangelium insgesamt in Betracht zu ziehen. Zunächst ist zu fragen, welche Gemeindeautoritäten Mt voraussetzt.

A. Amtsträger in der mt Gemeinde

Mt erwähnt an folgenden Stellen Funktionsträger in seiner Gemeinde:

- Propheten: 7,15-23; 10,41; 23,34; 24,11f.
- Schriftgelehrte: 13,52; 23,34.
- Weise: 23,34.
- Rabbi: 23,8.
- Vater: 23,9.
- Lehrer: 23,10.

Nur Propheten und Schriftgelehrte werden mehrmals genannt, während die Bezeichnungen "Rabbi", "Vater", "Lehrer" und "Weise", bezogen auf christliche Amtsträger, bei Mt jeweils nur einmal begegnen.[84]

---

[84]Außerhalb des Mt wird *"Rabbi"* im Neuen Testament nur bei Joh als Anrede für Johannes den Täufer (Joh 3,26) und in Mk und Joh als Anrede für Jesus (Mk 9,5; 10,51; 11,21; 14,45; Joh 1,38.49; 3,2; 4,31; 6,25; 9,2; 11,8), nicht aber für christliche Amtsträger verwendet. Christliche *"Lehrer"* werden in der Apg und in der Briefliteratur als διδάσκαλος bezeichnet (Apg 13,1; 1 Kor 4,6; 12,28.29; Eph 4,11; 1 Tim 2,7; 2 Tim 1,11; 4,3; 2 Petr 2,1; Hebr 5,12; Jak 3,1.2). Paulus und andere christliche Missionare verstanden sich als *"Väter"* ihrer Gemeinden (vgl. 1 Kor 4,14f; Phil 2,22; 2 Tim 1,2; 1 Petr 5,13; 1 Joh 2,1 und dazu Barbour 138). Christliche *"Schriftgelehrte"* kennt nur Mt. Nach Paulus gibt es in den korinthischen Gemeinden zwar nicht viele, aber doch einige *"Weise"* (1 Kor 1,26). Christliche *"Propheten"* werden im Neuen Testament ebenso wie die Lehrer sehr häufig erwähnt (für die zahlreichen Stellen siehe Konkordanz).

a) Propheten

In Mt 7,15ff werden "falsche" Propheten kritisiert (vgl. auch 24, 11f). Mt schreibt ihnen prophetische Rede, Exorzismen, und Wunderheilungen zu, ohne solche charismatischen Gaben von Propheten generell abzulehnen. Im Gegenteil: "Wenn Matthäus diese drei Tätigkeiten hier einsetzt, so müssen sie für ihn...noch gegenwärtig sein, also die christliche Mission kennzeichnen. Sie sind 'normale' Erscheinungen seiner Kirche und Zeit".[85] Daß es in der mt Gemeinde Propheten gab, geht aus 10,41 und 23,34 deutlich hervor. In 10,41 fordert Mt die Christen der Ortsgemeinden dazu auf, Wanderpropheten aufzunehmen: "Hinter diesen Sätzen, vor allem aber hinter dem mittleren, wird noch die Kirche sichtbar, in der Mattäus [sic!] lebt: wandernde Missionare, Propheten und Gerechte...ziehen von Gemeinde zu Gemeinde, oft geschmäht und verfolgt, immer angewiesen auf die ihnen erwiesene Gastfreundschaft".[86] Nach 23,34 werden Propheten in die Gemeinden gesendet. Mt wird an christliche Missionare seiner Zeit gedacht haben.[87]

b) Lehrer

Von einem christlichen Schriftgelehrten ist Mt 13,52 die Rede. Es heißt, das er "für das Reich der Himmel unterrichtet" ist.[88] Schriftgelehrte werden neben den schon erwähnten Propheten auch in 23,34 genannt (anders Lk 11,49).

Die "Weisen" sind wohl keine eigenständige Gruppe neben den Schriftgelehrten. E.SCHWEIZER macht darauf aufmerksam, daß der "Weise" seit Sir 19,20 und 21,11 nur

---

[85]Trilling, Amt, 36. Vgl. auch Schweizer, Matthäus und seine Gemeinde, 142 und idem, Evangelium nach Matthäus, 114: "Schon die Warnung vor Falschpropheten schließt ja ein, daß es in der Gemeinde echte geben muß". Siehe auch Schmeller 101.

[86]Schweizer, Evangelium nach Matthäus, 164. Vgl. auch Theißen, Gewaltverzicht, 186 und Kuhn 122.

[87]So Schweizer, Evangelium nach Matthäus, 284. Nach Schniewind, Matthäus, 229, sind hier alttestamentliche Propheten gemeint.

[88]Der Schriftgelehrte wird mit einem Hausherrn verglichen, der "aus seinem Schatze Neues und Altes hervorholt". Mit dem "Alten" werden Thora und Propheten gemeint sein, mit dem "Neuen" die Auslegung Jesu, wie sie zum Beispiel in der Bergpredigt zum Ausdruck kommt, vgl. Künzel 178, Anm. 33; Weiss 337; Jülicher 2, 132; Trilling, Amt 33f; Frankemölle, Jahwebund, 146. Vgl. auch Mt 8,19: Ein Schriftgelehrter will Jesus nachfolgen (anders Lk 9,57).

als Schriftgelehrter vorstellbar ist.[89] Es handelt sich also wohl um eine weitere Bezeichnung für Schriftgelehrte.

In 23,8-10 kritisiert Mt die Verwendung der Titel "Rabbi", "Vater" und "Lehrer" für christliche Amtsträger.[90] Hinter diesen Bezeichnungen ist ein und dieselbe Funktion erkennbar, die des Rabbis, bzw. Schriftgelehrten. "Vater" ist auch Rabbinerbezeichnung.[91] "Lehrer" ist Äquivalent zu "Rabbi".[92] Zum synonymen Gebrauch dieser Titel ist auch folgende Stelle aus dem Babylonischen Talmud zu beachten:

"Wenn Josaphat, der König von Juda, einen Gelehrtenschüler [תלמיד חכם] sah, stand er von seinem Thron auf, umarmte und küßte ihn und redete ihn an: (Mein Vater, mein Vater [אבי אבי]), mein Lehrer, mein Lehrer [רבי רבי], mein Herr, mein Herr [מרי מרי]" (bMak 24a).

In der mt Gemeinde gab es also Propheten und Lehrer.[93] Unsicher ist, ob die Schriftauslegung ein eigenständiges Amt war oder nur eine Funktion, die auch die Wanderpropheten ausübten.[94] Jedenfalls sind für Mt die Propheten die eigentlichen

[89]Schweizer, Matthäus und seine Gemeinde, 148. Vgl. auch Künzel 170, Anm. 10.

[90]So Schweizer, Matthäus und seine Gemeinde, 160. Vgl. auch Künzel 168. Nach Walker, 25, sind dagegen jüdische Amtsträger gemeint.

[91]So Grundmann 486; Dalman, Worte, 278f; Strack/Billerbeck 1, 918f.

[92]Siehe Trilling, Amt, 30; Strack/Billerbeck 1, 79; Dalman, Worte, 279; Grundmann 486; Frankemölle, "Pharisäismus", 181; Marquet 93. Barbour, 141, denkt dagegen an den "Lehrer der Gerechtigkeit" von Qumran.

[93]Vgl. Kilpatrick 126: "Thus our church has a ministry of prophets and teachers". Ebenso Pesch, Aussagen, 294; Barbour 140; Frankemölle, Amtskritik, 251; Künzel 170.175; Schweizer, Gemeinde, 140ff.148ff.

[94]Für Letzteres spricht, daß (1) in der Didache Wandermissionare auch als "Lehrer" bezeichnet werden (siehe 11,2; 13,2; 15,2 und dazu Niederwimmer 161, Anm. 43); (2) in allen Evangelien (außer in Lk) der Wanderprophet Jesus als "Rabbi" angeredet wird; (3) bei Epiktet (*Diss* 2,22) für kynische Wanderpropheten die Bezeichnung "Vater" verwendet wird; (4) der Wandermissionar Philippus nach Apg 8,26ff dem äthiopischen Schatzmeister die Schrift auslegt, also die Funktion eines Schriftgelehrten ausübt.

Autoritäten seiner Gemeinde. Er erwähnt sie am häufigsten.[95]

B. Amtskritik im Mt-Evangelium

Wiederholt übt Mt Kritik an Amtsträgern in seiner Gemeinde, bzw. an denjenigen, die in ihr Leitungsfunktionen übernommen haben. H.FRANKEMÖLLE spricht von einem "kritischen 'Amtsverständnis' des Matthäus".[96] Matthäus kritisiert die Gesetzlosigkeit und Überheblichkeit von Amtsträgern.

a) Gesetzlosigkeit

Mt 5,19: Mt hat hier ein traditionelles Logion durch Hinzufügung eines Nachsatzes verstärkt (v.19a.b).[97] In einem zweiten Satz betont er, worauf es ihm besonders ankommt: Die Gebote müssen sowohl getan, als auch gelehrt werden [ποιήσῃ καὶ διδάξῃ]. Er wendet sich hier gegen solche Leiter seiner Gemeinde, die die Auflösung der Gebote durch Jesus lehren.

7,15-23: Am Ende der Bergpredigt warnt Mt die Gemeinde vor Pseudopropheten, denen es an guten Werken mangelt. Er verwendet das Bild vom Baum und seiner Frucht, das auch bei Lk begegnet (Mt 7,16-20 vgl. Lk 6,43f). wie der schlechte Baum an seinen schlechten

---

[95]Vgl. Schweizer, Matthäus und seine Gemeinde, 163: Die mt Gemeinde "sieht wie die hinter der Apokalypse stehende Gruppe vor allem die Propheten als die Knechte Gottes an und läßt sie in ihrer Mitte wirken (...)". Auch Schenke/Fischer, 105, meinen, "daß in der vorausgesetzten Gemeindestruktur die Propheten vermutlich die einzigen eigentlichen 'Amtsträger' sind (...)". Und ibid. 110: "Da von den leitenden Kräften offenbar die Propheten die eigentlich tragenden sind..., sind ebendiese Propheten und ihre mutmaßliche Funktion so etwas wie ein Schlüssel zum Verständnis des Gesamtphänomens der matthäischen Gemeinde". Vgl. auch Frankemölle, Jahwebund, 246.326f. Anders Trilling, Amt, 38: "Zum Verhältnis zwischen Lehrern und Propheten darf...angenommen werden, daß in dieser Kirche der Lehrerstand das Prophetentum überflügelte und zurückdrängte". Nach Hengel, Bergpredigt, 341, Anm. 25, 343, Anm. 28, 346, Anm. 35, ist Matthäus selbst als christlicher Lehrer vorzustellen. Luz, Matthäus, 76, Anm. 7, hält dies jedoch nur für eine "ansprechende Vermutung, aber nicht beweisbar".

[96]Frankemölle, Amtskritik, 262.

[97]So Luz, Erfüllung, 419.

Früchten zu erkennen ist, so der schlechte Prophet an seinen schlechten Taten. Mt denkt hier zweifellos an christliche Propheten seiner Zeit.[98] Er sieht "eine innergemeindliche Gefährdung von charismatischen Kreisen ausgehen",[99] deren Kennzeichen die ἀνομία ist (7,23). Kriterium für wahre Prophetie ist für Mt dagegen das Tun des göttlichen Willens (7,21).[100]

24,11f: Das Stichwort ἀνομία, das die "falschen" Propheten kennzeichnet, begegnet auch hier (24,12). Damit verbunden ist ein "Erkalten der Liebe" bei den von ihnen Irregeführten.[101]

Den Gemeindeleitern wird also Gesetzlosigkeit vorgeworfen, die sowohl in ihrem Verhalten, als auch in ihrer Lehre zum Ausdruck kommt.[102]

b) Überheblichkeit

Mt 18,6-14: Umstritten ist, ob Mt die sogenannte "Gemeinderede" an die ganze Gemeinde, oder speziell an die Gemeindeleiter gerichtet hat.

Für die Gemeindeleiter als Adressaten spricht:
(1) Mit der Binde- und Lösegewalt werden in 18,18 nicht alle Gemeindeglieder, sondern nur die Gemeindeleiter betraut. Es handelt sich um eine spezielle

---

[98]So Künzel 163; Bornkamm, Enderwartung, 36, Anm. 1; Eichholz, Auslegung, 157ff; Grundmann 232ff; Schweizer, Gesetz, 54.63; Minear 80ff. Anders Walker 136 und Strecker 137f, Anm. 4. Barth, 149.152f, denkt an hellenistische Antinomisten, d.h. an Christen, die sich auf ihre Charismen als Ersatz für den Mangel an Werken berufen.

[99]So Künzel 163.

[100]Vgl. Schlatter, Evangelist Matthäus, 258: "Der Gegensatz entsteht daraus, daß diese Jünger neben ihr Bekenntnis zu Jesus und ihre Wirksamkeit für ihn die Weigerung stellen, den göttlichen Willen zu tun. Sie scheitern am Zwiespalt zwischen ihren christlichen Leistungen und ihrem sittlichen Verhalten".

[101]Mit "Liebe" kann hier Gastfreundschaft oder Almosengeben gemeint sein. Davidson, 634f, meint in Kritik an Barth, daß Mt ἀνομία nicht mit einer bestimmten Gruppe verband, sondern moralische Laxheit der Christen allgemein kritisierte.

[102]Der gleiche Vorwurf der ἀνομία ergeht an die jüdischen Autoritäten (23,28). Sie betrifft aber nur ihr Verhalten, nicht ihre Lehre (23,3). Bei den christlichen Amtsträgern äußert sie sich dagegen auch in ihrer Lehre.

Vollmacht der Amtsträger.[103] Auch stammt nach GNILKA v.18 aus einer anderen Überlieferungsschicht als v.15-17. Deshalb ist ὑμῖν in v.18 nicht einfach identisch mit der ἐκκλησία in v.17: "Man darf nicht den Schluß ziehen, daß die Gesamtkirche mit der Vollmacht betraut ist, auch der Zusammenhang von Mt 18 (Jüngerrede) spricht dagegen".[104]

(2) Die Adressaten des Gleichnisses vom verlorenen Schaf (18,12f) werden dazu eingeladen, sich mit dem Hirten der Schafe zu identifizieren. Das Bild vom Hirten ist traditionelle Metapher für Gemeindeleiter, während die Gemeindeglieder als "Schafe" bezeichnet werden (vgl. Joh 21,15ff; Apg 20,28; Eph 4,11).[105] Mt 18,10.14 ruft dann "Gemeindeleiter zur Hirtentreue gegnüber den Apostaten auf".[106]

(3) G.KÜNZEL sieht einen Zusammenhang zwischen 18,6-14 und 24,10-12: "In redaktioneller Zusammenstellung wiederholen die Verse 10-12 die Leitworte des Abschnitts 18,6-14 in unmittelbarer Folge: 'Dann werden viele der Anfechtung erliegen' (σκανδαλισθήσονται: v.10) und 'viele Pseudopropheten werden...viele in die Irre führen' (πλανήσουσιν: v.11). Hier wird als der Gemeinde drohendes Geschehen geschildert, was die Verse 18,6ff als Verstoß gegen das ταπεινοῦν und gegen die suchende Liebe untersagen".[107] In 24,11 heißt es, daß die falschen Propheten den Abfall verursachen. So wird Mt in 18,6 die wahren Propheten ermahnen, nicht zu Pseudopropheten zu werden, indem sie die "Kleinen" zur Sünde verführen.

Mt richtet die Gemeinderede also wohl an Gemeindeautoritäten und warnt sie davor, sich überheblich gegenüber den "Kleinen" zu verhalten.[108]

Mt hat die Warnung vor der Verführung der "Kleinen" zur Sünde bereits bei Mk vorgefunden (Mt 18,6 vgl. Mk 9,42), sie aber noch durch einen Weheruf verstärkt (18,7).

---

[103]Vgl. Hoh 266: "Binden und Lösen sind die Schulausdrücke für die Entscheidung eines Gesetzesgelehrten".

[104]Gnilka, Kirche, 56, Anm. 53. Anders Bornkamm, Binde- und Lösegewalt, 39, der zwischen Lehr- und Disziplinargewalt unterscheidet und in 18,18 eine "Zusprechung der Binde- und Lösegewalt [im Sinne der Disziplinargewalt] an die versammelte Ortsgemeinde" zu erkennen meint, während Petrus in 16,19 die Lehrvollmacht erteilt wird.

[105]Vgl. dazu auch Schnackenburg, Episkopos, 431f. Außer den Gemeindeleitern wird auch Jesus als "Hirte" bezeichnet (vgl. Mt 25,32; 26,21; Joh 10; Hebr 13,20; 1 Petr 2,25).

[106]So Jeremias, Gleichnisse, 36. Vgl. auch Gnilka, Kirche, 56 und Thysman 78.

[107]Künzel 162. Vgl. auch Thysman 77, Anm. 6.

[108]So auch Thysman, 75, und Kilpatrick 79. Anders Schweizer, Matthäus und seine Gemeinde, 106.161. Vgl. aber idem, Gemeindeordnung, 53, Anm. 219; Grundmann, 412, und Luz, Jünger, 392.

Über Mk hinaus erwähnt er die "Kleinen" innerhalb der Gemeinderede noch zweimal: Sie dürfen nicht verachtet werden (18,10); Aufgabe der Gemeindeleiter ist es, sie in die Gemeinde zu integrieren (18,14). Mt liegt sehr an einer guten Behandlung der "Kleinen" durch die Gemeindeautoritäten, die dazu neigen, sie zu mißachten. Mt macht sich zum "Anwalt" dieser "Kleinen".[109] Umstritten ist, für wen Mt die Bezeichnung "Kleine" verwendet.

(1) Die "Kleinen" in der Tradition: Im Alten Testament sind die "Kleinen" immer die sozial Schwachen, Menschen mit einem niedrigen gesellschaftlichen Status. Ihnen werden die "Großen" gegenübergestellt (vgl. Dtn 1,17; Hi 3,19).[110] Auch Josephus verwendet die Bezeichnung in diesem Sinne (vgl. *Ant* 2,141). In der gnostischen ApkPetr sind die "Kleinen" die der Kirchenhierarchie gegenüberstehenden Gemeindechristen (vgl. 80,10-20).[111]
(2) Die "Kleinen" bei Mt (10,42; 18,6.10.14): Für E.SCHWEIZER und H.FRANKEMÖLLE handelt es sich um eine Bezeichnung für alle Christen, nicht gemeint ist ein besonderer "Stand" in der Gemeinde. Der Ausdruck kennzeichnet die "innere Haltung der Jünger", das "totale Angewiesensein des Menschen auf Gott".[112] J.GNILKA und L.SCHOTTROFF betonen den sozialen Aspekt, der hinter der Bezeichnung stehe. Aus Mt 18,10 schließt J.GNILKA, daß "ihre äußere Situation...demnach so beschaffen sein muß, daß man leicht geneigt ist, ihnen mit Verachtung zu begegnen".[113]
W.PESCH und O.MICHEL meinen, daß beide Aspekte in der Bezeichnung enthalten sind: "In dem Begriff 'klein' kann beides liegen: die geringe Bedeutung für die Menschen und vor Menschen, sowie das Zeichen der Umkehr (...) und der Kampf gegen das jüdisch-pharisäische, ja menschliche Streben, groß zu sein. Vielleicht ist beides miteinander verbunden, sowohl das soziologische als auch das

---

[109]So Luz, Matthäus, 66.

[110]Vgl. zur letztgenannten Stelle Horst 53: "Der Tod ebnet alle Rangunterschiede ein, die in der Welt bestanden haben und löst derartige Herrschaftsverhältnisse auf". Vgl. auch 1 Kö 22,31; Ps 115,13; Jer 16,6.

[111]Vgl. Koschorke 83: Unter den "Kleinen" sind "einfach die im Machtbereich der orthodoxen Kirchenführer lebenden Gemeindechristen verstanden". Die Gnostiker streiten sich mit den orthodoxen Kirchenführern um den Einfluß bei diesen "Kleinen", siehe ibid. 84.

[112]So Frankemölle, Jahwebund, 187. Vgl. auch Schweizer, Gemeinde, 158, Anm. 57; idem, Gesetz, 62 und Luz, Jünger, 392.

[113]Gnilka, Kirche, 53. Schottroff, Güte, 90, schreibt: "Die 'Kleinen' sind für Matthäus Menschen, die im sozialen Sinne 'unten' sind, d.h. sowohl im Sinne gesellschaftlichen Ansehens (s. den Zusammenhang 18,1-14), als auch im ökonomischen Sinne: Sie bedürfen der tätigen Barmherzigkeit".

religiöse Moment (...)".[114] SCHENKE/FISCHER sehen in den "Kleinen" nur eine "andere Bezeichnung der ruhelos umherziehenden Propheten".[115]

M.E. handelt es sich hier um eine Bezeichnung für die Christen der mt Gemeinde, die eine Analogie in der Bezeichnung der Kirchenchristen - im Unterschied zu den Kirchenführern - in der ApkPetr hat.[116]

Die Wandermissionare neigten zur Gesetzlosigkeit. Sie konnten sich mehr Freiheit gegenüber dem Gesetz erlauben, weil sie wegen ihrer Nichtseßhaftigkeit der Kontrolle durch die Mitchristen weitgehend entzogen waren.[117] Es ist anzunehmen, daß die Christen der Ortsgemeinden dem Judentum noch sehr nahestanden. Sie waren, was die Beobachtung der Thora angeht, eher konservativ eingestellt.[118] So ist es möglich, daß die Wanderpropheten sie wegen dieser ihrer Einstellung verachteten und ihrerseits durch ihr liberaleres Verhalten bei ihnen Anstoß erregten. Ein ähnliches Spannungsverhältnis bestand zwischen den "Starken" und "Schwachen" in Korinth, wie aus 1 Kor 8 und 10 hervorgeht.[119]

20,20-28: Mt hat die Zebedaiden-Szene schon bei Mk vorgefunden (Mk 10,35-45). Er läßt jedoch nicht die Zebedaiden selbst, sondern deren Mutter die Bitte um das Sitzen zur Rechten und Linken des Menschensohnes vorbringen. Vielleicht will er damit die Zebedaiden selbst ein wenig entlasten.[120]

[114]Michel, μικροί, 655. Vgl. Pesch, Matthäus, 32.

[115]Schenke/Fischer 111. Vgl. auch Lambrecht 337.

[116]So auch Schweizer, Observance, 229.

[117]Vgl. Theißen, Soziologie, 22 und oben den Abschnitt über Gesetzlosigkeit. Nach Lukian wurde Peregrinus Proteus wegen Übertretens der Speisegebote exkommuniziert.

[118]Vgl. die Frage nach der Tempelsteuer, Mt 17, 24-27, und Schweizer, Matthäus und seine Gemeinde, 12; Bornkamm, Enderwartung, 17ff; Hummel 30f. Anders dagegen Strecker, 30, und Frankemölle, Jahwebund, 306: Seiner Meinung nach hat Mt "das Tischtuch mit Israel zerschnitten".

[119]Vgl. Schweizer, Matthäus und seine Gemeinde, 110: "Matthäus interpretiert seine Tradition (Mk 9,42) offenbar im Lichte aktueller Diskussionen in seiner Gemeinde zwischen fortschrittlichen und eher konservativen Gruppen, wie wir sie zum Beispiel auch in 1 Kor 8 und 10 oder in Röm 14 finden".

[120]Vgl. Klostermann 163: "Mt scheint eine Art 'Ehrenrettung' des Jakobus und Johannes zu versuchen". Ähnlich Barth 113.

Auffällig ist die Verwendung des gleichen Motivs des Sitzens auf Thronen im Himmelreich in 19,28 und 20,21.23.[121] Während in 19,28 den Zwölfen das Sitzen auf zwölf Thronen zusammen mit dem Menschensohn verheißen wird, erfährt diese Verheißung in 20,23 eine Einschränkung. Nicht Jesus steht es zu, derartige Privilegien zu verleihen. Auch ist es ungehörig, sie zu beanspruchen, denn "wer unter euch groß sein will, sei euer Diener, und wer unter euch der Erste sein will, sei euer Knecht" (20,26b.27). Erklärt wird dies mit dem Beispiel Jesu selbst: Auch er ist nicht gekommen, damit ihm gedient werde, sondern damit er diene (20,28).[122] Es werden hier also jegliche Privilegienansprüche abgelehnt, und dies wird christologisch begründet.

23, 8-11: Im Rahmen der Pharisäerrede übt Mt auch Kritik an christlichen Amtsträgern.[123] 23,8-10 ist Mt-Sondergut. Daran angeschlossen ist in v.11 das aus Mk und Q bekannte Logion vom Groß-, bzw. Dienersein (Mk 9,35; 10,43; Lk 9,48; 22,26) und in v.12 das Logion vom Erniedrigen, bzw. Erhöhen (vgl. Lk 14,11; 18,14). Warnt Mt hier vor dem Gebrauch von Ehrentiteln oder lehnt er die damit verbundenen Funktionen ab?

Die letztere Auffassung wird von E.HAENCHEN verteten: "In diesen Versen wird das Rabbinat für die christliche Gemeinde abgelehnt, und zwar nicht nur der Name, sondern die Sache...Jeder ist unmittelbar zu Gott. So ist kein Rabbi nötig und möglich".[124] Dagegen spricht aber, daß die mt Gemeinde die Funktion eines Rabbis, nämlich die autoritative Schriftauslegung, durchaus kennt. Auch in ihr gibt es Schriftgelehrte (13,52; 23,34). Nach Mt 23,2.7 sind es die Schriftgelehrten, die sich "Rabbi" nennen lassen. So wird hier "die

---

[121]In 19,28 ist dieses Motiv von Mt in den Kontext eingefügt worden.

[122]Vgl. Schlatter, Evangelium, 601: "ὥσπερ hat gleichzeitig vergleichende und begründende Bedeutung. Was Jesus meint, wenn er Erniedrigung als Erhöhung und Dienstbarkeit als Macht wertet, wird dem Jünger durch sein Beispiel verdeutlicht". Ähnlich Grundmann 445. Vgl. auch die Betonung der Niedrigkeit Jesu in Mt 11,29 (ταπεινὸς τῇ καρδίᾳ) und 12,18-21 (Erweiterung von Jes 42,1-4) und dazu Barth 117f.

[123]Vgl. Künzel 164, Anm. 110: "Daß Mt c.23 auch an die μαθηταί gerichtet sein läßt (v.1; gegen Mk 12,37b.38) ist Hinweis, daß v.8ff als 'Anrede an die matthäische Gemeinde' zu verstehen ist (...)". Vgl. auch Luz, Jünger, 146, Anm. 23a; Trilling, Israel, 109f; Schweizer, Evangelium nach Matthäus, 291; Frankemölle, "Pharisäismus", 158 und Thysman 83.

[124]Haenchen, Weg, 421. Nach Käsemann, Anfänge, 164, handelt es sich hier um "Polemik gegen eine sich eben in der Weise eines christlichen Rabbinates bildende Gemeindeordnung".

Existenz und Legitimität 'christlicher Schriftgelehrter'...nicht in Frage gestellt, sondern vorausgesetzt", während der Titelgebrauch abgelehnt wird.[125]

Nach S.W.BARON gibt es eine rabbinische Auslegung zu Dtn 29,9, die ganz ähnlich klingt: "Obwohl ich für euch Oberhäupter, Älteste, und Beamte eingesetzt habe, seid ihr alle gleich vor mir" (Tan zu Dtn 29,9).[126] Hier werden wohl ähnliche Gemeindeverhältnisse angesprochen. Die Hierarchie wird vorausgesetzt, hat aber nur funktionale Bedeutung. Ein Statusunterschied zwischen Amtsträgern und Gemeindegliedern sollte mit ihr nicht verbunden werden.

Möglich ist auch, daß Mt bei der Mahnung zur Nichtverwendung des spezifischen Titels "Rabbi" um eine Unterscheidung der christlichen Amtsträger von dem sich nach 70 in Jabne neu konstituierenden "rabbinischen" Judentum geht. Während "Rabbi" vorher allgemeine Anrede für Höhergestellte war,[127] wurde es nun zur Anrede für Angehörige der rabbinischen Bewegung, die wohl ein relativ engumgrenzter Zirkel war.[128]

Aus der Anfügung von 23,11 (vgl. Mt 20,26f) und 12 geht hervor, daß Mt mit dem Gebrauch von Ehrentiteln auch das überhebliche Verhalten derer kritisiert, die sich mit ihnen anreden lassen. Auch hier benutzt er eine Variante des Motivs von der Umkehrung der Rangordnung (erhöhen/erniedrigen), um die Gemeindeleiter vor Hochmut gegenüber den Gemeindegliedern zu warnen.

---

[125]So Trilling, Amt, 31. Vgl. auch Marquet 95; Pesch, Aussagen, 288 und Lagrange 440: "Ce n'est pas nier la hiérarchie..., mais c'est inviter la hiérarchie à se contenter de titres modestes...".

[126]Baron 200. Wegen der ungenauen Stellenangabe konnte ich diese Stelle leider nicht am hebräischen Originaltext verifizieren.

[127]Vgl. Lohse, ῥαββί, 962; Dalman, Worte, 275.

[128]Levine, 13, bezeichnet die Rabbinen nach 70 als "class", was aber im Deutschen besser mit dem Wort "Kaste" als mit "Klasse" wiederzugeben ist. Die Rabbinen verstanden sich zwar von Anfang an als religiöse Elite, übten aber erst vom 3. Jh. n. Chr. an einen größeren Einfluß auf die jüdische Gesellschaft aus (vgl. ibid. 24).

4.Kapitel: Die mt Verwendung des Gleichnisses im Rahmen des Urchristentums

Mt scheint das Gleichnis von den Arbeitern im Weinberg zu verwenden, um einen Konflikt zwischen Wandercharismatikern und Christen der Ortsgemeinden zu schlichten. Auch an anderen Stellen in seinem Evangelium begegnet dieser Konflikt, besonders dort, wo von "falschen" Propheten die Rede ist, vor denen die Gemeinde sich hüten soll.

Die Situation der mt Gemeinde stellt innerhalb des Urchristentums keine Ausnahme dar. Auch aus anderen zeitgenössischen (1./2. Jh. n. Chr.) Schriften geht hervor, daß das Verhältnis der ortsansässigen Christen zu den wandernden Missionaren nach 70, als die Gemeinden begannen, sich zu konsolidieren, immer schwieriger wurde. Fraglich war, ob die Christen der Ortsgemeinden das radikale Ethos der Wanderpropheten übernehmen sollten. Auch suchten man nach Kriterien zur Unterscheidung zwischen wahrer und falscher Prophetie. Didache, Johannesbriefe und der Hirt des Hermas geben darüber Auskunft.

A. Didache

Auch die Didache setzt neben ortsansässigen Christen wanderde Missionare voraus, die von Gemeinde zu Gemeinde ziehen. In Kap.11 ergeht an die Gemeindechristen die Aufforderung, Missionare aufzunehmen. Dabei sollen sie jeweils prüfen, ob es sich um einen falschen oder richtigen Propheten handelt. Dabei gilt: "...trotz der eingeschlichenen Verfallserscheinungen des Instituts der Wandercharismatiker sollen die Christen am Ort an dem Institut des Wandercharismatikertums nicht irre werden".[129]

Der "wahre" Prophet ist an seiner Lebensweise zu erkennen:

"Aber nicht jeder, der im Geiste redet, ist ein Prophet, sondern nur, wer die Lebensweise des Herrn hat; an der Lebensweise erkennt man den falschen Propheten und den [rechten] Propheten" (11,8).

[129]Niederwimmer 159.

Er bleibt nicht länger als zwei bis drei Tage an einem Ort und nimmt kein Geld an (11,5.6). Sein Verhalten entspricht seiner Lehre (11,10).

Nach K.NIEDERWIMMER handelt es sich bei diesem Kap.11 der Didache um ältere Tradition, die dem Didachisten bereits vorlag.[130] Diese ältere Tradition "spiegelt das Nebeneinander von zwei verschiedenen sozialen Formen christlicher Existenz, die zur Zeit des Didachisten zu dem Versuch der Integration der Wandercharismatiker führt".[131] Die Verhältnisse seiner eigenen Zeit werden in 12,1-5 und 15, 1-2 deutlich. Die Propheten beginnen, in den Ortsgemeinden seßhaft zu werden. Sie sollen wie die übrigen Christen einer regulären Arbeit nachgehen (12,1-5). Die Christen stehen im Begriff, Bischöfe und Diakone zu wählen. Diese sollen als Autoritäten gelten neben Propheten und Lehrern (15,1-2). Es geht, wie auch schon in 11,4ff, "darum, eine sinnvolle Relation zwischen den beiden Gruppen (den wandernden Charismatikern und den ortsansässigen Christen) herzustellen",[132] denn die ansässig werdenden Propheten treten in Konkurrenz zu den Leitern der Ortsgemeinden. Der Didachist versucht, einen Ausgleich zu schaffen, indem er beiden Gruppen gleiche Rechte zugesteht. Was hier deutlich wird, ist der "Prozeß der sukzessiven Eingliederung der eschatologisch motivierten Wanderaskese in den sich ebenso sukzessive stabilisierenden Verband der 'seßhaften' Christen, der Gemeinden am Ort".[133] Dazu gehört auch, daß das radikale Ethos für die Christen am Ort abgeschwächt wird. Sie brauchen es nur soweit zu erfüllen, wie es ihnen möglich ist (6,2f).

B. Johannesbriefe

Auch der 2 und 3 Joh lassen einen Konflikt zwischen Wanderpredigern und Einzelgemeinden erkennen.

---

[130]Vgl. ibid. 150.

[131]Ibid. 149, Anm. 8.

[132]Ibid. 152.

[133]Ibid. 166.

Im 2 Joh warnt der "Presbyter" vor Irrlehrern, gnostischen Doketen (vgl. v.7), die die Gemeinde beeinflussen könnten. Er fordert die Christen auf, diese Missionare nicht in ihr Haus aufzunehmen und sie nicht zu grüßen (v.10).

Im 3 Joh sind es die Mitarbeiter des Presbyters, denen die Gastfreundschaft versagt wird. Es handelt sich hier um eine andere Gemeinde als die in 2 Joh angesprochene. Der Presbyter hat sie in einem Empfehlungsschreiben gebeten, wandernde Brüder aufzunehmen (v.9).[134] Während Gaius dieser Bitte Folge geleistet hat und gemahnt wird, dies auch weiterhin zu tun (v.5-8), hat Diotrephes sich geweigert, sie zu unterstützen (v.9-10). Die meisten Exegeten nehmen an, daß Diotrephes der Leiter der Gemeinde ist.[135] A.J.MALHERBE sieht in ihm dagegen den Vorsteher einer Hausgemeinschaft, eines Kreises innerhalb der Gemeinde, der von dem Kreis um Gaius unabhängig ist,[136] denn Gaius steht nicht im Einflußbereich des Diotrephes, er gehört nicht zu denen, die Diotrephes "exkommunizieren" kann.[137]

Die Spannung zwischen Diotrephes und dem Presbyter und seinen Mitchristen wird oft auf dogmatische Ursachen zurückgeführt.[138] A.J.MALHERBE lehnt diese Auslegung ab. Nichts spricht für sie:[139] "We must be content with the fact that we do not know what Diotrephes' reasons were for his conduct. We are limited to the Elder's view of the matter, and he sees in it a purely personal issue".[140] Was auch immer die Ursache gewesen sein

[134]Vgl. Malherbe 226.

[135]Nach Harnack ist Diotrephes monarchischer Bischof. Vgl. auch Käsemann, Ketzer, 298 und Wengst 233.248.

[136]Vgl. Malherbe 226.229.

[137]Ibid.

[138]Vgl. Käsemann, Ketzer, 298: "...als monarchischer Bischof, der sich einem Irrlehrer gegenübersieht und dementsprechend handelt, übt Diotrephes am Presbyter und dessen Anhängern...die kirchliche Disziplinargewalt aus". Nach Wengst, 243f, ist der Presbyter Anhänger des joh. Kreises, Träger joh. Theologie. Davon abgespalten hatte sich eine gnostisierende Richtung, die sich auch als legitimer Erbe joh. Tradition sah. Diotrephes unterscheidet nicht zwischen diesen Christen und dem Presbyter, sondern sieht auch dessen Lehre als Irrlehre an.

[139]Vgl. Malherbe 227: "The frequency with which ἀλήθεια occurs (vss 1,3,4,8,12) does reflect the elder's concern with pure doctrine, but it is not an issue between the Elder and Diotrephes".

[140]Ibid. 228.

mag, fest steht, daß Diotrephes ihm mißliebige, um Gastfreundschaft bittende, wandernde Christen nicht beherbergt und denjenigen seiner Mitarbeiter, die ihm zuwider handeln, mit dem Ausschluß aus seiner Hausgemeinschaft droht.

C. Hirt des Hermas

Falsche Propheten sind auch für den Hirt des Hermas ein Problem. Im 11. Gebot nennt er Kriterien, mit denen man wahre von falscher Prophetie unterscheiden kann:

> Der wahre Prophet ist "milde, ruhig, demütig, frei von jeder Schlechtigkeit und von jeder eitlen Begierde nach dieser Welt, er macht sich geringer als alle Menschen, nie gibt der göttliche Geist jemand auf eine Frage Auskunft noch redet er im Verborgenen für sich oder wenn ein Mensch will, daß er rede, vielmehr spricht der Heilige Geist nur dann, wenn es Gottes Wille ist, daß er rede" (v.8).

Ein falscher Prophet will dagegen "den ersten Platz einnehmen" (v.11), ist nicht demütig, sondern hochmütig. Wie Mt und der Didachist, so ermahnt auch der Hirt des Hermas: "...beurteile also nach den Werken und nach dem Leben einen Menschen, der sich als Träger des Geistes ausgibt" (v.16).

Nicht nur die mt Gemeinde hatte also Schwierigkeiten mit ihren Wandermissionaren, sondern der Konflikt zwischen Ortsgemeinden und wandernden Missionaren scheint im Urchristentum, besonders in Syrien, weit verbreitet gewesen zu sein. Wie der Didachist, so schreibt auch Mt aus der Perspektive der seßhaften Gemeinde. Er will die "Kleinen" vor falschen Propheten schützen und sie auch gegenüber den wahren Propheten, die Anspruch auf Privilegien erheben, stärken. Während sich das Schwergewicht immer mehr auf die Gemeinden am Ort verlagert, bleibt das radikale Ethos nur noch einigen wenigen vorbehalten und gilt nicht mehr als die Frömmigkeit der "normalen" Christen.

5. Kapitel: Zusammenfassung

(1) Mt hat an das Gleichnis von den Arbeitern im Weinberg ein Logion angefügt, das von der Umkehrung der Rangordnung in der Endzeit spricht. Damit verschärft er die bereits im Gleichnis angelegte Kritik an den Ersten. Diese Ersten sind für ihn aber nicht Juden, sondern Christen, er wendet Gleichnis und Logion nicht israelkritisch, sondern kirchenkritisch an.

(2) Näherer Kontext des Gleichnisses sind die Gespräche Jesu mit dem reichen Jüngling, mit den Jüngern und mit Petrus über den Lohn der Nachfolge. Petrus weist auf seine - im Vergleich zu dem reichen Jüngling - vollkommenere Nachfolge hin und fragt nach deren Lohn. Auch ihm wird, wie dem reichen Jüngling zuvor, ewiges Leben verheißen. Gleichnis und Logion dienen Mt zur Kritik am selbstbewußten Verhalten des Petrus, der meint, einen höheren Lohn bei Gott beanspruchen zu können.

(3) Petrus ist für Mt Repräsentant der wandernden Missionare seiner Zeit, die ein radikaleres Ethos als die Christen der Ortsgemeinden, die sich in dem reichen Jüngling wiedererkennen können, verwirklichen. Mt lehnt einen Sonderlohn für Wandercharismatiker ab. Es gibt zwar zwei verschiedene Arten der Nachfolge, aber nur einen Lohn.

(4) Auch an anderen Stellen läßt Mt einen Konflikt zwischen Christen der Ortsgemeinden und Gemeindeleitern erkennen. Wanderpropheten sind die eigentlichen Autoritäten für seine Gemeinde. Sie neigen zu Gesetzlosigkeit und Überheblichkeit gegenüber den gesetzestreueren Christen der Ortsgemeinden.

(5) Besonderes Anliegen des Mt ist es, ein Zusammenleben von Gemeindegliedern und Wandermissionaren zu ermöglichen, bei dem zwar die Verschiedenheit des jeweiligen Lebensstils anerkannt, nicht aber verschieden bewertet wird. Damit will er verhindern, daß sich eine Zweistufenethik ausbildet, die nicht nur funktional ist, sondern auch mit abgestuftem Lohn bei Gott rechnet.

(6) Daß ein Konflikt zwischen Ortsgemeinden und Wandercharismatikern eine unabdingbare Folge der Konsolidierung der Ortsgemeinden war, zeigen außer Mt auch Did, 3 Joh und Herm.

7.TEIL: DIE REZEPTION DES GLEICHNISSES IN DEN ERSTEN FÜNF JAHRHUNDERTEN - WIRKUNGSGESCHICHTE

1.Kapitel: Die Rezeption des Gleichnisses bei den Kirchenvätern

Die Kirchenväter der ersten fünf Jahrhunderte legten das Gleichnis von den Arbeitern im Weinberg allegorisch aus. Entweder deuteten sie es auf die Lebensalter, in denen die Menschen Christen werden, oder auf die Perioden der Heilsgeschichte von Adam bis Christus.

Schon zur Zeit des *Origenes* (2./3. Jh. n. Chr.) waren beide Auslegungsmöglichkeiten bekannt. Origenes gibt zunächst die heilsgeschichtliche Deutung wieder (Mt-Kom., Tom XV,32), wonach die zuerst eingestellten Arbeiter die Geschlechter von Adam bis Noah versinnbildlichen, die zweite Arbeitergruppe die Generationen von Noah bis Abraham, die dritte jene von Abraham bis Moses. Die vierte Einstellung von Arbeitern versteht er als den Bund, den Gott durch Moses mit Israel geschlossen hat, die fünfte als den Bund, den Gott durch Jesus Christus mit allen Menschen schloß. Daneben kennt Origenes aber auch die Deutung auf die Lebensalter (Tom XV,36). Einige Menschen werden schon als Kinder berufen, andere in ihrer Jugend, wieder andere erst im Erwachsenenalter, als alte Menschen, oder kurz vor ihrem Tod.

Auch bei *Hieronymus* (4./5. Jh. n. Chr.) finden sich beide Interpretationsmöglichkeiten. Die Deutung auf die Lebensalter hält er für durchaus angemessen (siehe Mt-Kom. ad loc.). Die Arbeiter der ersten Stunde sind für ihn Samuel, Jeremia und Johannes der Täufer, die seit ihrer Kindheit Gott dienten; die der dritten solche, die sich in ihrer Jugend Gott zugekehrt haben etc. Alle erhalten den gleichen göttlichen Lohn. Daneben ist für ihn aber auch die Deutung auf die Zeitalter der Heilsgeschichte möglich. Das Einteilungsschema ähnelt dem des Origenes. Die Letzten sind die Apostel und die Heiden. Die Juden als das Volk der Vergangenheit beneiden nach Hieronymus die Heiden um die ihnen erwiesene Gnade, denn sie selber werden nicht durch Gnade, sondern nach ihren Werken beurteilt [*"Judaeus in lege non gratia sed opere saluatur"*]. Sie sind die Ersten, die zu Letzten werden, während die Heiden, die vorher Letzte waren, nun zu Ersten werden [*"...quod Judaei de capite uertantur in caudam et nos de cauda mutemur in caput"*].

Die Deutung auf Lebensalter vertreten auch *Theodor von Heraclea* (4. Jh., bei Reuss, Mt-Kom., Fragm. 108) und *Johannes Chrysostomus* (4./5. Jh., Mt-Kom. 64,3f). Nach Chrysostomos ist nicht der Hausherr dafür verantwortlich, daß manche Arbeiter erst so spät mit der Arbeit beginnen: "Soweit es auf ihn ankam, hätte er es wohl getan; allein, wenn nicht alle auf einmal folgten, so lag der Grund zu diesem Unterschiede im Willen der Berufenen", die "erst dann bereit waren, dem Rufe zu folgen".

Chrysostomus weist darauf hin, daß es sich hier um ein Gleichnis handelt, man also nicht jede Einzelheit ausdeuten darf, sondern nach dem Zweck der Rede zu fragen hat. Dieser besteht seiner Meinung nach darin, "daß das Gleichnis erzählt wurde, sowohl für jene, welche in hohem Alter und spät erst sich der Tugend zuwenden; für jene, damit sie nicht etwa voll Hochmut die verachten, welche um die elfte Stunde kommen, für diese, um sie zu lehren, daß man auch in kurzer Zeit alles erreichen könne". Es ist aber auch möglich, daß die Reihenfolge von den Ersten und Letzten umgekehrt wird (Mt 20,16): "Damit zieht er durchaus keine Folgerung aus dem Gleichnisse; er will damit nur sagen, das eine könne ebenso geschehen, wie das andere geschehen ist". Dabei handelt es sich nach Chrysostomus bei den Ersten, die zu Letzten werden, in erster Linie um Juden (vgl. Hieronymus): "Meiner Meinung nach spielt der Herr mit seinen Worten zuerst auf die Juden und auf jene Gläubigen an, die sich anfangs in der Tugend hervortaten, später aber nachließen und deshalb zurückgestellt wurden; dann aber auch auf jene, die sich aus ihrer Lasterhaftigkeit emporrafften und viele überflügelten".

Chrysostomus ist ein Vertreter der antiochenischen Exegetenschule, die im Unterschied zur alexandrinischen bemüht war, den Literalsinn der Schrift wiederzugeben".[1] An seiner Auslegung des Gleichnisses kann man jedoch erkennen, daß der Unterschied zwischen den Schulen in Wirklichkeit nicht so groß war, denn auch Chrysostomus legt das Gleichnis allegorisch aus.[2]

Vertreter der ausschließlich heilsgeschichtlichen Auslegung ist *Irenäus* (2./3. Jh., *Haer* 4,36,7). Gott berief die Menschen zu unterschiedlichen Zeiten innerhalb der Heilsgeschichte. Der Lohn ist "die Erkenntnis des Sohnes Gottes, welche die Unsterblichkeit ist". Auch die Reihenfolge der Lohnauszahlung hat seiner Meinung nach eine besondere Bedeutung. Der Hausherr beginnt mit der Lohnauszahlung bei den Letzten, "da sich der Herr in den letzten Zeiten offenbarte und allen sich vorstellte".

Hilarius (5. Jh.) und *Cyrill von Alexandrien* (5. Jh., bei Reuss, Mt-Kom., Fragm. 226) vertreten ebenfalls die heilsgeschichtliche Deutung. Die Epocheneinteilung ähnelt der des Hieronymus, bzw. Origenes.

[1]Vgl. Altaner/Stuiber 190.

[2]Vgl. dazu auch Eising 103.

Vergleicht man die Auslegungen des Gleichnisses von den Arbeitern im Weinberg durch die Kirchenväter mit den Auslegungen ähnlicher Gleichnisse durch die Rabbinen, so kann man große Übereinstimmungen festzustellen.[3] Auch die Rabbinen legten die Gleichnisse allegorisch aus. In den Gleichnissen 1-3 unterscheiden sich die Arbeiter voneinander durch die unterschiedlich lange Arbeitszeit. Im 3. Gleichnis scheint sich (wie im 7.) in der längeren Arbeitszeit des einen Arbeiters seine Treue gegenüber dem Arbeitgeber kundzutun. Die Rabbinen deuten dies auf:

- verschieden lange Beschäftigung mit der Thora, bzw. Tun des göttlichen Willens (1; 2): Wie Menschen, die erst kurz vor ihrem Tod Christen werden, nach Ansicht der Kirchenväter den gleichen göttlichen Lohn erwarten dürfen wie jene, die es seit ihrer Kindheit sind, so meinen die Rabbinen, daß diejenigen, die sich nur kurze Zeit mit der Thora beschäftigen können, weil sie früh sterben, gegenüber denen, die ihr ganzes Leben lang den göttlichen Willen erfüllen, nicht im Nachteil sind;

- Israeliten und Völker der Welt (3): Während die Kirchenväter meinen, daß Gott die Heidenchristen "aus Gnade" besonders berücksichtigen wird (vgl. z.B. Hieronymus und Chrysostomus), rechnen die Rabbinen mit einer endzeitlichen Bevorzugung der Juden, da sie schon länger als andere Völker in einem Bundesverhältnis zu Gott stehen.

Jede Religion legt also die Gleichnisse heilsgeschichtlich zu ihren Gunsten aus. Das dies im Islam ebenfalls geschieht, zeigt das folgende Kapitel.

---

[3]Der Vergleich zwischen Rabbinen und Kirchenvätern hinsichtlich der Verarbeitung und Kommentierung traditionell vorgegebenen Materials, wie z.B. Gleichnissen, bedarf einer ausführlichen Analyse, die hier nicht geleistet werden kann. Es sei hier nur angemerkt, daß ein *redaktionsgeschichtlicher* Vergleich zwischen den Gleichnissen Jesu und rabbinischen Gleichnissen eher die Auslegungen der Gleichnisse Jesu durch die Kirchenväter als die so viel früher geschehene Verarbeitung von Gleichnissen durch die Evangelisten zum Vergleich heranziehen sollte.

2.Kapitel: Die Rezeption des Gleichnisses im Islam

Auch im Islam ist das Gleichnis von den Arbeitern im Weinberg rezipiert worden. Es findet sich in den arabischen Traditionswerken in zwei Fassungen.[4] Dabei ist das neutestamentliche Gleichnis jeweils entscheidend verändert worden:

- Es ist in den islamischen Fassungen nur von drei Arbeitergruppen die Rede.

- Die einzelnen Gruppen arbeiten jeweils nur einen Tagesabschnitt lang. Die erste Gruppe arbeitet vom Morgen bis zum Mittag, die zweite vom Mittag bis zum Nachmittag, die dritte vom Nachmittag bis zum Abend.

- Die beiden ersten Gruppen erhalten als Lohn je ein *Qirat*, die dritte Gruppe erhält dagegen das Doppelte.

- Der höhere Lohn wird als freie Zugabe des Arbeitgebers bezeichnet.

- Bild- und Sachebene, bzw. Gleichnis und Auslegung, sind ineinander verschmolzen.

Die drei Gruppen von Arbeitern stellen die Vertreter der drei monotheistischen Religionen dar: Juden, Christen und Muslime. Die Arbeitszeit wird mit den drei Gebetszeiten verglichen, dem Morgen-, Mittags- und Nachmittagsgebet, wobei die Zeit des Nachmittagsgebets die kürzeste ist. Die Muslime haben also weniger Arbeit geleistet als Juden und Christen,[5] erhalten aber von Gott einen höheren Lohn, wobei der Anteil, der über das geschuldete Entgeld hinausgeht, als freie Zugabe Gottes bezeichnet wird.

Wie bereits festgestellt wurde, konnten die Kirchenväter eine Bevorzugung der Christen gegenüber den Juden in Mt 20,1-16 hineinlesen. Die Rabbinen deuteten ein ähnliches rabbinisches Gleichnis ihrerseits auf eine Bevorzugung den Juden gegenüber den Heiden(christen). Auch die islamische Auslegung stellt das Gleichnis in den Dienst der Lehre von der Überlegenheit der eigenen Religion über die anderen. Dabei darf man aber nicht vergessen, was an anderer Stelle im Koran über Juden und Christen gesagt wird:

"Siehe sie, die da glauben, und die Juden und die Nazarener und die Sabäer - wer immer an Allah glaubt und an den Jüngsten Tag und das Rechte tut, sie haben ihren

[4]Die Texte sind im Anhang in Übersetzung wiedergegeben.

[5]Spies, 280, zitiert Sarahsi I,143.

Lohn bei ihrem Herrn, und Furcht kommt nicht über sie, und nicht werden sie traurig sein" (Sure 2,59; Ü.: Henning).

8.TEIL:GESAMTZUSAMMENFASSUNG

(1) Betrachtet man das Gleichnis von den Arbeitern im Weinberg auf dem Hintergrund sozialgeschichtlicher Quellen, so sind eine Reihe von Konvergenzen festzustellen. Ist im Gleichnis von Arbeitslosigkeit die Rede, so erfahren wir auch von anderer Seite, daß Arbeitslosigkeit im 1. Jh. keine Seltenheit war. Heißt es im Gleichnis, daß der Arbeitgeber mit einigen Arbeitern einen Vertrag schloß, so wird es sich dabei um einen Dienstvetrag handeln, dessen Lohnhöhe offenbleiben konnte, und der erst durch den Arbeitsbeginn rechtskräftig wurde. Ein Arbeitstag von zwölf Stunden, bzw. vom Sonnenaufgang bis zum Sonnenuntergang war allgemein üblich. Obwohl es keine direkten Belege für ein wiederholtes Dingen von Arbeitern gibt, ist es doch vorstellbar, denn Agrarschriftsteller raten den Großgrundbesitzern, immer nur so viele Arbeitskräfte anzustellen, wie unbedingt benötigt werden. Fiel dann unerwartet mehr Arbeit an, oder konnten die bereits tätigen Arbeiter die Arbeit nicht alleine bewältigen, mußten weitere Arbeitskräfte herbeigeholt werden. Wirklich ungewöhnlich erscheint nur die Zahlung des vollen Lohnes an Arbeiter, die bloß eine Stunde gearbeitet haben. Immer wieder werden Arbeitgeber zur Zahlung des Lohnes ermahnt. Schon ein Großgrundbesitzer, der den Arbeitern rechtzeitig ihren Lohn auszahlte, galt als ein guter Arbeitgeber. Gab es manchmal Zugaben zum Lohn für besondere Tüchtigkeit, um die anderen Arbeiter zur Leistungssteigerung zu motivieren, so kam die Zahlung des Lohnes ohne entsprechende Leistung nur in extremen Ausnahmefällen, wenn überhaupt jemals vor. Auf diesem Hintergrund erscheint das Verhalten des Arbeitgebers im Gleichnis wirklich außergewöhnlich großzügig.

(2) Der Gedanke des göttlichen Lohnes ist eine jahrtausende alte Vorstellung, die nicht nur in jüdisch-christlichen, sondern auch in ägyptischen, iranischen und griechischen Schriften begegnet. Während im Alten Testament Vergeltungs- und Lohnaussagen noch unverbunden nebeneinander stehen, kommt es im hellenistischen Judentum zu einer Verknüpfung von Lohn und Gerechtsein des Menschen. Es ist nun erstmals von einem jenseitigen Lohn die Rede. Dieser richtet sich aber nicht immer nach den Taten des Menschen auf Erden, sondern kann auch dort gewährt werden, wo keine entsprechenden Gegenleistungen vorhanden sind. Hier spielt der Gedanke der Barmherzigkeit Gottes eine Rolle. Auch in rabbinischen Texten begegnen beide Komponenten, gerechter Lohn für entsprechende Taten und gütiger Lohn als Kompensierung für Mangel an Gehorsam. Jesu Lohnlehre unterscheidet sich nicht von der jüdischen, während Paulus den Gedanken der Güte Gottes aufgrund des Christgeschehens ausweitet auf die Heiden(christen). Die apostolischen Väter betonen den Gedanken der gerechten Vergeltung nach Taten, um den neubekehrten Heiden einen Anreiz zu ethischem Handeln zu geben. Später werden aber auch bei den Kirchenvätern Stimmen laut, die Kritik am Verdienstgedanken üben.

3) Das Gleichnis von den Arbeitern im Weinberg und ähnliche rabbinische Lohngleichnisse haben ein bestimmtes Grundschema gemeinsam. Im Mittelpunkt der meisten der vorliegenden Gleichnisse steht die Zahlung eines ungewöhnlich hohen Lohnes an Arbeiter, die dies nicht verdient haben. Die Szenen des Mietens und der Arbeit sind dagegen meist nicht näher ausgeführt. Mit Ausnahme des 11. Gleichnisses bleiben die übrigen Gleichnisse nicht auf dieser Handlungsstufe stehen. Sie fahren mit der Erzählung fort und haben als Höhepunkt: die Hoffnung der Arbeiter, die schwerere Arbeit geleistet haben (5) oder ihr ganzes Leben bei demselben Arbeitgeber bleiben (7) auf einen höheren Lohn, den Dank der faulen Arbeiter für die gütige Behandlung durch den Arbeitgeber (8-11), die Rechtfertigung des Arbeitgebers für sein ungewöhnliches Verhalten (Mt 20,1-15; 1). Das Gleichnis von den Arbeitern im Weinberg realisiert als einziges Gleichnis alle Handlungsstufen dieses Grundschemas. Die "Rechtfertigung des Arbeitgebers" teilt es mit dem 1. rabbinischen Gleichnis. Während dieses Gleichnis aber die Geschicklichkeit des einen Arbeiters betont, hebt Mt 20,1-15 die Gerechtigkeit des Arbeitgebers (er begeht keinen Vertragbruch), seine Souveränität (er hat freie Verfügungsgewalt über seinen Besitz) und als entscheidenden Punkt seine Güte hervor. Die Frage "Oder ist dein Auge böse, weil ich gut bin?" soll eine dem Verhalten des Arbeitgeber entsprechende Einstellung bei den Ersten provozieren. Ein vergleichbarer expliziter Appell an zwischenmenschliche Güte ergeht in den hier vorliegenden rabbinischen Gleichnissen nicht, obwohl ein solcher Appell zu zwischenmenschlichem Verhalten als *imitatio dei* auch dem rabbinischen Denken nichts Fremdes ist.

(4) Hauptpersonen der Gleichnisse sind der Arbeitgeber und meist zwei (Gruppen von) Arbeiter(n), die je in Beziehung zum Arbeitgeber stehen und miteinander kontrastiert werden. In Mt 20,1-15 ist dieses Personenschema durch Hinzufügung weiterer Gruppen von Arbeitern und eines Verwalters am meisten differenziert.

(5) Die mit der Metapher "Lohn" verbundenen Assoziationen gehören einem Bildfeld an, das allen in spätantiker Zeit in Palästina lebenden Menschen geläufig war. Die Gleichnisse unterscheiden sich voneinander durch Verwendung und Kombination verschiedener Elemente dieses Bildfeldes. In den meisten der vorliegenden Gleichnisse wird eine "gütige" einer "gerechten" Lohnzahlung gegenübergestellt. Eine gerechte Lohnzahlung richtet sich nach äußeren Kriterien wie "Dauer", "Art" und "Notwendigkeit" der Arbeit, eine gütige nach den Kriterien "Tüchtigkeit", "Treue" und "Bedürftigkeit" des Arbeiters. Letztere ist also am Arbeiter orientiert. Je geringer die Leistungsfähigkeit des Arbeiters ist, umso größer ist die Güte des Arbeitgebers. Sie reicht von der Belohnung besonderer Tüchtigkeit über die Bezahlung nach Bedürftigkeit bis zur Zahlung des vollen Lohnes auch an faule Arbeiter. Der Hausherr im Gleichnis von den Arbeitern im Weinberg nimmt hier also eine mittlere Stellung ein. Diese mittlere Stellung in der zentralen inhaltlichen Aussage ist um so bemerkenswerter, als Mt 20,1-15, wie oben

bemerkt, in formaler Hinsicht durchaus einige Besonderheiten aufzuweisen hat: Handlungs- und Personenschema werden reichhaltiger realisiert und differenziert.

(6) Ein spezifischer "Sitz im Leben" kann für das Gleichnis nur erahnt werden. Möglich ist, daß Jesus das Gleichnis während Diskussionen mit Pharisäern sprach, um zum Ausdruck zu bringen, daß Gott auch die große Anzahl derjenigen annimmt, die deren Anforderungen nicht vollkommen entsprechen. Er spricht dabei die Pharisäer auf die ihnen gemeinsame Theologie hin an und versucht bei seinen Hörern eine Umstrukturierung ihrer Wahrnehmung zu erwirken: Gottes scheinbare Ungerechtigkeit ist als Güte zu verstehen.

(7) Zwar ist die Authentizität des Gleichnisses nicht mit letzter Sicherheit nachzuweisen, aber einiges spricht für sie. Die rabbinischen Analogien, d.h. die Nähe des Gleichnisses zu literarischen Äußerungen des spätantiken Judentums, insbesondere was seine zentrale Aussage betrifft, zeigen, daß es bei einem jüdischen Gleichniserzähler des 1.Jhdts. n. Chr. historisch gut vorstellbar ist. Der besondere Akzent, der durch die Betonung des zwischenmenschlichen Verhaltens durch das Motiv des "bösen Auges" gesetzt wird, sowie die Spannung zwischen dem redaktionell hinzugefügten Logion von den Ersten und Letzten und dem ursprünglichen Gleichnis machen es darüber hinaus wahrscheinlich, daß es sich hier um ein echtes Jesusgleichnis handelt.

(8) Mt verwendet das Gleichnis "kirchenkritisch", d.h. er versucht mit ihm Mißstände in seiner Gemeinde zu korrigieren. Anzunehmen ist, daß es sich bei diesen Mißständen um Ansprüche der Gemeindeautoritäten um Sonderlohn bei Gott handelt. In dem zuvor berichteten Gespräch Jesu mit dem reichen Jüngling, in dem sich wohl die Christen der Ortsgemeinde wiedererkennen können, wird diesem schon für das Halten der Gebote ewiges Leben versprochen. Eine "vollkommenere" Art der Nachfolge wird durch Petrus repräsentiert. Petrus scheint hier Stellvertreter der besitz-, heimat- und familienlosen Wandermissionare zu sein, die als die eigentlichen Autoritäten in der mt Gemeinde vorzustellen sind. Er fragt nach einem Sonderlohn, aber auch ihm wird (nur) ewiges Leben verheißen. Mt lehnt einen Sonderlohn für Wandermissionare ab. Es gibt zwar zwei verschiedene Arten der Nachfolge, aber nur einen Lohn. Damit will er verhindern, daß sich eine in Ansätzen wohl vorhandene Zweistufenethik über den funktionalen Aspekt hin weiter ausbildet. Auch andere frühchristliche Schriften lassen erkennen, daß der Konflikt zwischen Wanderpropheten und Christen am Ort unabdingbare Folge der Konsolidierung der Ortsgemeinden war.

(9) Die Kirchenväter der ersten fünf Jahrhunderte legten das Gleichnis von den Arbeitern im Weinberg allegorisch aus. Entweder deuteten sie es auf die Lebensalter, in denen Menschen Christen werden, oder sie interpretierten es israelkritisch als Vorrang der (Heiden)christen vor den Juden bei Gott. In ihrer allegorischen Auslegung ähneln die

Kirchenväter den Rabbinen, die ähnliche rabbinische Gleichnisse ebenfalls allegorisch ausdeuteten. Auch hier begegnet die heilsgeschichtliche Interpretation. Später stellt auch die islamische Tradition das Gleichnis in den Dienst der Lehre von der eigenen Überlegenheit über die beiden anderen monotheistischen Religionen. Damit ist die Aussageabsicht des Gleichnisses, das gerade von einer Gleichstellung der Ersten und Letzten spricht, entschieden verkannt.

SCHLUSSBEMERKUNG

"Perhaps in the future Christianity and Judaism will be able to shake hands over the Sermon on the Mount and the fundamental elements in the moral and religious doctrine of Jesus".[6]

C.G.MONTEFIORE sprach diese Hoffnung am Anfang dieses Jahrhunderts aus. Hat sie sich erfüllt?

Schon vor dem Zweiten Weltkrieg gab es Juden, die sich mit dem Neuen Testament beschäftigten und Christen, die mit der rabbinischen Literatur vertraut waren, aber es waren nur wenige, und selbst diese wenigen christlichen Exegeten standen den Texten meist nicht vorurteilsfrei gegenüber. Dem weitaus größten Teil christlicher Neutestamentler war durch antijüdische Vorurteile und mangelnde Kenntnis der hebräischen Sprache der unvoreingenommene Zugang zu den jüdischen Quellen verstellt. An diesem Zustand hat sich leider auch nach dem Zweiten Weltkrieg und der Vernichtung eines großen Teiles des jüdischen Volkes nicht viel geändert. Während jüdische Neutestamentler beginnen, Jesus ins Judentum "heimzuholen", gibt es noch immer christliche Neutestamentler, die versuchen, Jesus vom Judentum abzugrenzen. Nur bei einigen Wenigen hat ein Umdenken stattgefunden.

"Religious writings disclose their meaning only to those who approach them in a spirit of sympathy".[7] Wenn wir lernen, die jüdischen Texte mit anderen Augen zu sehen, können wir viele Gemeinsamkeiten zwischen ihnen und der Lehre Jesu entdecken und erkennen, daß die Lehre Jesu Juden und Christen verbindet.

Vielleicht kann Jesus auch bei uns eine Umstrukturierung der Wahrnehmung bewirken. Anstatt die jüdischen religiösen Traditionen herabzusetzen, um unsere eigenen Traditionen höher zu bewerten, sollten wir uns mitfreuen über die religiösen Wahrheiten und ethischen Lehren, die in den rabbinischen Schriften enthalten sind. "Oder ist dein Auge böse, weil ich gütig bin?"

[6]Montefiore, Synoptic Gospels 1, CXLIV.

[7]Vermes, Studies, 6.

ANHANG

I. Verzeichnis der rabbinischen Gleichnisse[1]

(1) jBer 2,8 (5c)[2]

Als R. Bun b. Chijja starb, ging R. Zeira hinauf und hielt eine Trauerrede über ihn (כד דמך ר׳ בון בר חייא על ר׳ זעירא ואפטר עילוי): "Süß ist der Schlaf des Arbeiters..." (Koh 5,11) - [ob er wenig oder viel] schläft, ist hier nicht geschrieben, sondern: "ob er wenig oder viel essen mag".
Wem glich R. Bun b. Chijja?

למלך ששכר פועלים הרבה. והיה שם פועל אחד והיה מתבשר[3] במלאכתו יותר מדאי. מה עשה המלך? נטלו והיה מטייל עמו ארוכות וקצרות. לעיתותי ערב באו אותם פועלים ליטול שכרן. ונתן לו שכרו עמהן משלם. והיו הפועלים מתרעמין ואומרים: אנו יגענו כל היום וזה לא יגע אלא שתי שעות ואת[4] נתן לו שכרו עמנו משלם. אמר להן המלך: יגע זה לשתי שעות יותר ממה שלא יגעתם אתם כל היום כולו.

Einem König, der viele Arbeiter dingte. Und es war dort ein Arbeiter, der sich in seiner Arbeit [ganz] übermäßig anstrengte. Was tat der König? Er nahm ihn und ging mit ihm spazieren [über] lange und kurze Wege.
Zur Abendzeit kamen jene Arbeiter, um ihren Lohn zu empfangen. Und er gab ihm seinen vollen Lohn mit ihnen.
Und die Arbeiter waren unzufrieden und sagten: Wir haben uns den ganzen Tag gemüht, und dieser hat sich nur zwei Stunden gemüht, und du hast ihm seinen vollen Lohn mit uns gegeben. Der König sagte zu ihnen: Dieser hat sich in zwei Stunden mehr gemüht, als ihr euch während des ganzen Tages gemüht habt.

So hat R. Bun sich in achtundzwanzig Jahren in der Thora mehr gemüht (יגע) als ein alter Gelehrter in hundert Jahren lernen kann.

---

[1]Die Übersetzungen stammen von mir. Runde Klammern () geben die Quelle von Bibelversen an, eckige Klammern [] markieren eigene Zusätze, die Klammern {} enthalten die in der S. Buber-Ausgabe eingeklammerten Lesarten der Varianten zum MidrPss.

[2]Par. KohR 5,11 und HldR 6,2.

[3]Siehe Vatikan Ms und par. KohR 5,11; HldR 6,2. Die Druckausgabe liest משתכר.

[4]Siehe Vatikan Ms. ad loc.

(2) Tan *Ki Tissa* 3, 151a [Horeb-Ausgabe]

R. Tanchuma bar Abba eröffnete [seinen Vortrag] folgendermaßen: "Süß ist der Schlaf des Arbeiters, ob er wenig oder viel essen mag; den Reichen aber läßt sein Überfluß nicht ruhig schlafen" (Koh 5,11).

Sie sagten zu Salomo: Wenn jemand diesen Vers sprach, pflegten wir ihn zu verspotten. Du, über den geschrieben steht: "Er war weiser als alle Menschen" (1 Kö 5,11), sagst: "Süß ist der Schlaf des Arbeiters, ob er wenig oder viel ißt". Die Sache ist nicht so, denn jeder der hungrig ist, [wenn] er wenig ißt, ist sein Schlaf unruhig, ißt er aber viel, ist sein Schlaf süß. Er sagte zu ihnen: Ich habe nur über die Gerechten gesprochen und über die, die sich mit Thora mühen (בצדיקים ובעמלי תורה). Wie [ist das zu verstehen]? Ein Mensch, der dreißig Jahre alt ist und sich seit seinem zehnten Lebensjahr mit Thora und guten Taten gemüht hat und mit dreißig Jahren stirbt, und ein anderer Mensch, der achtzig Jahre alt ist und sich seit seinem zehnten Lebensjahr mit Thora und guten Taten gemüht hat bis er starb, [in diesem Fall] sagst du: Weil der erste sich nur zwanzig Jahre mit der Thora beschäftigt hat (יגע), dieser sich jedoch siebzig Jahre [mit ihr] beschäftigt hat, gibt der Heilige, Gelobt Sei Er, diesem mehr Lohn als dem, der sich zwanzig Jahre mit der Thora beschäftigt hat? Deshalb sage ich: "Ob er wenig oder viel ißt", denn der Zwanzigjährige [i.e. derjenige, welcher zwanzig Jahre lang Thora gelernt hat] kann zu dem Heiligen, Gelobt Sei Er, sagen: Wenn du mich nicht in der Mitte meines Lebens aus der Welt entführt hättest (אלולי שסלקתני), hätte ich die Jahre verlängert und [die Beschäftigung] mit der Thora und mit guten Taten vermehrt. Deshalb sage ich: "Ob er wenig oder viel essen mag", der Lohn des einen ist gleich dem Lohn des anderen.

Wisse, sagte R. Hanina, daß Mose Israel in Ägypten und in der Wüste vierzig Jahre gedient hat, und es waren [insgesamt] hundertzwanzig Jahre. Und Samuel wurde [nur] zweiundfünfzig Jahre alt, aber er erduldete die Last und Mühe Israels, und die Schrift behandelt sie gleich, wie es heißt: "Mose und Aaron sind unter seinen Priestern, und Samuel unter denen, die seinen Namen anrufen" (Ps 99,6). Wahrlich: "Süß ist der Schlaf des Arbeiters, ob er wenig oder viel essen mag etc." (Koh 5,11).

R. Levi sagte: Wem gleicht die Sache?

למלך ששכר פועלין למלאכתו . עם שהן עושין נטל המלך אחד מהן
וטייל עמו . לערב באו הפועלין ליטול שכרן . בא אותו פועל שטייל
עם המלך ליטול עמהן שכרן . ושמא יכול המלך לומר לו : אתה לא עשית
עמהן אלא שתי שעות ; טול כפי מה שעשית? אף הוא יכול לומר למלך :
אלולי אתה שבטלתני וטיילתני עמך היה שכרי מרובה.

Einem König, der Arbeiter für seine Arbeit dingte. Während sie tätig waren, nahm der König einen von ihnen und ging mit ihm spazieren. Am Abend kamen die Arbeiter, um ihren Lohn zu empfangen. Es kam jener Arbeiter, der mit dem König spazierengegangen war, um seinen Lohn mit ihnen zu empfangen. Und kann etwa der König zu ihm sagen: Du warst nur zwei Stunden mit ihnen tätig; empfange gemäß dem, was du getan hast!? Auch er kann zu dem König sagen: Wenn du mich nicht faulenzen und mit dir spazierengehen gelassen hättest, wäre mein Lohn größer gewesen.

Und so [ist es mit] dem Heiligen, Gelobt Sei Er, gesegnet sei sein Name. Der König, das ist der Heilige, Gelobt Sei Er. Und die Arbeiter, das sind die, die sich mit Thora mühen (עמלי התורה). Wer sich fünfzig Jahre mit der Thora beschäftigt, und wer sich zwanzig oder dreißig Jahre mit der Thora beschäftigt, kann sagen: Wenn du mich nicht entführt hättest (אלולי שסלקתני), hätte ich mich [mehr] mit der Thora beschäftigt. Deshalb sagte Salomo: "Ob er wenig oder viel essen mag", ihr Lohn ist gleich.

(3) Sifra *Bechuqqotai* 2,5 zu Lev 26,9

"Und ich werde mich euch zuwenden" (Lev 26,9).
Man erzählte ein Gleichnis. Wem gleicht die Sache?

למלך ששכר פועלים הרבה. והיה שם פועל אחד ועשה עמו מלאכה ימים
הרבה. נכנסו הפועלים ליטעל שכרם ונכנס אותו הפועל עמהם. אמר לו
המלך לאותו הפועל: בני אפנה לך. הרובים הללו שעשו עמי מלאכה
ממועטת ואני נותן להם שכר מרעט. אבל אתה חשבון רב אני עתיד
לחשב עמך.

Einem König, der viele Arbeiter dingte. Und es war dort ein Arbeiter, und er tat Arbeit mit ihm viele Tage.
Die Arbeiter traten ein, um ihren Lohn zu empfangen, und dieser Arbeiter trat mit ihnen ein. Der König sagte zu diesem Arbeiter: Mein Sohn, ich werde mich dir zuwenden. Diesen vielen, die wenig Arbeit mit mir getan haben, werde ich wenig Lohn geben. Mit dir aber werde ich in Zukunft eine große Rechnung berechnen.

So pflegte Israel in dieser Welt seinen Lohn von Gott zu erbitten, und die Völker der Welt erbaten [auch] ihren Lohn von Gott. Und Gott sagt zu Israel: Meine Kinder, ich werde mich euch zuwenden. Diese Völker der Welt haben wenig Arbeit mit mir getan, und ich werde ihnen wenig Lohn geben. Mit euch aber werde ich in Zukunft eine große Rechnung berechnen (בניי, אפנה לכם. אומות העולם הללו עשו עמי מלאכה מרעטת, ואני נותן להם שכר מרעט; אבל אתם עמכם לחשב עתיד אני רב חשבון). Deshalb heißt es: "Ich werde mich euch zuwenden" (Lev 26,9).

(4) DtnR 6,2 (*Ki Teze*) zu Dtn 22,6

Ebenso: "Den Weg des Lebens wäge [תפלס] nicht ab" (Spr 5,6).
R. Abba bar Kahana sagte: Der Heilige, Gelobt Sei Er, spricht: Sitze nicht da und wäge die Gebote der Thora ab, wie es heißt: "wer die Berge gewogen mit der Schnellwage [בפלס]" (Jes 40,12). Sage nicht: Weil dieses Gebot groß ist, will ich es tun, denn viel ist sein Lohn; weil dieses Gebot leicht ist, will ich es nicht tun. Was tat der Heilige, Gelobt Sei Er? Er tat den Geschöpfen nicht kund, was der Lohn jedes einzelnen Gebotes sei, so daß sie jedes Gebot in Unkenntnis (כתום) [seines Lohnes] täten, wie es heißt: "ihre Pfade gehen irre (נעו), ohne daß sie es merkt" (Spr 5,6).
Wem gleicht die Sache?

למלך ששכר לו פועלים והכניס אותו לתוך פרדסו סתם ולא גילה להם
מהו שכר של פרדס שלא יניחו דבר ששכרו מועט ויעשו דבר ששכרו

מְרוּבָה. בָּעֶרֶב קָרָא לְכָל אֶחָד וְאֶחָד. אָמַר לוֹ: תַּחַת אֵי זֶה אִילָן עָשִׂיתָ?
{א״ל} פִּלְפֵּל הוּא, שְׂכָרוֹ זָהוּב אֶחָד. קָרָא לְאַחֵר, א״ל: תַּחַת אֵי זֶה אִילָן
עָשִׂיתָ? א״ל: תַּחַת זֶה. א״ל: שְׂכָרוֹ חֲצִי זָהוּב, פֶּרַח לָבָן הוּא. קָרָא
לְאַחֵר, א״ל: תַּחַת אֵי זֶה אִילָן עָשִׂיתָ? א״ל: תַּחַת זֶה. א״ל: זַיִת הוּא,
שְׂכָרוֹ מָאתַיִם מָנֶה. א״ל: לֹא הָיִית צָרִיךְ לְהוֹדִיעַ אוֹתָנוּ אֵי זֶה אִילָן
שְׂכָרוֹ מְרוּבָה כְּדֵי שֶׁנַּעֲשֶׂה תַּחְתָּיו? אָמַר לָהֶם הַמֶּלֶךְ: אִלּוּ הוֹדַעְתִּי אֶתְכֶם
הֵיאַךְ הָיָה, כָּל הַפַּרְדֵּס נֶעֱשָׂה?

Einem König, der sich Arbeiter dingte. Und er brachte sie ohne weiteres in seinen Garten und tat ihnen nicht kund, was der Lohn des Gartens sei, so daß sie nicht die Sache, deren Lohn gering ist, liegen ließen und [nur] die Sache täten, deren Lohn groß ist.

Am Abend rief er jeden Einzelnen. Er sagte zu ihm: Unter welchem Baum hast du gearbeitet? Das ist ein Pfefferbaum; sein Lohn ist ein Goldstück. Er rief einen anderen [und] sagte zu ihm: Unter welchem Baum hast du gearbeitet? Er sagte zu ihm: Unter diesem. Er sagte zu ihm: Sein Lohn ist ein halbes Goldstück; es ist ein Kapernbaum. Er rief einen anderen [und] sagte zu ihm: Unter welchem Baum hast du gearbeitet? Er sagte zu ihm: Unter diesem. Er sagte zu ihm: Das ist ein Olivenbaum, sein Lohn ist zweihundert *Maneh*.

Sie sagten zu ihm: Wäre es nicht notwendig gewesen, uns wissen zu lassen, welches der Baum ist, dessen Lohn groß ist, so daß wir unter ihm gearbeitet hätten? Der König sagte zu ihnen: Wenn ich euch hätte wissen lassen, welcher es ist, wäre der ganze Garten bearbeitet worden?

So hat der Heilige, Gelobt Sei Er, den Lohn der Gebote nicht kundgetan (כָּךְ לֹא גִּילָּה הַקָּבָּ״ה מַתַּן שְׂכָרָן שֶׁל מִצְווֹת...), außer dem [Lohn] von zwei Geboten, dem schwersten [wichtigsten] und dem leichtesten [unwichtigsten]. Das schwerste [wichtigste] ist das Ehren von Vater und Mutter, und sein Lohn ist langes Leben, wie es heißt: "Ehre deinen Vater und deine Mutter, [damit du lange lebst...]" (Ex 20,12). Und das leichteste [unwichtigste] ist das Entlassen der Vogelmutter, und sein Lohn ist langes Leben, wie es heißt: "Die Mutter sollst du fliegen lassen..." (Dtn 22,7); wahrlich, "Wenn du unterwegs [auf irgendeinem Baume oder auf der Erde] zufällig ein Vogelnest [mit Jungen oder Eiern] findest..." (Dtn 22,6).

(5) Tan *Ki Teze* 2, 330a [Horeb-Ausgabe]

"Wenn du [unterwegs auf irgendeinem Baume oder auf der Erde] zufällig ein Vogelnest [mit Jungen oder Eiern] findest..." (Dtn 22,6), "die Mutter sollst du fliegen lassen" (v.7).

"Wachsam behüte dein Herz, denn daraus geht [glückliches] Leben hervor" (Spr 4,23).

R. Ada sagte: Zweihundertachtundvierzig Gebote gibt es in der Thora, so wie die Zahl der Glieder im Menschen. Und jeden Tag rufen sie dem Menschen zu: Erfülle uns, damit du in unserer Gnade lebst und deine Tage verlängerst (וְתַאֲרִיךְ יָמִים)! Und dreihundertfünfundsechzig Verbote [gibt es], wie die Zahl der Tage des Sonnenjahres. Und an jedem Tag, an dem die Sonne scheint, bis daß sie untergeht, befiehlt sie und spricht sie zum Menschen: Ich verordne dir, der du diesen Tag erreicht hast, begehe nicht diese Übertretung und ergebe dich und die ganze Welt

nicht in die Hand der Sünde. Wahrlich, sechshundertdreizehn Gebote [sind es, und] der Lohn eines jeden Gebotes ist bekanntgegeben (וכל מצוה ומצוה נזכר מתן שכרה), wie z.B. das Ehren von Vater und Mutter und das Entlassen der Vogelmutter, über die langes Leben (אריכות ימים) [in der Thora] geschrieben steht; und es gibt Gebote, deren Lohn Kinder sind, wie Sarah, die die Gäste bewirtete, und Schunamith dafür, daß sie Elischa empfing. Und es gibt Übertretung[en], die Steinigung, Verbrennung, Erstechung oder Erdrosselung nach sich ziehen. Und du hast kein leichteres Gebot (מצוה קלה) unter allen Geboten als das Entlassen der Vogelmutter, und sein Lohn ist langes Leben.
Ein Gleichnis. Wem gleicht die Sache?

למלך שהכניס פועלים לשדהו לנטוע, ולא גילה להם שכר נטיעתן. לערב כל מי שנטע אילן אחד נתן לו זהוב אהד. התחילו הכל תמהין ואומרין: ומה זה שלא נטע אלא אילן אחד קל ופחות נתן לו זהוב אחד, אנו שנטענו הרבה על אחת כמה וכמה.

Einem König, der Arbeiter auf sein Feld zum Pflanzen führte und ihnen den Lohn seiner Pflanzungen nicht bekanntgab.
Am Abend gab er jedem, der einen Baum gepflanzt hatte, ein Goldstück. Da fingen alle an, sich zu wundern, und sprachen: Wenn er [schon] diesem, der nur einen leichten und geringen Baum gepflanzt hat, ein Goldstück gegeben hat, um wieviel mehr [wird er] uns [geben], die wir viele [Bäume] gepflanzt haben!?

Und wenn [schon] der Lohn [für] das Entlassen der Vogelmutter langes Leben ist (אריכת ימים), wieviel mehr [wird dann] der Lohn [für] die Gebote sein, bei denen es Verlust und Mühe und Lebensgefahr gibt!? Deshalb hat der Heilige, Gelobt Sei Er, den Lohn derjenigen, die die Thoragebote erfüllen, nicht einzeln bekanntgegeben (...לא פירש הקב״ה שכר עושי מצות בתורה), damit Israel sie von sich selbst aus tut, um den Lohn zu mehren. Denn so haben wir gelernt: "Seid nicht wie die Knechte, die dem Herrn dienen in der Absicht, Lohn zu empfangen; sondern seid wie die Knechte, die dem Herrn dienen ohne die Absicht, Lohn zu empfangen" (PA 1,3). Deshalb steht geschrieben: "Wachsam behüte dein Herz" (Spr 4,23).

(6) MidrPss 9,3, 41a [S. Buber-Ausgabe]

"Dem Sangmeister nach Muth Labben" (Ps 9,1).
R. Abba {bar Kahana} sagte: "Den Weg des Lebens wäge (תפלס) nicht ab" (Spr 5,6a), damit du nicht sitzt und die Gebote der Thora abwiegst, [um festzustellen] welches das Gebot ist, dessen Lohn größer ist, und es tust. Warum? "Ihre Geleise wanken, du merkst es nicht" (Spr 5,6b), beweglich (מטולטלין) sind die Pfade der Thora.
R. Chijja lehrte: Ein Gleichnis. [Wem gleicht die Sache ?]

למלך שהיה לו פרדס והכניס פועלים בתוכו, ולא גילה להם שכר בנטיעתן של פרדס, {כי אילו גילה להם שכר נטיעותיו}, היו רואין איזה נטיעה שששכרה מרובה ונוטעין אותה, ונמצאת מלאכת הפרדס מקצתה בטלה ומקצתה מתקיימת.

Einem König, der einen Garten hatte und Arbeiter in ihn hineinführte. Aber den Lohn für die Pflanzungen des Gartens gab er ihnen nicht bekannt, {denn wenn er ihnen den Lohn seiner Pflanzungen bekannt gegeben hätte}, hätten sie gesehen, welcher Pflanzung Lohn größer sei, und sie gepflanzt, und die Arbeit des Gartens wäre zum Teil vernachlässigt und zum Teil erledigt worden.

{Deshalb hat der Heilige, Gelobt Sei Er, Israel den Lohn der Thoragebote nicht bekanntgegeben, damit sie nicht [nach]sehen, welches Gebotes Lohn größer ist, und es erfüllen, und die Thora zum Teil erfüllt und zum Teil vernachlässigt würde (לֹא גילה להן הקב״ה לישראל שכר המצות של תורה, שלא יהו רואין איזו מצוה שכרה מרובה ומקיימין אותה, ונמצאת התורה מקצתה קיימת ורמקצתה בטלה). Und darüber haben die Weisen in der Sprache der Mischna gelehrt: Wahrlich, "Sei bedacht auf ein leichtes Gebot wie auf ein schweres, denn du kennst den Lohn der Gebote nicht" (PA 2,1). Wahrlich, "Ihre Geleise wanken, du merkst es nicht" (Spr 5,6b)}.

R. Acha sagte im Namen von Rabbi Abba {bar Kahana}: Der Heilige, Gelobt Sei Er, bewegt (טלטל) den Lohn der Gebote in dieser Welt, damit Israel es sieht und sie vollständig (מֹשֹׁלם) erfüllt. Und wenn der Heilige, Gelobt Sei Er, kommen wird, um den Lohn auszuteilen, wird er ihnen Lohn geben für den Glauben und Lohn für die Tat, und er wird ihnen ihren Grund und ihre Bedeutung kundtun. Deshalb heißt es: "nach Muth Labben [עַל-מֻת לַבֵּן]" (Ps 9,1), denn du hast ihrem Herzen den Lohn der Gebote verborgen [עֹלמֹת מֹלֹבֹן].

(7) MidrPss 37,3, 127a [S. Buber-Ausgabe]

"Vertraue auf Gott und tue Gutes" (Ps 37,3).
Der Heilige, Gelobt Sei Er, sagte zu David: Wenn du siehst, daß ich den Frevlern Gutes tue (שֹׁאנֹי עֹושֹׁה טֹובֹה), sei nicht verletzt in deinem Herzen (אל ירע בלבך), sondern fahre fort, Gutes zu tun (טֹוב תֹוסֹיף ועֹשֹׁה), Umkehr, wie es heißt: "Vergib alle Schuld und hole Gutes hervor" (Hos 14,3). Und wenn ich schon den Frevlern (הרשֹׁעֹים), die mich erzürnen und mir nichts nützen, Gutes tue, dir, {der du mir vertraust und dich mit Thora beschäftigst und Recht und Gerechtigkeit übst, und die Schrift über dich bezeugt, wie es heißt: "Und David übte Recht und Gerechtigkeit an seinem ganzen Volke" (2 Sam 8,15)} um wieviel mehr, da du mir vertraust. Deshalb heißt es: "Vertraue auf Gott und tue Gutes" (Ps 37,3). Und wem glich David?

לפֹועֹל שֹׁהֹיֹה כֹל יֹמֹיו עֹושֹׁה אצל הֹמֹלֹך, ולֹא הֹיֹה נֹותֹן לֹו שֹׁכֹרֹו. והֹיֹה אֹותֹו הֹפֹועֹל מֹיצֹר, ואֹמֹר: שֹׁמֹא אֹינֹי מֹוצֹיא בֹידֹי כֹלֹום. שֹׁכֹר הֹמֹלֹך פֹועֹל אֹחֹר. ולֹא עֹשֹׁה עֹמֹו אֹלֹא יֹום אֹחֹד, והֹאֹכֹילֹהֹו והֹשֹׁקֹהֹו ונֹתֹן לֹו שֹׁכֹרֹו מֹשֹׁלם. אֹמֹר אֹותֹו הֹפֹועֹל שֹׁעֹושֹׁה עֹמֹו כֹל יֹמֹיו: ומֹה זֹה שֹׁלֹא עֹשֹׁה עֹמֹו אֹלֹא יֹום אֹחֹד כֹן, אֹנֹי שֹׁעֹשֹׁיֹתֹי עֹמֹו כֹל יֹמֹי חֹיֹי עֹל אֹחֹת כֹמֹה וכֹמֹה. הֹלֹך לֹו אֹותֹו הֹפֹועֹל, ואֹותֹו שֹׁעֹשֹׁה עֹמֹו כֹל יֹמֹיו הֹתֹחֹיל שֹׁמֹח בֹלֹבֹו.

Einem Arbeiter, der alle seine Tage beim König tätig war, und er gab ihm nicht seinen Lohn. Und der Arbeiter war besorgt und sagte [sich]: Vielleicht gehe ich mit leeren Händen davon.

Der König dingte einen anderen Arbeiter. Und er hatte nur einen Tag mit ihm gearbeitet, als er ihm zu Essen und zu Trinken gab und ihm seinen vollständigen Lohn zahlte.

Da sagte [sich] der Arbeiter, der alle seine Tage mit ihm arbeitete: Und wenn [schon] dieser, der nur einen Tag mit ihm gearbeitet hat, so [belohnt wird], um wieviel mehr [werde] ich [erhalten], der ich alle Tage meines Lebens mit ihm gearbeitet habe.

Jener Arbeiter ging davon, und dieser, der alle seine Tage mit ihm gearbeitet hatte, begann sich in seinem Herzen zu freuen.

So sagte David: "Du gabst Freude in mein Herz (נתתה שמחה בלבי), seit der Zeit, da ihr Getreide und ihr Most sich mehrten" (Ps 4,8). Und wann war Freude in meinem Herzen (ואימתי שמחה בלבי)? Als ich sah, wie du mit den Frevlern verfuhrst, "seit der Zeit, da ihr Getreide und ihr Most sich mehrten".

R. Eleazar sagt: Von dem Wohlbehagen der Frevler (הרשעים) in dieser Welt kennst du den Lohn der Gerechten in der kommenden Welt. Wenn [schon] die Frevler so [belohnt werden], um wieviel mehr dann die Gerechten. Dies ist, was geschrieben steht: "Du gabst Freude in mein Herz" (Ps 4,8), und [die Schrift] sagt: "Wie groß ist dein Gut (טובך), das du deinen Verehrern aufbewahrt hast" (Ps 31,20).

(8) MidrPss 26,3, 109a/b [S. Buber-Ausgabe]

"Prüfe mich, Gott, und erprobe mich" (Ps 26,2).

Erprobe mich wie Abraham, wie geschrieben steht: "Und Gott erprobte Abraham" (Gen 22,1), und er bestand seine Prüfungen. Erprobe mich wie Isaak, der auf dem Opferaltar erprobt wurde und [die Prüfung] bestand. Und ich, habe ich keine Gnade [Verdienst]? {"Läutere meine Nieren und mein Herz" (Ps 26,2)}. Läutere mich wie Josef, der durch Potifars Frau geläutert wurde, und du fandest ihn wie einen Helden, wie es heißt: "Der Spruch Gottes läuterte ihn" (Ps 105,19). Als er ihn erprobte, sagte er: Es ist keine Kraft in mir, um auszuhalten, ich bitte dich, mache es leicht mit mir, wie es heißt: "Prüfst du mein Herz, musterst du [mich bei] Nacht, läuterst du mich, nicht mögest du [etwas] finden" (Ps 17,3). Hieraus [lernen wir], daß ein Mensch nicht hinabgehen soll, [um sich zu vergleichen mit einem], der größer ist als er, daß er nicht sage: Ich bürge für mein Herz. Und wenn schon David, der alle diese Eigenschaften besaß, wie es heißt: "Denn deine Gnade ist vor meinen Augen, und ich wandelte in deiner Wahrheit, ich saß nicht mit falschen Menschen, ich haßte die Versammlung der Bösen, ich wasche meine Hände in Unschuld" (Ps 26, 3-6), ferner sagte: "{Und} gehe nicht ins Gericht {mit deinem Knechte}" (Ps 143,2), um wieviel mehr der Rest der Menschheit. Und so sagte [auch] Solomo vor dem Heiligen, Gelobt Sei Er: Herr der Welt,

מלך שׁשׂוכר פועלים טובים, והן עושׂין מלאכתן יפה, המלך נותן להם שׂכרם, מה שׁבח יש למלך, ואימתי הוא משׁובח? בזמן שׁהוא שׂוכר פועלים עצלים, ונותן להם שׂכרם משׁלם.

Ein König, der gute Arbeiter dingt, und sie machen ihre Arbeit gut, [und] der König gibt ihnen ihren Lohn, welchen Ruhm gibt es [da] für den König? Und wann [allein] wird er gerühmt? Wenn er faule Arbeiter dingt und ihnen ihren vollen Lohn gibt.

{Und so sprach Salomo: Die Väter haben gewirkt und guten Lohn erhalten, was ist [da] für Güte (טובה), daß sie gewirkt und [Lohn] erhalten haben? Wir sind faule Arbeiter (פועלים עצלים), gib uns guten Lohn}, und das ist große Güte (וזו טובה גדולה), und so sagt er [Salomo]: "Der Herr, unser Gott, sei mit uns, so wie er mit unseren Vätern gewesen ist" (1 Kö 8,57).

(9) MidrPss 3,3, (17b-)19a [S. Buber-Ausgabe]

Eine andere Interpretation: "Ein Psalm Davids" (Ps 3,1).
Wann sagte David diesen Psalm? Als er "die Höhe des Ölbergs hinaufstieg, steigend (עולה) und weinend" (2 Sam 15,30)...
R. Schmuel bar Nachmani stieg (עלה) von Babylon herauf, um drei Dinge zu erfragen. Er traf Jonathan den Brunnengräber [und] sagte zu ihm:...
Ferner sagte er zu ihm: Was [bedeutet es] was geschrieben steht: "Bei dem Herrn, unserm Gott, ist das Erbarmen und die Vergebung, obwohl wir uns gegen ihn empört haben" (Dan 9,9)? Sollte es nicht heißen: Weil wir seine Thora beachtet haben!? Jonathan sagte zu ihm: Es ist richtig geschrieben.
Nach der Gewohnheit der Welt,

פועל שהוא עושה עם בעל הבית באמונה, והוא נותן לו שכרו, מה
טובה יש לו עליו, ואימתי מחזיק לו טובה? בשעה שאינו עושה עמו
באמונה, ואינו מעכבו בשכרו כלל.

[wenn] ein Arbeiter mit dem Hausherrn in Redlichkeit arbeitet, und er ihm seinen Lohn gibt, welchen Dank hat er für ihn? Und wann ist er ihm zum Dank verpflichtet? In der Stunde, in der er nicht in Redlichkeit mit ihm arbeitet, und er ihm seinen Lohn [dennoch] überhaupt nicht zurückhält.

Deshalb steht geschrieben: "Bei dem Herrn, unserm Gott, ist das Erbarmen und die Vergebung, obwohl wir uns gegen ihn empört haben" (Dan 9,9). R. Schmuel bar Nachmani sagte: Hast du jemals gesehen, daß sie sich gegen einen König empören, und er sie [dennoch] mit Nahrung versorgt? R. Jonathan sagte: Es steht geschrieben: "Sie machten ein Kalb am Horeb" (Ps 106,19). {"Obwohl sie sich ein gegossenes Kalb machten" (Neh 9,18)}. Und [dennoch] kam Manna herab. R. Schimon b. Jochai sagte: Sie machten dreizehn Kälber, eins für jeden Stamm und eins als öffentliche Feier für alle, wie es heißt: "Und sie verübten große Lästerlichkeiten" (ibid.). {Und es waren dazu hundertfünfundzwanzig *kantar* Gold verwendet worden, denn so ist der Zahlenwert von מסכה, wie es heißt: "Sie machten sich ein gegossenes [מסכה] Kalb" (ibid.), und an diesem Tag kam für sie [dennoch] Manna herab. Wahrlich, "Bei dir, Gott, ist Gerechtigkeit" (Dan 9,6), und dennoch verweigertest du das Manna nicht ihrem Munde (Neh 9,20). Und als R. Jehuda der Levit zu R. Jehuda b. R. Schalom kam, sagte er zu ihm: Bis hierhin hat R. Berechja ausgelegt. Er sagte zu ihm: Bis hierhin kam das Manna für sie herab, und sie hatten davon dem Götzen dargebracht, und es hörte [dennoch] nicht auf. Und das ist, was Ezechiel sagte: "Und mein Brot, das ich dir gegeben habe, Kornmehl und Öl und Honig, das ich dir zu essen gegeben habe, das hast du ihnen zum Wohlgeruch gegeben. Und so war es; Spruch Gottes, des Herrn" (Ez 16,19). Was bedeutet "Und so war es"? Daß sie es dem Götzen darbrachten. Und dennoch kam das Manna herab. Wahrlich, es ist richtig gesagt, was der Prophet stehend ruft: "Bei dem Herrn, unserm Gott, ist das Erbarmen und die Vergebung, obwohl wir uns gegen ihn empört haben" (Dan 9,9).

(10) MidrPss 105,13, 227a [S. Buber-Ausgabe]

"Und er gab ihnen Länder der Völker" (Ps 105,44).
R. Chanina fragte R. Chijja bar Abba und sagte zu ihm: "Und er gab ihnen Länder der Völker" - Warum? "Auf daß sie seine Satzungen wahren und seine Lehren beobachten sollten. Halleluja" (v.45).

פועל שעשה עם בעל הבית, ובעל הבית יגע עמו ונותן לו שכרן, מהו
מחזיק לו? אמר לו ר׳ חייא: בשעה שהפועל עושה עם בעל הבית
באמונה ונותן לו שכרו, אין צריך להחזיק לו טובה. אבל בשעה
שאינו עושה עמו באמונה ונותן לו שכרו, צריך להחזיק לו טובה.

[Wenn] ein Arbeiter mit einem Hausherrn arbeitet, und der Hausherr sich mit ihm müht und ihm seinen Lohn gibt, ist er ihm [etwa] verpflichtet?
R. Chijja sagte zu ihm: Dann, wenn der Arbeiter mit dem Hausherrn in Redlichkeit arbeitet und er ihm seinen Lohn gibt, ist er ihm nicht zum Dank verpflichtet; aber dann, wenn er nicht in Redlichkeit mit ihm arbeitet, und er ihm [dennoch] seinen Lohn gibt, ist er ihm zum Dank verpflichtet.

Und wir, denen der Heilige, Gelobt Sei Er, Länder der Völker gibt, und wir nicht Thora lernen, wie es heißt: "Auf daß sie seine Satzungen wahren und seine Lehren beobachten sollten. Halleluja" (Ps 105,45), wir aber seine Thora nicht bewahren, und er uns [dennoch] gibt, sind wir [ihm] nicht zum Dank verpflichtet (אין לנו להחזיק טובה), da er uns Länder der Völker gegeben hat? Und was haben wir zu tun? Vor ihm ein Lied anzustimmen, wie es heißt: "Halleluja" (ibid.).

(11) Hallel Midrasch, S.8 (Ausgabe Warschau 1924)

"Wer ist dem Herrn gleich, unserm Gott" (Ps 113,5) im Geben von Lohn?
Ein Gleichnis. Wem gleicht die Sache?

למלך ששכר פועלים הרבה. והיה ביניהם עצל אחד ומתון אחד. וכשבא
לתת להם שכרם, ניתן להם בשוה.

Einem König, der viele Arbeiter dingte. Und es waren unter ihnen ein fauler und ein gründlicher. Und als er kam, um ihnen ihren Lohn zu geben, gab er ihnen den gleichen.

Aber der Heilige, Gelobt Sei Er, ist nicht so, sondern nach den Taten des Menschen gibt er ihm seinen Lohn, wie es heißt: "Ich, der Herr, erforsche das Herz und prüfe die Nieren, einem jeden zu vergelten nach seinem Wandel, nach der Frucht seiner Taten" (Jer 17,10).

310

(12) MidrPss 127,3, 247a [S. Buber-Ausgabe]

"Siehe, ein Erbe Gottes sind Kinder, ein Lohn die Leibesfrucht" (Ps 127,3). [Wie es]
die Regel [ist bei Geschöpfen aus] Fleisch und Blut:

פועל עושה עם בעל הבית, חורש עמו, וזורע עמו, מנכש עמו, מעדר
עמו, מטבע אחד נותן לו והולך.

Ein Arbeiter arbeitet mit dem Hausherrn, er pflügt mit ihm, er sät mit ihm, er jätet
mit ihm, er hackt mit ihm, er gibt ihm eine Münze, und er geht.

Aber derjenige, der sprach und die Welt wurde, ist nicht so, sondern wünscht {ein
Mensch} Kinder, gibt er [sie] ihm, wie es heißt: "Ein Erbe Gottes sind Kinder" (Ps
127,3). Wünscht er Weisheit, gibt er [sie] ihm, wie es heißt: "Denn Gott gibt
Weisheit" (Spr 2,6). Wünscht er Besitztümer, gibt er [sie] ihm, wie es heißt:
"Reichtum und Ehre sind von dir" (1 Chr 29,12).

II. *Verzeichnis der islamischen Gleichnisse*[5]

(1) Buhari, Igara (Vermietung), Kap. 8 und 9

Der Gesandte Gottes spricht: "Ihr und die Besitzer der beiden Bücher vor euch [Juden und Christen] gleicht einem Manne, der Lohnarbeiter einstellte. Der sagte: 'Wer will für mich arbeiten von Tagesanbruch bis Mittag um ein *Qirat*?' Da arbeiteten die Juden. Darauf sagte er: 'Wer will für mich arbeiten von Mittag bis zum Nachmittagsgebet um ein *Qirat*?' Da arbeiteten die Christen. Darauf sagte er: 'Wer will für mich arbeiten von Nachmittag bis Sonnenuntergang für zwei *Qirat*?' Da arbeitet ihr. Nun wurden die Juden und Christen zornig und sagten: 'Wir haben mehr Arbeit und weniger Lohn'. Gott aber sprach: 'Habe ich etwas von eurem Recht verkürzt?' Sie antworteten: 'Nein!' Da sprach Gott: 'Dies ist meine Zugabe (...), die ich zukommen lasse, wem ich will'".

(2) Buhari, Tauhid (Bekenntnis der Einheit Gottes)

'Abdallah ibn 'Omar spricht: "Ich hörte den Propheten sagen, während er auf der Kanzel stand: Eure Bestandszeit (...) innerhalb der Völker, die vor euch waren, ist wie [die Zeit] zwischen dem Nachmittagsgebet und dem Sonnenuntergang. Den Besitzern der Thora wurde die Thora gegeben. Da handelten sie danach, bis der Tag halb um war. Dann wurden sie müde und ihnen wurde je ein *Qirat* gegeben. Den Besitzern des Evangeliums wurde das Evangelium gegeben. Da handelten sie danach bis zum Nachmittagsgebet. Dann wurden sie müde und jedem wurde je ein *Qirat* gegeben. Dann wurde euch der Koran gegeben. Da handeltet ihr danach bis zum Sonnenuntergang. Da wurden euch je zwei *Qirat* gegeben. Darauf sagten die Buchbesitzer: Diese haben weniger gearbeitet, aber mehr Lohn erhalten. Da sprach Gott: Habe ich euch um etwas von eurem Lohn geschädigt? Sie sagten: Nein. Dann sprach Gott: Das ist meine Zugabe, die ich zukommen lasse, wem ich will".

---

[5]Zitiert nach Spies 279f.281.

LITERATURVERZEICHNIS[1]

1. Nachschlagewerke

Balz, H.R./Schneider, G., Exegetisches Wörterbuch zum Neuen Testament, 3 Bde, Stuttgart-Berlin-Köln-Mainz 1980 (Bd.1), 1981 (Bd.2), 1983 (Bd.3).

Bauer, W., Griechisch-deutsches Wörterbuch zu den Schriften des Neuen Testaments und der übrigen urchristlichen Literatur, 5.Auflage Berlin 1971.

Biblia Patristica. Index des citations et allusions bibliques dans la literature patristique, hrg. vom Centre d'Analyse et de Documentation Patristique, 3 Bde, Paris 1975 (Bd.1), 1977 (Bd.2), 1980 (Bd.3).

Bornemann, E./Risch, E., Griechische Grammatik, 2.Auflage Frankfurt 1978.

Computer-Konkordanz zum Novum Testamentum Graece, hrg. vom Institut für neutestamentliche Textforschung u. vom Rechenzentrum der Universität Münster, Berlin 1980.

Conzelmann, H., Literaturbericht zu den synoptischen Evangelien, VII: Das Matthäusevangelium, ThRu NF 43 (1978) 35-43.

Dalman, G.H., Aramäisch-neuhebräisches Handwörterbuch zu Targum, Talmud und Midrasch, Hildesheim 1967 (= 2.Auflage Göttingen 1938).

Even-Shoshan, A., A New Concordance of the Bible, 4 Bde, Jerusalem 1977-80.

Encyclopaedia Judaica (dt.), Berlin 1928ff.

Encyclopaedia Judaica (engl.), Jerusalem 1971ff.

Gesenius, W., Hebräisches und aramäisches Handwörterbuch über das Alte Testament, Berlin 1962 (= 17.Auflage 1915).

Goldschmidt, L., Subject Concordance to the Babylonian Talmud, Kopenhagen 1959.

Hatch, E./Redpath, H.A., A Concordance to the Septuagint and Other Greek Versions of the Old Testament, 3 Teile, Graz 1975 (= Oxford 1897).

Jastrow, M., A Dictionary of the Targumim, The Talmud Babli and Yerushalmi, and the Midrashic Literature, New York 1985.

The Jewish Encyclopedia, New York 1901ff.

Kasovsky, C.Y., Thesaurus Mishnae. Concordantia Verborum Quae in Sex Mishnae Ordinibus Reperiuntur, editio emendata, Tel Aviv 1957-67.

Kasowski, C.J., Thesaurus Talmudis. Concordantiae Verborum Quae in Talmude Babylonico Reperiuntur, 41 Bde, Jersualem 1954-82.

---

[1]Die Abkürzungen erfolgen nach Schwertner.

Kasowski, C.J., Thesaurus Thosephthae. Concordantia Verborum Quae in Sex Thosephtae Ordinibus Reperiuntur, 6 Bde, Jerusalem 1932-61.

Kissinger, W.S., The Parables of Jesus. A History of Interpretation and Bibliography. ATLA Bibliography Series 4, 1979.

Köhler, L., Baumgärtner, W., Hebräisches und aramäisches Lexikon zum Alten Testament, Lieferung II und III, 3.Auflage Leiden 1974 (II) und 1983 (III).

Kosovsky, B., Otzar Leshon Hatannaim, Thesaurus Sifrei.Concordantia Verborum Quae in Sifrei Numeri et Deuteronomium Reperiuntur, 5 Bde, Jerusalem 1971-75.

Kosovsky, B., Otzar Leshon Hatannaim. Concordantia Verborum Quae in Mechilta de Rabbi Ismael Reperiuntur, 4 Bde, Jerusalem 1965-66.

Kosovsky, B., Otzar Leshon Hatannaim. Concordantia Verborum Quae in Sifra Vel Torat Kohanim Reperiuntur, 4 Bde, Jerusalem 1967-69.

Kosovsky, M., Concordance to the Talmud Yerushalmi, 3 Bde, Jerusalem 1979-84.

Kraft, H., Clavis Patrum Apostolicorum, Darmstadt 1964.

Kuhn, K.G., Konkordanz zu den Qumrantexten, Göttingen 1960.

Kuhn, K.G., Nachträge zur Konkordanz zu den Qumrantexten, RdQ 4 (1963) 163-234.

Lampe, G.W., A Patristic Greek Lexicon, 4.Auflage Oxford 1976.

Leisegang, J., Indices ad Philonis Alexandrini Opera, 2 Teile,Philonis Alexandrini Opera Quae Supersunt Bd.VII, Berlin 1963 (= Teil 1: 1926, Teil 2: 1930).

Lewandowski, T., Linguistisches Wörterbuch, 3 Bde, Heidelberg 1973 (Bd.1) und 1975 (Bd.2 u. 3).

Lieberman, S., Tosefta Ki-Fshutah. A Comprehensive Commentary on the Tosefta, Teil IX und X: Nezikin (hebr.), 2 Bde, New York 1988.

Pauly's Real-Encyklopädie der Classischen Altertumswissenschaft, hrg. von G. Wissowa, Stuttgart 1894ff.

Pöschl, V., Bibliographie zur antiken Bildersprache, Heidelberg 1964.

Preisigke, F., Wörterbuch der griechischen Papyrusurkunden, 3 Bde, Berlin 1925ff.

Reallexikon für Antike und Christentum, hrg. von T. Klauser, Stuttgart 1941ff.

Die Religion in Geschichte und Gegenwart, hrg. von K. Galling, Tübingen 1957ff.

Rengstorf, K.H., A Complete Concordance to Flavius Josephus, 3Bde, Leiden 1973 (Bd.1), 1975 (Bd.2), 1979 (Bd.3).

Schmalzriedt, E., Hauptwerke der antiken Literaturen, Ed. Kindlers Literatur Lexikon, München 1976.

Schneider, W., Grammatik des Biblischen Hebräisch, 3.Auflage München 1978.

Schwertner, S., Internationales Abkürzungsverzeichnis für Theologie und Grenzgebiete, Berlin-New York 1974.

Siegert, F., Nag-Hammadi-Register. Wörterbuch zur Erfassung der Begriffe in den koptisch-gnostischen Schriften von Nag-Hammadi, WUNT 26, Tübingen 1982.

Sperber, D., A Dictionary of Greek and Latin Legal Terms in Rabbinic Literature, Ramat-Gan 1984.

Strack, H.L./Stemberger, G., Einleitung in Talmud und Midrasch, 7. neu bearbeitete Auflage München 1982.

Theologisches Handwörterbuch zum Alten Testament, hrg. von E. Jenni und C. Westermann, 2 Bde, 3.Auflage (Bd.1) bzw. 2.Auflage (Bd.2) München-Zürich 1979.

Theologisches Wörterbuch zum Neuen Testament, begr. von G. Kittel, hrg. von G. Friedrich, Stuttgart 1933ff.

2. Textausgaben und Übersetzungen

a) Biblische Literatur

Biblia Hebraica Stuttgartensia, hrg. von K. Elliger und W.Rudolph, Stuttgart 1977.

Die Heilige Schrift des Alten und Neuen Testaments, Zürich 1971.

Novum Testamentum Graece, hrg. von E. und E. Nestle, K. Aland, 26.Auflage Stuttgart 1979.

Septuaginta, hrg. von A. Rahlfs, 2 Bde, 2.Auflage Stuttgart 1965.

b) Altägyptische Literatur

Altägyptische Lebensweisheit, hrg. von F.W. von Bissing, Zürich 1955.

Ancient Records of Egypt. Historical Documents 4.Bd., hrg. von J.H. Breasted, New York 1962.

Die biographischen Inschriften der ägyptischen Spätzeit, hrg. von E. Otto, Leiden 1954.

Kulte, Orakel und Naturverehrung im alten Ägypten, hrg. von G.Roeder, Zürich-Stuttgart 1960.

c) Altpersische Literatur

Die Gathas des Zarathustra, hrg. von H. Lommel, Basel-Stuttgart 1971.

d) Griechisch-römische Literatur

Aeschyli Septem quae superunt Tragodiae, hrg. von G. Murray, 2.Auflage Oxford 1957.

Aischylos. Sämtliche Tragödien, übers. von J.G. Droysen, München 1977.

Aristophanes, Sämtliche Komödien, übers. von L. Seeger, hrg. von O. Weinreich, 2 Bde, Zürich 1952 (Bd.1) und 1953 (Bd.2).

Cato, On Agriculture/Varro, On Agriculture (lat. und engl.), hrg. von W.D. Hooper, 5.Auflage Cambridge-London 1967.

Cicero, De Officiis Libri Tres, hrg. von O. Gigon, 4.Auflage Zürich 1963.

Cicero, Von den Grenzen im Guten und im Bösen (De Finibus, lat. und dt.), hrg. von K. Atzert, Zürich-Stuttgart 1964.

Cicero, Vom Wesen der Götter (lat. und dt.), hrg. von W. Gerlach und K. Bayer, München 1978.

Columella, On Agriculture (lat. und engl.), 3 Bde, hrg. von H.Boyd Ash, 4.Auflage Cambridge-London 1977 (Bd.1), 2.Auflage 1968 (Bd.2), 3.Auflage 1979 (Bd.3).

Diodorus of Sicily (lat. und engl.) Bd.2, hrg. v. C.H. Oldfather, 5.Auflage Cambridge-London 1979.

Diogenes Laertius, Leben und Meinungen berühmter Philosophen, übers. von O. Appelt, hrg. von K. Reich, PhB 53/54, Hamburg 1967.

Epictetus, The Discourses as Reported by Arrian, the Manual and Fragments (lat. und engl.), 2 Bde, hrg. von W.A. Oldfather, 3. Auflage Cambridge-London 1956 (Bd.1) und 1959 (Bd 2).

Euripides, Tragödien (griech. u. dt.) 6.Teil, hrg. von D. Ebener, SQAW 30,6, Berlin 1980.

Homer, Ilias und Odyssee, übers. von J.H. Voss, hrg. von R. van der Mühl, 2.Auflage Wiesbaden 1976.

Lukian, Sämtliche Werke, 5 Bde, hrg. von H. Floerke, 2.Auflage Berlin 1922.

Pindar, Siegeslieder, übers. von U. Hölscher, Frankfurt-Hamburg 1962.

Platon, Politikos, übers. von O. Apelt, 3.Auflage Leipzig 1922.

Platon, Sämtliche Werke Bd.3: Phaidon, Politeia, übers. von F. Schleiermacher, Hamburg 1958.

Platon, Werke in acht Bänden (griech. u. dt.), Bd.4: Politeia, bearb. von D. Kurz, Bd.8: Nomos, bearb. von K. Schöpsdau, hrg. von G. Eigler, Darmstadt 1971 (Bd.4) und 1977 (Bd.8).

Plutarch's Moralia Bd.2 (griech. u. dt.), hrg. von F.C. Babbitt, 3.Auflage Cambridge-London 1962.

Plutarch, Über Gott und Vorsehung, Dämonen und Weissagung, übers. von K. Ziegler, Zürich-Stuttgart 1952.

Sallust, Werke und Schriften (lat. u. dt.), hrg. von W. Schöne und W. Eisenhut, 5.Auflage Freising 1975.

Seneca Bd.2: Epistulae Morales (lat. u. engl.), hrg. von R.M. Gummere, 4.Auflage Cambridge-London 1962.

Sophokles, Tragödien, übers. von W. Schadewaldt, Zürich 1968.

Suetonius Bd.2 (lat. u. engl.), hrg. von J.C. Rolfe, 11.Auflage Cambridge-London 1979.

Theophrast, Charaktere, übers. von W. Plankl, 3.Auflage München 1944.

Xenophons Oikonomikos, übers. von K. Meyer, Marburg 1975.

e) Papyri

The Amherst Papyri Bd.2, hrg. von B.P. Grenfell und A.S. Hunt, London 1901.

Die Bremer Papyri, hrg. von U. Wilcken, Berlin 1936.

Griechische Papyrusurkunden der Hamburger Stadtbibliothek Bd.1, hrg. von P.M. Meyer, Hamburg o.J.

Griechische Papyri aus Ägypten, hrg. von J. Hengstl, Darmstadt 1978.

The Oxyrhynchos Papyri, hrg. von B.P. Grenfell und A.S. Hunt, London 1898-1981.

Sammelbuch griechischer Urkunden aus Ägypten, 3 Bde, hrg. von G.Preisigke, Berlin 1974 (=Straßburg 1913-15).

f) Jüdisch-hellenistische Literatur

Altjüdisches Schrifttum außerhalb der Bibel, hrg. von P.Riessler, 2.Auflage Darmstadt 1966.

Die Apokryphen und Pseudepigraphen des Alten Testaments, 2 Bde, hrg. von E. Kautzsch, Hildesheim 1962 (=Tübingen 1900).

Jüdischen Schriften aus hellenistisch-römischer Zeit, hrg. von W.G. Kümmel:

- Der Aristeasbrief (Bd.II,1), übers. von W. Meisner, 2.Auflage Gütersloh 1977.

- Joseph und Aseneth (Bd.II,4), übers. v. Ch. Burchard, Gütersloh 1983.

- Das Buch Baruch. Der Brief Jeremias, übers. von A.H.J.Gunneweg; Testament Abrahams, hrg. von E. Janssen, (Bd.III,2), 2.Auflage Gütersloh 1980.

- Das Testament Hiobs (Bd.III,3), übers. von B. Schaller, Gütersloh 1979.

- Weisheit Salomos (Bd.III,4), übers. von D. Georgi, Gütersloh 1980.

- Jesus Sirach (Bd.III,5), übers. von G. Sauer, Gütersloh 1980.

- Die griechische Esra-Apokalypse, übers. von U.B. Müller; Die syrische Baruch-Apokalypse, übers. von A.F.J. Klijn, (Bd.V,2) Gütersloh 1976.

- Das 4.Buch Esra (Bd.V,4), übers. von J. Schreiner, Gütersloh 1981.

The Old Testament Epigrapha, 2 Bde, hrg. von J.H. Charlesworth New York 1983 (Bd.1) und 1985 (Bd.2).

The Book of Tobit. A Chaldee Text, hrg. von A. Neubauer, Oxford-London 1978.

g) Qumran Schriften

Die Texte aus Qumran, Hebräisch und deutsch, hrg. von E. Lohse, Darmstadt 1964.

h) Philo und Josephus

Josephus, De Bello Judaico. Der Jüdische Krieg, 3 Bde, hrg. von O. Michel und O. Bauernfeind, Darmstadt 1959-69.

Josephus, Opera, 9 Bde, hrg. von H.St.J. Thackeray et al., Cambridge-London 1926-65.

Josephus, Jüdische Altertümer, übers. von F. Kausen, 2.Auflage Köln 1883.

Philonis Alexandrini Opera quae supersunt, 6 Bde, hrg. von L. Cohn und P. Wendland, Berlin 1962 (= 1896-1915).

Philo, Die Werke in deutscher Übersetzung, 6 Bde, hrg. von L. Cohn et al., Berlin 1962 (= Breslau 1909-38).

i) Rabbinische Literatur

Abot (Väter). Text, Übersetzung und Erklärung, hrg. von K. Marti und G. Beer, Gießen 1927.

Der Babylonische Talmud (hebr. u. dt.), 9 Bde, hrg. von L. Goldschmidt, Berlin 1897-1935.

Bavot. Pforten, übers. von G.A. Wewers, Übersetzung des Talmud Yerushalmi Bd. IV/1-3, Tübingen 1982.

Berakhot, übers. von Ch. Horowitz, Der Jerusalemer Talmud in deutscher Übersetzung Bd.1, Tübingen 1975.

The Fathers according to Rabbi Nathan, hrg. von J. Goldin, YJS 10, New Haven 1967.

Hagiga. Festopfer, übers. von G.A. Wewers, Übersetzung des Talmud Yerushalmi Bd.II/11, Tübingen 1983.

Hallel Midrasch, Ausgabe Warschau 1924.

Mechilta d'Rabbi Ismael, hrg. von H.S. Horovitz und I.A. Rabin, 2.Auflage Jerusalem 1970.

Mechiltha (des Rabbi Ishmael). Ein tannaitischer Midrasch zu Exodus, hrg. von J. Winter und A. Wünsche, Leipzig 1909.

Mekhilta d'Rabbi Sim'on b. Jochai, hrg. von J.N. Epstein und E.Z. Melamed, Jerusalem 1955.

Midrash Bereshit Rabba, 3 Bde, hrg. von J. Theodor und Ch. Albeck, 2.Auflage Jerusalem 1965.

Midrasch Bereschit Rabba, übers. von A. Wünsche, Hildesheim 1967 (= Leipzig 1881).

Midrash Debarim Rabbah hrg. von S. Lieberman, 3.Auflage Jerusalem 1974.

Midrasch Debarim Rabba, übers. von A. Wünsche, Hildesheim 1967 (= Leipzig 1882).

Midrasch Kohelet, übers. von A. Wünsche, Hildesheim 1967 (= Leipzig 1880).

Midrash Mishle, hrg. von B.L. Visotzky, New York 1990.

Midrasch Mischle, übers. von A. Wünsche, Hildesheim 1967 (= Leipzig 1885).

Midrash Rabbah, 11 Bde, hrg. von M.A. Mirqin, 3.Auflage Tel Aviv 1977.

Midrash Shemot Rabbah Chapters I-XIV, hrg. von A. Shinan, Jerusalem-Tel Aviv 1984.

Midrasch Schemot Rabba, übers. von A. Wünsche, Hildesheim 1967 (= Leipzig 1882).

Midrasch Tanhuma, Horeb-Ausgabe, New York-Berlin 1926.

Midrash Tehillim, hrg. von S. Buber, New York 1947 (= Wilna 1891).

Midrasch Tehillim, übers. von A. Wünsche, Hildesheim 1967 (= Trier 1892-93).

Midrash Wayyikra Rabbah, 5 Bde, hrg. von M. Margulies, Jerusalem 1953-60.

Midrasch Wajikra Rabba, übers. von A. Wünsche, Leipzig 1884.

Mischna: Schischa Sidre Mischna, 6 Bde, hrg. von Ch. Albeck, Jerusalem 1952-58.

The Mishnah, übers. von H. Danby, 2.Auflage Oxford-London 1938.

The Palestinian Talmud, Leiden Ms. Cod. Scal.3, A Facsimile of the Original Manuscript, 4 Bde, Jerusalem 1970.

Pea. Ackerecke, übers. von G.A. Wewers, Übersetzung des Talmud Yerushalmi Bd.I/2, Tübingen 1986.

Pea, hrg. von W. Bauer, Gießen 1914.

Pesikta Rabbati. Midrasch für den Fest-Cyclus und die ausgezeichneten Sabbathe, hrg. von M. Friedmann, Wien 1880.

Pesikta Rabbati. Discourses for Feasts, Fasts and Special Sabbaths, 2 Bde, übers. von W.G. Braude, New Haven 1968.

Pesikta de Rav Kahana, 2 Bde, hrg. von B. Mandelbaum, 2., erweiterte Auflage New York 1987.

Pesikta des Rab Kahana, übers. von A. Wünsche, Leipzig 1885.

Pirke Aboth, übers. von H.L. Strack, Leipzig 1915.

Pirke Aboth. The Ethics of the Talmud: Sayings of the Fathers, hrg. von R.T. Herford, 3.Auflage New York 1966.

A Rabbinic Anthology, hrg. von C.G. Montefiore und H. Loewe, New York 1974.

Sifra On Leviticus, 3 Bde, hrg. von L. Finkelstein, New York 1983.

Sifra. Halachischer Midrasch zu Leviticus, übers. von J. Winter, Breslau 1938.

Siphre d'be Rab. Siphre ad Numeros adjecto Siphre Zutta, hrg. von H.S. Horovitz, 2.Auflage Jerusalem 1966.

Sifre zu Numeri, übers. von K.G. Kuhn, Tannaitische Midraschim Bd.3, Stuttgart 1959.

Siphre ad Deuteronomium, hrg, von L. Finkelstein, New York 1969 (= Berlin 1939).

Sifre Deuteronomium, übers. u. erklärt von Hans Bietenhard, Judaica et Christiana Bd.8, Bern-New York 1984.

Siphre Zutta (The Midrash of Lydda), hrg. von S. Lieberman, New York 1968.

Talmud Yerushalmi, 5 Bde, Shitomir-Ausgabe (1860-67), Nachdruck Jerusalem o.J.

Talmud Yerushalmi. Codex Vatican (Vat. Ebr. 133), Jerusalem 1970.

The Tosefta. The Orders of Zeraim, Moed and Nashim, 4 Bde, hrg. von S. Lieberman, New York 1955-73.

The Tosefta. The Order of Nezikin, hrg. von S. Lieberman, New York 1988.

Tosephta, hrg. von M.S. Mandelbaum, 3.Auflage Jerusalem 1963.

The Tosefta, 6 Bde, übers. von J. Neusner, New York 1977-81.

k) Neutestamentliche Apokryphen

Acta Philippi et Acta Thomae Acc. Acta Barnabae, hrg. von M. Bonnet, Leipzig 1903.

Neutestamentliche Apokryphen in deutscher Übersetzung, 2 Bde hrg. von E. Hennecke und W. Schneemelcher, 3.Auflage Tübingen 1959 (Bd.1) und 1964 (Bd.2).

l) Nag Hammadi Schriften

Christentum am Roten Meer 2.Bd., hrg. von F. Altheim und R. Stiehl, Berlin-New York 1973.

Gnostische und hermetische Schriften aus Codex II und Codex VI, hrg. von M. Krause und P. Labib, Abhandlgn. d. Dt. Arch. Instituts Kairo, Kopt. Reihe 2, Glückstadt 1971.

Koptisch-gnostische Apokalypsen aus Codex V von Nag Hammadi im Koptischen Museum zu Alt-Kairo, hrg. von A. Böhlig und P. Labib, Halle-Wittenberg 1963.

Nag Hammadi Codices IX und X, hrg. von B.A. Pearson, Nag Hammadi Studies XV, Leiden 1981.

The Nag Hammadi Library in English, hrg. von J.M. Robinson et al., Leiden 1977.

Pistis Sophia, hrg. von C. Schmidt, übers. von V. MacDermot, Nag Hammadi Studies IX, Leiden 1978.

m) Apostolische Väter und Kirchenväter

Ambrosius, Bd.2: Lukaskommentar, übersetzt von J.E. Niederhuber, BKV 21, Kempten-München 1915.

Die Apostolischen Väter, übers. von F. Zeller, BKV 35, Kempten-München 1918.

Die Apostolischen Väter, 1.Teil, Neubearbeitg. d. Funkschen Ausgabe von K. Bihlmeyer, 2.Auflage Tübingen 1956.

Augustinus, Bd.4-6: Vorträge über das Evangelium des Hl. Johannes, übers. von Th. Specht, BKV 8,11, und 19, Kempten-München 1913 (Bd.4 u. 5) und 1914 (Bd.6).

Augustinus, Bd.8: Ausgewählte praktische Schriften homiletischen und katechetischen Inhalts, übers. von P.S. Mitterer, BKV 49, Kempten-München 1925.

Clemens von Alexandrien, Bd.3 u. 4: Teppiche wissenschaftlicher Darlegungen entsprechend der wahren Philosophie (Stromateis), übers. von O. Stählin, BKV 2 Reihe 17,19, München 1936 (Bd.3) und 1937 (Bd.4).

Cyrill von Jerusalem, Katechesen, übers. von Ph. Häuser, BKV 41, München 1922.

Euseb von Caesarea, Kirchengeschichte, hrg. von H. Kraft, übers. von Ph. Häuser und H.A. Gärtner, München 1967.

Gregor von Nyssa, Schriften, BKV 56, München 1927.

Hilaire de Poitiers, Sur Matthieu, Tome II, hrg. von J. Doignon, SC 258, Paris 1979.

Irenäus, Bd.1 u. 2: Fünf Bücher gegen die Häresien, übers. von E. Klebba, BKV 3 u.4, München 1912.

St. Jérôme, Commentaire sur S. Matthieu, Tome II, hrg. von E. Bonnard, SC 259, Paris 1979.

Johannes Chrysostomus, Bd.1-4: Kommentar zum Evangelium des Matthäus, übers. von J.Ch. Baur und A. Naegle, BKV 23,25,26,27, München 1915 (Bd.1) und 1916 (Bd.2-4).

Johannes Chrysostomus Bd.5: Kommentar zum Briefe des Paulus an die Römer, übers. von J. Jatsch, BKV 39, München 1922.

Matthäus-Kommentare aus der griechischen Kirche, hrg. von J. Reuss, Berlin 1957.

Origenes, Bd.1: Schriften vom Gebet und Ermahnung zum Martyrium, übers. von P. Koetschau, BKV 48, München o.J.

Origenes, Bd.2 u.3: Acht Bücher gegen Celsus, übers. von P. Koetschau, BKV 52 u.53, München 1926 (Bd.2) und 1927 (Bd.3).

Origenes, Matthäuserklärung, hrg. von E. Benz und E. Klostermann, GCS 40, Leipzig 1935.

n) Islamische Literatur

Der Koran, übers. von M. Henning, Stuttgart 1960.

3. Sekundärliteratur

Abrahams, I., The Parables, in: idem, Studies in Pharisaism and the Gospels Bd.1, New York 1967 (=Cambridge 1916), 90-106.

Adkins, A.W.H., Merit and Responsibility. A Study in Greek Values, 2.Auflage Oxford, 1965.

Aland, K., Bemerkungen zum Montanismus und zur frühchristlichen Eschatologie, in: idem, Kirchengeschichtliche Entwürfe, Gütersloh 1960, 105-148.

Alföldy, G., Römische Sozialgeschichte, 2.Auflage Wiesbaden 1979.

Allison, D.C., The Eye is the Lamp of the Body (Matthew 6,22-23=Luke 11,34-36), NTS 33 (1987) 61-83.

Alon, G., The Jews in their Land in the Talmudic Age (70-640) Bd.1, Jerusalem 1980 (=hebr. 1954).

Altaner, B. und Stuiber, A., Patrologie. Leben, Schriften und Lehre der Kirchenväter, 9.Auflage Freiburg-Basel-Wien 1980.

Andresen, C., Logos und Nomos. Die Polemik des Kelsos wider das Christentum, Arbeiten zur Kirchengeschichte 30, Berlin 1955.

Applebaum, S., Economic Life in Palestine, in: The Jewish People in the First Century Bd. 2, CRINT, hrg. von S. Safrai und M. Stern, Assen 1976, 631-700.

Aurelio, T., Disclosures in den Gleichnissen Jesu. Eine Anwendung der disclosure-Theorie von I.T. Ramsey, der modernen Metaphorik und der Theorie der Sprechakte auf die Gleichnisse Jesu, Frankfurt-Bern-Las Vegas 1977.

Ayali, M., The Status of the Labourer and the Relationship between Employers and Employees in the Talmudic and Midrashic Literature [hebr.], Diss. Jerusalem 1980.

Bächli, O., Die Erwählung der Geringen im Alten Testament, ThZ 22 (1966) 385-395.

Baeck, L., Das Evangelium als Urkunde jüdischer Glaubensgeschichte, Berlin 1938.

Baeck, L., Das Wesen des Judentums, 4.Auflage Frankfurt 1926.

Baer, Y.F., Social Ideals of the Second Jewish Commonwealth. The Mishnah as an historical record of social and religious life during the Second Commonwealth, in: Jewish Society through the Ages, hrg. von H.H. Ben-Sasson und S. Ettinger, London 1971, 69-91.

Bagnani, G., Peregrinus Proteus and the Christians, Historia 4 (1955) 107-112.

Barbour, R.S., Uncomfortable Words. VIII: Status and Titles, ET 82 (1970-71) 137-142.

Baron, S.W., A Social and Religious History of the Jews 2.Bd., Philadelphia 1952.

Barth, G., Das Gesetzesverständnis des Evangelisten Matthäus, in: Überlieferung und Auslegung im Matthäusevangelium, hrg. von G. Bornkamm G. Barth, H.J. Held, 7.Auflage Neukirchen-Vluyn 1975, 54-154.

Barthes, R., Image-Music-Text, New York 1977.

Barthes, R., From Work to Text, in: Textual Strategies. Perspectives in Post-Structuralist Criticism, hrg. von J.V. Harari, 4.Auflage Ithaca 1986, 73-81.

Bauer, J.B., Gnadenlohn oder Tagelohn, Bib. 42 (1961) 224-228.

Becker, J., Das Evangelium nach Johannes. Kapitel 1-10, ÖTK zum NT 4/1, Gütersloh-Würzburg 1979.

Ben-David, A., Talmudische Ökonomie Bd.1: Die Wirtschaft des jüdischen Palästina zur Zeit der Mischna und des Talmuds, Hildesheim 1974.

Berger, K., Abraham in den paulinischen Hauptbriefen, MThZ 17 (1966) 47-89.

Berger, K., Die Amen-Worte Jesu. Eine Untersuchung zum Problem der Legitimation in apokalyptischer Rede, Berlin 1970.

Berger, K., Bibelkunde Teil 2: Neues Testament, Heidelberg 1980.

Berger, K., Exegese des Neuen Testaments. Neue Wege vom Text zur Auslegung, Heidelberg 1977.

Berger, K., Formgeschichte des Neuen Testaments, Heidelberg 1984.

Berger, K., Die Gesetzesauslegung Jesu. Ihr historischer Hintergrund im Judentum und im Alten Testament, Teil 1: Markus und die Parallelen, Neukirchen-Vluyn 1972.

Berger, K., "Gnade" im frühen Christentum. Eine traditionsgeschichtliche und literatursoziologische Fragestellung, NedThT 27 (1973) 1-25.

Betz, H.D., Eine judenchristliche Kult-Didache in Matthäus 6,1-18, in: Jesus Christus in Historie und Theologie, FS H. Conzelmann, hrg. von G. Strecker, Tübingen 1975, 445-457.

Betz, H.D., Lukian von Samosata und das Christentum, NT 3 (1959) 226-237.

Bickerman, E., The Maxim of Antigonos of Soko, HTR 44 (1951) 153-165.

Bienert, W., Die Arbeit nach der Lehre der Bibel. Ein Beitrag zur evangelischen Sozialethik, 2.Auflage Stuttgart 1956.

Blinzler, J., Εἰσὶν εὐνοῦχοι. Zur Auslegung von Mt 19,12, ZNW 48 (1957) 254-270.

Bloch, Ph., Studien zur Aggadah, MGWJ 35 (1886) 165-187.389-405.

Bloom, H., The Breaking of Form, in: Deconstruction and Criticism, hrg. von H. Bloom et al., 6.Auflage New York 1988, 2-37.

Bokser, B.M., Rabbinic Responses to Catastrophy, PAAJR 50 (1983) 37-61.

Bokser, B.M., The Origins of the Seder. The Passover Rite and Early Rabbinic Judaism, Berkeley 1984.

Bokser, B.M., The Study of Talmudic Literature 1967-87, noch unveröffentlichtes Manuskript.

Bolkestein, H., Wohltätigkeit und Armenpflege im vorchristlichen Altertum. Ein Beitrag zum Problem "Moral und Gesellschaft", Groningen 1967 (=Utrecht 1939)

Bornkamm, G., Die Binde- und Lösegewalt in der Kirche des Matthäus, in: idem, Ges. Aufsätze IV, BEvTh 53, München 1971, 37-50.

Bornkamm, G., Enderwartung und Kirche im Matthäusevangelium, in: Überlieferung und Auslegung im Matthäusevangelium, hrg. von G. Bornkamm, G. Barth, H.J. Held, 7.Auflage Neukirchen-Vluyn 1975, 13-47.

Bornkamm, G., Jesus von Nazareth, 12.Auflage Stuttgart 1980.

Bornkamm, G., Der Lohngedanke im Neuen Testament, in: idem, Gesammelte Aufsätze 2, München 1959, 69-92.

Botterweck, G.J., Die Frohbotschaft vom Kommen Jahwes (Jes 40,1-11), BuL 15 (1974) 227-234.

Boyarin, D., An Exchange on the Mashal. Rhetoric and Interpretation: The Case of the Nimshal, Prooftexts 5 (1985) 269-276.

Brandon, S.G.F., The Judgment of the Dead. An Historical and Comparative Study of the Idea of a Post-Mortem Judgment in the Major Religions, London 1967.

Braun, H., Die Auslegung Gottes durch Jesus, dargestellt an der Parabel vom gleichen Lohn für alle, EvErz 16 (1964) 346-356.

Braun, H., Gerichtsgedanke und Rechtfertigungslehre bei Paulus, UNT 19, Leipzig 1930.

Braun, H., Spätjüdisch-häretischer und frühchristlicher Radikalismus. Jesus von Nazareth und die essenische Qumransekte, 2 Bde, 2.Auflage Tübingen 1969.

Braun, H., Jesus. Der Mann aus Nazareth und seine Zeit, ThTH 1, Berlin 1969.

Bregman, M., The Evolution of the Tanhuma-Yelammedenu Literature, noch unveröffentlichtes Manuskript, AJS-Konferenz, Boston 19.12.1989.

Breytenbach, C., Nachfolge und Zukunftserwartung nach Markus. Eine methodische Studie, AThANT 71, Zürich 1984.

Brocke, M., Tun und Lohn im nachbiblischen Judentum, BiLe 8 (1967) 166-178.

Brockmeyer, N., Arbeitsorganisation und ökonomisches Denken in der Gutswirtschaft des römischen Reiches, Diss. Bochum 1968.

Broer, I., Die Gleichnisexegese und die neuere Literaturwissenschaft. Ein Diskussionsbeitrag zur Exegese von Mt 20,1-16, BN 5 (1978) 13-27.

Broer, I., Das Ringen der Gemeinde um Israel. Exegetischer Versuch über Mt 19,28, in: Jesus und der Menschensohn, FS A. Vögtle, hrg. von R. Pesch et al., Freiburg-Basel-Wien 1975, 148-165.

Brüne, B., Flavius Josephus und seine Schriften in ihrem Verhältnis zum Judentum, zur griechisch-römischen Welt und zum Christentume, Wiesbaden 1969 (=Gütersloh 1913).

Buchanan, G.W., Jesus and the Upper Class, NT 7 (1974) 195-209.

Büchsenschütz, A.B., Besitz und Erwerb im griechischen Altertum, Aalen 1962 (=Halle 1869).

Bultmann, R., Das Evangelium des Johannes, KEK II, 19.Auflage Göttingen 1968.

Bultmann, R., Die Geschichte der synoptischen Tradition, FRLANT 29, 9.Auflage Göttingen 1979.

Bultmann, R., Theologie des Neuen Testaments, 7.Auflage Tübingen 1977.

Burchill, J.P., Are there "Evangelical Councels" of Perpetual Continence and Poverty? Diss. Washington D.C. 1975.

Calvert, D.G.A., An Examination of the Criteria for Distinguishing the Authentic Words of Jesus, NTS 18 (1972) 209-218.

Cohen, S.J.D., Josephus in Galilee and Rome, CSCT 8, Leiden 1979.

Cohen, S.J.D., The Significance of Yavneh: Pharisees, Rabbis, and the End of Jewish Sectarianism, HUCA 55 (1984) 27-53.

Conzelmann, H., Geschichte des Urchristentums, Grundrisse zum Neuen Testament, NTD-Ergänzungsreihe 5, 4.Auflage Göttingen 1978.

Craig, G.B., A Commentary on the Revelation of St. John The Divine, London 1966.

Cranfield, C.E.B., A Critical and Exegetical Commentary on the Epistle to the Romans 1.Bd., 6.Auflage Edinburgh 1975.

Cronbach, A., The Social Ideals of the Apocrypha and Pseudepigrapha, HUCA 18 (1944) 119-156.

Crossan, J.D., The Servant Parables of Jesus, Semeia 1 (1974) 17-62.

Culler, J., The Pursuit of Signs. Semiotics, Literature, Deconstruction, 2.Auflage Ithaca 1985.

Dalman, G., Arbeit und Sitte in Palästina Bd.1 und 4, Gütersloh 1928 (Bd.1) und 1935 (Bd.4).

Dalman, G., Die Worte Jesu. Mit Berücksichtigung des nach-kanonischen jüdischen Schrifttums und der aramäischen Sprache erörtert, 4.Auflage Leipzig 1923.

Davidson, J.E., *Anomia* and the Question of an Antinomian Polemic in Matthew, JBL 104 (1985) 617-635.

Deissmann, A., Licht vom Osten. Das Neue Testament und die neuentdeckten Texte der hellenistisch-römischen Welt, 4.Auflage Tübingen 1923.

Derrett, J.D.M., Christ and Reproof (Matthew 7,1-5/Luke 6,37-42), NTS 34 (1988) 271-281.

Derrett, J.D.M., Workers in the Vineyard. A Parable of Jesus, JJS 25 (1974) 64-91.

De Ru, G., The Conception of Reward in the Teaching of Jesus, NT 8 (1966) 202-222.

De Ste Croix, G.E.M., The Class Struggle in the Ancient Greek World from the Archaic Age to the Arab Conquests, Ithaca-New York 1981.

Dietzfelbinger, Ch., Das Gleichnis von den Arbeitern im Weinberg als Jesuswort, EvTh 43 (1983) 126-137.

Dobschütz, E. v., Matthäus als Rabbi und Katechet, ZNW 27 (1928) 338-348.

Dodd, C.H., Matthew and Paul, in: idem, New Testament Studies, 2.Auflage Manchester 1954, 53-66.

Dodd, C.H., The Parables of the Kingdom, London 1936.

Dover, K.J., Greek Popular Morality in the Time of Plato and Aristotle, Oxford 1974.

Dschulnigg, P., Rabbinische Gleichnisse und das Neue Testament. Die Gleichnisse der PesK im Vergleich mit den Gleichnissen Jesu und dem Neuen Testament, Bern-Frankfurt-New York-Paris 1988.

Duensing, H., Die dem Klemens von Rom zugeschriebenen Briefe über die Jungfräulichkeit, ZKG 63 (1950-51) 166-188.

Edlund, C., Das Auge der Einfalt. Eine Untersuchung zu Matth. 6,22-23 und Luk. 11,34-35, Uppsala 1952.

Eichholz, G., Auslegung der Bergpredigt, 3.Auflage Neukirchen-Vluyn 1975.

Eichholz, G., Gleichnisse der Evangelien, Neukirchen-Vluyn 1971.

Eising, H., Schriftgebrauch und Schriftverständnis in den Matthäus-Homilien des Johannes Chrysostomus, OrChr 48 (1964) 84-106.

Elliger, K., Deuterojesaja, BK.AT XI.1, Neukirchen 1978.

Erlemann, K., Das Bild Gottes in den synoptischen Gleichnissen, BWANT VII.6, Stuttgart 1988.

Fascher, E., Προφήτης. Eine sprach- und religionsgeschichtliche Untersuchung, Gießen 1927.

Feine, P., Das gesetzesfreie Evangelium des Paulus. Nach seinem Werdegang dargestellt, Leipzig 1899.

Feldman, A., The Parables and Similes of the Rabbis. Agricultural and Pastoral, Cambridge 1924.

Fiebig, P., Altjüdische Gleichnisse und die Gleichnisse Jesu, Tübingen und Leipzig 1904.

Fiebig, P., Die Gleichnisreden Jesu im Lichte der rabbinischen Gleichnisse des neutestamentlichen Zeitalters. Ein Beitrag zum Streit um die "Christusmythe" und eine Widerlegung der Gleichnistheorie Jülichers, Tübingen 1912.

Filson, F.V., A Commentary on the Gospel According to St. Matthew, London 1960.

Filson, F.V., St. Paul's Conception of Recompense, UNT 21, Leipzig 1931.

Finley, M.I., The Ancient Economy, Berkeley-Los Angeles 1973.

Finley, M.I., Ancient History. Evidence and Models, New York 1987.

Flusser, D., Die rabbinischen Gleichnisse und der Gleichniserzähler Jesus, 1.Teil: Das Wesen der Gleichnisse, Bern-Frankfurt-Las Vegas 1981.

Fohrer, G., Das Buch Jesaja 3.Bd., ZBK, Stuttgart 1964.

Fox, H., The Circular Proem: Composition, Terminology and Antecedents, PAAJR 49 (1982) 1-31.

Frankemölle, H.,Amtskritik im Matthäus-Evangelium, Bib. 54 (1973) 247-262.

Frankemölle, H., Jahwebund und Kirche Christi. Studien zur Form- und Traditionsgeschichte des "Evangeliums" nach Matthäus, NTA 10, Münster 1974.

Frankemölle, H., "Pharisäismus" in Judentum und Kirche. Zur Tradition und Redaktion in Mt 23, in: Gottesverächter und Menschenfeinde? Juden zwischen Jesus und frühchristlicher Kirche, hrg. von H. Goldstein, Düsseldorf 1979, 123-189.

Frazer, P.M., Ptolemaic Alexandria, Oxford 1972.

Fuchs, E., Was ist ein Sprachereignis? in: idem, Zur Frage nach dem historischen Jesus, Gesammelte Aufsätze II, Tübingen 1960, 424-430.

Funk, R.W., Structure in the Narrative Parables of Jesus, Semeia 1 (1974) 51-73.

Gaston, L., No Stone on Another. Studies in the Significance of the Fall of Jerusalem in the Synoptic Gospels, NT Suppl. XXIII, Leiden 1970.

Gemünden, P. v., Vegetationsmetaphorik im Neuen Testament und seiner Umwelt. Eine Bildfelduntersuchung, Diss. Heidelberg 1989.

Gerhardsson, B., Geistiger Opferdienst nach Matth 6,1-6.16-21, in: Neues Testament und Geschichte, FS O. Cullmann, hrg. von H. Baltensweiler et al., Zürich 1972, 69-77.

Gerlemann, G., Die Wurzel slm, ZAW 85 (1973) 1-14.

Gnilka, J., Das Evangelium nach Markus Bd.2, EKK II.2, Neukirchen-Vluyn 1979.

Gnilka, J., Das Matthäusevangelium, 2 Bde, HThK zum NT 1, Freiburg-Basel-Wien 1986 (Bd.1) und 1988 (Bd.2).

Gnilka, J., Die Kirche des Matthäus und die Gemeinde von Qumran, BZ NF 7 (1963) 43-64.

Gnilka, J., Die Verstockung Israels. Isaias 6,9-10 in der Theologie der Synoptiker, StANT 3, München 1961.

Goldberg, A., Das schriftauslegende Gleichnis im Midrasch, FJB 9 (1981) 1-90.

Goodblatt, D., Toward the Rehabilitation of Talmudic History, in: History of Judaism. The Next Ten Years, hrg. von B.M. Bokser, Chico 1980, 31-44.

Goulder, M.D., Characteristics of the Parables in the Several Gospels, JTS 19 (1968) 51-69.

Goulder, M.D., Midrash and Lection in Matthew, London 1974.

Green, W.S., What's in a Name? The Problematic of Rabbinic Biography, in: Approaches to Ancient Judaism Bd.1, hrg. von W.S. Green, Missoula 1978, 77-96.

Greimas, A.J., Strukturelle Semantik. Methodologische Untersuchungen, Braunschweig 1971 (=Paris 1966).

Grözinger, K.E., Middat Ha-Din und Middat Ha-Rahamim. Die sogenannten Gottesattribute 'Gerechtigkeit' und 'Barmherzigkeit' in der rabbinischen Literatur, FJB 8 (1980) 95-114.

Grundmann, W., Das Evangelium nach Matthäus, ThHK 1, Berlin 1968.

Gummerus, H., Der römische Gutsbetrieb als wirtschaftlicher Organismus nach den Werken des Cato, Varro und Columella, Aalen 1963 (=Leipzig 1903).

Güttgemanns, E., Introductory Remarks Concerning the Structural Study of Narrative, Semeia 20 (1976) 23-125.

Güttgemanns, E., Narrative Analysis of Synoptic Texts, Semeia 20 (1976) 127-179.

Haenchen, E., Die Botschaft des Thomas-Evangeliums, Berlin 1961.

Haenchen, E., Matthäus 23, in: Das Matthäusevangelium, hrg. von J. Lange, Wege der Forschung 525, Darmstadt 1980, 134-163.

Haenchen, E., Der Weg Jesu. Eine Erklärung des Markus-Evangeliums und der kanonischen Parallelen, 2.Auflage Berlin 1968.

Harnack, A. v., Über den dritten Johannesbrief, TU 15,3b, Berlin 1897.

327

Harnisch, W., Die Metapher als heuristisches Prinzip, VuF 24 (1979) 53-89.

Harnisch, W., The Metaphorical Process in Matthew 20,1-15, in: Society of Biblical Literature Seminar Papers, Missoula 1977, 231-250.

Harnisch, W., Die Sprachkraft der Analogie. Zur These vom "argumentativen Charakter" der Gleichnisse Jesu, in: Gleichnisse Jesu. Positionen der Auslegung von Adolf Jülicher bis zur Formgeschichte, hrg. von W. Harnisch, Wege der Forschung 366, Darmstadt 1982, 390-413.

Harvey, A.E., The First Followers of Jesus: A Sociological Analysis of the Earliest Christianity [Rezension], JThSt 30 (1979) 279-283.

Haubeck, W., Zum Verständnis der Parabel von den Arbeitern im Weinberg (Mt 20,1-15), in: Wort in der Zeit. Neutestamentliche Studien, FS K.H. Rengstorf, hrg. von W. Haubeck et al., Leiden 1980, 95-107.

Heiligenthal, R., Werke als Zeichen. Untersuchungen zur Bedeutung der menschlichen Taten im Frühjudentum, Neuen Testament und Frühchristentum, WUNT 2.9, Tübingen 1983.

Heinemann, H.J., The Conception of Reward in Mat. XX,1-16, JJS 1 (1948) 84-89.

Heinemann, H.J., The Status of the Labourer in Jewish Law and Society in the Tannaitic Period, HUCA 25 (1954) 263-325.

Heinemann, J., Deraschot Betzibur Betekufat Hatalmud, Jerusalem 1982.

Heinemann, J., The Proem in the Aggadic Midrashim. A Form-Critical Study, Scripta Hierosolymitana 22 (1971) 100-121.

Hengel, M., Zur matthäischen Bergpredigt und ihrem jüdischen Hintergrund, TRu 52 (1987) 327-400.

Hengel, M., Das Gleichnis von den Weingärtnern Mc 12,1-12 im Lichte der Zenonpapyri und der rabbinischen Gleichnisse, ZNW 59 (1968) 1-19.

Hengel, M., Nachfolge und Charisma. Eine exegetisch-religionsgeschichtliche Studie zu Mt 8,21f und Jesu Ruf in die Nachfolge, Berlin 1968.

Hengel, M., Judentum und Hellenismus, WUNT 10, Tübingen 1969.

Hengstl, J., Private Arbeitsverhältnisse freier Personen in den hellenistischen Papyri bis Diokletian, Bonn 1972.

Hoffmann, H., Die Arbeiterfrage in der biblisch-talmudischen Gesetzgebung, Jeschurun 4 1917) 577-600.

Hoh, J. Der christliche γραμματεύς (Mt 13,52), BZ 17 (1926) 256-269.

Holladay, W.L., The Root SUBH in the Old Testament, Leiden 1958

Hoppe, R., Gleichnis und Situation. Zu den Gleichnissen vom guten Vater (Lk 15,11-32) und gütigen Hausherrn (Mt 20,1-15), BZ 28 (1984) 1-21.

Horsley, R.A., Jesus and the Spiral of Violence. Popular Jewish Resistance in Roman Palestine, San Francisco 1987.

Horst, F., Hiob 1.Teilband, BK.AT XVI,1, Neukirchen-Vluyn 1968.

Humbert, P., L'Emploi du Verbe Pa'al et de ses Dérivés Substantif, ZAW 65 (1953) 35-44.

Hummel, R., Die Auseinandersetzung zwischen Kirche und Judentum im Matthäus-Evangelium, BEvTh 33, München 1973.

Jeremias, J., Die Gleichnisse Jesu, 7.Auflage Göttingen 1965.

Jeremias, J., Jerusalem zur Zeit Jesu. Eine kulturgeschichtliche Untersuchung zur neutestamentlichen Zeitgeschichte, 3.Auflage Göttingen 1969.

Jeremias, J., Neutestamentliche Theologie, 1.Teil: Die Verkündigung Jesu, Gütersloh 1971.

Jeremias, J., Paul and James, ET 66 (1954-55) 368-371.

Johnston, R.M., Parabolic Interpretations Attributed to Tannaim, Diss. The Hartford Seminary Foundation 1977.

Johnston, R.M., The Study of Rabbinic Parables: Some Preliminary Observations, SBL Seminar Papers 10 (1976) 337-357.

Jülicher, A., Die Gleichnisreden Jesu, 2 Teile in einem Bd., Darmstadt 1963 (=2.Auflage Tübingen 1910).

Jüngel, E., Paulus und Jesus, 3.Auflage Tübingen 1967.

Jüngel, E., Ein paulinischer Chiasmus. Zum Verständnis der Vorstellung vom Gericht nach den Werken in Röm 2,2-11, in: idem, Unterwegs zur Sache, BEvTh 61, München 1972, 173-178.

Kadushin, M., The Rabbinic Mind, 3.Auflage New York 1972.

Kaltenstadler, W., Arbeitsorganisation und Führungssystem bei den römischen Agrarschriftstellern (Cato, Varro, Columella), Quellen und Forschungen zur Agrargeschichte 30, Stuttgart-New York 1978.

Karner, F.K., Die Bedeutung des Vergeltungsgedankens für die Ethik Jesu, dargestellt im Anschluß an die synoptischen Evangelien, Diss. Leipzig 1927.

Käsemann, E., Die Anfänge christlicher Theologie, ZThK 57 (1960) 162-185.

Käsemann, E., Ketzer und Zeuge. Zum johanneischen Verfasserproblem, ZThK 48 (1951) 292-311.

Käsemann, E., Das Problem des historischen Jesus, in: idem, Exegetische Versuche und Besinnungen Bd.1, Göttingen 1969, 187-214.

Käsemann, E., An die Römer, HNT 8a, 3.Auflage Tübingen 1974.

Kilpatrick, G.D., The Origins of the Gospel According to St. Matthew, 2.Auflage Oxford 1950.

Kippenberg, H.G., Religion und Klassenbildung im antiken Judäa, 2.Auflage Göttingen 1982.

Kirchner, V., Der "Lohn" in der alten Philosophie, im bürgerlichen Recht, besonders im Neuen Testament, Gütersloh 1908.

Klappert, B., Israel und die Kirche. Erwägungen zur Israellehre Karl Barths, TEH 207, München 1980.

Klauck, H.-J., Allegorie und Allegorese in synoptischen Gleichnistexten, NTA 13, Münster 1978.

Klausner, J., Jesus von Nazareth. Seine Zeit, sein Leben und seine Lehre, 3.Auflage Jerusalem 1952.

Klostermann, E., Das Matthäusevangelium, HNT 4, 2.Auflage Tübingen 1927.

Koch, K., Gibt es ein Vergeltungsdogma im Alten Testament? in: Um das Prinzip der Vergeltung in Religion und Recht des Alten Testaments, hrg. von K. Koch, Wege der Forschung 125, Darmstadt 1972, 130-180.

König, F., Zarathustras Jenseitsvorstellungen und das Alte Testament, Wien-Freiburg-Basel 1964.

Koschorke, K., Die Polemik gegen das kirchliche Christentum. Unter besonderer Berücksichtigung der Nag-Hammadi-Traktate "Apokalypse des Petrus" (NHC VII,3) und "Testimonium Veritatis" (NHC IX,3), Nag Hammadi Studies XII, Leiden 1978.

Köster, H., Einführung in das Neue Testament im Rahmen der Religionsgeschichte und Kulturgeschichte der hellenistischen und römischen Zeit, Berlin-New York 1980.

Kraft, H., Die Offenbarung des Johannes, HNT 16a, Tübingen 1974.

Krauss, S., Talmudische Archäologie, 3 Bde, Hildesheim 1966 (=Leipzig 1910ff).

Kreissig, H., Die sozialen Zusammenhänge des Jüdischen Krieges. Klassen und Klassenkampf im Palästina des 1. Jhs. v. u. Zt., Berlin 1970.

Krenkel, W., Zu den Tagelöhnern bei der Ernte in Rom, Romanitas 6-7 (1965) 141ff.

Kretschmar, G., Ein Beitrag zur Frage nach dem Ursprung frühchristlicher Askese, ZThK 61 (1964) 27-67.

Kretzer, A., Die Herrschaft der Himmel und die Söhne des Reiches, SBM 10, Stuttgart-Würzburg 1971.

Kristeva, J., Semiotiké, Paris 1969.

Küchler, M., Frühjüdische Weisheitstraditionen. Zum Fortgang weisheitlichen Denkens im Bereich des frühjüdischen Jahweglaubens, OBO 26, Freiburg und Göttingen 1979.

Kuhn, H.-W., Nachfolge nach Ostern, in: Kirche, FS G. Bornkamm, hrg. von D. Lührmann et al., Tübingen 1980, 101-132.

Künzel, G., Studien zum Gemeindeverständnis des Matthäus-Evangeliums, CThM Reihe A 10, Stuttgart 1978.

Labriolle, P. de, La Crise Montaniste, Paris 1913.

Lagrange, M.-J., Evangile selon St. Matthieu, Paris 1923.

Lambrecht, J., The Parousia Discourse. Composition and Content in Mt XXIV-XXV, in: L'Evangile selon Matthieu. Redaction et Théologie, hrg. von M. Didier, Gembloux 1972.

Lapide, P., Er predigte in ihren Synagogen. Jüdische Evangelienauslegung, Gütersloh 1980.

Levine, L.I., The Rabbinic Class of Roman Palestine in Late Antiquity, New York 1989 (=Jerusalem 1985, hebr).

Levinson, N.P., Nichts anderes als Jude. Jesus aus der Sicht eines heutigen Juden, in: Gottesverächter und Menschenfeinde? Juden zwischen Jesus und frühchristlicher Kirche, hrg. von H. Goldstein, Düsseldorf 1979, 44-57.

Lewandowski, Th., Linguistisches Wörterbuch, 3 Bde, Heidelberg 1973 (Bd.1), 1975 (Bd.2 und 3).

Lieberman, S., Talmudah schel Qisrin, Jerusalem 1931.

Lietzmann, H., Geschichte der Alten Kirche Bd.2, Berlin-Leipzig 1936.

Lietzmann, H./ Kümmel, W.G., An die Korinther I.II, HNT 9, 5.Auflage Tübingen 1969.

Linnemann, E., Gleichnisse Jesu. Einführung und Auslegung, 7.Auflage Göttingen 1978.

Lohmeyer, E., Das Evangelium des Matthäus, KEK-Sonderband, hrg. v. W. Schmauch, 2.Auflage Göttingen 1958.

Lohmeyer, E., Das Evangelium des Markus, KEK I,2, 15.Auflage Göttingen 1959.

Lohse, E., Die Frage nach dem historischen Jesus in der gegenwärtigen neutestamentlichen Forschung, in: idem, Die Einheit des Neuen Testaments. Exegetische Studien zur Theologie des Neuen Testaments, 2.Auflage Göttingen 1973, 29-48.

Lohse, E., ῥαββί, ῥαββανί, in: ThWNT VI, 962ff.

Lührmann, D., Die Redaktion der Logienquelle, WMANT 33, Neukirchen-Vluyn 1969.

Luz, U., Die Erfüllung des Gesetzes bei Matthäus (Mt 5,17-20), ZThK 75 (1978) 398-435.

Luz, U., Die Jünger im Matthäus-Evangelium, in: Das Matthäus-Evangelium, hrg. von J. Lange, Wege der Forschung 525, Darmstadt 1980, 377-414.

Luz, U., Das Evangelium nach Matthäus, 1.Teilband: Mt 1-7, EKK I/1, Zürich-Neukirchen-Vluyn 1985.

Maass, E., Orpheus. Untersuchungen zur griechischen, römischen, altchristlichen Jenseitsdichtung und Religion, München 1895.

Madsen, J.K., Die Parabeln der Evangelien und die heutige Psychologie, Leipzig 1936.

Malherbe, A.J., The Inhospitality of Diotrephes, in: God's Christ and his People, FS N.A. Dahl, hrg. von J. Jervell et al., Oslo-Bergen-Tromsö 1977, 222-232.

Manns, F., L'arrière-plan socio-économique de la parabole des ouvriers de la onzième heure et ses limites, Anton. 55 (1980) 258-268.

Marmorstein, A., The Doctrine of Merits in Old Rabbinical Literature, New York 1968 (=London 1920).

Marquet, C., Ne vous faites pas appeler "maître". Matthieu 23,8-12, Christus 30/117 (1983) 88-102.

Mattern, L., Das Verständnis des Gerichtes bei Paulus, AThANT 47, Zürich und Stuttgart 1966.

Michaelis, W., Die Gleichnisse Jesu. Eine Einführung, 3.Auflage Hamburg 1956.

Michel, O., Der Brief an die Hebräer, KEK XIII, 12./6.Auflage Göttingen 1966.

Michel, O., Der Lohngedanke in der Verkündigung Jesu, ZSTh 9 (1932) 47-54.

Michel, O., "Diese Kleinen" - eine Jüngerbezeichnung Jesu, ThStKr 108 (1937-38) 401-415.

Michel, O., μικροί, in: ThWNT IV, 650-661.

Michel, O., Der Brief an die Römer, KEK IV, 14./5.Auflage Göttingen 1978.

Minear, P.S., False Prophesy and Hypocrisy in the Gospel of Matthew, in: Neues Testament und Kirche, FS R. Schnackenburg, hrg. von J. Gnilka, Freiburg-Basel-Wien 1974, 76-93.

Mohrlang, R., Matthew and Paul. A Comparison of Ethical Perspectives, Cambridge 1984.

Montefiore, C.G., The Synoptic Gospels Bd.2: Matthew, 2.Auflage London 1927.

Montefiore, C.G., Rabbinic Literature and Gospel Teachings, London 1930.

Montefiore, H., A Commentary on the Epistle to the Hebrews, London 1964.

Moore, G.F., Judaism in the First Three Centuries of the Christian Era, 3 Bde., Bd.1 u.2: 6.Auflage Cambridge 1950, Bd.3: 4.Auflage Cambridge 1954.

Nepper-Christensen, P., Das Matthäusevangelium - ein judenchristliches Evangelium?, AThD 1, Aarhus 1958.

Neusner, J., History of the Mishnaic Law of Purities, 22 Bde, Leiden 1974-77.

Neusner, J., The Mishnah as Literature, in: Formative Judaism Bd.1, hrg. von J. Neusner, Chico 1982, 109-150.

Neusner, J., From Politics to Piety. The Emergence of Pharisaic Judaism, Englewood Cliffs 1973.

Neusner, J., The Modern Study of the Mishnah, in: The Study of Ancient Judaism Bd.1, hrg. von J. Neusner, New York 1981, 3-26.

Neusner, J., Sifra. An Analytical Translation Bd.1: Introduction, Atlanta 1988.

Neusner, J., Story as History in Ancient Judaism: Formulating Fresh Questions, in: History of Judaism. The Next Ten Years, hrg. von B.M. Bokser, Chico 1980, 3-29.

Neusner, J., The Talmud of the Land of Israel. A Preliminary Translation and Explanation Bd.35: Taxonomy, Chicago-London 1983.

Neusner, J., The Rabbinic Traditions about the Pharisees before A.D.70: The Problem of Oral Transmission, JJS 22 (1971) 1-18.

Neusner, J., Sage, Story, and History: The Medium and the Message in the Fathers According to Rabbi Nathan, Hebrew Studies 28 (1987) 79-111.

Nickelsburg, G.W.E., Jewish Literature Between the Bible and the Mishnah, Philadelphia 1987.

Niederwimmer, K., Die Entwicklungsgeschichte des Wanderradikalismus im Traditionsbereich der Didache, WST 90=NS 11 (1977) 145-167.

Nilsson, M.P., Geschichte der griechischen Religion, 2 Bde, Bd.1: 3.Auflage München 1967, Bd.2: 2.Auflage München 1961.

Nilsson, M.P., Early Orphism and Kindred Religious Movements, HThR 28 (1935) 181-230.

Norden, E., Agnostos Theos. Untersuchungen zur Formgeschichte religiöser Rede, Leipzig-Berlin 1913.

Oesterley, W.O.E., Die Gleichnisse im Lichte ihres jüdischen Hintergrundes, in: Gleichnisse Jesu, hrg. von W. Harnisch, Wege der Forschung 366, Darmstadt 1982, 137-153.

Orrieux, C., Les papyrus de Zenon, Paris 1983.

Perrin, N., Was lehrte Jesus wirklich? Rekonstruktion und Deutung, Göttingen 1972 (=London 1967).

Pesch, P., Das Markusevangelium 2.Teil, HThK zum NT II,2, Freiburg-Basel-Wien 1977.

Pesch, W., Theologische Aussagen der Redaktion von Matthäus 23, in: Orientierung an Jesus. Zur Theologie der Synoptiker, FS J. Schmid, hrg. von P. Hoffmann et al., Freiburg-Basel-Wien 1973, 286-299.

Pesch, W., Matthäus der Seelsorger. Das neue Verständnis der Evangelien dargestellt am Beispiel von Matthäus 18, SBS 2, Stuttgart 1966.

Pesch, W., Der Lohngedanke in der Lehre Jesu, verglichen mit der religiösen Lohnlehre des Spätjudentums, München 1955.

Pesch, W., Der Sonderlohn für die Verkündiger des Evangeliums (1 Kor 3,8.14f und Parallelen), in: Neutestamentliche Aufsätze, FS J. Schmid, hrg. von J. Blinzler u.a., Regensburg 1963, 199-206.

Petuchowski, J.J., The Theological Significance of the Parable in Rabbinic Literature and the New Testament, Christian News from Israel 23 (1972) 76-86.

Pfeiderer, O., Der Paulinismus. Ein Beitrag zur Geschichte der urchristlichen Theologie, Leipzig 1873.

Pfitzner, V.C., Paul and the Agon Motif. Traditional Imagery in the Pauline Literature, NT Suppl. XVI, Leiden 1967.

Pöhlmann, W., Die Abschichtung des Verlorenen Sohnes und die erzählte Welt der Parabel (Lk 15,12f), ZNW 70 (1979) 194-213.

Porton, G.G., The Pronouncement Story in Tannaitic Literature: A Review of Bultmann's Theory, Semeia 29 (1981) 81-99.

Préaux, C., Les Grecs en Egypte d'après les archives de Zenon, Brüssel 1947.

Preisker, H., Art. μισθός, in: ThWNT IV, 699-710, 719-736.

Reicke, B., The New Testament Conception of Reward, in: Aux sources de la tradition chrétienne, FS M.M. Goguel, Neuchâtel 1950, 195-206.

Reitzenstein, R., Poimandres. Studien zur griechisch-ägyptischen und frühchristlichen Literatur, Darmstadt 1966 (=Leipzig 1904).

Rengstorf, K.H., Das Evangelium nach Lukas, NTD 3, Göttingen 1937.

Rengstorf, K.H., Die Frage des gerechten Lohnes in der Verkündigung Jesu, in: FS K. Arnold, hrg. von der Arbeitsgemeinschaft für Forschung des Landes Nordrhein-Westfalen, Köln 1955, 141-155.

Ricoeur, P./Jüngel, E., Metapher. Zur Hermeneutik religiöser Sprache, EvTh-Sonderheft, München 1974.

Riesner, R., Jesus als Lehrer. Eine Untersuchung zum Ursprung der Evangelien-Überlieferung, WUNT 2,7, Tübingen 1981.

Ritschl, A., Die Entstehung der altkatholischen Briefe, Bonn 1850.

Rohde, E., Psyche. Seelencult und Unsterblichkeitsglaube der Griechen, 2 Teile in einem Bd., 6.Auflage Tübingen 1910.

Rostovtzeff, M., Gesellschaft und Wirtschaft im Römischen Kaiserreich, 2 Bde, Leipzig 1931.

Saldarini, A.J., Pharisees, Scribes, and Sadducees in Ancient Jewish Society, Wilmington 1988.

Sanders, E.P., Paul and Palestinian Judaism. A Comparison of Patterns of Religion, 2.Auflage London 1981.

Sandmel, S., Philo of Alexandria. An Introduction, New York-Oxford 1979.

Schäfer, P., Geschichte der Juden in der Antike. Die Juden Palästinas von Alexander dem Großen bis zur arabischen Eroberung, Stuttgart 1983.

Schäfer, P., Studien zur Geschichte und Theologie des rabbinischen Judentums, AGJU 15, Leiden 1978.

Scharbert, J., SLM im Alten Testament, in: Um das Prinzip der Vergeltung in Religion und Recht des Alten Testaments, hrg. von K. Koch, Wege der Forschung 125, Darmstadt 1972, 300-324.

Schechter, S., Aspects of Rabbinic Theology, 2.Auflage New York 1965.

Schenke, H.-M./Fischer, K.M., Einleitung in die Schriften des Neuen Testaments Bd.2: Die Evangelien und die anderen neutestamentlichen Schriften, Gütersloh 1979.

Schenke, L., Die Interpretation der Parabel von den "Arbeitern im Weinberg" (Mt 20,1-15) durch Matthäus, in: Studien zum Matthäusevangelium, FS W. Pesch, hrg. von L. Schenke, Stuttgart 1988, 247-268.

Schlatter, A., Der Evangelist Matthäus. Seine Sprache, sein Ziel, seine Selbständigkeit, 5.Auflage Stuttgart 1959.

Schlatter, A., Gottes Gerechtigkeit. Ein Kommentar zum Römerbrief, 3.Auflage Stuttgart 1959.

Schmeller, Th., Brechungen. Urchristliche Wandercharismatiker im Prisma soziologisch orientierter Exegese, SBS 136, Stuttgart 1989.

Schmidt, W., Der Einfluß der Anachoresis im Rechtsleben Ägyptens zur Ptolemäerzeit, Diss. Köln 1966.

Schmithals,W., Das Evangelium nach Markus Bd.2/2, ÖTK 2/2, Gütersloh-Würzburg 1979.

Schnackenburg, R., Die sittliche Botschaft des NT Bd.1, Freiburg-Basel-Wien 1986.

Schnackenburg, R., Episkopos und Hirtenamt, in: Das kirchliche Amt im Neuen Testament, hrg. von K. Kertelge, Wege der Forschung CDXXXIX, Darmstadt 1977, 418-441.

Schnackenburg, R., Die Johannesbriefe, HThK zum NT XIII,3, Freiburg-Basel-Wien 1970.

Schnackenburg, R., Das Johannesevangelium 1. Teil, HThK zum NT IV, 2.Auflage Freiburg-Basel-Wien 1967.

Schnackenburg, R., Markus 9,33-50, in: idem, Schriften zum Neuen Testament, München 1971, 129-154.

Schneider, G., Das Evangelium nach Lukas, Kap. 11-24, ÖTK 3/2, Gütersloh-Würzburg 1977.

Schneider, H., Die antike Sklavenwirtschaft: Das Imperium Romanum, in: Geschichte der Arbeit - Vom Alten Ägypten bis zur Gegenwart, hrg. von A. Eggebrecht et al., Köln 1980.

Schnider, F., Von der Gerechtigkeit Gottes. Beobachtungen zum Gleichnis von den Arbeitern im Weinberg (Mt 20,1-16), Kairos 23 (1981) 88-95.

Schniewind, J., Das Evangelium nach Markus, NTD 1, Göttingen 1933.

Schniewind, J., Das Evangelium nach Matthäus, NTD 2, 3.Auflage Göttingen 1937.

Schottroff, L., Das geschundene Volk und die Arbeit in der Ernte Gottes nach dem Matthäusevengelium, in: Mitarbeiter der Schöpfung. Bibel und Arbeitswelt, hrg. von L. und W. Schottroff, München 1983, 149-206.

Schottroff, L., Die Güte Gottes und die Solidarität von Menschen. Das Gleichnis von den Arbeitern im Weinberg, in: Der Gott der kleinen Leute Bd.2, hrg. von W. Schottroff und W. Stegemann, 2.Auflage München 1979, 71-93.

Schottroff, L./Stegemann, W., Jesus von Nazareth - Hoffnung der Armen, 2.Auflage Stuttgart 1981.

Schröder, H., Jesus und das Geld. Wirtschaftskommentar zum Neuen Testament, 3.Auflage Karlsruhe 1981.

Schunack, G., Die Briefe des Johannes, ZBK zum NT 17, Zürich 1982.

Schweitzer, A., Geschichte der Leben-Jesu-Forschung, 5.Auflage Tübingen 1935.

Schweizer, E., Die Bergpredigt, Göttingen 1982.

Schweizer, E., Das Evangelium nach Markus, NTD 1, 12.Auflage Göttingen 1968.

Schweizer, E., Das Evangelium nach Matthäus, NTD 2, 13.Auflage Göttingen 1973.

Schweizer, E., Gemeinde und Gemeindeordnung im Neuen Testament, AThANT 35, Zürich 1959.

Schweizer, E., Matthäus und seine Gemeinde, SBS 71, Stuttgart 1974.

Schweizer, E., Gesetz und Enthusiasmus bei Matthäus, in: idem, Beiträge zur Theologie des Neuen Testaments, Neutestamentliche Aufsätze, Zürich 1970, 49-70.

Schweizer, E., Observance of the Law and Charismatic Activity in Matthew, NTS 16 (1969-70) 213-230.

Schweizer, E., Zur Sondertradition der Gleichnisse bei Matthäus, in: Tradition und Glaube. Das frühe Christentum in seiner Umwelt, FS K.G. Kuhn, hrg. von G. Jeremias et al., Göttingen 1971, 277-282.

Segal, E.L., The Use of the Formula *ki ha de* in the Citation of Cases in the Babylonian Talmud, HUCA 50 (1979) 199-218.

Sellin, G., Allegorie und Gleichnis. Zur Formenlehre der synoptischen Gleichnisse, ZThK 75 (1978) 281-335.

Sellin, G., Gleichnisstrukturen, Ling.Bibl. 31 (1974) 89-115.

Silberg, M., Dienstvertrag und Werkvertrag im talmudischen Rechte, Diss. Frankfurt/Main 1927.

Sjöberg, E., Gott und die Sünder im palästinischen Judentum, BWANT 4.27, Stuttgart-Berlin 1938.

Smallwood, E.M., The Jews under Roman Rule, Leiden 1976.

Smith, C.W.F., The Mixed State of the Church in Matthew's Gospel, JBL 82 (1963) 149-168.

Smith, M., Tannaitic Parallels to the Gospels, JBL Monograph Series 6, Philadelphia 1951.

Sperber, D., Aspects of Agrarian Life in Roman Palestine I: Agrarian Decline in Palestine during the Late Principate, ANRW II. Principat 8 (1977) 397-443.

Sperber, D., Roman Palestine 200-400. The Land. Crisis and Change in Agrarian Society as Reflected in Rabbinic Sources, Ramat-Gan 1978.

Spies, O., Die Arbeiter im Weinberg (Mt 20,1-15) in islamischer Überlieferung, ZNW 66 (1975) 279-283.

Stegemann, W., Wanderradikalismus im Urchristentum? Historische und theologische Auseinandersetzung mit einer interessanten These, in: Der Gott der kleinen Leute Bd.2, hrg. von W. Schottroff und W. Stegemann, 2.Auflage München 1979, 94-120.

Stern, D., Interpreting Parables. The Mashal in Midrash with Special Reference to Lamentations Rabba, Diss. Harvard 1980.

Stern, D., Jesus' Parables from the Perspective of Rabbinic Literature: The Example of the Wicked Husbandmen, in: Parable and Story in Judaism and Christianity, hrg. von C. Thoma und M. Wyschogrod, New York 1989, 42-80.

Stern, D., Rhetoric and Midrash: The Case of the Mashal, Prooftexts 1 (1981) 261-280.

Stern, D., Response to D. Boyarin, Prooftexts 5 (1985) 276-280.

Stern, D., The Rabbinic Parable: From Rhetoric to Poetics, SBL Seminar Papers, Atlanta 1986, 631-643.

Stolz, F., Das erste und zweite Buch Samuel, ZBK zum AT 9, Zürich 1981.

Strack, H.L./Billerbeck, P., Kommentar zum Neuen Testament aus Talmud und Midrasch, 6 Bde, 4.Auflage München 1965 (Bd.1-3), 3.Auflage 1961 (Bd.4), 2.Auflage 1963 (Bd.5-6).

Strecker, G., Der Weg der Gerechtigkeit. Untersuchungen zur Theologie des Matthäus, FRLANT 82, Göttingen 1962.

Stuhlmacher, P., Gerechtigkeit Gottes bei Paulus, 2.Auflage Göttingen 1966.

Sulzbach, A., Das Maschal im Midrasch, Jeschurun 5 (1918) 337-348.

Sulzberger, A., The Status of Labour in Ancient Israel, Philadelphia 1923.

Synofzik, E., Die Gerichts- und Vergeltungsaussagen bei Paulus. Eine traditionsgeschichtliche Untersuchung, Göttingen 1977.

Tagawa, K., People and Community in the Gospel of Matthew, NTS 16 (1969-70) 149-162.

Tannehill, R.C., Varieties of Synoptic Pronouncement Stories, Semeia 20 (1981) 101-119.

Theißen, G., Gewaltverzicht und Feindesliebe (Mt 5,38-48/Lk 6,27-38) und deren sozialgeschichtlicher Hintergrund, in: idem, Studien zur Soziologie des Urchristentums, WUNT 19, 2.Auflage Tübingen 1983, 160-197.

Theißen, G., Lokalkolorit und Zeitgeschichte in den Evangelien. Ein Beitrag zur Geschichte der synoptischen Tradition, NTOA 8, Freiburg (Schweiz)-Göttingen 1989.

Theißen, G., Psychologische Aspekte paulinischer Theologie, FRLANT 131, Göttingen 1983.

Theißen, G., Soteriologische Symbolik in den paulinischen Briefen. Ein strukturalistischer Beitrag, KuD 20 (1974) 282-304.

Theißen, G., Soziologie der Jesusbewegung, TEH 194, München 1977.

Theißen, G., Die soziologische Auswertung religiöser Überlieferungen, in: idem, Studien zur Soziologie des Urchristentums, WUNT 19, 2.Auflage Tübingen 1983, 35-54.

Theißen, G., "Wir haben alles verlassen" (Mc X,28). Nachfolge und soziale Entwurzelung in der jüdisch-palästinische Gesellschaft des 1. Jahrhunderts n. Chr., in: idem, Studien zur Soziologie des Urchristentums, WUNT 19, 2.Auflage Tübingen 1983, 106-141.

Theißen, G., Wanderradikalismus. Literatursoziologische Aspekte der Überlieferung von Worten Jesu im Urchristentum, in: idem, Studien zur Soziologie des Urchristentums, WUNT 19, Tübingen 1983, 35-54.

Thoma C./Lauer S., Die Gleichnisse der Rabbinen. Erster Teil: Pesiqta de Rav Kahana (PesK), Bern-Frankfurt-New York 1986.

Thorion-Vardi, T., Das Kontrastgleichnis in der rabbinischen Literatur, Frankfurt-Bern-New York 1986.

Thysman, R., Communauté et directives éthiques. La catéchèse du Matthieu, Gembloux 1974.

Trilling, W., Amt und Amtsverständnis bei Matthäus, in: Mélanges Bibliques, FS B. Rigaux, hrg. von A. Descamps et al., Gembloux 1970, 29-44.

Trilling, W., Das wahre Israel. Studien zur Theologie des Matthäusevangeliums, StANT 10, 3.Auflage München 1964.

Vaux, R. de, Das Alte Testament und seine Lebensordnungen Bd.1, Freiburg 1960.

Vermes, G., Jewish Studies and New Testament Interpretation, JJS 31 (1980) 1-17.

Vermes, G., Jewish Literature and New Testament Exegesis. Reflections on Methodology, JJS 33 (1982) 361-376.

Via, D.O., Die Gleichnisse Jesu, BEvTh 57, München 1970.

Via, D.O., The Parables, Philadelphia 1967.

Völker, W., Das Bild vom nichtgnostischen Christentum bei Celsus, Halle (Saale) 1928.

Volz, P., Die Eschatologie der jüdischen Gemeinde im neutestamentlichen Zeitalter, Tübingen 1934.

Walker, R., Die Heilsgeschichte im ersten Evangelium, FRLANT 97, Göttingen 1967.

Watanabe, Y., Selbstwertanalyse und christlicher Glaube, EvTh 40 (1980) 58-75.

Weder, H., Die Gleichnisse Jesu als Metaphern, FRLANT 120, 2.Auflage Göttingen 1980.

Weinel, H., Der Talmud, die Gleichnisse Jesu und die synoptische Frage, ZNW 13 (1912) 117-132.

Weinel, H., Die Wirkungen des Geistes und der Geister im nachapostolischen Zeitalter bis auf Irenäus, Freiburg-Leipzig-Tübingen 1899.

Weinrich, H., Sprache in Texten, Stuttgart 1976.

Weiss, K., Die Frohbotschaft Jesu über Lohn und Vollkommenheit. Zur evangelischen Parabel von den Arbeitern im Weinberg Mt 20,1-16, Münster 1927.

Wellhausen, J., Das Evangelium Matthaei, 2.Auflage Berlin 1914.

Wengst, K., Der erste, zweite und dritte Brief des Johannes, ÖTK zum NT 16, Gütersloh-Würzburg 1978.

Westermann, K., Genesis, BK.AT I.2, Neukirchen 1981.

Wewers, G.A., Probleme der Bavot-Traktate. Ein redaktionskritischer und theologischer Beitrag zum Talmud Yerushalmi, Texte und Studien zum antiken Judentum 5, Tübingen 1984.

White, K.D., Roman Farming, London 1970.

Wilckens, U., Der Brief an die Römer, 3 Bde, EKK 6, Zürich-Einsiedeln-Köln-Neukirchen-Vluyn 1978 (Bd.1), 1980 (Bd.2), 1982 (Bd.3).

Wolf, E., Gottesrecht und Nächstenrecht. Rechtstheologische Exegese des Gleichnisses von den Arbeitern im Weinberg (Mt 20,1-16), in: Gott und Welt, FS K. Rahner Bd.2, hrg. von H. Vorgrimler, Freiburg-Basel-Wien 1964, 640-662..

Wrede, W., Paulus, Rel.gesch. Volksbücher R.1, H.5/6, Halle 1904.

Wrege, H.T., Die Überlieferungsgeschichte der Bergpredigt, WUNT 9, Tübingen 1968.

Young, B.H., The Parable as a Literary Genre in Rabbinic Literature and in the Gospels, Diss. Hebräische Universität Jerusalem 1986.

Ziegler, I., Die Königsgleichnisse des Midrasch beleuchtet durch die römische Kaiserzeit, Breslau 1903.

Zimmerli, W., Ezechiel, BK.AT XIII.2, 2.Auflage Neukirchen 1979.

Zimmerli, W., Grundriß der alttestamentlichen Theologie, 4.Auflage Stuttgart 1982.

Zum vorliegenden Buch

Mt 20,1-16 galt immer als Paradigma einer sich vom pharisäischen Judentum abhebenden, typisch christlichen Gnadenlehre. Diese Untersuchung
zeigt auf eine für das theologische Gespräch zwischen Judentum und Christentum relevante Weise, daß Jesu Verkündigung vom gnädigen Gott in
Mt 20,1-16 eine Variante spezifisch jüdischer Theologie ist.
Dieser Aufweis gestaltet sich als Kombination von drei methodischen Verfahren: 1. Der religionsgeschichtliche Vergleich mit zwölf, zum Teil bisher
nicht beachteten rabbinischen Lohngleichnissen zeigt, daß die jüdischen
Gleichnisse genauso pointiert (wenn nicht noch pointierter) den Gedanken
der Gnade Gottes zum Ausdruck bringen. 2. Das Verfahren der «Bildfeldanalyse» (H. Weinreich) ermöglicht einen systematischen Vergleich und
weist auf, daß Jesus hier ein in der jüdischen Tradition vorgegebenes Bildfeld aktualisiert. 3. Eine sozialgeschichtliche Untersuchung zu Arbeit,
Lohn, Arbeitskonflikten usw. ermöglicht schließlich eine klarere Einordnung der erzählten Geschichte in die reale Welt von damals.

ISBN 3-7278-0699-0 (Universitätsverlag)
ISBN 3-525-53916-9 (Vandenhoeck & Ruprecht)

Bd. 1   MAX KÜCHLER, *Schweigen, Schmuck und Schleier*. Drei neutestamentliche Vorschriften zur Verdrängung der Frauen auf dem Hintergrund einer frauenfeindlichen Exegese des Alten Testaments im antiken Judentum.
XXII+542 Seiten. 1986

Bd. 2   MOSHE WEINFELD, *The Organizational Pattern and the Penal Code of the Qumran Sect.* A Comparison with Guilds and Religious Associations of the Hellenistic-Roman Period.
104 Seiten. 1986

Bd. 3   ROBERT WENNING, *Die Nabatäer – Denkmäler und Geschichte.* Eine Bestandesaufnahme des archäologischen Befundes.
360 Seiten, 50 Abb., 19 Karten. 1986

Bd. 4   RITA EGGER, *Josephus Flavius und die Samaritaner.* Eine terminologische Untersuchung zur Identitätsklärung der Samaritaner.
4+416 Seiten. 1986

Bd. 5   EUGEN RUCKSTUHL, *Die literarische Einheit des Johannesevangeliums.* Der gegenwärtige Stand der einschlägigen Forschungen. Mit einem Vorwort von Martin Hengel.
XXX+334 Seiten. 1987

Bd. 6   MAX KÜCHLER/CHRISTOPH UEHLINGER (Hrsg.), *Jerusalem, Texte – Bilder – Steine.*
240 Seiten, zahlr. Abb., 1 Falttafel. 1987

Bd. 7   DIETER ZELLER (Hrsg.), *Menschwerdung Gottes – Vergöttlichung von Menschen.*
8 +228 Seiten, 9 Abb. 1988

Bd. 8   GERD THEISSEN, *Lokalkolorit und Zeitgeschichte in den Evangelien.* Ein Beitrag zur Geschichte der synoptischen Tradition.
10+338 Seiten. 1989

Bd. 9   TAKASHI ONUKI, *Gnosis und Stoa.* Eine Untersuchung zum Apokryphon des Johannes.
X+198 Seiten. 1989

Bd. 10   DAVID TROBISCH, *Die Entstehung der Paulusbriefsammlung.* Studien zu den Anfängen christlicher Publizistik.
10+166 Seiten. 1989.

Bd. 11   HELMUT SCHWIER, *Tempel und Tempelzerstörung.* Untersuchungen zu den theologischen und ideologischen Faktoren im ersten jüdisch-römischen Krieg (66–74 n. Chr.).
XII+432 Seiten. 1989

Bd. 12   DANIEL KOSCH, *Die eschatologische Tora des Menschensohnes.* Untersuchungen zur Rezeption der Stellung Jesu zur Tora in Q.
514 Seiten. 1989

Bd. 13 JEROME MURPHY-O'CONNOR, O.P., *The École Biblique and the New Testament: A Century of Scholarship (1890-1990)*. With a Contribution by Justin Taylor, S.M.
VIII+210 Seiten. 1990

Bd. 14 PIETER W. VAN DER HORST, *Essays on the Jewish World of Early Christianity*.
260 Seiten. 1990

Bd. 15 CATHERINE HEZSER: *Lohnmetaphorik und Arbeitswelt in Mt 20, 1-16*. Das Gleichnis von den Arbeitern im Weinberg im Rahmen rabbinischer Lohngleichnisse.
346 Seiten. 1990